吉野作造選集 5

大戦期の国際政治

岩波書店

編集
松尾尊兊
三谷太一郎
飯田泰三

凡例

一　本巻には、一九〇四年三月から一九一八年一二月に至る、主として第一次世界大戦期の国際関係に関する論説を収録した。排列は発表年代順とし、初出の新聞・雑誌を底本とした。なお、各篇の末尾に初出紙誌とその発表年月を記した。

二　底本を可能な限り尊重したが、次の諸点については整理をおこなった。

1　漢字は原則として新字体を用い、異体字等はおおむね通行の字体に改めた。

2　合字は通行の字体に改めた。

3　句読点、中黒などについては基本的に底本のあり方を尊重したが、特に必要と認められる箇所に限り補正した。傍点については極端に多用されているものは省いた。

4　底本の明らかな誤字・誤植は正した。

5　振りがなについては、原文を尊重しながら、編者によって新かなで付した。

6　底本にある引用符は慣用に従って整理したが(引用文や論文名などは「　」、書名・雑誌名などは『　』)、引用符が原文にない場合はそのままとした。

三　編者による注記は次の原則によりおこなった。

誤記等によって文意が通じ難い箇所には、行間に〔　〕を用いて注記を加えた。また、脱字及び特に注記が必要な場合は、本文中に〔　〕を付して補った。

目次

大戦期の国際政治

露国の満洲占領の真相

◎露国が満洲を占領せんとするに至りし理由は一にして足らざるべし。政治家の功名心に熾《さかん》なるよりして徒らに領土の拡張を図るも其一ならん。併し尤も合理的なる理由二あり。一は海港を得んとする年来の宿望、二は経済上の必要にして、満洲は即ち尤も此目的に適するの土地として其爪牙《そうが》にか丶りしもの也。

◎露国があれ程の大国を以てして未だ大洋に雄飛するに足るべき一の海港をも有せざるは、真に気の毒といはざるべからず。バルチック海、黒海、または日本海に面すとはいへ、何れも其出口が他強国に扼せられて有事の日に出入自在なるを得ず。斯くの如くしては仮令《たとえ》彼れ数百万噸《トン》の艨艟《もうどう》を備ふとも到底海上の一勢力たるを得じ。去れば一度土耳古《トルコ》に出でんとして破れ、二度波斯《ペルシア》に出でんとしてまた破れ、遂に尤も抵抗力薄き極東に手を伸ばすに至りしなり。

◎露国の極東経営は固より一朝一夕の事にあらず。この四十年来北亜細亜《アジア》に於ける彼の経営は恰《あた》かも無人の野を走るが如く膨脹の勢力滔々として窮る所を知らざるの概ありき。この時固より眼中日本なく支那なかりし也。然るに図らざりき小なる日本は突如として敢て露国の南下に対抗するに至らんとは。

◎露国もし極東に於て復《ま》た土耳古波斯に於けると同一の失敗を繰り返すときは彼は将《は》た更に何処にか行くべき、満洲問題は日本に取りて存亡の機なるが如く、露国にとりても亦盛衰の岐《わか》るゝ一大危機なるに似たり。

◎更に経済上の理由を見ん。露国は貧弱の国にてありながら莫大なる負債を諸国に負ふ。近くは西比利亜《シベリア》鉄道布設のため或は又諸種の政府事業を興すために少からぬ借金をなせり。其ために年々外国に向つて其借金の利子として払ふべき金額頗《すこぶ》る大なり。然るに元来貧弱の国なるが故に財政固より裕《ゆたか》ならずして此利子支払には年々困却しつゝあり。政府は正金を以て此利子を払ひ得ざるがために遂に農産物を輸出して以て之に充てんと計劃したり。同国は農業国とは云へ土地頗る豊沃といふに非ず且人民無学にして農耕の法も極めて開けざるが故に外国に輸出する程の多額を産するに非ず。僅かに年々の収穫が年々の需用に供ふるに過ぎざる也。然るに政府は利子支払の難局に処するため、人民を駆りて僅かに一年の生命を支ふるに足るべき米穀の大半を割き、強《しい》て人民をして之を外国に輸出せしむるが故に、人民は翌年の収穫期まで支ふるに足らざるを知りて、米穀を売却せざるべからず。其上に穀価騰貴するは当然の理、ために人民は二重に苦みつゝあり。斯くて漸次農民の生産力も減少し、現今一般下民の疲弊其極に達せりといふ。

◎政府は近年盛に工業を公営し、又食塩砂糖等の日用品を専売し、歳入の増加を図りつゝあり。各種の工業を政府にて経営することの近年の進歩著しきものありて其製する所の貨物亦頗る巨額に達す。然るに一般国民の疲弊や前述の如く甚しきを以て全体として消費力極めて薄弱なれば、折角政府にて製造せし物も人民に於て之を購求使用するの力なき有様なり。為めに政府の第一の目的たる歳入増加は達せられざるのみならず却て反対の結果を示さんとするに至れり。

◎是に於て此過剰貨物を有利に売捌《うりさば》くべき外国市場を求むるの必要を生ぜり。

◎然るに此意味にての生産過剰は独り露国のみの現象に非ず。近年各国に於ける工業の長足の進歩は期せずして外国にまでの販路拡張を必要とせしめ、英米独仏の諸国皆露国と同様の目的を以て外国市場をあさりつゝあるなり。

◎去ればば露国は今頃後ればせに外国に市場を求めんとせば勢ひ英米独仏の工業と競争して之に勝たざるべからず。露国は果して英米独仏の工業を圧倒することを得べきか。

◎曰く否。露国の工業は未だ英米独仏に及ばざること遠し。一言にして云へば露国品は物が悪くて価が高き也。故に平等の地盤に於て英米独仏と競争すれば忽ちにして圧倒し去らるゝの運命を有する也。

◎露国の工業は歳入増加を目的として起りしも人民の消費力至りて少きため却て多少の損耗を為しつゝあり。去つて外国に有利の市場を求めんとすれば到底英米独仏の競争に勝つの見込なし。是に於て露国の取るべき策は只二つあるのみ。

◎一は露国自ら関税の重課によりて外国品の輸入を防ぎ国民をして出来るだけ自国産を用ゐしむること也。之より来る当然の結果は物価の騰貴にして人民をして益々疲弊せしめずんば止まず。

◎二は外国に市場を求め而かも此中に外国品を入り来らしめざること也、即ち外国に於ける独占市場の設定也。而してかの満洲占領は一には此目的に出づるもの也。（翔天生）

〔『新人』一九〇四年三月〕

露国の満洲閉鎖主義

◎露国が何故に満洲の門戸を開放せざるかは前段に述ぶる所を以て明なりと雖《いえど》も、更に之を詳説せんに、

◎総じて支那帝国の消費力は実に盛なるものにして世界の工業品を一手に吸収して猶余裕あるの有様也。現今す

ら斯くの如し、将来更に交通の便も開け土民の生活の度も高まらば市場として絶好無二の場所となること世界の等しく注目する所なり。故に各国は競ふて夫れ〴〵の方面より手を伸ばして利益を収めんとするなり。

◎支那は各国の競ふて着目する処なるが故に、此処に市場を求めんとせば他国と競争するの覚悟なかるべからず。而して工業に於て卓越せざる国が自由貿易主義を採るを得ずして関税の障壁に依りて外国品の競争を杜絶するが如く、工業上劣等なる国が支那の如き各国の等しく着目する土地に市場を求めんとせば、是非外国の競争を其土地より排斥せざるべからざる必要あるなり。即ち所謂《いわゆる》勢力範囲を劃し武力を以て他国を排斥するの外なき也。

◎露国は海上の勢力に非ざるが故に其膨脹するや陸地よりヂリ〳〵と推し寄するの主義なり。従つて彼は其領西比利亜の南隣たる満洲に着目せる也。

◎満洲に於て彼の経済上の必要を充たさんとせばこの中より外国の経済力を排斥せざるべからず。併し外国の競争を排《しりぞ》けて己れ独り貿易の利益を壟断《ろうだん》せんとするが如きは、現今国際の通義に反する行為として各国の黙認を得ざるべきを以て、之に備へんがためには満洲に於て之等の故障に対抗すべき口実を作るの必要あり。而して之等の口実としては同地に資本を放下するに若《し》くはなし。

◎且つ夫れ露国の満洲経略は這般《しゃはん》経済上の理由のみに由るに非ることは前述の如し。其尤も切なる理由としては旅順大連の辺りに海港を占めんとするに在り。而して旅順等を海港として十分に活用せんには西比利亜鉄道を旅順まで分派せしめざるべからず。露国の満洲経略は実に政治上幷に経済上の目的に出づるものにして而して満洲縦貫鉄道の布設は実に此二つの目的をして十分に達せしむるの方法たり。去ればこそ露国は此数年来あらゆる手段を施して満洲に実力を布設することを務めたるなれ。既に実力を扶殖すれば之が保護を名として兵力をおくを得べく、又其後援によりて外国排斥策を断行するを得べし。アルフレッド・ステッドが銀行(露清銀行)と鉄道

（東洋鉄道）とによりて露国は満洲を占領し了《おわ》んぬと評せしも偶然に非ず。又昨秋来欧洲の輿論が満洲に於ける露の既得権を認めんとするに傾きしは全く露国の成効なりしといはざるべからず。
◎要するに名は租借といふも何といふも、全然満洲を自己の政権の下におき、又貿易上閉鎖主義を断行するに至ることは当然明白の事情也。斯の如きは露国より云へば殆んど自存の必要といふに近きもの也。彼が屢々《しばしば》世界に向つて撤兵を公約し乍ら之が実行を拒み、而かも満洲内部に於て我国の商人などを迫害するの甚しかりしは怪むに足らざる也。（翔天生）

〔『新人』一九〇四年三月〕

征露の目的

◎何故に露国を満洲より掃蕩せざるべからざるかの理由は上述する所によりて略《ほ》ぼ之を知るを得べし。
◎思ふに満洲の地は現在に於て我国商工業の大なる市場にして、又将来に於て測るべからざる好望の市場なること言ふを待たず。若し此方面に於て得意を失はん乎、我国の商工業の大半は独り進歩を停止せらるゝのみならず、又非常なる悲境に陥らざるを得ず。現に近時開戦の結果満洲に対する輸出の道絶えしがために破産の悲境に陥れるものも少からざる也。故に満洲を閉鎖せらるゝと否とは我国商工業存亡の分岐点なりと云はざるべからず。
◎露国一度満洲を経略せんか、彼は更に朝鮮を経略すべきこと火を見るよりも明也。之れ到底我国の堪ふる所に非ず。吾人は朝鮮の独立を保全し以て帝国の自存を安全にせんがためには露国の満洲に於ける勢力を挫《くじ》かざるべからず。我国の商工業の自存のために満洲に於ける露の勢力を破らざるべからざるなり。吾人は露国の領土拡張それ自身には反対すべき理由なく、只其領土拡張の政策は常に必ず尤も非文明的なる外国貿易の排斥を伴ふが故に、猛然として自衛の権利を対抗せざるべからざる也。

◎蓋《けだ》し斯の如きは今日に於て始めて知らるべきの事に非りき。吾人は早く露国の機先を制して満韓に貿易の権利を確定すべかりし也。然るを邦人の意気地なき茲《ここ》に着目して壮遊を試みる者多からずして遂に露の乗ずる所となりぬ。今にして露の勢力を歎ずるは晩く、必竟斯の如き状勢を来せしものは邦人自身の罪と云はざるべからず。吾人の当《まさ》に経営すべき所なりとの故を以て先入の露客を退かしめんとするが如きは開戦の理由として吾人の是認する能はざる所也。

◎惟《おも》ふに露国にして一度満洲に不可抜の実力を扶殖せんか、更に進んで朝鮮を略取すべく支那全土を掌中のものとすべし。而して夫の閉鎖主義は必ず之に伴ふべきが故に、世界の好市場たるべかりし支那全土は全く露国のために交易を断たるゝに至るべきこと火を見るよりも明也。且つ此時露国は既に海陸の大勢力となるが故に各国は如何に露の横暴を悪《にく》むとも如何ともする能はざるに至るべし。要するに露の膨脹は独り日本の危険とする所たるのみならず世界の平和的膨脹の敵也。露国の膨脹を打撃せざるべからざるは其平和的膨脹の敵なるが故也。自由進歩の敵なるが故也。（翔天生）

〔『新人』一九〇四年三月〕

露国の敗北は世界平和の基也

◎日本は何のために軍備を拡張したりしや、露国に備へんがためなり。英国は何のために威海衛を占領したりしや、露の旅順占領を制せんがため也。露国の満洲経営は日本をして自衛自存のために大に軍備を拡張せしめたり。而して露と日本との武力的対抗は東洋に利害の関係を有する欧米諸国をして自家の利権を保護する為めに幾多の兵力を東洋に送らしめぬ。為めに東洋の平和を暗憺たらしめしこと如何斗《いかばか》りぞや。露国若し敗北して満洲以外に手を収むるときは東洋の諸国は更に一層の平和的進歩を見るべきこと疑を容れず。

◎近世欧洲の政治的進化の跡を見るに、専制時代より民権論時代に移り（求心より遠心に）、今や個人の充実を基礎として鞏固なる団体的権力を樹立せんとするものゝ如し。独り露国は主義として今尚専制の政治を固執し、大勢趨行の当然たる自由思想の勃興をば強て圧抑して仮借する所なし。故に人民は皆暗愚にして少しも文明の光を仰ぐを見ず、少しく心ある者は政府の忌諱にふれて遂に塗炭の苦をなむること、吾人之を伝聞して同胞を憐み政府を憎むの情に堪えず。露国は実に文明の敵なり。今若し露国日本に勝たん乎、政府の権力一層強く圧制益《ますます》甚しからん。幸にして日本に敗れんか、或は自由民権論の勢力を増す所以《ゆえん》とならん。故に吾人は文明のために又露国人民の安福のために切に露国の敗北を祈るもの也。

◎専制政治は武断政治侵略政治なること歴史の証する所にして又露国の実例の之を示す所なり。露国の侵略主義は夙《つと》に欧洲各国の恐懼措く能はざる所也。英国はために艦隊を整備し、印度《インド》波斯《ペルシア》に備ふるの必要あり。独澳は其境を侵さるゝの心配よりして常に兵備を弛うするを得ず遂に三国同盟を結ぶに至れり。独の兵備を修むるはまた仏国の堪えざる所にして彼亦大に兵備を修めざるべからず。一波万波を生じて露の侵略主義が欧洲の平和を破ること斯の如し。若し夫れバルカン半島に於ける露の野望が如何に東欧の天地を擾乱《じょうらん》せしめしかは更に説くを須《もち》ゐざる也。所謂武装的平和とは実は平和が露国に威嚇せられたる状態をいふに外ならず。今若し露国にして日本に敗れん乎、露国は多少其力を損ずべきを以て一時欧洲の禍根は去らん。而して漸次自由民権論が国内に勢力を占むべきが故に、専制に代るに立憲となり、対外政策の方針は二三当局者の野心に制せられずして国民一般の輿論に支配せらるゝことなるべく、而して複雑なる国民的利害の関係は軽々しく干戈《かんか》を取らしめざるべきを以て、茲に始めて露国は近世主義の政治をなし、欧洲の平和始めて真に期せらるべき也。

◎要するに吾人は徒らに露国の滅亡を望むものに非ず。只彼をして世界の平和を害するの政策を捨てしめんと欲するのみ。而して日露の開戦は種々の点に於て彼を反省せしむるの好機なるが故に吾人は茲に世界平和のために彼の敗北を祈るのみ。

◎露国民は固より種々偉大なる長所あり、而して此長所は文明の洗礼を受けて更に大に発揮せらるべきもの也。此無類の利器を蛮用するは惜むべし。吾人今回の戦に於て彼に一撃を加へ以て彼をして反省する所あらしめ、更に彼を啓発し彼をして平和の偉人として文明に貢献せしむるに至らば、吾人の責任も決して軽からずといふべし。吾人は文明に対する義務として露国に勝たざるべからず。私《ひそか》に思ふ露国を膺懲《ようちょう》するは或は日本国民の天授の使命ならんと。(翔天生)

〔『新人』一九〇四年三月〕

露国に於ける主民的勢力の近状

四月十七日倫敦《ロンドン》発の電報はいふ。

立憲保守党露国に組織せられつゝあり　其の主唱者には七名の帝国参議院議員、若干の元老院議員(高等検察官)の外政府の高官少なからず　内務大臣「ブリギン」氏は彼等が此運動に加はり居ることを承認せり　主唱者等は今回総会を開いて改革実行に関する諸問題を議定せんとし数千通の招集状を全露国に発せり　而して代議院組織の計画案は既に彼等の手に起草せられありといふ。

此電報は以て露国に於ける人民的勢力の近状を察せしむるに足るものあり。

抑《そもそ》も露国に於て憲法要求の声の唱へ出されたるは固より昨今の事に非ず。然れども之を唱ふる者の如何なる階級に属するやを見るに、先づ始めは学生にして、次いでは職工労働者(即ち工業に従事する労働者)に過ぎざりき。然らば憲法要求の運動に関係せるは少数の学生又は職工の輩に止り、人民の大部分を為す所の農民の階級に至ては殆んど全く之に関係なかりしなり。故に彼等運動者が如何に過激の方法を執り又如何に其声を大にしたればとて必竟是れ虚勢を張るに過ぎずして、其実際の勢力としては決して未だ廟堂の貴族を動すに足らざりしもの、如し。況《いわ》んや露国の上流貴族は実に意気あり智略ある傑物に富むに於いてをや。露国上流の比較的人傑に富めることと同国大多数下民の余りに無智蒙昧なりしことゝは、不思議にも今猶ほ欧洲の天地に儼然たる一大専制国を存立せしむる所以也。

日露戦争以前の露国を顧みるに、当時上流貴族の階級は優に所謂革命党社会党の如何なる計企をも急破一掃するの実力を有して余りありき。進歩主義の平民党は政府の辛酷なる抑圧を蒙るに拘らず日に月に同志者を増加して止まず、進歩主義革命主義の漫延や誠に素晴らしきものありしとは云へども、一方に政府の権力の強大なるを顧みては、露国に於ける革命主義の実現や前途誠に遼遠たるの感なきを得ざりしなり。然るに図らざりき。今茲に倫敦電報によりて立憲保守党の設立を聞かんとは。

此電報に依れば政府方の上流階級が自ら進んで立憲政体の樹立を期するに在るもの丶如し。これまで人民の一部の者が血を流して希望せし立憲制をば政府方自ら其設立を声明するものなり。是れ豈《あに》政府が先きに無辜の人民を殺してまで争ひし所のものを今自ら我より之を許さんとする者に非ずや。露国政府は何故に此一大反覆を敢てしたるや。是れ識者の注目を怠るべからざるところ。

露国政府のこの一大反覆を解明するに二様の道あり。第一に露政府の一派が時勢の赴く所国利民福の示す所に依り到底立憲制に依らざるべからざることを心から信ずるに至れるものとすれば、かの反覆は更らに怪むに足らず。併し今日の露国政府が一朝にして其頑迷を改め、吾人と共に文明の恵沢をたのしまんとするに至りしとは如何にしても信ぜられず。然らばかの反覆を説明するの道は即ち、露国内に於ける人民的勢力の著しく勃興して政府も少しく危険を感ずるに至りし結果、之を慰撫するの必要より斯の手段を取りしと見るの外なき也。予輩は実にかの倫敦電報の所報を以て露国に於ける人民的勢力の激増を察する者なり。

露国に於ける人民的勢力の激増を来せる原因は疑もなく日露戦争なるべし。予の推考する所に依れば日露戦争の結果は最も痛切に最も直接に人民をして専制政治の害毒を感知せしめたるべきが故に、如何に魯鈍蒙昧なる農民と雖も、茲に眼を開き耳を傾けて進歩主義の主張を見聞せざるを得ざるに至り、之と同時に露国の国難は政府をして自ら兵力を遠く東亜のはてに割かしめたるを以て幾分か内部に於ける抑圧力を減じたるならん。一方は日に日に其勢力を増し、他方は戦局の進むにつれて其勢力を減じつゝあるが故に、両者の力に変調を来すは理の当然なり。是れ即ち今春以来露国の彼方此方に騒擾紛乱の絶えざりし所以なりし也。而して今や政府方自ら節を屈して立憲党組織の報に接す。如何に彼等の窮厄せるかを想像せよ。

遮莫《さもあらばあれ》立憲制の樹立は固より彼等の素志に非ず。彼等の意或は立憲党の組織によりて一時の小康を得ば、更に他日力を回復し得たるの時を以て大に民力を圧せんとするに在るやも計りがたし。露国人民たるもの眉に唾して此奸計に乗るべからざると同時に益々此好機会を利用して大に其勢力を四方に張るべき也。之を要するに、日露戦争の結果たる露国の人民的勢力の激増は結局同国人民を専制の害禍より救ふに至るべきや疑を容れず。吾人は今や東欧の天地に漸く文明の微光のひらめき初めたるを見て大に之を祝する者也。(翔天生)

〔『新人』一九〇五年五月〕

露国貴族の運命

一国政治上の実権が全然君主貴族などいふ一部の階級の独占に帰し、一般人民は毫も諸般の国務に対する政策方針の決定に与《あずか》ることを得ざりしのみならず、人民の智識亦極めて低くして如何様に治められても一に君主貴族の所命に順遵し、甘んじて一点の不平をも漏さゞりしは数世紀以前の国家の状態なりき。今日の国家に於いては最早君主貴族の所命を其儘《そのまま》金科玉条として尊崇し、彼等に治めらるゝならば如何様に治められても可なりと甘んずるの人民はなし。今日の人民は啻《ただ》に当局者の政策方針を善しとか悪しとか是非するの批評眼を有し、斯く斯くに治められたしとの政治的希望を有するに至りしのみならず、更に一歩を進めて自ら一国の方針政策の決定に参加し、当局者の専擅《せんせん》に流るゝの憂を断絶し、少くとも当局者をして人民の声に耳を傾けしめんと熱望するに至れり。此熱望は夙に百年の昔より欧洲の天地に拡まり、以て今日の立憲政治を生みし也。

併し今日の如き立憲政体を生み出すまでには頗《すこぶ》る惨憺たる経路を通過し来りたることを忘るべからず。何となれば世の開明と共に人民が政権に参加せんとするの熱望は愈《いよいよ》其度を加ふるのみなるに、従来政権を独占し来りし貴族階級は人民をして政権に与らしむるを喜ばず、徹頭徹尾人民の主義的運動に反抗し、其従来有し来りし地位と力とを利用して人民の勃興を圧迫し、茲に上下両者の大争闘を醸したりければ也、然れども人智の開発は世の大勢なり。世の大勢にして抗すべからずんば人民の政治的熱望は決して圧抑すべきものに非るなり。貴族階級如何に其地位と力とを以てするも豈永く人民の勢力に抗すべけんや。故に見よ、今日に於いて多くの文明国は、或は貴族階級の人民の勢力を容認することによりて或は人民の勢力を以て全く貴族の階級を打破することによりて、主民的運動は遂に其効を奏し、兎も角も立憲政体の確立を見るに至りたることを。

斯くして近代の国家は均しく立憲政体を採用し、人民をして政策方針を決定するの源たらしむるの主義に帰向しつゝあるに際し、独り怪む、世界中最も開明なる欧羅巴《ヨーロッパ》の天地に今猶ほ露西亜《ロシア》なる一専制国あることを。

然れども露国に於ける人民的勢力は日露戦争後頓《とみ》に勃興激増して専制政治没落の期も亦将《まさ》に近からんとす。主民的運動の勝利が世運の大勢なりとせば、露国貴族の今日に強勢を極むるとも、其運命や既に定れりと云はざるべからず、彼等はこの趨勢を洞察するの明識なきか。将た之を洞察するも、自ら下りて平民の友となり広く同胞と苦楽を共にするの断と勇となきか、斯の明識と斯の勇断となくんば彼等は遂に亡ぶべきもの也。天下露国の貴

族と運命を共にすべきもの猶ほ頗る多きを悲む。（翔天生）

〔『新人』一九〇五年五月〕

学術上より見たる日米問題

一

今年の春、北米合衆国カリホルニア州に於て所謂《いわゆる》土地法案が議会の問題となつてより、日米関係は再び我が国朝野の大問題となつた。該法案たる、言ふまでもなく、其表向きは何であるにしろ、必竟日本人の土地所有権を禁止せんことを目的とするもので、我が邦人は彼地にあると内地に居るとを問はず極力其廃棄に尽力したのであつた。然し其甲斐もなく、該案は、五月二日二票に対する三十五票の多数を以て上院を、又翌三日三票に対する七十二票の多数を以て下院を通過した。超て十九日加州知事ジヨンソンは之に署名して茲《ここ》に立派な法律となり、憲法の規定により八月十日より実施せらるゝ事となつた。其の以前から米国外務省と交渉中であつた駐米帝国大使の活動は、今尚ほ引続いて居るとの事であるから、本問題は外交上未決の事件ではあるけれども、併し法律の既に成立し実施せらるゝを見たる以上は、事実上先づ解決は善かれ悪かれ付いたものと見ねばならぬ。従つて内地に於ける操觚社会の議論も、本件について此頃は頗る《すこぶ》下火になつたやうだ。

併し加州土地法案問題は、所謂日米問題——一層適切に云へば米国に於ける排日問題——のすべてではない。故に前者の片がついたとて後者の考察を閑却してはならぬ。予輩の考では、米国に於ける排日思想は其根底決して浅くない。之が色々の場合に種々の形に現るゝので、加州土地法案の如きも其一種に過ぎないと思ふのである。故に今次の加州事件が、仮りに日本の利益に解決がついたとしても、排日思想の儼然として存する以上は、他日また何かの機会に問題が起るに相違ない。故に日米関係の問題は、加州事件の落着如何に拘らず、今後永く仍《な》ほ我々に絶へず困難なる事件を提供して解決を迫るであらう。是れ本問題の慎重なる研究が、吾人に取りて最も緊要なりと信ずる所以《ゆえん》である。

尤も今次の加州事件に関連して、排日問題の根本的討究に触れた議論は少からず新聞雑誌などに見えた。併し多くは問題の一端にふれて全斑に通じない傾がある。殊に米国に流行する表面皮相の議論に捉へられて、其裏面に流る丶大潮流に着目せるもの丶少かつたのは、予の甚だ遺憾とする所である。従つて我々の論難は、彼地に於いて一向要点に当らなかつたのである。蓋《けだ》し米国に於ける排日思想は、極めて複雑なる要素から起つて居るものである。之を細かに分析して研究しなくては、其真相は解らないのである。我輩は敢て本問題に通ずるを以て任ずる者ではないけれども、平素多少研究してゐる事もあるから、其一端を披瀝して世の質問に応ぜんとするものである。

二

我輩の観る所を以てすれば、所謂排日思想なるものは、大体五つの要素から成り立つて居ると思ふ。而して此五つの要素は、自ら一種の段階をなして、歴史的にも、論理的にも、彼此相関連して居ると思ふ。換言すれば、排日問題は、当初或る狭い簡単な形で現れたが、漸次根底の深い要素を含むやうになり、今日に至つては、之等の要素相混交して、頗る複雑な問題となつたといふのである。而して其の茲処《ここ》に至る迄には、前の五つの要素といふ事と相対照して、予は五つの段階を経たと見るのであるが、以下其次第を簡単に述べやう。

第一段　一体排日思想の実際問題として起つたのは何時頃かと云ふと、今より十二三年前頃からである。而して此頃の排日問題は、其性質をよく研究して見ると、純然たる労働問題であつた。即ち此時代に於ては在来日本人は、労働者といふ資格に於て、先づ彼地白人労働者の眼底に映じ、彼等は我等を商売敵として排斥せんと決心したのである。例へば一千九百年五月七日、職工組合の主唱に基き、太平洋岸の労働組合を誘引して、桑港《サンフランシスコ》に開ける所謂市民聯合大会の決議――此会議に於ては、日本人は競争者としては支那人よりも危険なりとの理由に基き、外交官以外の一切の日本人を排斥するため、法律の制定又は他の適当なる方法を講ずべき事を、中央議会に建議すべき旨の決議をしたのである――の如き、又一千九百一年、時の加州知事ヘンリー・デー・ゲージが、州会に宛てたる教書の如き、其明白なる証拠である。殊にゲージの教書は、当時の排日思想の性質を極めて明白に述べて居る。曰く

(前略)日本労働者の無制限なる来住に依りて蒙るべき危険は、清国労働者より受くべき危険と、同一性質のものなり、其労働賃銀の低廉なるは、米国労働者に取りて由々しき大事なるが故に、之を禁止し又は制限するが為めに、中央政府が新なる法律を作り又は日本との条約を改締するは、合衆国民を保護するに必要なりとす(下略)。

此教書の結果として、州会は、日本移民制限の建議を中央議会に致すべきの決議をしたのである(同年ネヴアダ州会も同様の決議をした)。其等の事のあつた以前には、実は排日的思潮は余り世間に現れなかつた。夫れも其筈である。其頃までは、在留日本人の数は至つて少かつた。合衆国移民調査報告に依れば、全国在住日本人総数は、一千八百九十年には僅に二千〇三十九名であつて、其後は毎年千四五百名宛の入国を見るに過ぎなかつたのである。一千八百九十八年頃より、移民数俄《にわか》に増加し、二千三千を超え、一千九百年には一万二千を超ゆるに至つた(但し一千九百〇一年には五千に減じ、爾後時々消長はあるが六七千前後といふ計数を示してゐる)。

而して此趨勢と共に、排日的思想は、段々頭を擡《もた》げたのであるが、前申した通り右排日思想は、先づ労働問題として現れたのであつた。換言すれば、排斥を叫ぶ者は、主として競争者たる白人労働者であつて、其他の者は之に与《あずか》らなかつたのである。而して労働者を中心としての排日の叫は、先づ加州に起つたのであるが(在米日本人の約三分の一は加州に居る)、併し之は加州にのみ止らず、暫くすると、他の方面にも蔓延した。其証拠は、一千九百〇三年、シカゴ市に開催せられたる合衆国労働者大会の決議である。此会では、日本の労働状態調査のため、二名の調査委員を日本に派遣することを決したのである。其調査報告の結果は、「日本の労働状態は、経済上未だ工業時代に入らずして、所謂農耕時代を脱せず。従つて体力上の競争に於ては、合衆国労働者の遠く及ぶ所に非ず。故に合衆国労働者の保護の為め、彼等の来住を防止するは極めて必要なり」と云ふにあつた。又翌一千九百〇四年十一月、桑港に開ける合衆国労働同盟大会に於ては、遂に従来の支那人排斥の条項を日本〔人〕労働者にも適用すべきの決議をなし、正式に日本人の入会を拒むことに決めた。

斯の如く、日本人は、白人労働者より共同の敵として排斥せらるゝ様になり、而して米国は労働者の跋扈する処なるだけ、排斥の声は盛であつたけれど、併し此段階に於ては、排斥するものも、排斥さるゝ者も、労働者だけであつた。従つて其以外の人々に付いて見れば、排斥どころか、却つて歓迎するものも少くなかつた。殊に雇主側に在つては、日本人労働者を以て、賃銀低廉にして且勤勉怜悧なりとして、盛に其使用を喜ぶといふ有様であつた。然るにこの排日思想は、不幸にして永く労働問題としてのみ止らなかつた。幾《いくば》くもなくして、之は更に一転進して、一つの広い経済問題となつて現るゝに至つたのである。

第二段　日本の移民が、労働者として一生を終るものであつたら、排日問題は所謂労働問題以上に発展する事はなかつたであらう。然るに、幸か不幸か、勤勉にして敢為なる我が同胞中のある者は、永く労働者として人に使役せらるゝに甘んぜず、刻苦精励の結果、多少の貯金を土台として、遂に企業家として立たんとするに至つた。無論之は主として農業の方面である。人も知る如く、彼地には、茫々たる無開墾地今日なほ少くない。地主は一手で之を拓き尽すことが出来ないから、借らうと思ふものがあれば、喜んで貸す。予の見聞したる所に依れば、地主は其所有に属する原野を七年間無賃で貸す。借主は之を開墾する為めに、最初の一年は若干の資本を之に投じて力役するが、二年目三年目には多少の収入を見、五年目位から相当の利益を得る。七年の期限の尽くる迄には、可なりの利益が出来るのである。七年を経過すると、地面を地主に返すが、地主の方から云つても、ドーセ只遊ばして置く地面だから、無賃で貸しても損はなく、而かも七年の後には立派な耕地として帰つて来るのだから、大に利益のある訳であり、又借主から云つても、最初の一二年食つて行く丈けの貯があれば、七年の後には相当の金が出来、更に之を基として一層広き新地面を借りて大仕掛けにやる事も出来るから、之も利益である。米国西岸には、今日なほ斯んな地面は幾らでもある。而して日本人は中々農耕に慣れてゐるといふ評判なので、米国人は他国人よりも先づ日本人にならば喜んで貸すと云ふ有様である。今日排日の声は八釜《やかま》しき際ですら、日本人に土地を貸したいから世話して呉れなどと頼みに領事館などに来る者は少くないとの事である。要するに、右の様な便宜があるので、少し心掛けのよい者は忽ちにして労働者より一転進して農業経営者の群に入る事が出来るのである。斯うなつて来ると云ふと、日本人は今度は彼地の農業経営者を共同の敵として有せね〔ば〕ならぬ事になつて来る。於是《ここにおいて》排日思想といふものは、独り労働者間のみの問題ではなくなつて来るのである。此点は最近の排日問題を研究する上に決して看過してはならぬ。最近に於ける排日の声の最も高く起るのは何所《どこ》であるか。桑港か。ロスアンゼルスか。シアートルか。否々。斯かる都会地にあらずして、三々五々農家の散在する田舎である。即ち中流の農業経営者が、最も熱心なる排日論者である。無論、都会の雇労働者も排日を叫ばぬではない。併し之等よりも熱心なる排日論者が田舎に居るといふ事を忘れてはならぬのである。所謂加州の土地法案の如きも、畢竟の目的は日本人の農業経営を覆さんが為めで、即ち日本人を農業経営の上の商売敵として起つた事柄である。此点は、米国西岸に於ける日本人の農業的発達といふ事を見れば、猶一層明である。馬鈴薯王の称ある牛馬氏の成功、而して同氏が実に米国に於ける馬鈴薯の相場を左右するの実力あることは言はずもがな、ソンな大仕掛なものでなくとも、五万十万位で身上《しんしょう》を造り上げて、薯《いも》や苺《いちご》の栽培に従事してゐるものは幾らもある。而して之等の人々は、孰《いず》れも其住する狭い範囲に於ては、常々相場を左右する位の境遇に居る。日本人は第一勤勉であり(殊に農業移民は)、第二に熟練である。従つて同じ労働同じ資本でも、其獲る所は概して白人よりも多い。従つて少々位安く売つても引き合ふ。此点に於て白人は少くとも農業の点に於ては日本人の敵でない。それに日本人は隣同志でも白人とは交際せず、日本人だけ寄り集つて別天地を作つて居るといふやうな事情なども加はつて、日本人は白人事業家から嫉視さるゝに至つたのである。要するに、今日となつては、白人の農業家は挙《こぞ》つて日本人を排斥するといふ勢に立ち到つたので、之が労働者の排日の叫と呼応して、近時益々盛になつたのである。

斯くいへばとて、農業家は悉く日本人を排斥するといふのではない。中には今日なほ、日本人を労働者として使用せんと欲するものはある。従来日本人の労働に依つて発達したる砂糖業の如きは、今以て日本人を歓迎して居る。一千九百〇七年二月、布哇《ハワイ》転航の禁止せらるゝや、日本人の来住大に減じたる為め、一部の事業界は大打撃を蒙り、中部諸州の実業家三十余名、時の商工務卿ストラウスを追ひて桑港に来り、転航禁止の解除を迫りしが如きは其一例である。故に、多数労働者の来住によりて、開拓事業の進歩をはかりつゝある地方に於ては、事業家の日本人を歓迎するといふ事は今日でも沢山あるが、併し之も日本人の発展の工合で如何《どう》変るか分らんので、何時までも当にする訳には行かぬ。日本人が進歩発展すればする程、事業家雇主の側も亦労働者と一緒になつて、排日の声をあげるのは、一つの趨勢であると見なければならぬと思ふのである。是れ我輩が、排日問題は最早単純なる労働問題に非ずして、モ少し広い経済問題でもあると云つた所以である。嘗《か》つて労働者保護という理由のために唱へられた排日問題は、今や其主張の理由の中に、新に産業保護といふ項目を加へた次第である。故に或る一部の論者の如く、加州に於て特に屢《しばしば》起る排日問題は、労働者及び之に阿《おも》ねる一部野心政治家の奸計によりて起れりなど丶いふのは、大なる謬見である。

第三段　排日思想が前申す第二段階で止つて居る中は、つまり我々を排斥するのは、各自の経済的利己心より之を敢てする労働者並びに農業経営家の連中のみであるから、問題は比較的簡単である。解決も左まで困難ではなかつたと思はる丶。然るに此問題は、不幸にしてこ丶に止らず、更に一歩を進めて、一種の社会風紀の問題として現る丶に至つた。於是排日思想は、日本人を共同の商売敵とする連中より拡がりて、段々に日本人と何等利害の交渉のない階級にも及ぶといふ事になつたのである。

之も其縁因を究むれば無理もない事である。そは一千九百年この方、日本人の移住は著しく其数を増して来た。数が殖へて、都会や村落に密集団体の生活を営むといふことになれば、其地方の社会では、最早日本人を無視する訳にゆかぬ。そこで日本人の混住といふことは、一つの社会問題として研究せられざるを得ざる訳になる。今参考迄に一千九百年来の日本人の移入を挙げやう。

一九〇〇年	一二、六二五
一九〇一年	四、九〇八
一九〇二年	五、三二五

一九〇三年	六、九九〇
一九〇四年	七、七七一
一九〇五年	四、三一九
一九〇六年	五、一七八
一九〇七年	九、九四八
一九〇八年	七、二五〇
一九〇九年	一、五九三
一九一〇年	二、五九八
一九一一年	四、二八二
一九一二年	四、九八四

猶此外に布哇よりの転航といふ者がある。合衆国移民局の調査によれば、一千九百二年一月一日より一千九百五年十二月三十一日迄の四年間、布哇より約二万〇三百人の日本人が大陸に渡来したとの事である。又布哇移民局の報告によると、同地より大陸に転航せし日本人の数は、一千九百六年度には一躍して一万二千二百二十七人に達し、翌一千九百七年度は、聊《いささ》か減じたるも猶五千四百三十八人を計へたとの事である。斯くて日本人は、アメリカの社会に於て有力なる一分子となり、従つて其風俗、習慣、思想等は、白人社会に何等かの影響を与へずには居ぬことゝなつた。殊に白人等が、日本人の常に同胞相集りて城壁を築き、心を虚にして其の中に来らざるの事実を見るや、彼等は乃ち所謂日本人不同化説を唱へ、日本人の在住は、白人の社会的生活を害するものではあるまいかと考ふるに至つた。換言すれば、白人社会の健全無純の発達を期する為めには、全然異つたる考を以

て生活する日本人を遠くることは、必要であるまいかと考ふるものを生じた。斯うなると、排日問題は、啻《ただ》に経済上の競争者に関するのみの問題でなくして、更に其範囲を広くすること丶なるのである。之れが証拠として、予は一千九百五年五月組織せられたる亜細亜人排斥協会を挙げる。之は設立後無数の賛成加入者を得、本部を桑港におき、支部をシアートル、ポートランド、デンバー等に設け、盛に日本人排斥の運動に力めて居る。其加入者の大多数は労働者農業家であるけれども、然らざるものも多く、而して会員の範囲は遠く英領地方にまでも及んで居るとの事である。而して其主意とする所は、労働者保護を標榜して居るけれども、其外猶次のやうなことを言つてゐる。

（前略）二個以上の同化し難き人種は、同一領土内に平和に棲息する能はざるものにして、斯かる異人種の雑居は、終に身体上精神上其他の生活状態に不適当なる性質を有する人種の滅亡を来さゞるを得ず。而して我が地方に於ける生活状態は、結局労働状態によりて定るが故に、此状態に最も適当なる日本人は、終に吾人を滅亡に帰せしむべし（中略）。吾人は北米の土地を、現今及び将来の米国人の為めに保全し、且つ米国人をして、道徳上及び社会上最高の地位を得せしめ、斯くて自由及び自治の最高理想に適する社会を維持存続せしむる為め、本協会を組織す。

観るべし、彼等の排日の趣旨は、今や単に労働〔者〕保護のみに止らずして、更に米国の道徳的社会的品位の保護に在ることを。従つて此協会に加はる者も、今や単に労働者等従来排日を叫び来つた者のみではない事になつた。牧師もあれば、教育家もあり、苟《いやし》くも米国社会の健全なる発達を冀《ねが》ひ、而かも日本人の在住を以て之を妨ぐと考ふる者は、来り投ずると云ふ有様になつた。一千九百八年の報告によれば、加州のみで此協会に属する者、十一万を超ゆるといふ事である。更に一千九百九年五月の加州部会の大会の報告に依れば、団体として加盟せるもの、二百二の労働組合を筆頭として、十二の市民団体及び二三宛の慈善団体、軍事団体及び政社がありしとの事なれば、以て此問題は、労働問題経済問題たるの地位より、更に一転進して社会問題といふ形態を執り、広く社会有識の士の着眼を惹いた事が分るであらう。

第四段　社会的見地より唱導せらるゝ排日思想は、幾くもなくして人種的侮蔑心を伴ひ来り、益々日本人に不利益なる主張を聞くことゝなつた。由来白人は有色人種を劣等なものと見ておる。近来西洋人中にも、日本人の優秀を説くものはある。併し如何に日本人を讃美すればとて、之を自分等よりも優等なる人種なりとは決して考へて居ない。否多くの人々は、結局有色人種は、白人の理想を了解するの能力なく、白人に支配せらるべき運命を有《も》つて居るものと信じてゐる。有色人種は、其如何に高等なるものと雖も、白人に比して其生活の理想が低い、万事が劣等であるとは、彼等の信条である。而して此信条に基いて、彼等は排日を主張した。曰く、生活理想の低い日本人の多数来住するは、白人の生活の標準を荒らし、之を低下するの危険ありと。斯かる偏見を加ふることゝなると、排日思想は、更に進んで人種問題といふ形を取つたものと見ざるを得ぬ。

人種的見地から排日を説くものゝ中には、右述ぶるが如き偏見を立脚地とする者の外に、もう一つある。之は必ずしも日本人の劣等と云ふ事を論拠とするものではない。不同化といふことを説くのである。此種の論者の言をきくに、曰く、日本人が白人に比して劣等なりや否やは今問ふ所でない。只彼等が吾人の生活関係と同化せぬ点が、彼等の来住を拒まねばならぬ根本の大理由であると。人種が異れば、自然同化は困難であるが、中にも日本人は最も同化の困難なる人種なりとの論拠に立つて、彼等は排日を主張するのである。一千九百七年一月九日、加州知事ハーデーは、其職を去るに臨み、次のやうなことを言つたと伝へられて居る。

日本人は、支那人よりも同化性に富むが如きも、彼等は国人相集合して離散せず、其取引は彼等同国人間に限られ、白人と来往するを好まず。日常の生活に於ても、徹頭徹尾其故国の習慣を墨守す。要するに、日本人は吾人と人種を異にするを以て、米国に同化すること難し(下略)。

又一千九百九年の加州々会は、其年二月、現行支那人排斥法を拡張して日本人にも適用すべきことを、中央議会に求めんとするの決議を通過したるが、其主意は主として労働者保護といふことにあるけれども、一面また人種問題にも渉つて居る。次に其全文を示さう。

一国の進歩幸福安寧は、其住民が同一種族に属するを条件とす。米国民の生活と適応せざる、即ちアングロサクソン人種と同化せざる亜細亜人の流入は、米国民の生活標準を低下し、米国労働者の賃銀を減少するの結果を来すべし。

現行排斥法の下に支那労働者を排斥するは、国民の経済的社会的幸福を維持するに効果あること、加州の利益は、該排斥法を引続き存続するの外、更に其精神を拡張して他亜細亜人にも適用するによりて最もよく保護せらるゝこと、一般合衆国民をして、亜細亜人問題に関する太平洋沿岸民の真正なる感情と意思とを了解せしむるの適切なることを認識し、上下両院は、茲に合衆国中央議会に敬意を表し、現行排斥法を保存すること、并びに同法の各条項を拡張して全亜細亜人に普《あまね》く之を適用するに至らしめんことを建言す。

合衆国中央議会に属する加州選出上下両院議員は、前記提議の貫徹に全力を注ぐべく、又加州知事は、本決議文を大統領、合衆国中央議会上下両院議長及び中央議会に属する加州選出上下両院議員に通達すべし。

斯んな風で、人種的見地から排日を主張するの論は段々盛になつて来た。此議論にも実は相当の根拠はあると思ふ。最も宗教家などの中には(日本に居ると彼地に居るとの差なく)、正義とか人道とかの論拠をふりかざして、人種的差別を為すの不当を論ずるものもあつたけれど、大した反響は無かつたやうだ。又事実を云へば、日本人の在住が米国の生活標準を低下するといふも最〔尤〕もの点もある。無論道徳の問題で争へば、白人にも怪しからぬ奴は多いから、日本人のみを責むるは不都合であるけれども、余り教育のない下層の日本人の密集的生活は、白人の社会的生活に、忌むべき印象を与ふるといふ事も蔽ふことは出来まい。本年四月、例の土地法案が加州議会の問題となるや、国務卿ブライアン氏は大統領の命をうけてサクラメントに急行したが、二十八日早朝、其到着を停車場に迎へたる知事ジヨンソンは、停車場より己が官邸に趣《おもむ》くに方《あた》り、其必要もなきに、故《わざ》と日本人街に自働車を乗り入れたといふ事であつたが、此皮肉な知事のやり方も、ツマリは日本人のダラシの無い生活を、先づ国務卿に見せつける為めにあつたに相違ない。我々日本人は、一人居る時は端然として居つても、多数集ると直ぐダラシが無くなるから、之と全く裏腹な西洋人と接触する場合には、常に誤解を招き易い。

其外仏教の活働も亦人種的の考を深からしむるに与つて力あると思ふ。白人のすべてに熱烈な宗教心ありや否やは今暫く問ふまい。併し自分の信仰の厚薄の如何に拘らず、異教に対する反撥心の強烈なるは白人一般の通性なることは、一点の疑はない。古代に於て十字軍は此精神で起つた。今日バルカン半島で土耳其《トルコ》の窘《くるし》められてゐるのも、必竟は欧羅巴《ヨーロッパ》人に普ねく此精神があるからである。然るに今米国——兎も角も基督《キリスト》教主義に基き自由の理想国を設けんことを建国の精神とする米国——の一地方に於て、図らずも異教が這入《はい》つて来た。見慣れぬ伽藍は到る処に立つた。信徒は全然白人の社会と孤立して、伽藍の中にこもつてゐる。白人は之を何と見るであらう。若し夫れ、日も沈み世間の静まり返つた時に、仏寺よりゴーンと響く鐘の声を聞くとき、彼等は異教の剣を以て肺腑をえぐらるゝの思はせぬであらうか。宗教の異は人種差別の観念を一層強烈ならしむることは、歴史の証する所、事実の示す所である。目下加州地方に於て、天主教の僧侶が、特に排日を主張するのは、其主たる理由は茲にある。新教の方は日本人中にも其信徒は可なり多数あるけれど、天主教の方は殆んど日本人と交渉がない。

故に天主教の僧侶は、十字軍的熱誠を以て排日を説くのである。彼等は排日の思想を寺の教壇より説く。而して天主教の信徒は、南欧諸国の移民よりなる労働者を多数とするの事実、及び米国太平洋岸の白人は、新教徒よりも旧教徒の方が遥に多数なるの事実を思ふとき、仏教の活動が、如何に排日思想の有力なる根底をなして居るかゞ分るであらう。

第五段　以上説く所で、排日問題は年と共に段々深い根底に根ざして来る事は分つた。今日では、最早簡単な問題といふ事は出来ない。然るに、最近に至つてモ一つ深い根底が、排日思想の成立要素の中に加はり来つた事を我輩は見るのである。夫は人種の違つた者が、一国内に雑居するは、其国の統一を害するとの思想である。従来も異人種の雑居を難ずるの声はあつたけれど、其場合には之によりて損害を蒙るのは米国の社会的生活のみであると考へられて居つたのである。然るに此頃に至つて、異人種の雑居殊に日本人の雑居は、啻に米国人の社会的生活を害するのみならず、米国の政治的存立を危くするといふ考は、段々起つて来た。此事は少しく説明を要する。

一体異人種雑居と国家の政治的統一との関係は、従来米国では余り問題とならなかつたけれども、欧羅巴大陸では、夙に之は学者実際家の研究に上つて居つた。異人種の雑居の為めに、国力の統一乃至発展の害せられて居る実例は、欧羅巴大陸に頗る多い。先づ土耳其は之が為めに土崩瓦解した。澳太利匈牙利《オーストリアハンガリー》の萎靡振はざるの一つの原因も之である。独逸《ドイツ》が国力の発展今日の如く隆々として而かも猶イザといふ時に左顧右眄するのも、三方に異人種を有つてゐるからである。其他英国も、露国も、白国も、皆此問題には悩んでゐる。之等の諸国の中には、少数なる異人種に対しては同化の政策を執つたが、其成績は先づ失敗である。人種的我といふものは、中々圧伏し去ることの出来ぬものであるといふことが分つた。殊に近年著しいのは、従来全然同化されて仕舞つて居たと考へられてゐた人種までが、段々独立の自覚を喚び起して、自立の要求をなし来つたことである。ソコで、異人種といふものは一体同化の出来るものかといふことが問題となつて来た。最も開明の程度の非常に差あるものゝ間には、同化が出来るかも知れん。併し最も殖民的天才ある英国人すら、開明の度の頗る低き印度人を、十分同化し得ぬではないか。況《いわ》んや多少開明の度に達した人種は、到底同化し得ざるものではあるまいか。斯んな考は段々起つて来る。従つて、戦勝の結果其他の特別理由で新に領土を増し為めに異人種を自国民中に加ふる場合は致し方がないが、然らずして異人種が自ら自国内に移住し来り、茲に別天地を作るが如き場合は、大に将来の為めに考ふべき問題であるまいかといふ風に、識者の考は向いて来た(以上の点につき、特志の読者には、新日本臨時増刊世界民族号所載「政治上より観たる今日の民族競争」と題する拙著小論文を参考せられんことを乞ふ)。斯くて久しく米国識者の研究に上つて居つた移入民問題(Immigration)は、最近著しく其政治的方面に於て、盛なる論究を見ることゝなつたのである。米国の先覚者ルーズヴエルト幷びに其関係するアウトルツク誌の本年一月以来の論調は、正に此潮流を代表するものである。試みに其二三を抜萃せんに、一月十日号の社説には、次の様な文字があつた。

(前略)排日問題の根元は、単なる感情にあらず、猜疑にあらず、又文明の程度低しと云ふにあらず、徳育の欠くる所ありと云ふに非ず、安価なる労銀に甘んずるといふにもあらず、生活状態劣等なりといふにもあらず。日本人は敢為の気象を有し、高潔なる品性を有するに於て、敢て欧洲移民に劣る所なきは吾人の認めて疑はざる所なり。只問題は、米国の文明は欧洲人種によらずして健全なる発達をなすことを得るや否やに在り。日本人は諸種の優秀なる性質美徳を有すれども、先天的に欧化せざる国民なり。この点に就ては、日本文明に特殊の研究を加へたるラフカヂオ・ハーンの如き其著書に明記せる所なり。日本人排斥の理由は、実に此同化せざる点に存す。故に此問題は、米国に取っては、単なる労働問題、経済問題、人種問題にあらずして、実に国家存立の基礎に関する一大問題なりとす(下略)。

この最後の文字が、何物を暗示するかは、賢明なる読者の洞察するに難しとせざる所と信ずる。又二月十五日号の社説には、

(前略)若し地をかへて日本が我国と同一の地位にありとし、多数の米人日本に来りて同一の権利を獲んとせば、日本は果して如何なる処置を執るであらうか。

といふやうな文字があつた。斯ういふ風に考が向いて来ると、排日問題は、最早社会問題や人種問題といふことではなく、米国々家の存立に関する問題である。斯うなると、仮令《たとえ》日本人に同情ある者又は日本人を讃美する者であつても、重大なる国家問題としては頸を傾けねばならぬ事となる。斯くて排日問題は、国家の前途を憂ふる識者の根底深き重大問題となつたのである。

ことに斯の念は、日露戦争後俄に著しくなつた。戦争開始の当初、米国人の我に対する同情の熾《さかん》であつたことは言を待たない。然るに戦局の進むと共に、日本人の技倆の劣るべからざることが分ると共に、漸く恐怖の念を生じ、之に日本人を侵略国民なりとする感情が加つて、遂に同情は変じて嫉視猜疑となり、奉天大戦争の頃より、米国の論調は漸く一変した。即ち所謂黄禍論がボツ〳〵見ゆるやうになつたのである。例へば或る赤新聞の如きは、戦場に馳駆して嚇々の功名を立てたる百万の勇士、除隊の後群をなして加州に来らば、加州は乃ち第二の布哇たらんと云つたやうな記事を連載し、甚しきは日米開戦説をさへ唱ふる者があつた。而して斯かる浮説蜚語が、単に無智なる下層階級にのみ行はれしに非ることは、夫のマグダレナ湾問題之を証して余りある。一千九百十二年、加州サクラメント在住の日本人某、某会社の勧誘に従ひ、同会社員と共に、墨国下カリホルニアを視察する

や、日本政府マグダレナ湾租借の意思ありとの流言は、直に四方に伝はり、日本政府新に六万の除隊兵士を墨国に入り込ましめたりとの独逸電報と共に、痛く米国人の神経を刺戟し、四月二日、上院議員ロッヂをして、マグダレナ湾調査の提議を為さしめ、遂に七月三十日、上院をしてロッヂの提出せる次の決議案を四対五十一の大多数を以て通過せしむるに至つた。

　両米大陸に於ける港湾若しくは他の地点が、海陸軍事上の目的を以て租貸せられ、而かも其租貸が合衆国の交通及び安全を威嚇するの恐ある場合に於ては、仮令右の租借が会社又は組合によりて為さるゝとも、其会社又は組合にして、両米大陸以外の第三国政府に、政府〔治〕的目的のために、該租借地、支配の実権を与ふる如き関係を有する限り、合衆国政府は其会社又は組合の租借に対し、深甚なる注意を払ふことなくして、之を看過することを得ず。

右の如きは余りに神経過敏の説ではあるが、併し米国人が我々同胞の行動に対し過敏なればなる丈け、同胞の移住は彼等の懸念して止まざる所である。而して此懸念は、米国の前途を憂ふる所から来るものなる故に、経済的、社会的、人種的の見解の如何に拘らず、苟くも一片憂国の至情を有する者は、均しく此問題に対しては無頓着で居れぬことゝなるのである。

さて以上五段に分析して述べた所によりて、排日問題の真相は如何かこうか明白にし得たと思ふ。由之観之、我国の新聞などで往々唱へらるゝ「排日問題は太平洋沿岸地方に於ける労働者幷に之を利用する一部野心家の奸策に基くので、米国全体の問題でない」といふ説、「正義人道に訴へて彼地識者の反省を促せば、解決が出来る」といふ説、或は「米国の言論界は、最近に至りて其非を悟り、排日の鼓吹をやめ、漸次日本に好意を表して来た」といふ説の如きは、皆謬《あやま》りである。少くとも彼国言論界の皮相の現象に迷はされて、根本的考察を怠つた謬説である。斯な考をして居ては、到底解決は出来ぬ。少くとも、米国人の考の要点に適中する見解を立てることは出来ぬのである。

三

排日問題の真相は先づ分つたとして、サテ次に来る問題は、之に対する解決方策如何といふことである。今根本的解決案として世間に唱へられて居るものを数ふると二つある。一は帰化権の獲得であつて、二はキヤンペイン・オヴ・エヂユケーシヨンである。

第一帰化権の獲得　之は慥《たし》かに解決の一案である。併し解決の一つの方案であつて、唯一の方案ではない。今次の加州土地法案は、帰化権の有無といふことを以て、土地所有権を獲得し得る者と否とを区別したから、少くとも今次の問題は、帰化権の獲得によつて全く解決することが出来る筈である。加之《しかのみならず》今次の加州土地問題を離れて、一般に抽象的の排日問題といふものを眼中に置いても、帰化権の獲得は我に取りて大に有利である。何となれば、日本移民は之によりて彼地の政界に新に一勢力となることが出来るからである。加州辺に居て盛に排日を唱ふる者は、多くは日本移民と同じ様に欧洲大陸から流れ込んで来た労働者である。同じく流れ込みの移住労働者であるのに、彼のみ独り主人顔をして我を排斥するといふのは何の訳かと云ふに、必竟彼は米国市民となり得るに我は之が出来ないからである。而して彼等労働者は、数に於ては優者なるが故に、其希望は自ら政治上法律上に実現さるゝから、従つて我々日本人は、常に法律上政治上頗る不利益なる取扱を受くるのである。今次の土地法案の如きは、僅に其一例に過ぎぬ。然るに若し日本人も亦市民となるの権利を獲たならば、日本人の意思も矢張り政治上に多少重きをなすから、日本人は今までの様に虐待を受けずに済むであらう。此点に於て、帰化権の獲得は慥に有利である。併し乍ら、茲に一つ忘れてならぬことは、帰化権の獲得によりて受くる日本人の利益は、只経済的利益を異にする白人労働者の圧迫に対抗することが出来るといふ事に止るのである。然るに近頃は、排日思想を抱く者の中には、何も日本人と利害の交渉のない者も少くないことは、前段述べた通りである。故に排日問題が予の所謂労働問題又は経済問題たるに止る間は、帰化権の獲得は優に問題の完全なる解決であり得たであらうけれども、如何《いかん》せん今日の排日問題は、ソンナ浅薄なものでない。是れ我輩が先きに帰化権の獲得を以て唯一の解決案でないと断じた所以である。又更に思はねばならぬことは、今日帰化権の獲得は可能であるか如何《どうか》といふことである。排日問題が労働問題経済問題たるに止る間は、排日思想は太平洋沿岸一部の人民に限るが故に、米国民全体の思想に訴へて、帰化法を修正せしむることは、必しも不可能ではなかつた。然るに今日となつては、最早排日思想は決して只一部分にのみ流行するものではない。一般の所謂識者の階級にも有力なる主張者を見るに至つたのであるから、目下の模様では、到底帰化権獲得の望はないと云はねばならぬ。此事は新聞の調子などでも分る。今年の夏、紐育《ニユーヨーク》の某新聞は、上院議員七十余名に対し、日本人に帰化権を与ふるの可否を質したるに、二三名の可とする者及び答弁曖昧なるものあつた外、大部分は否定論者であつたさうである。

第二キヤンペーン・オヴ・エヂユケーシヨン(Campaign of Education) 之も解決の一法たることは、前項帰化権の獲得と同一である。米国人の排日思想の要素の中には、吾人の観て以て最〔尤〕もとする所もあるけれども、中には随分飛んでもない誤解に基いて居るものもある。之等に対しては十分なる説明を与ふるの必要がある。日本人を以て、到底白人の生活の理想を了解し得ぬ劣等人種と見る考の如きは、最初に弁明せねばならぬ事柄であらう。異教排斥の念の如きも同様である。彼等が基督教を以て最上の宗教とするに異議はない。併し凡《すべ》ての宗教は皆均しく神の光である。基督教は神より出づる最大の光であるかも知れぬも、唯一の光ではあるまい。仏教も回々教《フイフイ》も大小完不完の差はあつても、皆是れ神の光を人類に輝さんが為めに生じ来れるものである。斯かる度量は彼等白人に是非持たしてやり度《た》いものである。次に日本人を好戦国民、侵略的国民なりとする思想に対しても、能く其誤りを解いてやり度いものである。由来欧羅巴人は東洋人について一種特別の先入的偏見を持つて居る。そは東洋人中時々武力の優れた人種が勃興し、夫が西進して西洋の文明を蹂躙しに来るとの考、是である。一度びマホメツトやサラセンに侵された彼等は、東洋に少しでも勇敢な国が勃興すると直ぐ之を連想する。此点は可笑しい程神経過敏である。而して此偏見は日本の勃興に伴つて直に所謂黄禍説の唱導を促した。黄禍説は独乙《ドイツ》皇帝の首《はじ》めて唱へたものであるけれども、今や米国に於ても之は輿論となつて居る。是れ実に大なる偏見と誤解に根拠するものなるが故、キヤンペーン・オヴ・エヂユケーシヨンの事業として是非此事もやつて貰ひたいのである。

併し之も実は根本唯一の解決案ではない。何となれば排日問題に関しては、彼に責むべき事があると共に我に亦幾多の改むべき所があるからである。我に改むる所なくして、換言すれば、我に附着する排日の原因を除去することなくしては、如何に二三の誤解を弁明しても、排日の思想は動かぬからである。故に誤解の説明とか、日本の実相の紹介とかいふやうな事は、手前の方の改善と相伴ふに非んば、何も実効はないのである。於是《ここにおいて》問題は一転して吾人は如何なる点に於て従来の面目を改めざるべからざるかといふことに移る。

四

我々は如何なる点の改善によりて、排日問題の解決に一歩を進むることが出来るかといふに、夫れは無論吾々に附着して排日思想の原因を作《な》して居るものを、漸次取り去るに在ることは論を待たない。然らば排日思想の原因を作してゐるもので、吾々自身で如何様にも処分の出来るものは何かといふに、第一は米国に移住せぬ事である。米国に移住さへせなければ、何も八釜しい問題は起らない。併し米国移住は、或る意味に於て、我国に取つて国民の運命に関する重大なる問題だから、今更断念する訳に行かぬ。労働者から嫌はれても、農業家から斥《しりぞ》けられても、ドン〳〵発展しなければならぬ。此点は外に致し方はないのである。故に移住は已むを得ぬこと、して之を許した上で、少しでも排日の思想を和《やわら》ぐる手段方法を考へねばならぬ。

第二は同胞の品位を高むることである。米国に居る移民中には、多数密集の勢を恃《たの》んで、随分ダラシのない生活を公然と営み、心ある白人をして顰蹙《ひんしゅく》せしめ居る者少くない。之は排日論の直接の原因とならぬまでも、少くとも排日論に有力なる口実を与ふるものである。之は何んとかして矯正したいものである。仏教基督教の教師諸氏の奮起を望まざるを得ぬ。

第三に在留同胞が白人社会より絶縁してゐる事も一つの考ものである。白人と交際してゐなければ、白人は一片の風説流伝によりて日本人の生活を解するより外ない。之はツマラぬことで日本人を誤解するの種となる。最も語学の点よりして、思ふやう十分に交際の出来ぬといふ点もあらうが、一体に動《やや》もすれば孤立したがるのは日本人の弊であると思ふのである。

第四に仏教教師に対してはも少し積極的な活動を希望する。我輩は先きに第二項に於て、仏教徒の活動が人種的偏見を深からしむると云つた。予は必しも仏教徒の活動を無用有害と云ふのではない。否、却つて仏教の中には大に白人に教ふべき真理があると思ふのである。只当節のやうに、消極的に日本人間に障壁を築き、其中に閉ぢ籠つてゐるのみでは、日本人の健全なる発展に著大な障害になると思ふ。日本人の教化に尽力するのは大によし、併し彼等に若し果して確実なる信念あらば、何ぞ之を以て白人の間に押し出さゞる。予は仏教徒にしても少し積極的に活動し、白人の間にも宣教を試みる位の気概あらば、啻に日本人信徒を狭隘なる城壁内に孤立せしめざるのみならず、又仏教を通じて白人間に東洋文明の真相を伝へ、彼等をして大に啓発する所あらしむることが出来たらうと思ふ。今のやうでは、全く日本人に対する白人の誤解を増すの用を為すばかりである。この点は日本住民の発展のためには勿論、仏教其物のためにも切に考へて貰ひたいと思ふのである。

第五に日本人の米国移住観を改むることである。是は一番大切な事であると思ふ。我々は米国移住といふことを、利己的動機から考へて居るやうである。曾《かつ》て米国は支那人労働者を排斥する際、次の如き理由を挙げた。

支那人は、我国の文明を享受せんが為めに来るに非ず。単に只暫く来り止り、相当の財産を作り得ば、再び本国に帰り、安逸に余生を送らんの目的を以て来住するのみ(ミユンステルベルク氏著『米国』)。

而して此非難は、丁度日本人にもあてはまるものではあるまいか。無論在留同胞の中には、米国に永住の考を有する者はある。夫にしても、彼等は米国を以て自分の生命を托する処、又は共同して其発達進歩の為めに尽力すべき処と為すの気分は、有つて居ない。他の言葉を以て云へば、米国を以て、我がものとするの感情を有せないのである。之れでは米国の方で継子扱にするのも無理はない。彼等は、吾々の移住の動機を個人的乃至国家的利己心にありと解する以上、吾々を歓迎するといふ訳には行かぬのである。吾々の方に米国に移住するの必要なければ則ち已む、然らざれば、右の考を改めなければ、到底大和民族は、安全に平穏に米国に発展することは出来ぬのである。

一体米国といふ国は、外人の移住によりて開けた国である。而して今日猶ほ外国人の移住を必要とする国である。故に異人種の雑居といふ問題に対しては、本来欧羅巴諸国の如く心配しては居ず、又経済の発達の上から、コンな心配はして居られぬのである。此点は欧洲の古い国とは余程事情が違ふ。建国の当初の如きは、圧制迫害を蒙れる者に、自由の天地を供するといふ意気込みで、盛に旧大陸よりの移住を歓迎したものだ。只一千八百九十年頃より、露国、澳匈国、伊太利《イタリア》国等よりの下等移民の来る者激増してから、多少品質を標準として移民入国の許否を八釜しく云ふ様になつた。今統計の示す所に依れば、一千八百六十年から同七十年に至る十年間、米国へ来住したる者、露人は四千、澳匈人は七千、伊人は一万一千であつたのに、一千八百九十年から一千九百年に至る十年間には、激増して露人五十八万八千、澳匈人五十九万七千、伊人六十五万五千に上つた。之等は従来の移民の大部分を占めて居た英、独、瑞、諾諸国の人民と比し、著しく品位が劣等であつたから、茲に始めて移民排斥の声は高くなつたのである。而して排斥の理由は、経済上よりは寧ろ社会上、道徳上であつた。即ち下等移民の来住は、徒らに貧民の数を増し、従つて一般労働者の生活標準を低下するの事実、救貧院や監獄に収容さるゝ者の割合之等外国人非常に多きの事実、特に無政府主義者の如き危険分子が之等下等人民の来住後、著しく増加したるの事実を挙げて、品質を標準として移民を選択するの必要を主張したのであつた。併し之は決して移民其ものゝ排斥でないことは忘れてはならぬ。米国の健全なる社会的、道徳的生活の保護のため、已むなく八釜しくは云ふものゝ、経済的発展の上からは、固より多数移民の来住は、希望する所なのであつた。故に米国の生活の理想を了解する者であつたら、何時でも歓迎せらるゝことを得るのである。

然るに不幸にして目下のところ、日本人はこの所謂「歓迎すべからざる移民」に属すると見られて居る。具体的の場合を取れば、排日の理由は此外に幾らもあるが、之等の理由を取り去つても、猶ほアトに右申す様な要素が残るのである。而して斯種の考は、実に有力なる識者の頭の裡に潜んでゐるのだから、ウツかりしては居れぬのである。ルーズヴエルト氏が、日本人不同化説を以て排日を主張するが如きは、其著しき例であらう。所で然らば、同化といふことは、日本人が所謂歓迎すべき移民に属する為めに必要な条件なりやと云ふに、之には少しく疑問がある。我々日本人中にも同化といふことを以て、排日問題解決の一法と唱ふる人が少くない。併し之は同化といふ文字の意味如何によることであらうと思ふ。若し之を外形的に解し、日常の生活の工合をアメリカ風にするといふことであるとすれば、之は何の役にも立たぬ。又之を精神的に解し、全然アメリカ魂になることであるとすれば、之は第一日本国の為めに好ましいことでない。日本国民は何処までも日本国民として、大和魂を保有して居て貰ひたい。且つ又この意味での精神的同化といふことは可能であるかと云ふに、予は否と答へざるを得ぬ。現に亜米利加《アメリカ》に来て、アメリカに帰化しておる多数の外国移民を見ても、之等の者は全く同化してゐるかと云ふに、必しもさうでない。無論其間に程度の差はあるけれども、全然同化してゐるとは云はれない。平時には之を窺ふことが出来ぬけれども、イザといふ時に、故国魂を発揮することは、能く見る所である。例へば猶太《ユダヤ》人が、時々露国反抗の運動をして米国政府の累を為すが如き、又愛蘭《アイルランド》人が遥に故国同胞の事業を助けて、為めに米国政府の施設を妨ぐるが如き(在米愛蘭人は、上院議員間に運動して、タフト大統領の英米仲裁条約を廃棄せしめし事あり)、其例である。去れば、永年米国人となり済まして居ても、独逸人は独逸人、仏蘭西《フランス》人は仏蘭〔西〕人としての俤《おもかげ》を、何処かに残して居る故に同化といふことは、完全には出来ない事であると思ふ。

又米国に取つても、この意味での同化は、必しも要求しないと思ふ。米国といふ国は、建国の精神から見ても分る通り、諸方の外国人をかり集め、其協同の力によりて、一の理想国を立てんとの主義を有する国である。故に此主義に於て一致するならば、其外の同化は必しも冀ふ所でない。故に吾々日本人も、此主義をさへ能く呑み込んで居るならば、吾々は日本人として其儘米国の国家的経営に参加することが出来るのである。各自建国の理想の一部を分担して立つの決心あらば、所謂同化はしてなくとも、米国に在住するに差支《さしつかえ》はない。差別は決して協働を妨げないのである。ミユンステルベルヒは其著に於て、米国の国柄を説明して、

米国人民の活働の真の動機は、自主の精神に存す。而して彼は外来移住者に、必ずこの自主の精神を鼓吹

して、理想を一変せしめ、以て米国に対する真の愛国心を感得せしむ。……米国人の愛国心は、土地と関係を有せず、又人民とも無関係なり。而かも猶無数の外来移民を同化し、鞏固なる協同一致の精神を有するに至らしむるは、其強烈なる社会的理想に在り(文明協会の訳書による)。

と云つたのは、多少我輩の所見と吻合する所ありと思ふ。要するに、米国人の抱負といふものは、其土地を広く世界の人民に開放し、其協力によりて理想の天地をひらき、以て世界文明の進歩に貢献せんとするに在る。此精神を呑み込んで来る者は、何人でも歓迎を受くるのである。ルーズヴエルトが、同化云々と云つたのも、多分此精神の体得を意味したものであつて、之が為めに故国魂までも捨てよといふのでは無かつたと思ふのである。

さて然らば、日本人は能く米国の理想を解することが出来るかといふに、残念ながら予は否と答へざるを得ぬ。何故かといふに、日本従来の国民教育の方針が全然この主意に反して居たからである。従来併《なら》びに今日の国民教育は、子弟に向つて世界文明の進歩に対する日本帝国の責任といふやうなことを教へて居るか。吾々は一個人として知らねばならぬ多くの智識は教へられた。郷党に対する義務、殊に国家に対する義務は完全に教へられた。併し世界の一員としての責任については、何等の智識をも授けられて居ない。要するに現今の教育は、善良なる国民は作つたけれども、世界の一員としての資格は作つてやらなかつた。故に国民は、日本帝国あるを知つて世界あるを知らぬ。況んや世界に於ける帝国存在の理由の如き、世界文明の進歩に対する帝国の使命の如きは、彼等の夢想にだも上らない問題である。従つて、我々は亜米利加に来ても、其国の精神とは一切交渉なく、単に自分の利益、精々日本の利益を図る位で終つて仕舞ふ。即ち米国在住の動機は、個人的乃至国家的利己心である。之では米国に於て歓迎せぬのも、当然であるまいか。

依つて我輩は、教育方針の一変によつて、此障害を排除せんことを主張せざるを得ぬ。世間には能く、国家的精神と世界的精神と一致せざるを唱ふる者がある。例へば夫の帰化権の獲得についても、外国に帰化するなど、云ふ事は、日本国民としてあるまじき事であると論じた者があつたさうだ。無論国民の忠君愛国の精神は、愛護せなくてはならぬ。併し世界の為めに尽すは、日本国の為めに尽すと相衝突すると考ふるが如きは、断じて排斥せねばならぬ。昔し封建の時代には藩あるを知つて国家あるを知らなかつた。今日は一県一国の利害と、帝国全体の利害とは、必しも衝突せず又一県一国の利益が同時に国家全体の利益である場合も多い。否両者の一致を見当として行くのが政治の要義である。国家の世界に於ける亦同じことである。若し両者を以て相反すと見る者あらば、之は未だ封建的思想に捉へられて居るものと云はねばならぬ。今日の日本は、最早其国民をして東洋の一隅に跼蹐《きよくせき》せしむるを許さぬ。果して然らば、国民に世界的精神を鼓吹するは、最も必要と云はねばならぬ。而して之は広義狭義の教育の力に待つて期すべきことであると思ふのである。

斯くて若し教育の力に依つて国民の世界的精神を陶冶することが出来たならば、我々は日本国民の資格を有し乍ら、若しくは日本国民の本性を失ふことなしに立派に米国に在つて其精神を感得し、其経営に参加することが出来る、換言すれば、米国の経営施設の上に其重要なる一部を分担することが出来ると思ふのである。彼地に於ける識者の日本人観も一変するに至るは論を待たない。然るに不幸にして此点に関して、日本の言論界は明白に其説明を与へなかつた。殊に加州事件の際の言論の如きは、余りに利己的であつた。為めに却つて心ある識者をして、「日本人は国家あるを知つて何物も知らぬ人民」であると叫ばしむるに至つた。あの時我国の言論界は、正義人道に訴へて米国を責めた。而して求むる所は只日本人の利益を害すなといふに過ぎぬ。於是彼等は余りに日本の要求の利己的なるに憤慨し、遂に五月二十四日のアウトルック誌をして次の放言をなさしむるに至つた。

(一) 何人を合衆国領土内に入国せしめ、又何人に帰化を許すべきや、合衆国人民のみ之を決すべき全権を有す。

(二) 何人を日本の領土内に入国せしめ、又何人に帰化を許すべきやは、日本人民のみ之を決する全権を有す。

(三) 以上の決定を為すに当り、世界の国民中より之が選択を為すの権は、両国共に之を有す。日本が米人を排し、独乙人を容るゝも、米国が亜細亜人を排し、欧羅巴人を受入るゝも勝手なり。

是れ明に売言葉に買言葉である。要するに、米国が日本を以て、偏狭なる利己的国家主義を執るものと見るは其根底決して浅くない。之を打破するのは容易の事でない。而かも之を打破しなくては、日本人の発展は到底期し難いのである。而して之には我国の教育の方針が既に責任ありと思ふから、先づ第一着に我が方面から此点を開発しなくてはならぬと信ずる。若し此点を苟且《こうしょ》に附するならば、我が大和民族は、啻に米国に於てのみならず、世界到る処に発展の進路を塞がるゝであらう。

附言、本稿を起すに際し、学友在桑港日米新聞記者千葉豊治君の研究の結果に負ふ所甚だ多し。記して深厚なる謝意を表す。著者識。(大正二年十二月五日稿)

〔『中央公論』一九一四年一月〕

愛蘭問題

愛蘭《アイルランド》の自治法案は、五月廿五日英吉利《イギリス》の衆議院に於て、第三読会を通過致しました。総て法案は、一読会、二読会、三読会と三度吟味を致しますので、第二読会を通過すれば、茲に其法案は可決確定致したのであります。今此法案は貴族院の方に廻つて討議中でありますが、然し貴族院を通過すると否とに拘らず、此法案は早晩国王の裁可を経て法律となるのであると思ひます。

此法は今より数年前、英吉利で俗に云ふ貴族院の権限制限法と云ふものが出来まして、衆議院で同じ法案を三度通過する時は、仮令《たとえ》貴族院で反対しても、国王の裁可を経て法律とする事が出来ると云ふ事になりました。あたりまへなら、貴族院と衆議院と両方で通過しなければ、法律とする事は出来ないのであるけれども、特に同じ法律が三度続いて衆議院に可決せられたなら、仮令従来貴族院で反対しても、貴族院の意志を顧る必要はないと、云ふ事になつたのであります。そこで此愛蘭自治□〔法〕案は、去年より今年にかけて三度議会に提出されました。第一回に於て下院は通過し、上院で否決され、第二回に於て復《また》下院を通過し、上院で否決され、本年も三度目に下院が通過したのであるから、今上院で討議されて居る結果は、如何であらうとも、既に此問題は決定したと見て宜しい。茲に於て三十年来英国政界の一大懸案であつた此問題は、とう〳〵決着を告げたのであります。

愛蘭問題と云ふは一体非常に古い問題で、愛蘭の人民は大多数天主教徒で其結果英国々教とは仲が悪く英国の国教が久しい間天主教を圧迫しましたから、そこで愛蘭に於ては所謂愛蘭人種は所謂英国人種に対して決して良い感情を持つて居なかつた。其上之れも圧迫の結果でありませうが、昔天主教徒に土地所有権を許さなかつたからして、愛蘭の地面は少数の英吉利貴族の手に帰し、貴族は英本国に居りますから小作人との間に親みの情合ひがない、仲に立つ者が本国の貴族を笠に着て小作人を圧迫しましたから、感情は益々悪くなり屢々《しばしば》愛蘭に騒動が起り、そんな事からして一八〇〇年に愛蘭を英吉利本国に併合する事になりました。其の前は愛蘭は大体一の独立国で、特別の議会に特別の政府があつたのであります。然るに一八〇〇年以来、愛蘭の議会は無くなり、其代り愛蘭から百余名の代議士を倫敦《ロンドン》の議会に送ると云ふ事になつた。それから愛蘭の独立政府も止めになつて、英吉利の方から知事をやつて治めると云ふ事になりました。そして行政の官吏は大抵国教徒でありますから、愛蘭の人民とは折合が悪かつた。尤も此頃は天主教徒は官吏公吏となる事が許されて居なかつたが、後にグラッドストーンの尽力で、所謂天主教徒開放法と云ふもので、天主教徒も国教徒も政治上法律上同等の取扱を受くると云ふ事になつたけれども、実際は国教徒が要路を占めて居て天主教徒は先づ日陰者であつたのであります。それであるから天主教は非常に不平であるのみならず、一方に於ては産業は益々衰へる。従つて亜米利加に移住する者が年々多く、其為めに愛蘭の人口は他の国は一般に増加して居るに拘らず著しく減少して居ります。そこで段々に愛蘭自治独立と云ふ事を考へる者が出て来ましたが、此考は亜米利加に行つた愛蘭人が次第に成功して、金を集めて運動の資金にすると云ふ事になつてから、愛蘭自治運動と云ふものが益々盛になつて来ました。此間に色々騒動などがありますが、自治の要求と云ふ事が政治上に於て立派な組織的の運動となつたのは、有名なパーネルと云ふ政治家の御蔭であります。此人のお蔭で愛蘭国民党と云ふ党派が、英吉利の議会の中に一の勢力となるに至りました。英吉利では古来自由党と保守党とが所謂二大党対立で争つて居たのでありますが、パーネルの時から第三党と云ふものが生じました。尤も今日では一九〇六年に出来ました第四番目の労働党と云ふものがあつて四党対立となりましたけれども、主なるものは矢張り自由党と保守党であります。さて此愛蘭国民の要求は、如何に其声が高くとも自由党か若くは保守党かの採用する処とならざれば、実際問題となる事は出来ない。何となれば、愛蘭国民党丈では議会の過半数を制する事は出来ないからであります。序《ついで》に申ますが英吉利の下院は、全体六百七十人の中で愛蘭国民党は、昔から今日に至るまで、先づ八十人程度そこ〳〵のものであります。然るに此愛蘭自治の要求は、グラッドストーンの考によつて、他の詞を以て申せばグラッドストーンとパーネルとの考が合致した為めに自由党の採用する処となり、つまり自由党と愛蘭国民党とが、此問題の為に結託すると云ふ事になりましたから、そこで初めて政界の実際問題となりました。それで所謂愛蘭自治法案即ち、有名なホーム・ルール・ビルとして、議会に初めて提出されたのは一八八六年、此時にはグラッドストーンは自由党の総理として愛蘭の自治を主張しましたけれども、同じ党内の一方の旗頭である彼の有名な老チエンバレンは、帝国的統一を破る怪しからん案として堅く反対を致し、其結果彼は三十名の仲間を率ゐて自由党を脱会し、別に自由統一党と云ふものを組織して保守党と提携して、グラッドストーンの政策を破りました。其結果第一回の愛蘭自治運動は、失敗致しました。自由党内閣も亦倒れました。是れも序に申ますが、チエンバレンの自由統一党は其後長く保守党と提携致しました。人は之れを統一同盟と称し、又世間では統一党などゝも云つて居りました。或は其中の重なるものは、保守党であるからして、唯漠然と保守党と云ふ事もあります。然しながら実際は、二党派が聯合の形となつて居たのであります。尤も一昨年に至つて此二党派は、全然合併して統一党と称する事になりました。チエンバレンは此数年来、中風で悩むで居りましたが、本年の一月死ました。今英吉利の政界で時々問題となるチエンバレンは、此人の息子であります。

さて其後、〔一〕八九三年に、四度目にグラッドストーンが内閣を組織しました時も、矢張り此愛蘭問題を提出しました。此時には衆議院は通過しましたが、貴族院で否決しました。一体英吉利の衆議院は選挙の結果、保守党が多数となつたり、自由党が多数となつたり時々変るのであるけれども、貴族院の方は大多数は世襲の貴族であるから、全体の五分の四以上は初めから保守党である故に、自由党と保守党と意見を異にする場合に於ては、貴族院は常に保守党の味方で、自由党の敵となる故に、貴族院を今の儘《まま》にして居ては、到底愛蘭自治問題の解決する時はない。而も之れが自由党の生命とする処の大問題であるから、貴族院を改造しなければ此問題の通過をはかる事は駄目であると、自由党の人々の頭に上らざるを得なかつたのであります。兎に角グラッドストーンが此問題で失敗し其れ以来長く保守党の天下になりましたが、一九〇六年に多年失意の地位にあつた自由党が再び政府に立つ事になりました。

自由党政府の第一の問題は、ロイド・ジョージの財政改革であつて、次は愛蘭自治問題であります。此二問題は共に貴族院の反対を受ける事が明瞭でありましたから、それで政府は其の手始めに貴族院征伐にかゝつた結果は、前に申した貴族院権限制限法となつたのであります。斯くグラッドストーンも為し得なかつた、上院改革と云ふものを断行して置て、それから財政改革も、愛蘭問題も、無理押しに押して、自由党は其年来の目的を達したのであります。

愛蘭問題は自由党にとつても統一党にとつても、其死活の分るゝ大問題であるからして、両方共非常に争ひました。統一党は此問題の解決を困難ならしむる為、あらゆる手段を取つたのであるが、其中に一番大なるはアルスター事件と云ふのであります。アルスターと云ふのは愛蘭の東北部の一州であつて、茲は愛蘭の他の部分とは全然面目を異にする処であります。此地は昔から正〔国〕教徒の入つた処で、天主教とは最も仲の悪い新教徒が多い。他の部分は全然農業地であるのに、此部分は商工業地で、経済上の利害関係が全然異つて居る。政党別から云ふも大部分皆保守党でありますが故に、此地方の人は愛蘭自治独立をしない、いつ迄も本国と合併して居る事を、利益とするのであります。万一愛蘭が独立をすれば、自分は愛蘭多数派たる天主教徒の支配を受けねばならぬから、自治独立は愛蘭民族大多数の希望ではあるけれども、之れに対してアルスターの少数の人民は、極力反対をして居たのであります。保守党は此形勢を利用しアルスターの新教徒を煽動して極力自治案に反対せしめ、いよ〳〵此問題決着が最後に近づくと云ふ今年の春以来は、統一党の一方の旗頭でもと印度総督をして居たカルゾン卿は、態々《わざわざ》アルスターに行き其人民を煽動し武装して、政府の自治案の実行に、反対する事を努めて居ります。即ち内乱を以て自由党を脅したのでありますが、かうなつては大変、国家の為でないと云ふので、其間に色々調停するものがあつて、種々なる説が行はれたのでありますが、今日未だ充分の決定は見ない。唯政府は愛蘭国民多数の希望を容れて自治案を通過せしめたけれども、一方に於てアルスター人民の希望も斟酌して何か他の法律を提出すると云ふ事丈は、明になつて居ります。今日此問題の形勢は、先づ次の三点に約言する事が出来ます。

一　自由党政府は、兎に角多年の主張たる自治案を一点の修正をも加へず、其儘下院を通過した其結果、愛蘭は近々自治独立すると云ふは、最早既定の事実となつた。

二　然し政府は内乱の恐をさける為に幾分アルスター人民の意見を容れんとして、自治法の施行と共に又別種の法律を作つて、アルスター人を満足せしめんとする意ある事を諷示《ほのめ》かして居る。此意味の法案は未だ提出はされないけれども、兎に角それを予期してアルスター人は折角武装したに拘らず、今鳴を鎮めて居る。一体アルスター人は、自治案が通過するやうな事があれば直ぐに乱を起すと宣言して居たにも拘らず、今日猶未だ内乱の報に接しないのは、専ら政府の別法案提出を予期して居るからである。然し此別法案の内容如何に依つては、アルスター人は必ずしも黙しては居ないでせう。

三　愛蘭国民党は、愛蘭に於ける少数派が愛蘭大多数の人民の要求する自治案の施行に対して文句を云ひ、其文句に政府は動かさるゝと云ふ事に付て、非常に不平であります。彼等は政府に向つて、余りにアルスター人の要求に、耳を傾けざらん事を迫つて居ります。かくて彼等はアルスター人が政府の処置に不満で兵を挙げるか、又は政府が余りにアルスター人に譲歩しすぎて自分等の面目を潰すやうな事のある場合には、自分の方で今度は乱を起すと云ふ意気込で、盛に武器を輸入して義勇軍を募つて居ります。其主動者は愛蘭国民党の総理たるレドモンドと云ふ人であります。そこで今日はレドモンドの率ゐる愛蘭義勇軍と、カルゾンの指揮するアルスター義勇軍と、両々対立して居る有様であります。実際的なる英吉利国民は、此難局を何とか甘《うま》く切り脱けるだらうとは思ふけれども、一方を立てれば他の一方が立たず、現在の英国政府の最も苦心する所であります。然し私は現在の英国政府には、実に千古に傑出する大人物が揃て居りますから、此難局を美事に切り脱けると云ふ事を信じますけれども、然し世上の事は予想通りには行きませんからして、其結局の成行は、今後の報道を得て、他日再び之れを御紹介する事に致しませう。

〔『新女界』一九一四年七月〕

欧洲動乱とビスマークの政策

一

独逸《ドイツ》では外交も内政もその根本の政策はビスマークに依りて建てられたのである。しかも今日に至るまで終始一貫してゐるのである。今日の外交の方針でも、内政上の方針でも時勢が漸次変化するにつれて、種々細目の点は昔と今と同一とは言はれぬが、その根底となつてゐるものはビスマークの大理想を踏襲して、これを完成するといふに外ならぬと思ふ。

さてビスマークの大理想とは何であるかといふに、それは従来バラバラになつてゐた独逸民族を統一して所謂独逸文明といふものを尚ほ一層明白なものにして、その独逸の文明を以て欧洲の中央に覇を唱へるといふことであつた。尤も今日の独逸帝国は所謂独逸民族の全部を網羅してはゐない。けれども従来歴史的に非常に散漫してゐたものを、あれほどまでに統一したことは実に彼れの偉大なる手腕によつたものと言はなければならぬ。

而して独逸今日の内治上の大方針は極《ごく》根本的に見ると国民として猶一層強く独逸国民的意識を持たしめ、またその意識を助長して、若しこれを妨ぐる分子があれば出来るだけ取り除くか、或は圧迫を加へても統一せる帝国を完成せんとするにあるのである。

外交の方針も亦これと根底を同じくするものである。即ちこの散漫せる独逸民族を他に対しての国民として代表して行く上に於いて、国際間に有力なる地歩を占めて行かうといふのである。且つ又独逸が国民的統一を成就することの為めには色々と従来にない外国との国際関係を生じた。その為めに独逸の外交は一層複雑な問題となつて来た。而してその間の難関を巧みに切り抜けて、独逸帝国の立ち場を国の内に対しても、また国の外に対しても強大にしやうといふのがビスマークの理想であり、また彼れの政治上の大方針であつた。ビスマークが退いた後に至りても大宰相は五度替つたが、常に変らないのは此の独逸政府の大方針であつた。

而して漸次溯つて考へると独逸の勃興といふことが実は今度の欧洲の動乱に深い関係を持つてゐる。或る意味ではビスマークの大理想を実行した上では、何うしてもその結末は今度の戦争にならねばならぬ訳ともなつてゐる。それは何故かと言へば、ビスマークの考へでは、独逸民族を統一するには新しい中心を発見せねばならぬ。その中心になるものはプロシアのホーヘンツオルレン家の外にはないといふことに眼を着けた。然るに従来墺地利《オーストリア》のハツプスブルグ家は昔からの古い家柄で長く独逸民族の皇帝として最も尊敬されてゐたから、それを除外して、後進のしかも家柄もそれほど高くないホーヘンツオルレン家を上に戴くといふことは余ほど困難である。その為めには何か此方から口実を設けても墺地利を蹂躙して独逸民族の間に於けるハツプスブルグ家の威厳を打破した上で、自分がこれに取つて代るといふことにまでしなければならなかつた。その為めに一八六七年の普墺戦争があつたと見ることができる。

それからして墺地利を除外して独逸民族の大部分を先づプロシアを盟主として糾合することができたとして、それで欧洲の中央で一の有力なる国家として覇を唱するといふに至るには隣に一の有力なる邪魔物がある。それはいふまでもなく仏蘭西《フランス》である。そこで仏蘭西と衝突して自分の国の重みを着けることが必要であつた。且つまた仏蘭西を叩きつけるといふことは独逸民族統一の為めにも実は必要であつた。それは独逸民族の間には実はプロシヤに心服してゐないものがあつて、中には仏蘭西の方に心を傾けてゐるものもあつた。南独逸の如きは皆な然うであつた。それ故にそれ等の曖昧な考を持つてゐる者の態度を決定させる為めには仏蘭西と衝突することが何うしても必要であつた。彼の一八七〇年の普仏戦争はこれが為めに起つたのであつた。この戦争はナポレオン三世の方からしかけた筈だが、しかし避けやうと思へば独逸には幾らでも避けられる戦争であつた。公平に言へばビスマークが独逸の帝国的発展の為めに好んで、且つ進んで行つたものであるといふことができる。このビスマークの理想が今日猶ほ漸次行はれて来るのである。

かくして五十年前までは欧洲第二流の国であつた独逸は今日隆々たる勢を以て第一流の階級に進むことができた。今日でも独逸の内治外交の方針は此の大理想の実現完成にある。即ち内にはポーランド人やデーン人や或はアルサスローレン人といふが如き異分子を圧迫して盛に独逸魂を鼓吹して、軍隊と宗教との力を以て国民の精神的物質的統一を計らんとしてゐる。

二

また外交上に於いては盛に海外の発展を企て、少しでも虚隙がある所には、自国の政治的並に経済的勢力の拡張を計つてゐる。殖民地経営などゝいふことは、独逸は後《おく》れ走《ば》せに始めたものであるから、通常の手段を取つてゐたのでは到底他国と対当の地位に行けないのであつた。それがためには随分無理なことを為た。随つて火事場盗人などといふ酷評も受けたのである。先年独逸皇帝が土耳其《トルコ》を訪問して、バグダツト鉄道敷設権を得たが、その後またアガジイルに軍艦を送つて困難なるモロッコ問題を惹き起したことがあつた。かくの如く絶えず物議の種子を播いてゐるのも畢竟するにその国際的地位を確実ならしめんとするにある。最近では終に露仏などを凌いで、将に英国を除いては先づ最も強い国となつた。早晩彼れ等は英国をも凌がんとしてゐる。随つて他の国々からしては妬まれもし、猜忌の的となつてゐるのも止むを得ないことであらう。

如上説くやうな考へを持つて独逸が進んで来たのであるから、また斯やうな状態に於いて種々な国と衝突して辛うじて民族の統一を計つて来たのであるからして、一言を以て言へば後れ走せに出て来て非常に急激に国勢の発展を計つたのであるから、それだけ独逸は内部にも外部にも非常な危いところがある。国内の方から見ても非常に危いことがあるが、それは暫く措いて、国外の方を見るとこれ亦決して油断のできぬものがある。何となれば前言せし如く独逸は既に統一上止むを得ずして一度は墺地利と戦ひ再び仏蘭西と争つた。即ち前と後に敵に挟まれてゐる。その他ロシアの感情を著しく害した歴史上の事実の存することも人の知る所である。そこで地勢上から見ると強大なる敵国を三方に持つてゐる。かくの如き国は他にはない。東西南北の一方に強大なる国と境を接してゐる国はあるが、三方四方強国に境してゐるのは独逸のみである。それ故に独逸は非常な勉強で異常な地位を贏《か》ち得たが、自分だけで自分の国の安全を保証するだけの準備が出来ぬ。こゝに於いてかビスマークは同盟といふ政策を考へた。今日の同盟政策の始祖は実にビスマークである。

即ち彼れは到底仏蘭西と和す可からざるを見るや、巧みに墺地利を抱き込んで普墺同盟を作り、この同盟の力によりて一方はロシアに当り、一方は仏蘭西に抗せんとした。その後伊太利《イタリア》がチユニスの問題で仏蘭西と葛藤を生ずるや、また伊太利を誘つて三国同盟の成立を見た。三国同盟の起るや、仏は露と結んで露仏同盟を作つた。そこで二大同盟が対立することになつて、独逸は先づ当分外患なきことになつた。かくてこの同盟の本を訊せば悉くビスマークの政策に基くのである。かくして二大同盟各々武装を整へ、絶えず軍備の競争をしてゐるが、同盟の関係からして容易に戦争にはならず、その間独逸は着々準備して一層大なる進歩発展を遂げた。最近に至りては独逸は最早や恐るべき敵を世界上に見出すことができなくなつた。しかし唯一つ何うしても自ら進んで欧洲に覇を唱ふるに邪魔物となるのは英国である。それで最近独逸の政策は如何にして英国の勢力を弱むることが出来るかといふことに全力を注いだ。彼れが土耳其方面に着眼したるは全く此の見解から来てゐることである。即ち独逸が最近土耳其にゴルツ将軍などを送つて、軍制を改革したりなどしたのは、自分とはさほど利害関係のないものを強大にして、これによつて英本国と印度との交通を危険ならしめ、追々は埃及《エジプト》も英国の言ふことばかりは聞いてゐないやうなものにして、英国の大西洋方面に於ける勢力を近東の方面に割かせやうとした。斯ういふ状態で独逸は英国に楯をつくことになつたからして、英国は終に露仏の同盟に加はつて、こゝに英露仏の協同の力を以て独逸側に当るといふことになつた。今日の所謂欧洲六大強国が一方は三国同盟側となり、一方は三国協商側と分れて相対峙することゝなつたのである。

三

かくの如き形勢を作つたその根本を訊せば、それはみなかのビスマークの独逸帝国建設の事業に遠因してゐると言はねばならぬ。かく大国が同盟を組んで対峙するといふことになれば戦争は倍々《ますます》困難になつて来るのである。戦争の機会も少くなる。

さりながら軍備は決して緩める訳には行かぬ。それで是等の国が倍々軍備を整へて所謂武装的平和を味ふことゝなつた。ところが近頃に至りて軍備の負担には制限なくして、国民がその負担に耐へ切れぬことになつた。それで何とかこゝで局面を転じなければならぬことになつた。即ちこのまゝで行つては国民は戦争の災を免るゝことはできるが、軍事費の為めに破産するだらうといふ状態に陥つた。然らば戦争をするも、しないも同じといふことに気が付いたのである。かくの如き考へが始めて国際的に現はれたのは一八九九年の第一回平和会議である。

此の時ロシア皇帝は、相互に軍備を制限することを約束して、これによりて国民の負担を減少しやうとするのであつた。しかし此の計画は文字通りには成功しなかつた。尤も此の会議は無為に終つたのではなく、当初開設の趣意からは多少相隔つてゐるが、種々国際平和に関聯せる新事業が計画された。且つこれよりして世界平和の理想が余程芽を出して、将に軍備の競争といふことも、何とかして終りを告げなければなるまいといふことは、一の平和運動の一面として唱へらるゝに至つた。しかし同じ考へは、即ち軍備の際限なき拡張は何うもやり切れないといふ考へは、平和といふ考へと離れて、また多くの人の間に抱かれてゐた。しかし今のまゝでは各国互に競つていやが上にも軍備を拡張しなければならぬので、一日でもそれを止めるといふ訳には行かぬ。

四

かく際限なくしては耐らぬから一つ機会があつたら敵の軍備を叩きつけてやらうといふ考へが漸次他の一面に於いて起つて来た。そこで軍備の限りない制限に苦しむといふことが自ら戦争を誘発するの傾向を示して来た。即ち近年屢々兵を動かすといふやうな傾向が著しくなつて来た。現に曩《さき》にはバルカン戦争があり、中には幾度となく露西亜、墺地利の衝突をきつかけに欧洲全体の大動乱が起りさうになつたことがあつた。たゞこれを防いでゐたのは英国の尽力の結果であつた。しかし如何に英国が干渉しても畢竟それは姑息の手段である。根本的解決は何うしてもつかぬ。が、この儘で行つたのでは到底耐へられぬといふので、戦争でもやつて先づ局面を展開するの外はない。それが今日までは兎角同盟政策と軍備競争とを以て平和を味つてゐたが、しかし行く所まで行つた結果は一つ大爆発をやらなければならぬといふ時機に達してゐたと思ふ。

斯やうに考へて見れば、今度の動乱の如きは直接の原因は兎も角もビスマークによりて手を着けられた欧洲の国際関係が、従来のやうな仕組みの上に育つて、それが熟し切つてこゝに先づ一段落を告げて、こゝから更に新しい面目を以て、別種の色彩を取ることになるのには必要な階段であつたと思はれる。この戦争は何れが勝つか負けるか分らぬが、要するに戦争が了《おわ》つたら次の時代に於ける軍備その他の関係は余程変つて来なければならぬと思ふ。又何とかして変らせることについて世の所謂平和論者並に宗教家等の大に活動すべき使命があると思ふ。何れにしても今日の欧洲の動乱は結局矢張り独逸が中心であつて、その独逸を動かしてゐるものはビスマークの精神であると思ふ。而して今日は恰かもビスマークの遺業が成熟してこゝで一つ局面を展開して、新しい方向を取るべき転機にあるものといふことが出来ると思ふ。

〔『六合雑誌』一九一四年一〇月〕

欧洲戦局と波蘭民族の将来

一

今日の欧洲戦争を政治歴史の上から見ると、種々の面白い事が多い。之れは単に現に戦争に関係してをる独墺及英仏露の諸国に就て興味が多いばかりでなく、夫等の国の間に介在してをる諸々の部分的の民族関係の上に非常に面白いのである。其中でも尤も興味の多いのは独仏の境上に於けるアルサス・ローレーンと、墺露の境上に於けるガリシア及び独墺露三国に跨つてをるポーランド民族である。茲《ここ》では其中のポーランド丈けを取つて、今回の戦局との関係を簡単に述べて見たいと思ふ。

波蘭《ポーランド》と云ふものは目下既に戦争の終局を予想してをる人の頭に、問題に上つてをる。若しも戦争が多くの人の予想するやうに、結局独墺の敗北に帰すると云ふと、独墺は旧ポーランド領の大部分と云ふものを露西亜《ロシア》に割譲する事になるだらう。而して露西亜は此割かれたる波蘭領に自国領のポーランド地方を加へて、之に広大なる自治権を与へ、一のポーランド国と云ふものを作るだらうと云ふ風に見られてをる。波蘭の事は又戦争の初めに於ても世界の問題に上つた。夫れは露西亜皇帝が卒先して、ポーランド人に対して政治上自治権を与ふるの詔書を発表されたと云ふ事である。然も其詔書は独り自国領のポーランドばかりでなく敵国内に於ける波蘭人に対しても発せられたのである。斯くして露国はポーランド民族の歓心を買ひ、之を対独墺戦争に利用せんとしたのである。夫れ丈けポーランドと云ふものは今度の欧洲戦争には余程面白い関係を以てをるのである。

ポーランドが昔欧洲の真中で、隆盛を極めたる王国なりしは、今更申すまでもない。而して先づ一七七二年八月、露、普、墺の三国に分割せられ、次に一七九三年一月、露普の二国に分割せられ、一七九五年十月三度び露普墺に分割せられて全く滅亡して仕舞つた事も歴史上に明かなる所である。之より旧波蘭王国と云ふものは三分して各露普墺の支配を受くる事と成たのである。乍併《しかしながら》ポーランド人は決して亡国の民を以て安ずるものではない。ポーランドの亡国を論ずるもの稍《やや》もすればポーランド民族と云ふものを勢ひの衰へた人民であるかの様に考ふるけれど、波蘭亡国の原因は時の為政階級たる貴族官吏の腐敗であつて、人民全体には夫程責任がないのである。つまり人民は腐敗に腐敗を重ねた上流階級に国を売られたので、国民全体夫程腐敗してゐなかつたのみならず、少くとも当時の欧洲に於ては尤も開明の民族で、露西亜、日耳曼《ゼルマン》の諸民族よりも寧ろ高い文明を有して居つたのは事実である。故に彼等は分割はされたけれども決して露西亜やプロシヤ等の支配に甘んずる者ではなくして、常に波蘭民族性の維持を主張し、旧波蘭王国の再興を求めてやまなかつた。此要求の尤も盛なるものは、露領ポーランド地方である。之れ露西亜に割かれたるポーランド地方は人口に於て、他のプロシヤ、墺太利《オーストリア》に割かれたる部分に比敵するのみならず、波国の首府ワルシヨウを有し、最も発達したる地方を包合してをつたからである。ナポレオンのために一度之れ等のポーラ〔ン〕ド地方は露西亜の羈絆《きはん》を脱したが、一八一五年のヴインナ会議はポーランド民族の要求を参酌して、露領波蘭のみを以て一の自から治むる王国となして、露国皇帝の下に之を置く事にした。夫れでも人民は不服であつて、常に全然独立せんことを図つてをつた。然して其独立運動は一八三〇年十一月の一揆暴動を以て極点に達し、其結果却つて独立自治を奪はれ、一八三二年二月遂に露西亜の一州となり了《お》はつた。次で一八六三年にも独立運動があつたが、之れも間もなく露国軍隊の破る所となつて、一八六七年全然露西亜の専制の下に服する事になつたのである。近年に至つて、露国の同化政策が盛に行はれてをつたが、日露戦争後の革命以来稍や寛大になり、露語並びに波語を学校で教ゆる事を許さるゝ様になつた。然しポーランド人の独立心は今猶非常に強烈にして露西亜に対しては特に非常なる敵愾心を持てをる。日露戦役後多少寛大の政治を行ふとは云へ夫れまでの露国の高圧武断の政策は彼等の到底忘る能はざる所である。彼等は法律上露西亜臣民であるに拘らず彼等自身は決して露西亜人であるとは云はない。若し我々が巴里《パリ》か倫敦《ロンドン》辺に於て露領の波蘭人に会つて、貴下の国籍は何処かと尋ねると彼等は必ずポーランド人と答ふるに相違ない。其場合に我々が現今波蘭と云ふ国がないと云ふ事を指摘して、法律上露国人たるべき事を云ふならば、彼等は奮然として怒りを発すであらう。斯様な民族が露西亜の西方、独墺と境を接する地方に蟠居してをる。かう云ふ民族の間を通過するにあらずんば露国は大兵を独墺の境内に入るゝ事が出来ないのである。然も波蘭人は露国に於て尤も発達したる人民で、プロシヤ附近は露国にて尤も産業の発達したる、富有なる地方であることを思ふ時に、露西亜は如何に是等の地方に対して、今度の戦争に就て苦心したかゞ想像せらるゝのである。

二

ポーランド人が其支配者を嫌ふと云ふことは露西亜のみならず、プロシヤでも同様である。プロシヤの東方、露西亜と国境を接する地方には約四百万の波蘭《ポーランド》人が居る。プロシヤは之等の民族を同化せんとして非常に厳格なる抑圧政治を行つたが、さらでだに独立心のつよい波蘭人は益々之れに激して反抗の気勢をあげたのである。そこでプロシヤの東に於るポーランド人と、独人との争と云ふものが、久しい間の問題となつて、特にプロシヤの西部ウエストファリア地方に工業が勃興して来るにつれ、波蘭人と雑居せし独逸人が段々西方に移住し、為めに東方に於ける独人の勢力が段々減退するに及んで、プロシヤの政府は大に驚いたのである。そこで莫大の金を投じ、有ゆる辛辣なる手段を以て一方には波蘭人を圧迫し、他方には此地方に於ける独逸人の勢力を人為的に助長せんとした。然るにポーランド人は却つて之に激せられて敵愾心を増し、一致協同してプロシヤ政府の同化政策に反抗し、更に進んでプロシヤ政府の有ゆる政策に反対を試みんとしてをる。此政府対ポーランド人の争は局外から見れば誠に壮観である。而して今日迄の処、波蘭人は着々勝利を占め、独人の勢力は日に〳〵減退してをる。現に波蘭人はプロシヤ政府の勢力に反抗する目的を以て一の政治的団体に纏まり、十八人の代議士を議会に送つてをる。之等の議員は常に社会民主党と結托して政府反対の有力なる分子をなして居る事は人のよく知る所である。斯う云ふ風にポーランド人は極力独逸の政府に反抗してをるのであるから、之又露西亜に於ける波蘭人の様に所謂獅子身中の虫であつて、今度の戦争に於ても、独逸政府の尤も苦心した事であると思ふ。

終りに墺領のポーランド人は如何。此方は他の二国に於ける同族よりも余程いゝ地位に居る。墺太利にては波蘭人の尤も多く居るのはシレジヤ、モラヴイア及びガリシヤの地方であつて、之等の地方はボヘミヤ人又はルセアニア人とポーランド人との雑居する処であるから、波蘭人は直接ゼルマン人と交渉がない。彼等は唯だ一方ボヘミヤ人に対し、他方ルセアニヤ人に対して反抗して居るのである。而してボヘミヤ人は今日のボヘミヤ地方に於てゼルマン人と尤も仲が悪いから、ポーランド人は却つてボヘミヤ人を協同の敵とするゼルマン人と提携するの傾きがある。されば墺太利に於ては素よりゼルマン人が我物顔に振舞つては居るけれども、民族関係の複雑なるだけ、他国に於けるが如く異民族の虐待がなく、殊にポーランド人は其中にも好遇せられてをる方で、帝国議会に於ては波蘭人は多くの場合に於てゼルマン人と結托し、其領袖にして屢々宰相の印綬を帯びた人もある。今日聯邦政府の大蔵大臣ベリンスキーの如きは波蘭人であるが皇帝の覚えも目出度いと云ふ事である。斯う云ふ次第で墺太利ではポーランド人はたいして政府に反対ではないから、此度の様な動員の場合に於ても、露独両国に於けるが如き苦心はなかつたと思ふ。けれども彼等が露独両国に於ける同族と提携して、将来独立の国家を建設しやうと云ふ希望を有する事、少くとも露独両国に於けるポーランド人と同胞であると云ふ、つよい意識を以て居ると云ふ事は争ふべからざる事実である。一九一一年十二月余の彼地滞在中、墺太利の衆議院に於て、一人のポーランド出身の議員が次の様な緊急動議を出した事がある。曰く「露西亜政府は波蘭領の一県セルムを割きて露西亜の一州に加へたり。之れ一八一五年ヴインナ会議にて定めたる旧波蘭領土不分割の原則に反するが故に、政府はよろしく調印各国に通知して抗議を露国政府に提出せしむべし」と。之れに依つて見ても、彼等の意気込は分る。故に墺太利領のポーランド人と云ふものは、別に墺太利国政府の羈絆を脱したいと云ふ熱烈なる希望はないとしても、万一露独に於ける同胞が合して一に纏ると云ふ時には、自分も之れに合体したいと云ふの希望を抱くであらうと思ふ。

今日波蘭人の全体の人口は露領約一千万、墺領五百万、独領四百万で、合計約二千万であつて、一独立の国家をなすに何の不足はない。今日までの処は、露西亜、独逸、墺太利と云ふ強大なる国家の支配に属して居るからして、其支配を脱すると云ふ事は到底不可能であると思はれて居つた。然し独立再興の運動は決して昔から絶えたのでなく、彼等は現に之まで種々の秘密結社を作つて此事を計画してをる。中にもパウル・リーデルスキーを長とする秘密結社の如きは、他の各種の秘密運動と同じく、倫敦に本部を設けて、内々盛に活動して居ると云ふ事である。此度の動乱に際して之等の連中は必ずや暗中に大飛躍を試みてをるに違ひない。

三

波蘭人の欧洲に於ける地位は以上に述べたる如くであるが、然し如何にあせつてもポーランド人は彼等自身の運動のみによつては、到底独立回復の望みはあるまい。然し露独などが進んで彼等に其希望を達する機会を与ふると云ふ事は、殊に今日の場合には決して不可能の事ではない。夫れは独領に於ける彼等は独逸政府に反対し、露領に於ける彼等は露国政府に反対して、露独の戦争に於て彼等は無条件では快く本国を助くる者でない。けれども独領のポーランド人は独逸政府と反対であるからとて、其敵国たる露西亜の便宜を図ると云ふ訳にも行かない。何となれば露西亜も亦彼方に於ける同胞を虐ぐる所謂波蘭民族の敵であるからである。此の点は露領ポーランド人も同様である。斯くして露独に跨がるポーランド人と云ふものは各本国を助けもしないが、又之を妨げて敵の便宜を図る事も出来ないと云ふ、一種奇妙な境遇にあるのである。而して此事は偶《たまた》ま露西亜若しくは独逸の聡明なる政治家に活躍の機会を与ふるものであつて、即ちある有利なる条件を提げて、波蘭人を味方に引入るゝ事の出来る余地があるのである。即ち波蘭人の民族的要求と云ふものを聴用すると云ふ条件の下に且つ此条件を他日必ず実行すると云ふ誠意を了得せしむる事に成功するならば、波蘭人を自分の味方に引入れると云ふ事は必ずしも出来ない事ではない。果せるかな、露国皇帝は開戦早々全波蘭民族に対して将来完全なる自治を与ふべき詔書を発せられた。之れが事実とすれば、且又波蘭人は此露西亜皇帝の誠意を信じたとすれば、之れは露西亜にとりて非常な強味で、独逸は此点に於て非常なる失敗をしたと断言せざるを得ない。此点は尚ほ後報を俟《ま》つて論断せねばならぬのであるけれども、兎に角露西亜側は余程波蘭民族の精神的助力と云ふものを得てをる様に見える。独逸の外交は此点に於ても大に失敗して居るやうである。

露西亜皇帝が前述の約定をせられたと云ふ事によりて見ると、其当然の結果として露西亜皇帝は、戦争に勝利を得て平和の局を結ぶに当り、独墺二国に対して旧ポーランド領の割譲を迫り、而して之を自国領の波蘭人に与へて、彼等をして纏つた一国をなさしむるの義務がある。之れも軽々には予言が出来ないが、今日まで到着したる断片的な電報を綜合して判断すれば有り得べからざる事と云ふ訳には行かぬ。若し此波蘭国と云ふものが、王国の形か共和国の形か知らないが、兎に角一国として成立を見ると云ふ事になると、之れは世界の将来の上に非常に重大なる影響あるを考へねばならぬ。此点は審《つまびら》かに論ずれば際限はないが、簡単に結論丈けを云へば、

第一、波蘭の独立は露、独、墺三国間の緩衝地となり、是等相互間の衝突の機会を少からしめ、引〔延〕いて世界の平和に貢献する処甚大である。

第二、露、独、墺三国は波蘭あるがために直接に国境を接する部分が非常に少くなるからして、従来の如く国境に広大なる兵備をなすの必要がなくなる。之一には世界の平和に貢献し、二には之等三国をして幾分軍備の負担から免かれしめて、一層文化の開発に力を注がしむる事が出来る所以である。

第三、波蘭が露西亜の斡旋の下に独立自治を得る事になれば、之に続いて起らぬにしても早晩フヰンランドの独立自治といふ問題が起るに相違ない。若しフヰンランドがポーランドと同様の地位に置かる丶といふ事になれば露西亜は南には波蘭、北にはフヰンランドといふ二国を巧みに操縦するの必要上、政治の方針は面目を一新して、必ずや自由の立憲政体になるに相違ない。従来通りの武断政治では到底波蘭、フヰンランドの様な民族を心服せしむる事が出来ないのである。此点に於てポーランドの独立は一には露西亜の政治的進歩に貢献し、二には斯くして間接に世界平和の道程の上に一歩を進むるに至らしむるであらう。

第四、更に今一つの影響を述ぶれば波蘭独立の結果フヰンランドが独立自治を得るものとすれば、其結果、瑞典《スウエーデン》那威《ノルウエー》が直接露西亜の侵略を恐る丶原因が消滅し、従つて夫等の国々が無用の資を軍備拡張のために費すの必要がなくなる。今年三月初旬、瑞典で、露西亜の侵略を懸念する処の国民が、国の四方から国都に集まるもの数万人、一大示威運動を試みて軍備拡張を国王及政府に迫つた事は人の知る所である。もしフヰンランドが自

治を得たならば斯ういふ様な心配も自然消滅するであらう。

斯ういふ風に考へて見ると、波蘭の統一自治と云ふ事は、其事自身は左程たいした問題ではないけれども、其直接間接の結果として、世界の平和に及ぼす影響は非常に大なるものありと思ふから、我等は戦局の進行に伴ふてポーランド民族の運命といふものに注意を怠ることが出来ないのである。(九月十五日)

〔『基督教世界』一九一四年一〇月二二日〕

白耳義と仏蘭西の政党

一　仏白両国民の覚醒

この度の戦争に於て、多くの人々は仏蘭西《フランス》や白耳義《ベルギー》などは、独逸《ドイツ》の軍隊に対抗して一溜もなく撃破されるであらうと予想してゐたのであるが、事実は之に反して、白耳義も仲々独逸軍を悩ましてゐるし、仏蘭西も兎に角に対当の勢を今日尚維持してゐる。これ全く深き仔細のあることである。

一体独逸の陸軍が仲々に強いことは、勿論初から判つて居たが、仏蘭西も白耳義も近来大に覚醒して、独逸に対抗するの準備を整へて居たことは、知らない人が多い。白耳義は中立国で、暢気に大平の歓楽に酔つて居たやうに考へられて居たし、仏蘭西は人口も年々減少し、一時欧洲に覇を唱へたは昔の夢となり、今日では敗残の国といふ風に観られてゐた。成る程これも数年前迄のことを言へば、強ち《あながち》酷評とのみ云ふことは能《で》きなかつたかも知れないが、近来は大に其趣を異にしてゐるのである。

で、此両三年の形勢を見ると、仏蘭西は仲々馬鹿にできない勢力を振ひ起して居るし、白耳義も亦大に軍備を整へて居たのである。唯独逸は余程以前から軍隊の編制を完備して居たから、それで遅ればせにやつて来た仏蘭西や白耳義は及ばなかつたので、今日まで多少独逸の軍隊が優勢であるのは、全く独逸軍隊の編制の賜である。編制が勝つたので、何も独逸そのものが勝利を占めたのではない。

二　複雑なる政党関係

仏蘭西では、殊に普仏戦争以来、一日として独逸に対する敵愾心を忘れたことはない。何とかして独逸に復讐しやうといふことは、上下押並《おしなべ》ての希望である。故に其軍備の計画の如きも、専ら独逸を想定敵として整へられて居ることは、論を俟《ま》たない。殊に此頃は英吉利《イギリス》と親善の関係にあり、伊太利《イタリア》とも、旧怨を捨てゝ和親の関係を結んだからして、独逸の外には目当とするものが全くなくなつた。

斯様な次第で、仏蘭西は独逸との戦争を仮定して、之に対する軍備を整頓することに、全力を注ぐ可き筈であつた。勿論従来も随分此為に工夫もせられ、又金も費されて居るのであるが、併し悲しいことには国内政党関係が非常に複雑で、かゝる重大な国家問題に就いても、仲々議論が纏り難かつたから、それ故独逸の仏蘭西に対する軍備に比較すると、常に手遅れであつたのである。即ち編制の点に於て大に独逸に劣つて居た。

之は畢竟、仏蘭西がその内政上の政党関係から煩を受けて居ると云つてよい。一体政党の関係の複雑して居ると云ふ点では、実は独逸の方が寧ろ仏蘭西よりも甚しい。欧羅巴《ヨーロッパ》の中で、此関係の最も錯雑して居るのは墺地利《オーストリア》匈牙利《ハンガリー》である。匈牙利の議会には十許《ばか》りの政党があるが、墺地利の方には無慮六十ある。之に亜《つい》では独逸であつて、十五を数へる。之に比較すると仏蘭西の政党は七つ八つに止まるのであるから、独逸よりも楽な訳であるが、併し独逸では所謂帝王神権説を採り、万機を皇帝が親裁し、帝国宰相は皇帝の命を体して万般の政治を行ひ、帝国議会の勢力から超然として居るから、政党の複雑なる関係は直接には政府を動かさない。

三　責任内閣

反之《これにはんし》仏蘭西の方は所謂責任内閣の制度で、議会の過半数の勢力を後援とするものでなければ内閣に立つことが能《で》きない。仏蘭西の大統領は、普通に政争の外に超然として居るべきもので、如何なる有為の政治家も、一旦大統領になると、直接政争には関係しないことになつて居る。それ故に直接に政治に関るものは内閣である。その内閣は議会の過半数を後援とせねばならぬのであるが、その過半数たるや、英国に於けるが如く、一の党派を占むることは能きない。何となれば仏蘭西は所謂小党分立の国であるからである。

されば議会で過半数の勢力を求めんとするには、二つ以上の党派が聯合せねばならぬ。処が、政党の離合集散は先づ常なきもので、従つて過半数の基礎の如きも常に動揺する。であるから動揺する過半数の勢力を基礎とする内閣も、亦甚だ動揺するのである。内閣の交迭の頻繁なことは、仏蘭西は伊太利と共に最も有名な国である。故に政府の方針と云ふものは、常に確固不動ではない。一定の目標を立てゝ、堅忍不抜の精神を以て一事を成功するといふことが乏しい。

仏蘭西の政策が如何に確固たる基礎を欠いて居るかと云ふことは、その第三共和国創立以来、今日迄四十余年間に内閣の交迭が五十回に及んだといふ事実によつて明白である。之を独逸に比較すると、独逸現今の帝国は仏蘭西の第三共和国と殆ど時を同じうして、発生したのであるが、その間に帝国宰相は僅かに五回しか変つて居ない。初代はビスマルクでカプリーヴィ、ホーヘンローエ、ビューローを経て、現在はビートマンホルウェッヒである。

斯の如くにして独逸は、大体一定の方針を立てゝ、議会で何と云はふが一切構はず、どんどん断行する。そこで軍備問題の如きも予定の計画を実行することが能きる。然るに仏蘭西の方は計画はあつても、実行が之に伴はない。即ち毎年起るところの政変の為に、その鋒先が鈍らされるのである。現に、現大統領の下に於ても五度内閣の交迭が行はれた。一九一二年の一月総理大臣となつたポアンカレーが、昨年の一月大統領に選まれて其職を辞するや、次で宰相の位置に立つたのはブリアンである。此内閣は二ケ月で倒れ、同年三月バルツウ之に代つた。バルツウ内閣は昨年十二月に瓦解して、デューメルグ内閣之に代つた。此内閣は本年の六月に至つて辞職し、之に代つて起ちたるは、仏蘭西政界の耆宿リボーであつたが、此内閣は成立の翌日、下院の信任投票に破れて辞職し、社会党の名士ビビヤーニーが代つて内閣を組織し、以て現今に至つて居る。

四　急進党と保守党

斯様に内閣が頻々交迭することは、軍事上から観れば、仏蘭西にとつて一大弱点である。仏蘭西の政党は、言ふまでもなく共和主義者が中堅であるが、その右と左とには、保守的の党派と、極端なる急進的の党派とがある。保守的の方は、かの僧侶党の如き、帝政党の如き、国民党の如き、或は又王党の如き之であつて、共和政治に対する頑迷なる反動派とも見ることが能きるのである。其勢力は、固より今日微々たるものである。

又極端急進派の方は、所謂社会党の一派であつて、之にも二派がある。一は七月三十日に巴里の珈琲店で暗殺せられたと伝へられたジョーレースを首領とする合同社会党と、之に加はらざる独立社会党員とである。

彼等は共に現在の共和政治に満足せず、更に一歩を進めて極端なる改革を、現社会に加へやうとするものである。此勢力は仲々侮り難いので、殊に本年四五月の総選挙には、彼等社会党の勢力が非常に増大したと云ふことである。

中央なる共和党も亦種々なる分派がある。而して其間必ずしも一致するものでない。其或は左席共和党と称し、或ひは進歩党と称するものは、その内の穏健なる分子であつて、所謂急進党又は急進社会党と称するものは、その稍過激なるものである。此共和党中の二派は常に反目して容易に融和しない。急進派の頭目コング、クレマンソー、カイヨー等は、温和派の領袖ポアンカレー、ブリアン等に対抗して、その反目今や頗る感情的に走つて居る。

故に事の善悪に拘はらず、一方は他方の提議を無暗に排《しりぞ》くる傾がある。之即ち仏蘭西に於ける国務の進行を妨ぐる最も著しき原因の一と見られるのである。かのクレマンソーは、昨年春の大統領選挙のときに、如何にポアンカレーの当選を妨碍したかといふことは、普《あまね》く人の知ることである。されば此頃は、温和派の方が却て激して、遥かに保守党の一部と提携し、急進派に対抗する一大温和党を創設せんとするの運動を企て、ブリアンが専ら之に斡旋してゐたことは、之又人の知るところである。

目下の処では、急進派が勝を占めて、盛に跋扈して居たのであつたが、戦争の結果、一時この争を止めてゐるやうである。

尚序《ついで》に言つて置くが、仏蘭西にはサンヂカリズムといふものがある。然し之は、其主義として現今の政党政治には、全然関係しないと云ふことになつてゐるから、一種の社会主義ではあるけれ共、社会党とは何等関係がない。否サンヂカリストは、社会党を罵倒し、且つ之と事を共にすることを嫌つてゐる。

五　モロッコ事件

以上の次第で、内閣の交迭が頻繁なために、軍備は如何にしても手遅れとなり、仏蘭西の弱点ともなつたのである。此弱点は、普仏戦後久しく天下泰平であつた為に、全々忘れられてゐた、処が此暫く消えてゐた仏蘭西の敵愾心に、再び火を点じたものは一九一一年のモロッコ事件である。此時仏蘭西と独逸とは将に戦端を開かんとした、唯英吉利が仏蘭西を援くることが明らかになつた為に、独逸は手を引いてしまつたから、戦争にはならなかつたけれ共、左もなくば確かに干戈《かんか》を交ゆるに至つたに相違ない。此時は欧羅巴で余程警戒した。それが為に戦争と云ふことが、仏蘭西人の頭に現実に響いた。即ち独逸との戦争といふことが、目の前の問題となつたのである。そこで仏蘭西の人間は俄かに真面目になつてきて、不思議な程愛国的精神が勃興して来た。一九一二年の一月に、ポアン〔カ〕レーが内閣を組織するに至つたのも、畢竟愛国心の勃興の発現である。その以前は内閣は、モロッコ問題の処方に苦んで、議会でも紛紜《ふんうん》が絶えず、つまり内紛の為に無用に精力を浪費して居たのが、一旦モロッコ事件に覚醒したる仏蘭西人は、到底従来の行《や》り方ではいけない、有力な人士に内閣を組織せしめ、而して有力な政府を造らなければ、独逸に対抗することが能きないと云ふので、そこでポアンカレーを総理大臣に推し、彼の下に政界の錚々たる一流の人物を挙げて政府を組織せしめたのである。故に時人は此内閣を称して、大人内閣と呼んだ。

これ程にも仏蘭西人が真面目になり、殊に青年が覚醒して、非常な元気を振ふと云ふことは、頗る見物であつた。所謂志気旺盛といふ形容詞は、此当時の仏蘭西の青年に、初めて見ることが能きた。此状態は今日も無論続いて居る。であるから、元気といふ点から見れば、独逸は確かに仏蘭西に劣つてゐると思はれる。唯遺憾ながら目の覚め方が遅かつたので一生懸命にやつても軍隊の組織が到底独逸に及ばない。そこで戦争で捗々《はかばか》しい利を占めてゐないのである。

三年兵役を実行してから、兵力に於ては独逸と大なる逕庭はない。志気は無論仏蘭西が優勢である。然も戦争に思ふ通りの利のないのは、全く軍備の編制が悪いからである。その編制に引けをとつてゐるのは、如上の政党関係が複雑してゐるからである。

六　白耳義の政党

白耳義《ベルギー》の政党関係は、仏蘭西程に複雑ではない。白耳義の重なる政党は三で、第一は保守党、第二は自由党、第三は社会党である。

保守党は即ち天主教の擁護を以て、その主なる目的とするので、従つて僧侶党とも称せられ、これが三十有余年来、白耳義の政権を握つてゐるので、今日のブロックヴィル内閣も、保守党に属するものである。保守党は一党派で議会の過半数を占めてゐる。自由党と社会党とは、長い間一致団結しなかつたけれ共、一昨年の総選挙の時に、保守党を倒す為に同盟した。が、それでも彼等は保守党を倒すことが能きなかつた。

斯の如く保守党が勢力を占めてゐる所以は、同国の選挙法が、金の有るもの、教育あるもの、其他要するに社会の上流にある所謂保守的分子に、一人に二票三票の投票権を与へて居るから、白耳義は普通選挙制を採つて居るに拘らず、保守的分子が常に大多数を占むるのである。これ白耳義に於て近年選挙法改正の要求が盛な所以であつて、現に、此処に昨年四月には、社会党は大同盟罷工を計画して世界を驚かしたことがある。

右の様な次第で、自由派と保守派とは、内政上の諸問題に就て、互に喧嘩して居る。併し、国家的の大問題に至つては、必ずしも反撥するとは限らない。

殊に軍備の問題に就ては、彼等の意見は大体一致して居る。即ち全体として白耳義人は仏蘭西に同情があつて、独逸を嫌つて居るから、若し独仏両国開戦すると云ふことであれば、白耳義は必定仏蘭西に味方する。で、白耳義も仏蘭西を援けて独逸に当る為には、相当に軍備を整へる必要があつた。

処が久しく泰平に安じて、白耳義は之等の準備を怠つてゐた。其怠慢に対して一大警醒を発つたのは、是又モロッコ事件であつた。即ちモロッコ事件は、今迄夢の如く感じて居た戦争といふことを、明瞭に眼前に映ずるやうにされた。其処で戦争が起つたならば如何するといふことが、人々の頭の中に浮んで来た。殊に独逸と仏蘭西とが戦争するやうになれば、白耳義は戦略上の要地であるから、独仏のいづれからか、必ず侵入せらるゝ運命をもつてゐる。が、目下の実状によれば、種々の点に於て仏蘭西が不備であるから、先づ白耳義に入つて来る者は独逸である。白耳義から云へば、仏蘭西が入つて来ることは、又我慢も出来るが、独逸から侵略せらるゝことは、黙過する訳にはゆかない。そこで自分で自分の中立を守る丈の備をして居るか如何かといふことを省みるのは当然である。

殊に此頃、若しも独仏開戦すれば、英吉利は十五万の大兵を白耳義に上陸さして、仏蘭西を援けるといふやうな風説が行はれた。

七　白耳義の軍備

斯かることから、軍備問題が俄かに世人の注目を惹いて、新聞雑誌其他の論客、政治家の間に、非常に八釜《やかま》しく論議せらるゝやうになつた。否問題となつたのみでなく、一九一一年の九月十四日には、万一のことを慮れて予備を召集し、遂に同年九月廿三日に至つて、愈々《いよいよ》軍備問題に関する質問が議会に於て堂々と述べられるやうになつた。その質問の要点は、白耳義軍備の現状は、万一の場合に、果してその守を全ふすることが能《で》きるや否や、聞くところに由れば、現在将校は全数の約三分の一欠員であるに、其儘に放任しあり、砲兵の馬匹《ばひつ》の如きも現在の実数は所要数の半に満たず、殊にアントワープ、リエージュ、ナミュールの要塞は甚だ不完全なり、武器弾薬の如きも亦甚だ不完全にして、且不足して近世的でない。かくても陸軍大臣は其職責を尽したと云ふかといふのであつた。

此質問を提出したのは、自由派のムヴーユ氏で社会党員も之に賛成したのは実に奇観たるを失はない。殊に社会党は、国防の充実の為には、相当の出費をも辞せないことを発表した。以て独逸に対する国防と云ふことが、如何に国論の一致して要求するところであるかを知ることが能きる。尤も此時陸軍大臣のヘルボー将軍は、一々弁解をしたのであるが、多少の怠慢といふことは、自分自ら之を認めざるを得なかつたのである。

之に関する信任投票は、政府党が議会に於ける過半数を占めて居る御蔭で、十二月一日、七十三票に対する八十二票で政府の勝利に帰したけれども、其後新聞等の攻撃絶えず陸軍大臣は遂に翌年二月二十四日、責を引て辞職し、一時首相が陸軍大臣の職を兼摂してゐたが、四月の三日に至つて、ミシェル将軍が之に代つた。

爾来政府は鋭意陸軍法の攻究調査に腐心し、遂に一昨年の十二月五日に、一の法案を議会に提出した。之より先、十一月十一日、陸相ミシェル氏は、議合はずして辞職し、首相之を兼任して以て今日に及で居る。

八　白耳義の徴兵

従来白耳義では、徴兵制度は確立して居なかつた。一九〇九年の法律は、一家一人を限り兵役に服従せしむる主義であつたのを、今度は一般兵役義務の制度を採り、毎年三万三千人づゝ徴募し、一年志願の制度をも認むるに至り、かくて平時にありては、十五万、戦時にありては三十三万三千を得るの計画を立てた。此為に費すところは、初年度に於て、二億三千四百万法《フラン》に上ると云ふことである。

此法案が翌年、即ち昨年の二月十三日、初めて議員の闘〔討〕議に上つた。五月廿八日に至つて、六十二票に対する一〇四票の多数で、下院を通過し、やがて又上院をも通過したのである。

一説に依れば、白耳義が斯く自国の軍備を八釜しく云ふに至つたのは、仏蘭西の使嗾《しそう》に出づるといふ者がある。之は恐らく左様であるかも知れないが、孰《いず》れにしても、白耳義がモロッコ事件に刺戟せられて、初めて独逸に対する防備を充実し、その為に巨額の金を消費したといふことは、疑のない点である。

左様云ふことが確定してから、戦争の突発迄に、僅かに一年間の間隔しかないから、白耳義の防備の事業は、勿論未だ完成して居なかつたには相違ないが、世人一般の予想に反して、白耳義があれ程頑強な抵抗を独逸に対して試みたと云ふことは、決して偶然のことではなかつたと思はれる。

〔『六合雑誌』一九一四年一一月〕

欧洲戦局の予想

一

欧洲戦争の終局を予想するは少し早や過ぎるけれども、今日云ひ得る事は戦争は案外長引くと云ふことである。大局に於ては聯合軍の方が有利なれど、現在の処では実際の戦争は独逸《ドイツ》が勝つてをる形になつてをる。しかし聯合軍の方が負けると云ふ風には考へられないから、結局独逸は敗者の地位に立つと思ふけれども、急にさう云ふ状態にはなりさうでないから、戦争が終局を見るに至るまでには余程時期があると思はれる。そこで若しも私の予想の如く、容易に戦争の結末がつかぬ事になれば、伊太利《イタリア》が動くことになるかも知れない。さうしてバルカンも亦紛乱の状態に陥るかもしれない。つまり両軍互角の勢であつて、対戦持久して居れば双方とも困難が増す訳であるから、早く戦争の結末をつけるために、自分の方に同情あるものを引張り込むことになるであらう。既に独逸は南アフリカに於てボア人を煽動して英国に反抗せしめてをる。最も南アフリカに於ては此両三年来、現在の政府のボーター内閣に対して、ヘルツオーグ及び今度の謀叛軍の首領なるマリツフアーが反感を有しをつた事実があるから、此地に動乱の起るのは必ずしも意外のことではない。之を独逸の煽動に依りて起つたものと見るべきや否やは疑はしいが、然し仮りに独逸が煽動して事を起したとすれば、これに対抗するために英仏側は今満を持して放たざる伊太利、ルーマニアを煽動して、南と東から墺太利《オーストリア》に衝き当り兵力を割かしむる手段に出づるかも知れない。是等の二国は形勢を観望して居ると云ふが、夫れは勝つ方に付くためでなく、聯合軍が勝つならば起たなくともよい、彼等が危いならば出やうと思つて観望してをるのである。伊太利は三国同盟の一であるけれど近年之れは名ばかりで、実際上は英仏に親しみ特に墺太利とは仲が悪い。故に一旦葛藤が起れば独逸、墺太利を助ける位地にたゝぬのは初めから明かなる所であつた。さればこそ戦争が初まつてから今日まで、国民の間には開戦熱が盛んであつて、政府は之を抑ゆるに困難を感じて居る位である。ルーマニアは一八七八年の露土戦争以来露西亜に対して反感を抱いてをる。当時ルーマニアは其東のベッサラビアを得るの希望を以て露西亜を助けたが、其結果は何物も与へられなかつた、そこで彼等は露西亜に対するために墺太利と結び、最近まで墺太利とルーマニアとは同盟の様な関係であつた。されば現に墺太利政府の機関新聞たるノイエー・フライエ・プレッセーの如きは、又同時にルーマニア政府の機関紙をも務めしは公認の事実であつた。然るに近年に至つて段々に墺太利との交誼が冷却して来た。之れには種々の理由がある。最近のことでは去年の夏、バルカンの二度目の戦争の時、墺太利はブルガリアを助けてルーマニアを抑へた事がある。夫れでルーマニアは墺太利に反感を抱いて、此頃は却つて西隣のハンガリーのトランシルバニアに目をつけ初めた。此処は大部分ルーマニア人の居る処で、約三百万人位である。夫れで今日の処ではルーマニアはトランシルバニアを目がけて事を起すであらうとは、蓋《けだ》し考へ得べき事である。最も人に依つてはルーマニアが事を挙げると必ずブルガリアが起つて背後を突くであらう、何となれば去年の八月の条約でブルガリアはルーマニアから土地を取られた遺恨があるからであると云ふ。余の考へは此点は何とか話はつくと思ふ。ルーマニアがブルガリアから土地を取つたのは、バルカン戦争で他の国が皆土耳古《トルコ》の領土を分割して段々大きくなつたのに、自分丈以前の儘《まま》でをつてはバルカンの均勢がとれぬと云ふので、ブルガリアから土地を要求したのであつて夫れ以上にブルガリアを虐《い》じめる意志はない。第一バルカン戦争の当時、ルーマニアはブルガリアと対戦しながら、ブルガリアが希臘《ギリシア》、セルビアに虐じめられて難境にたつた時、却つて之れに同情して非常なる窮境に陥らんとする処から救ひ出した形跡がある。且つ又ルーマニアは西の方に領土を拡げる事が出来れば、ブルガリアに曩《さき》に取つた土地を返すことは左程苦しい事ではない。故にブルガリアとルーマニアは妥協の道はある。仮令《たとえ》ブルガリアがルーマニアの背後を衝くとしても、さうすれば勢ひ希臘がブルガリアの背後を衝くことになるから、ブルガリアは妄《みだり》にルーマニアと事を挙げぬと思ふ。

斯く考へて見ると、ルーマニアが起つ事は決して不可能の事ではない。何れにしても伊太利とルーマニアが起つ事になれば、東欧の方面に一の紛乱を惹き起すであらうが、夫れは常に独逸側の不利益となる。さう云ふ次第で段々に独逸方が困難を感ずるに至るであらう。勿論之れと同時に戦争が長引けば、聯合軍の方にも困難を増して来るのであつて、双方で種々の困難が増して行く程度の割合が、戦争がどれ丈け続くかを決定するの原因となるのである。そこで戦争の結末は何れに落付くか予言することは出来ぬが、仮りに独逸が負けるとすると云ふと、其負けるに至る順路は、或は伊太利やルーマニアの起つた為めに墺太利が瓦解し始める事から来るか、或は対戦持久上、永く兵力の補充が困難になつて来た事から来るか、然らざればそこに至らぬ先きに経済上の破滅から来ると思ふ。独逸は海外貿易が全然杜絶されてをるからして、経済界が打撃を受けて居ることは云ふ迄もない。目下政府では不換紙幣を濫発して一時の間に合せてをるさうだが、斯る変則なやり方は永く続く者ではない。又戦争によつて衣食に困難する下流の人民が多くなつたさうだが、遉《さす》がは独逸で、之れに対する救済の途はよく行き届いて居るやうである。さうすると此方面からは不平が起らぬ様なれど、戦争が長引けば段々に困難を感ずるからして、下流社会の不平と云ふ事から破綻の端が表はれんとも限らぬ。

二

偖《さ》て独逸が負けたとして、其結果はどうなるだろうかと云ふと、之れは講和の際に於ける聯合軍側の力の程度で定まる。独逸が負けるまでには聯合軍側も非常に力を失ふから、若しも其際に聯合軍側に場合によつてはもつと戦争を続けてもよいと云ふだけの気力がなければ、講和の条件は割合に穏かですむであらう。若しさうでないとすれば、独逸側は多額の償金を課せられ、海軍を全滅せられた上で、土地の割譲を要求せられるであらう。先づ独逸にあつては南方のアルサス・ローレンは無論失はれる。其外土地を割かれるのはプロシア即ち東プロシアと西プロシア及びポーゼンの辺は多分露西亜から要求されるであらう。墺太利は北部にてガリシアを露西亜に割くことは免れない。東の方は仮りにルーマニアが参加したとして、而して其参加が聯合軍の為めに非常に効労があつたとして、墺太利のブコヴイナ並に洪牙利《ハンガリー》のトランシルバニア方面に於て兎も角多少の土地を得る事になるかもしれない。南方はチロール並にトリエスト方面に於て伊太利が多少の土地を得るであらう。之れは伊太利が戦争に参加すると、せざるとを問はず、疑ふべからざる事である。唯だセルビアがボスニアを得るや否やは問題である。セルビアはボスニアを要求するに違いないけれども、ボスニアに居るセルビア人は悉く皆セルビアに併合を希望して居るのではない。且つ又セルビアはボスニアを得ても海岸に出る事は出来ない。何となればボスニアは海に近く、ダルマチアに囲まれてをるからである。欧洲諸国はセルビアが西方に発展することを余り好まないから、場合によればセルビアは今のアルバニアをなきものにして、其方面に発展を許されるかもしれない。

要するに独逸敗戦の結果は、独逸帝国の中に於てプロシアの勢力の衰へる事は確かで、墺太利洪牙利に於ては従来其の中堅となつてをつた独逸民族の威力が衰へるのも確かである。従来之等の二国は一方はプロシアが中堅となり、他の一方は墺太利の日耳曼《ゼルマン》民族が中堅となつて、双方に貴族政治を行つたのである。今や中堅的勢力の威力が衰へて、アリストクラシーが破らるゝは疑ひない。但し独逸帝国其ものが瓦解し或は又墺太利洪牙利が分裂するかは疑問である。人稍《やや》もすれば敗戦後の独逸帝国の分裂瓦解を説く。成程南独逸がプロシヤと反撥して居るのは疑ひない事実で、曾てはババリアがプロシア墺太利に対抗して、昔の独逸帝国を三分し、所謂天下を三分して、其の一に覇を称せんとした事はあるけれども、今日では他の独逸聯邦の国々と共に、独逸国民と云ふ意識が余程強くなつて来てをる。彼等はプロイセンツームには反対だけれども、独逸ツームには反対でない。故に独逸帝国の組織を改造してプロシアの専横を打破する事が出来れば、彼等は無論独逸帝国の一部分として甘んずるであらう。況《いわ》んや分立して一本立ちになれば到底欧羅巴で一等国民として立つ事は出来ないから、南方独逸とても、自から求めて斯の如き地位に立つことは敢てしないであらう。此点は洪牙利とても同様である。洪牙利は年来墺太利の下風に立つ事を潔としない。中には全然独立を希望するものあり、現に独立党と云ふ政党もある位である。中にも俗に四十八年党と称するものの如きは一八四八年当時の状態に洪牙利の地位を改めんと希望して居るものである。斯る有様であるからして国民の多数は最近に於て内政上に於ては出来得る丈け墺太利と対抗して独立の地歩を占めんとして居るけれど、外に対しては墺太利洪牙利王国と云ふ大国の名義の下に一等国の取扱ひを受たいと云ふ希望がある。さうして墺太利から全く独立しては欧洲諸国は到底自分等に一等国の待遇を与へないと云ふ事を承知して居るから、全然分立すると云ふことは彼等の希望する所でない。現に洪牙利の総理大臣チツサーは此考へに基いて同国の最大政党たる労働党を組織し、而して此精神は益々国民の間に根拠をしめてをる。故に洪牙利が分離すると云ふことは先づなからうと考へるのが穏当な説であると思ふ。そこで独逸でも、墺太利洪牙利王国でも、多分瓦解分離はしないとして、唯其中心的勢力たるものが、専横を振ふことが出来なくなる。

さう云ふ事になるから将来に於ては、もつとリベラルな政治が行はれる事になるであらうと思ふ。

今一つはプロシアと墺太利とが玆に大打撃を受けた結果として、其関係が今日よりも尚一層接近することも想像され得る。其結果は多年旧来の関係を保つて独逸帝国の外に立つてをつた墺太利の皇室が、何等かの形に於て独逸皇室と結ぶと云ふ事になるかもしれない。既に目下戦争中墺太利の軍隊が其指揮権を独逸に任《ゆだ》ねたと云ふ噂があるが、之れは独墺提携の一端であると思はれる。墺太利はプロシアの国王が当然に独逸皇帝になると云ふ独逸帝国の憲法を改めるなら、何等かの形に於て独逸帝国の中に入るに、たいした差支はないと云ふ事になるかもしれぬ。

最後に今一つ考ふべき点は、独逸が全く敗北するとなれば、其殖民地を失ふと云ふ事も、重大なる結果を齎《もたら》すのである。特に東欧方面に勢力を失ふことは独逸の尤も苦痛とする処で、独逸皇帝が多年計画せるバグダット鉄道の如きも、恐らくは英国の領有に帰し、日耳曼民族は全く東方に伸びるの進路を絶たるゝに至るであらう。我東洋の方面から独逸が全然駆逐さるゝは論を待たない。

三

然らば聯合軍側が負けるならばどうなるであらうか。併しこの疑問は聯合軍が全然負けるに就ては仏国と露国との陸軍の全滅を想像しなければならぬ。所で仏国と露西亜の軍隊が全滅することは容易に考へられぬ。白耳義《ベルギー》の様な小国ならば、之を全滅の境遇に陥れることは困難でないが、仏蘭西、露西亜の如き大国では到底之れを悉く打ち平げて、全く抵抗の力なきに至らしむることは出来ない。特に今回の戦争では、初めて飛行機が利用されて、敵味方共に御互の様子が余りに明白に分つて居るからして、決戦と云ふ事は原則として行はれない。形勢が不利なりと見れば退却する。勿論多少敵情が分らねば戦争はしないけれども、しかし大体は敵情を想像して両方で御互に勝つと思ふてやるから死力を竭《つく》して決戦するのである。然るに絶えず飛行機で敵情を視て居るから少し戦局がすゝみ形勢が悪ければ全滅に至らずして退却するのである。故に独逸が如何に優勢でも、敵の主力に大打撃を与ふる事は出来ないから、唯だ無暗に戦線を拡げるのみである。而して独逸にはもう兵力は限りがある。之に反して仏国、露西亜は非常に豊富である。夫れで独逸は際限なく手を拡げられぬから、勝てば勝つだけ攻撃力が弱くなつて来るのであつて、聯合軍を全滅することは到底不可能のことゝ思ふ。乍併《しかしながら》此点が不可能でも独逸が英国の海軍を全滅し得たならば、初めて終局の勝利をしめるかもしれぬ。此点は必ずしも不可能ではないが、しかし当然の打算としては甚だ困難である。英国は陸軍は弱いが、海軍はなか〳〵整つてをる。且つ数に於ても常に独逸の十に対し、十六と云ふ割合を保つ事を怠らぬ。仏国の艦隊は一昨年の協約で、全部地中海に廻し、大西洋及び北海の方面は英国が一手に引受けて居るけれども、仮りに伊太利が戦争に参加する事ありとすれば、仏国は地中海艦隊の全部をあげて之れを大西洋に向はしむるであらうと思ふ。斯く考へ来れば独逸は英国の海軍に打撃を与へ勝を制することも困難である。然らば経済上に於ては如何。之れは英、仏、露が困る先きに、独逸が困るから、其方面からは聯合軍が独逸に屈する事は当然有り得ない。

之を要するに独逸は大体に於て守るには強いけれども攻むるに強い国とは云へない。夫れで聯合軍が全然負ける事は考へられぬが、仮りに一歩を譲つて独逸が勝つたとすればどうなるか。之れによつて大打撃を受くるものは何と云つても英国である。英国は当然海軍を失ふことになる。夫れから独逸が東欧羅巴から小亜細亜に勢力を握つた結果、印度が危くなる。夫れから独逸は勿論和蘭《オランダ》、白耳義を併合して、露西亜からは旧ポーランド領を取り戻し、北の方ではバルチツク海沿岸の三州、即ち独逸人の多数居る処の地方を取るに違ひない。墺太利も亦北の方と東南の方に伸びるであらう。セルビア、モンテネグロ、アルバニアは無論併合するであらう。而して独逸と墺太利とは何等かの形で提携して行くであらう。果して然らば敗戦後の英国の殖民地の運命は如何。之れは極く小さい処は独逸に取られる事もあらうけれども、加奈陀《カナダ》の如き、南アフリカ聯邦の如き、濠洲の如き、印度の如きは純然たる一国の如きもので、独逸が何と云つても之れには手の付け様がない。唯だ茲に考ふべきことは之等の殖民地が英国から離れて、全然独立する事になるかもしれないと云ふことである。抑《そもそ》も之等の国は英本国の勢力の下に於て、初めて安全なるを得て居るので、若し英本国の武力が衰へることになれば、国防の事は独力でせねばならぬ。然るに国防を独力でやる位ならば、経済の利害関係が密接でない今日、何も英国の配下に立つてをる必要はない。そこで彼等は独立を宣言し、各々独立して軍備の整頓をなすに至るであらう。因に濠洲の軍備の整頓は、直ちに其影響は日本に及ぶことを覚悟せねばならぬ。最後に独逸の勝利の予想の下に、膠州湾《こうしゆう》はどうなるかと云ふ問題である。膠州湾は元より遠からず日本の占領に帰する。独逸が如何に欧洲の戦争に打勝つても、東洋で日本に対抗することは出来ぬ。日本は聯合して事を共にした英、仏、露が負けたからと云つて、膠州湾を無条件で独逸に返すことは出来ぬ。独逸は戦勝者の権利を以て、膠州湾の回附を要求するか、或は占領の事実を認めて、一先づ日本の要求を容れ、然る後支那政府に対し、大手腕を揮つて之を動かし、支那政府を通して日本に当つて来るか、何れにしても膠州湾に於ける日本の地位は重大なものとなる。又之れに関聯する支那と日本との関係も決して円滑には行ぬと思ふ。

四

以上独逸が負けた場合と、聯合軍が負けた場合とを想像して見たが、更に双方がとり疲れて、いゝ加減に米国の仲裁で引分けられる場合をも考へて見る必要がある。最も英国では最後まで戦つて独逸を虐じめなければ戦争はやめぬと云ひ、又三国が堅い条約を結んで、単独に和を講じない事を約束して居るから、いゝ加減に戦争を中止する事はなからうと思ふけれども、仮りに仏国が独逸の侵入のために非常に困難な地位に陥つたり、露西亜の中で(之れもなからうと思ふけれど)日露戦役の当時に於ける如き革命運動でも起つたとすれば、英国が一人で威張つてをつても、戦争を続ける訳には行かなくなる。恰度《ちょうど》日露戦役の際に、日本も露西亜も、奉天の北で相対峙し、両方ともに此上、手が出せぬ様な境遇にあつたが、之れと同じ有様になつたとして、而してそこに米国が仲裁に入つたとして、双方が和を講ずる事もあり得ない事ではない。斯う云ふ場合にも、互角の分けではあるが、日露戦争の時、日本が勝つた方の側にあつたと同じく、聯合軍が有利なる地位に立つたとすると、独逸は困難を感じてをる度合が激しいから、独逸が多少の損害を蒙るのみで、大変動なくしては済むと思ふ。此場合考ふべきことは先づバルカンは現状維持であらう。而して独、墺、露の国境方面では多分現状維持であると思ふけれども、殊によれば三国の緩衝地として、ポーランドの再興を見るかもしれない。南方のアルサス・ローレーンは、仏に返す事はなからうけれども、独逸帝国の附属国と云ふ地位を脱して、他の聯邦と同様な一国を組織する独立の分子になるかもしれない。又白耳義は独逸から多額の賠償金を得る事も想像される。然し之等の事は双方のかけ引、即ち外交上の樽俎折衝《そんそせつしょう》で定まる事であるから、軽々に予言することは出来ないが、全体に大した変動のない事は云ひ得る。唯だ此の場合我々にとり重大関係を有する事は膠州湾問題である。聯合軍が全然負けたと云ふのでないから、膠州湾の占領に対して、独逸は之れを争ふの余地はない。然し又他の一方に於て独逸が全然負けたのでもないからして、結局独逸は膠州湾の占領を無条件で承認する敗者の義務に服する必要もない。しかし日本は固より膠州湾を独逸に返す訳はないから、そこで独逸は占領と云ふ既定の事実を承認して膠州湾の回附は之を争はないが、之に対し欧洲方面に於て膠州湾の損失に値する賠償を要求するであらうと思ふ。

之れと同じ問題は聯合軍が負けた場合にも起り得る。聯合軍の方が負くれば膠州湾の占領に対する賠償を独逸から求められても、聯合軍側は之に反対するの力はない。独逸は戦勝者として右の如き賠償金を得るに甘んじて、おめ〳〵と膠州湾を日本に与ふるや否やは問題なれども、然し若し斯う云ふ手段に出づれば英、仏、露は賠償の要求に応ずるであらう。けれども聯合軍が負けたのでなく米国の仲裁にて、中途で和を講じたとあれば、賠償の要求に応ずるや否や。又之れに応ずるとしても、独逸の要求丈けの者を其儘提供するや否やは大に問題とすべき処である。最も英仏側が賠償の要求に応ぜず、従て談判破裂して再び戦争があつても構はぬとの意気込さへあれば、夫れで独逸を屈服することが出来るが、仮りに聯合軍に夫丈けの意気込がないとすると、日本の膠州湾占領と云ふ問題は講和会議の席上に於て最も火花を散して争はれる大問題になると思ふ。而して之れを日本のために有利に解決せしめんとするには、どうしても日本を代表して講和会議に臨む人の手腕と信望とに俟たねばならぬと思ふ。即ち一方には独逸の代表者を威圧して其賠償の要求を最少限度に止めしめ、他の一方には英、仏、露の代表者をして日本のために賠償を提供するに同意せしむるために大に其手腕と徳望とを利用する必要があると思ふ。若し日本を代表する全権委員にして、各国政治家の粋を集めたる此世界的会議の席上に於て、毫も重きをなさぬ様な人物であるならば日本は折角大兵を動かして戦争に参加しても、之れによりて得る処のものは、極めて些々たるものである事に終るであらうと思はれるのである。(十月十五日)

〔『新人』一九一四年一一月〕

国際競争場裡に於ける最後の勝利

一

国際競争場裡に於て最後の勝利を占むる必要条件は何ぞ。或人は武力即ち軍備の整頓是なりと云ふ。中には必ずしも富国強兵相伴ふを要しない、貧国でも兵さへつよくば、戦争は出来ると主張する者もある。独逸は貧国ではないが今度の時局に際しては経済上甚だ困るべく想はるゝのに、実際割合に長く続いて居る。之は現金は成る丈け市場に出さず、ドシ〳〵不換紙幣を濫発し、政府の権力を以て無理に之を通用せしめて軍資に宛てゝ居るからであるとの事だ。斯かる変則の状態は何れ丈け続くものか疑問ではあるが、兎に角イザと云へば現金はなくとも戦争は出来ると云ふ証拠にはなる。之等の例を引いて一派の論者は武力さへあれば最後の勝利は疑ひないと説くのである。成る程独逸が欧洲の諸大国を敵として孤軍四隣に奮闘してをるさまは実に目醒ましいもので、敵ながらも感服の外はない。今日仏蘭西人は日本人が想像する程退嬰的でなく、士気は寧ろ旺盛である。英国と雖も亦然りで英仏白の聯合軍は決して独のために弱敵ではない。露西亜も亦決して侮ることは出来ない。斯く強大なる国を前後に控へて一歩も国内に其敵を入らしめないのは、独逸が多年軍備上に心を注いだ結果である。斯う云ふ有様を見て世人が国際場裡に於ける最後の勝利は只武力の一点にあるものとし、故に軍備拡張せざるべからずと論ずるに至るは無理もない。吾人は固より必ずしも此説を否定するものではない。全然武力なくしては最後の勝利を得ることが出来ないのは論を待たないのである。乍併《しかしながら》又単に之れのみで最後の勝利を得ることが出来ると思ふものあるは之大なる誤である。熟《つらつ》ら万国興亡の歴史を見るに、其興つた国は何れも武力なしに興つたものはない。国家の勃興は必ず武力の拡張によるのである。然し更に考へて見れば武力で興つた国もあるが、又武力を抱いて亡んだ国も少くない、之れ歴史の明に示す所である。何故に武威赫々四隣を従へた国家が同じく其の武力を擁し乍ら亡ぶるに至つたか。之れには種々様々の原因があらう。之等を歴史的学問的に云ふことは際限ない。只其中で最も大切なものが一つあると思ふ。それは武力に任せて国際道徳を無視し、傍若無人に我儘を働いたと云ふことである。之れが大なる武備を有しながら、国家を亡ぼすに至る最も大なる原因であると思ふ。斯く云へば国際間には個人間の如く道徳と云ふものはないと主張する人もあらう。如何にも個人間に於ては不道徳とすることも、国家の名によりて行はるゝ時は却つて賞讃を博するやうな場合(例へば間諜の如き)も無いではない。其の他国際間の事は兎角道徳律よりも利害関係で支配せらるゝことが多い。乍併私の考へでは理想的の状態に於ては国際間の事も必ず個人間と同じく道徳によりて支配さるべきものと思ふ。又さう云ふ理想的の時代が将来来るに違ひないと思ふ。唯だ今日の如く国際関係の混沌を極め、各自の競争激烈に行はるゝ時代には已を得ず道徳が公々然無視せらるゝを観るのである。夫れでも歴史的に世界の大勢を観察すれば国際相互の関係が、個人と同様に道徳律に支配さるゝ方向に向ひつゝあるは掩ふべからざる事実であると考へる。現今の状態を見て国際間には道徳的支配関係は絶無であると論断するのは決して正当ではない。要するに今日は未だ不完全の時代である。道徳のみが物を云ふのでは無論ない。故に国家としては無論第一義として武力を養ふことを怠つてはならぬ。此点に於て予輩は大体に於て軍備拡張論者である。乍併之と同時に吾人はまた国家永遠の大計として国際道徳の尊重をも主張せざるを得ない。二者は本来両立するものなりや否やの如きは学究的疑問である。大体の国是としては到底養力と道徳尊重とを併せて取ることが最も肝要であると信ずる。

二

然るに世の中には近眼者多くして目前の状態にのみ気を焦《いらだ》ち、他に想到するの余裕なく、只管《ひたすら》に武力武力と叫び軍備の整頓のみを高調することに忙しく、国際道徳の如きは痴人の夢と蔑しむものがある。斯る人は国際間に正義道徳の無視され、蹂躙されし幾多の例を挙げて自家の説を裏書きさせて居る。成程大国が常に甚大なる腕力で小国の権利と自由とを侵害し、小国が正義公道を以て之を争つても一向顧みられないといふことは現代に於ても其例に乏しくない。之れ慥《たしか》に一面の事実である。併し茲に見逃してならぬのは正義公道を声高々と唱ふるものは主として大国の圧迫に対して自己の小弱を擁護するに由なき小国のみであることである。東洋でも斯の論の最も盛なのは朝鮮であつた。正義公道の論と相隣する万国平和論の如きも亦同様である。今日平和論の中心は瑞西《スイス》と白耳義《ベルギー》とであつて之に次では丁抹《デンマーク》和蘭《オランダ》等の小国に於て此論は盛である。余は嘗てゼネバの万国平和協会の大会に行つたが、其時会の牛耳をとつた人は瑞西のゴバー、白耳義のベーネール、又はラポンテーン等主として中立国か又は小国の人であつた。英米独仏からも多数の代表者が来たが大した人物は其中に見えぬ。是れ畢竟白、瑞等の国に於ては平和論盛にして第一流の政治家は皆此中に入るが、英米仏独などの大国にては第一流の人物は他の問題に忙しく平和論の如き閑問題に没頭するのは二流三流以下の政治家に限るの致す所である。之に依て見ても平和とか道徳とか云ふ事は大国は至つて冷淡であつて専ら小国に八釜しく唱へらるゝことが判る。之れは当然の事であつて、英米仏独露の如き強大国では何か重大なる問題が起れば正義公道を叫ぶまでもなく自己の偉大なる力を以て之れを裁断することが出来る。去れば事の実際に於ては所謂正義公道の主張は多くの場合に於て小弱国の哀求の声である。時としては大国の圧迫を訴るに最も好都合として採る所の叫である。而して之等の声は通例大国の顧みる所とならぬから、人は正義の声は常に蹂躪せらるゝに極つたものと思惟し従て国際間に於ては正義は無力なりと主張する。併し之は主張する者其人を得ざりしが故に無視されるのであつて、正義其物が全然国際間に顧みられないものであるといふ論拠にはならぬ。若し大国が之を主張することあらん乎、そは十分有力なものであらう。要するに正義は常に小国が大国の圧迫を訴ふる為に唱へらるゝことが多いので、従て何時も蹂躪せらるゝの形になつて居るけれども、正義其物は決して国際間に無力なものではない。其証拠には武力の強大なるものは一時は国際間に覇を称して跋扈しても若し彼が其力に任せて正義公道を無視することあらんか、彼は段々に他の諸国の同情を失ひ遂に其反感を招いて思ひもかけぬ窮地に陥ることがある。之国際道徳の重んずべきを示すものではないか。而して徒らに自己の武力に頼り傍若無人の行為をなして世界の同情を失ひ困難をして居る国は歴史上其例に乏しくないのみならず、今日吾人の目前に横つてをる。最近の好例としては先づ彼のブルガリアである。ブルガリアはバルカン半島の独逸と称へられた国で、其国王フエルヂナンドは宛《あたか》もカイゼルに類し、多能多趣味にして英邁の人。其在世中にブルガリアは大なる進歩をなし、軍備は独逸に則り、特に強大なるものとなつた。而してバルカンの盟主として人も許し自からも任じた。夫れが彼のバルカン戦争の際初めは他の諸国と同盟して土耳古《トルコ》を打つたが、愈《いよい》よ戦争が局を結ぶや占領地域の分配に関し自家勢力の大なるに乗じて大に我儘を働き、遂に再び紛乱を惹起してセルビア、ギリシア、モンテネグロを敵とするに至り、更にルーマニアも起ち、敗残の土耳古すら干を向くるに至つた。之れ即ち第二のバルカン戦争であつて、ブルガリアは昨年の六月より八月まで五ケ国を敵として戦つたが、連戦連敗ほう〳〵の体で和を乞ひ今や半島上第一流たるの地位を失ひ、気息奄々として近く回復の見込みなき境遇に陥つた。之れブルガリアが武力を頼みて他国の権利を侵害し毫も意としなかつたために、却つて他の同情を失ふたのであつて、若しもブルガリアが多少心掛けがよくば五ケ国の中、二つ位は味方とすることが出来たのに、夫れすら成し得なかつたのは極端に国際道徳を無視した結果である。

独逸はブルガリアと同じ筆法で今日世界の同情を失ひつゝある。抑も独逸が外交社会で多少信用を失つたのは、今に初まつた事ではない。実にビスマーク以来のことである。ビスマークは個人としては立派な人物であつたが、政治家としては独逸国家の安全を計るためには手段を選ばずに行動した人で、彼は国家の名の下に種々の国際的道義を無視し世界の同情を失つた。例令《たとえ》ば普墺同盟を結んで露国を裏切り為めに皇帝ウキリアム一世をして其最愛の甥露帝アレキサンダー二世を敵とするの悲劇を演ぜしめし如き、たとへ国家の為めとは云ひ乍ら、外交史上の悲惨なる出来事として今尚人の記憶する処である。斯る辛辣なるやり口はビスマークの屢々《しばしば》行つた所である。而して今の独逸皇帝は此ビスマークに更に一歩を進めて同じく独逸帝国のためには手段を選ばず、他国がマゴ〳〵して居るとか、何か外の事に忙殺されて居るといふ場合には、スカさず図々しく出掛けて自国の利益をはかるに抜目がない、是れ火事場泥棒の称ある所以である。為めに他の権利を侵害することも稀でない。故に今日は漸く世界の同情を失ふに至つた。思ふに今日独逸に多少でも同情を有するものありとせば、そは和蘭及瑞典《スウエーデン》位のものであらう。和蘭は独逸に背いては到底独立国として安全を保つ事は出来ない。夫で已むを得ず独逸に従はねばならぬのであるが、併し独逸に併呑せらるゝの危険あるを想ひ又独逸のやり口の傍若無人なるに鑑みて内心之を敬遠せんと考へて居る者も少くはない。故に和蘭国民が挙つて心から独に好意を有して居るか否かは問題である。瑞典に至つては古来独逸に深く同情してゐるし、又現瑞典皇后ヴイクトリア陛下は、独逸バーデン国の王女でバーデン王家はプロシヤの親類である、従て瑞典の王室は間接に独逸皇室とは密接の関係を有して居ると云ふ点に於いて、独逸と近いのみならず、露西亜と瑞典とは非常に仲が悪く、其露国皇女たりし第二王子の妃殿下は露瑞反感の犠牲となりて先頃離縁となつた位であるから、自然露の敵たる独逸に接近すると云ふ事になる。今日現に瑞典は独逸の勝利を祈り、且つ食料品などをも供給し、種々の便宜を独逸に与へて居るのである。併し之も永く続くか如何か疑しい。今日の皇太子の妃殿下は英国の王族で、而かも賢明の誉高いから、瑞典でも他日英国が独逸に代りて評判がよくならぬとも限らぬ。

三

一部の論者が武力さへあれば外部の助を要しない、他を頼むものは昨日の味方も今日の敵であてにはならぬ。他の同情など何うでもよい、必要なるは武力のみと云ふ。乍併将来は勿論、今日と雖も他の同情なくしては世界に立つことは出来ない。今日の国際関係は同盟で固めて居る。孤立では到底立てぬのである。而して真の同盟の基礎は国民的同情である。此同情が欠くれば紙上の同盟も実益を為さぬ。伊太利の援助を得る能はざりし独逸の今日の失敗は之れを証明して余りあるものである。今度の戦争に於て独逸は心掛けさへよかつたなら、英国と同盟が出来ないことはなかつた。本来露西亜と英国とは決して利害の相合致する国でない、英が独と離れて露に結ぶのは本来自然の状態ではない。然るに独逸が英と結ぶ能はず彼をして却つて利害の衝突する露西亜と結ばしめるに至つたのには、独逸の態度に英国をして心から慊焉《けんえん》たらしめたものがあつたからである。彼のヱドワード七世が仏と結ぶに至りしも同様である。本来独逸と結ぶのが英国の為めに或は利益であつたかも知れぬ。当初国内には英独同盟論も少くはなかつたのであるが、夫れにも拘らず英仏同盟を結ぶに至つたのは、実に陛下が皇太子時代より何となく独逸が嫌ひであつたと云ふ所に一つの原因〔が〕あると云はれてをる。斯く云へば或論者は歴史上の事実を以て余の説を反駁するであらう。即ち英国は常につよい者をいじめる国で、仏蘭西のナポレオン一世が猛威を中原に揮ふや極力之をいじめ、又露西亜がバルカン方面に猿臂《えんぴ》を伸ばすやクリミア露土の戦争を起して其勢力を牽制し、常に自分よりつよくなりさうな国があれば之れをいじめて其勢力を削ぐ事を国是として居る国である。故に今回の戦争にも独逸を敵に回はして、その鼻柱を折つてやらうとは英国の初めから意気込んでをつた処であると云ふ。乍併之れは必ずしも正当と思はれない。成程英国は十九世紀の初めには仏を挫《くじ》き中葉には露を抑へた。併し其の抑へたのは彼等が強大なる武力を有して我儘な振舞をなさうとしたからであつて、必ずしも自分を凌ぐ勢力だから理が非でも圧服したといふ訳ではないやうである。其証拠には今日英国は米国を放任して居るではないか。米国は既に経済上英国を凌がんとしてをる。将来英国にとりて最も恐るべき敵は米国であるのに、英は決して米国を抑へやうとしない。否英国人の頭には米国を抑制しやうと云ふ意志は毛頭ない様である。之れ何故なりやといふに、米国は武力を以て英国と競ふ国でないからである。之を以て之を見れば英国は独逸の態度如何に依ては必ずしも之を抑へやうとはしなかつたであらう。之を要するに正義公道の観念に誤れる独逸民族の態度は世界の同情を失ひ、自らをして救ふ能はざるの窮境に陥らしめたものである。斯くて独逸は恐くは彼のブルガリアと同じ運命に遭遇するであらう。よしそこまでに至らずとも、到底最後まで勝利者として世界に其勢力を伸長することは出来ないであらう。故に武力の一点のみで国際場裡に優者の威信を贏《か》ち得ることは望まれない次第である。

四

独逸今日の状態は日本の将来に一大警告を与ふるものである。日本は今や青島《チンタオ》を陥れ、東洋に敵なしと云ふ次第である。更に進んで益《ますます》軍備を拡張して東洋に覇を称せんとするは当然の希望である。吾人は必ずしも之れに反対するものではない。乍併之れと同時に国際的正義公道を離れたくはない。国際間の事は動《やや》もすれば利己的になり易いのである。之れは道徳堅固なる外交家も往々にして陥り易い処で、国家の名によりて不条理を敢てし以て其将来を誤ることは古来其例に乏しくない。そこで之れが軌道を外れざらしめんためには国民が常に健全なる輿論を以て之を指導せねばならぬ。例へば我日本の支那に対する態度の如き、若し健全なる民衆の輿論の指導なきに於ては彼の一部政治家の如きは如何なる事を仕出かすか分らない。由来強者は往々にして自分に都合よき理窟を以て真理であるかの如く振舞ふものである。例へば白人間には真の文明を樹立するものは白人のみであつて、有色人種は不可能である。故に有色人種を征服するのは文明のため人道のためであると称し、彼等は正当の権利としてアフリカ人、印度人を服従し圧迫するを得ると考へて居る。吾人は之を聞いて少からず憤慨するのであるが、然し日本人も台湾、朝鮮、支那人に対しては之れと同様の考へを抱くのではあるまいか。

私の基督信徒としての信仰から云へば、白人が有色人種を劣等視するのが間違つて居るのと同様に、日本人が朝鮮、台湾の人々を継子扱ひとするは大に間違つてをる、宜しく真の兄弟として隔てなくしなければならぬ。支那民族に対しても同様で何処までも彼等に尊敬と同情とを以て其民族性を啓発し、共に立つて東洋の安全を保持するに努めなければならぬ。さうするには決して自家の利益のみを念頭におくことは出来ない。日本の政治家は稍《やや》もすれば功名を急ぎ国民は又狂熱的愛国心の勃発するに任せて、対韓対支政策を誤り東洋永遠の大計を誤ることはあるまいか。我国の外交論は常に余りに利己的なるの嫌はあるまいか。予輩の信ずる所に依れば苟《いやし》くも世界の表面に各種異民族の並立するは確に摂理の存する所である。弱き民族には弱き乍らに其処を得せしめなければならぬ、幼弱の弟妹を強い兄や姉がいたはる考を以て彼此提携したいと思ふ。よし国際関係の複雑なる斯んな道義一点張ではいかぬとした所が、我々は支那朝鮮に対し、我国の利益のみを唯一の標準として利己的政策のみを取つては行かぬと思ふ。今や我国の立場は諸外国から非常に猜忌の眼を以て見られてゐる。今日青島の陥落につき露国も英国も大に喝采してをるけれども、愈よ平和克復の暁には彼等と雖も亦猜忌の念を生ずるは今より明かなることである。然し膠州湾を取る取らぬの問題は抑も末である。要は国民が此問題の処理に際し何れ丈け国際的道義を尊重するかにある。若し日本国民が此点に着眼せず、単に日本のみの利害休戚を念とするならば、よし膠州湾は理想的に解決するとも、世界の猜忌は到底免るゝ事は出来ぬ。日本の将来を考ふれば、今後日本人は非常な覚悟をなし、国民の思想に一大発展をしなければ、如何に武力に於て間然する所がなくとも決して安心することは出来ぬ。故に国民の対世界思想を根本的に一変せなければ、到底最後の勝利は望まれない。

五

此の国民思想と云ふものは個人の思想の如く急に其弊に気付いて之を咄嗟に矯正することの出来るものではない。個人なれば是非善悪を説いて反省を促せば直ちに改むることが出来るが、国民はさう云ふ訳には行かない。之れは非常に時間を要する。されば今より之等の問題に関しては大に叫ぶの必要を見るのである。しかし国民の思想は亦一面に非常に弾力性を有してをるから、絶えず其方向を転ぜしむることも出来る。従つて今から大に警告を叫んで居れば屹度《きつと》反響があるとの希望を以て信ずることが出来る。然らば吾々は国民中の如何なる階級に向つて吾人の主張を説くべきやと云ふに、云ふ迄もなく夫は中流階級でなければならぬ。上流と下流は実際に照して公明正大なる思想の表はるべき所ではない。夫の平民主義民衆主義の政治と云ふ如きも、如何にも一般平民に政治的中心を措く様であるが、形式に於て一般民衆が支配する理窟にはなつてをるけれど、実は健全なる中流社会の輿論が一方は少数の政治当局者を指導し、他方は一般下民の精神的嚮導者となりて動くといふ所にあるのである。若し下民一般が健全なる中流階級の指導を欠くときは徒らに極端に走り、遠くは仏国革命の如き惨禍を見、近くはメキシコの如き状態となるであらう。健全なる中流社会は国家の中堅であつて、之を教養することは最も必要である。独逸の欠陥は此国家の中堅たる中等社会が健全にして自由なる思想を欠く所にある。之れは何故であるか。独逸の宗教は国教制度であつて、旧教は全国民の三分の一、新教は三分の二である。而かも其新教も我等の信ずる新教とは違ひ、旧教と相去ること遠からざる因襲的勢力の大なる一種の教権主義の宗教である。故に政府は此等の宗教の力を以て人民を束縛し、従て人民は自由独立の思想を離れ其弊は一種の英雄崇拝主義に陥り、自己の所信によりて進退するといふ堅実なる分子がない。其点になれば英国はえらい。英国では健全なる輿論が常に大勢を指導して行く。之れ日本国民の大に学ぶべき所である。幸にして我国は比較的中等社会の健全なる国である。我々中等社会のものは益々努力して、稍もすれば国歩を謬《あやま》らしめんとする偏狭なる愛国心を公正なる方向に利導し、国際的道義心を養い以て世界の同情を得、終局の勝利を占めねばならぬ。此点につき吾人は深く世人の反省を促すものである。(十一月廿日記す)

〔『新人』一九一四年一二月〕

戦後に於ける欧洲の新形勢

一

戦争は何時止むか、今日何人も之を予言することは出来ない。英国のキチナー元帥は三年計画を説いたが、まさか三年に亙る事はあるまい。けれども昨年暮欧米一部の人に予想された如く、本年六月を以て終了すると云ふこともなからうと思ふ。独逸と仏蘭西では目下壮丁に欠乏を感じ、英露は比較的尚ほ新に募集すべき余地あるやうに見ゆるけれども、武器弾薬の供給に困じて居る様である。最近英国は厳重なる封鎖の宣言をなして、独逸の糧道を断たんと企てゝ居るが、之れは独逸に尤大なる苦痛を与へるものに相違ない。殊によると之れが独逸破滅の原因をなして案外早く戦争の終末が着くかも知れぬと思はるゝ。けれども今日の処猶ほ一両月の間に方《かた》がつくとは思はれない。

戦争の終局は何時つくとしても、此戦争が我々に何を教ゆるかと云ふ事は今より断言する事は出来る。今日の処では独逸が勝つてをるか、聯合軍が勝つてをるかといふことは軽々しく断言することは出来ぬが、終局の勝利が聯合軍にあると云ふことは一点の疑ひを容れない。仮令《たとえ》独逸が個々の戦争で勝つても、英、露、仏に致命傷を与ふる事は到底予想することが出来ない。而して懸軍対峙の状態を長く続くれば続くる程、独逸の不利となるのだから、結局の平和が如何なる事情の下に締結されても、終局の勝利はどうしても聯合軍の上にあるものと見ねばならぬ。して見ると我等は此戦争の経過に由つて、戦闘に勝つは必ずしも戦争に勝たのではなく、また戦争に勝つものは必ずしも国際競争の最後の勝利者ではないと云ふことを認めざるを得ない。斯く云へばとて余は戦闘に勝つの必要はないと云ふのではない。又戦争の勝利の価値を全然認めないと云ふのではない。最後の勝利は常に戦勝に伴ふと云ふことは元より論を待たないのである。唯だ戦闘の勝利者が必ずしも最後の勝利者でないと云ふことはくれ〴〵も世人の承認を求めたい。最後の勝利を得るには戦争に勝つと云ふことの外に今一つ大事な方面の勝利者でなければならぬ。白耳義《ベルギー》の如きが、あの通り戦争には負けて惨々な目に逢つても、尚今度の戦争で全く其独立を失ふ事なかりさうに思ふ時、我等は一面に於て小弱国の果敢《はか》なさに同情すると共に、猶ほ彼れが他の何等かの方面に一種の勝利を博しつゝある事、少なくとも白耳義人が英、仏、露の国民の中に凱歌を以て迎へられつゝあることを認めざるを得ないのである。

翻つて思ふ。我国の識者は今日、今次の戦争に於て、果して如何なる教訓を感得しつゝあるか。今度の戦争に活動して居る多くの国民の何れの部分、何れの点に感服して居るのかと云ふ事を考ふる時に、余は多くの遺憾を感ずるものである。何となれば我国の識者の中には独逸が孤軍奮闘、列国の包囲攻撃を受けて屈せざる其の勇ましい武者振に感服してをるものは多いけれども、彼れが戦闘に勝つて而して最後の勝利を得る能はざる所以に教訓を求めんとして居るものが少ないからである。最も独逸賞讃者の中にも余の見る所では二の種類があるやうである。第一は全然若くは絶対的に独逸に感服するものにて、独逸と交戦関係に入つた我国の政策を否認するが如き口吻を洩らし、寧ろ此戦争にて独逸と同盟する事の得策たりし事を説き、甚だしきは戦後英露を振り捨てゝ日独同盟を結び、相提携すべしと説く者すらあるに至つてをる。又第二は之れ程でないけれども、兎も角独逸の態度は立派だとか敵ながらも感服にたへぬ、日本の将来は正に斯くの如くでなければならぬと云ふ風に説くので、畢竟独逸は友として頼むべきものではないとしても、範として之に則るべきものであると説くのであつて、両者共に独逸心酔者たる点に於ては同一である。私の考へでは之れも今回の戦争の我等に与ふる大教訓の一であるには相違ない。即ち平時に於て変に処するの準備を怠らず、其計画や周到、其用意や細密、一朝事あらば機敏神速、一度頭で命令すれば国内の諸機関は手足の如く之に応じて働くと云ふ風に、国家の凡ての組織は悉く一令の下に動くやうになつて居ると云ふ点は敬歎して措かざる処であつて、我等の学ばねばならぬ独逸の長所である。乍併之れと同時に我等は独逸のやり方には重大なる欠点を伴ふことを忘れてはならぬ。其の重大なる欠点あるが故に列国の嫉視を招き、遂に今日の窮境に陥つた所以を深く鑑みる事が必要であると思ふ。

二

歴史に照して之を考へると今日の独逸はフレデリツク大王時代のプロシヤと非常によく似てをる。而して又カイゼル、ウヰルヘルム二世は多くの点に於て、フレデリツク大王とよく似てをる様に思ふ。大王は多芸多能の人であつて、独り将軍とし〔て〕抜群なりしのみならず、文芸の嗜《たしな》みも相当にあつた。カイゼルも亦同様である。大王は当時独逸聯邦内の後進国であつたプロシヤ王国を、聯邦内の雄国たらしむる政治的理想に動いたが、カイゼルはウイルヘルム一世によつて欧洲の雄国となつた独逸帝国を世界の大国たらしむるの政治的理想を以て現に動いて居る。而して此理想を実現せんがためには手段を撰ばず、国際道徳を無視し、小国を蹂躙して恥としなかつたと云ふ点に於て二者全く同一である。フレデリツク大王はプロシヤ王国の膨脹を遂げんがために、墺太利《オーストリア》のマリアテレザーが相続戦争に困憊《こんぱい》して居るに乗じてシレジアを奪つた。カイゼルの仇名たる火事場泥棒は大王に於て既に立派な先例を示してをる。勿論余は之れが為めに大王並にカイゼルの道徳的動機を非難するものではない。彼等は飽までプロシヤ王国乃至独逸帝国と云ふ国家的利益を図るの外、更に他念がなかつた。所謂国家主義の見地から見れば彼等はプロシア王国乃至、独逸帝国の守護神である。唯だ我等は彼等が「国家」に執するの余り、猶一層高い処を見ることの出来なかつた見識に服することが出来ないのである。されば彼等は共に其邦国のためには全心全力を捧げたのであるが、偶々列国の憤激猜忌を招き、やがて世界全体より危険人物視せられ、其包囲攻撃を蒙むるに至つた。此点に於て今日の戦争は正さに十八世紀半に於ける七年戦争の如きものである。七年戦争に於て大王は露、墺、仏、サクソニー、瑞典《スウェーデン》の包囲攻撃を受けて僅かに英国の同情の下に滅亡を遁れた。当時大王が孤軍奮闘、東奔西走、機敏神速なる活動を以て屢々奇勝を博し、列国を敵に受けて容易に屈せなかつた点は、カイゼル目下の境遇とよく似てをる。けれども兵足らず財糧乏しきを告げ、一時は聯合軍の急迫を受けて、失望の極自殺せんとした事すらある。カイゼルも亦今日之に類した経験を嘗めつゝある事であらうと思ふ。大王は七年戦争の後種々の事情からして、有耶無耶《うやむや》の間に戦局を結んだが、結局何の得る処なくして好戦国の虚名と国力の疲弊とを贏《か》ち得たるのみに止まつたのである。今日の独逸が戦後如何なる獲物を得るかは分らないが、要するにフレデリック大王以上の実質的利益を得る事は困難であらうと思ふ。虚名と疲弊の外、何等国運の実質的進歩を来す事なしとすれば百万の貔貅《ひきゅう》も何の役に立つか。軍備其物は必要な物には相違ないが畢竟手段である。国家の尊ぶべきは其広大なる軍備に依て世界に主張せんとする処の思想其ものではあるまいか。妄《みだり》に独逸の皮相に学ばんとするは本を忘れて末に走るものと云はざるを得ない。

独逸は幾多の学者、幾多の思想家を出して世界の精神的文明の進歩に貢献する処、頗《すこぶ》る大であつたが、其政治上の理想に至つてはフレデリック大王の時より今日に至るまで、決して高遠なるものとして許すことは出来ない。彼等が目標を定めて夫れに達するためになす処の努力其のものには我等は飽まで感服し、且つ之を学ばんことを欲する。けれども彼等が立てし所の目標其物は断じて我等の学ぶべからざるものである。大王は七年戦争後二十年間、戦後の経営に腐心し国力の回復を図り、其結果十八世紀の末に於ては欧洲に於て最も強大なる国の一となつた。が夫れでも仏蘭西のミラボーが、当時プロシヤの制度文物の研究に来て看破した如く、百制備はつて然も唯だ一の大事を欠いてをつた。此評は今日の独逸に対しても猶ほ之れを適用することが出来ると思ふ。余は我国民が此独逸の例によつて大なる教訓を得るの必要を感ずる。殊に偏狭なる国家主義を奉じ組織の勢力を重んじて、動《やや》もすれば自由を抑へんとする我国の今日に於て此独逸の轍を踏むなかれと警告するは寧ろ必要であると思ふ。

三

戦後に於ける欧洲の形勢は益々独逸流の軍国主義を流行せしむるであらうかどうか。之れに就ては二様の考へ方がある。先づ終局に於て独逸が負けるものとして、其負け方が全然独逸の屈服と云ふことであれば、独逸流の軍国主義は其干を収めて、四海同胞の平和主義が段々に勢力を占むるであらう。独逸は負けるには負けたが再び立つことが出来ない程に負けず、猶多少の余力を残したと云ふ場合にはどうであるかと云ふに、之れは独逸の将来に対して取る態度によつて問題が決する。此際独逸が真に其欠陥を自覚して大に目醒むる所あれば、彼等は無論進んで軍国主義を捨るであらう。之れに反して若し暗に再び報仇を念とする事があるならば、各国は決して彼に対して安心することが出来ず、各々再戦の準備に力を注ぐであらう。然る時は今後暫くは矢張り広く軍国主義の繁栄を見るの外はあるまい。如斯《かくのごとく》んば何れ其中には又戦争の勃発を促すであらう。斯くして各国が真に覚醒して平和的の世界経営に従ふ事になるまでは戦争はたえぬであらう。要するに終局に於て世界の将来は平和にあると信ずるが、差し当りの所ろ軍国主義になるか、平和主義になるかは、戦後に於ける独逸の態度に依て定るのである。余の考へでは独逸は恐らく軍国主義の迷夢より醒むるであらうと思ふ。斯く信ずる理由は種々あるが、一には独逸の人民は今度の戦争でつく〴〵戦争の惨禍と云ふ事を感じたらうと思ふ。戦争の惨禍と云ふ事は日本人には分らぬ。何となれば我々は日清、日露の大戦役を経験したが、未だ曾て我等の領土内に敵を迎へて干戈《かんか》を交へた事はない。故にせい〴〵夫や子供に戦死されたとか親や兄弟に討死されたとか云ふ位が関の山で、例令ばベルギー人などの様に家を焼かれ、財物を掠奪せられ、一家離散し、外国に放浪せねばならぬと云ふ様な、惨憺たる経験はした事がない。故に我等は実を云へば未だ戦闘の経験はないと云つてもよい。而して所謂主戦論などを唱へるものは、此種の経験なき連中に多いのであつて、我国にても親しく旅順等の戦争の辛苦を嘗めし人々の中には衷心から平和主義になつて居る人もありと聞く。況んや欧洲人は自から深く之を経験してをる。独逸は比較的外敵の侵入から免れてをるけれども戦争の惨禍は具《つぶ》さに経験して居るに相違ない。故に戦争中は敵愾心にかられて熱狂して居ても、戦後彼等は必ず最も熱心なる平和主義となるに違いない。

次に現に今日戦争に参加せざる米国にて既に非常な非戦熱が起つてをる。今日戦争に関係なき中立国は何れも皆今度の経験によつて極めて熱心な平和主義となつた。此影響は全く独逸に及ぼさずして居るであらうか。更に第三の原因としては婦人の勢力の増加を見ねばならぬ。多数の青年男子が出征した結果、之れまで男子の独占に帰し、或は主として男子の占領する処たりし幾多の職業に婦人が入つて来た。従て婦人の社会的活動の範囲が著しく拡張されたのである。之れは一面に於て婦人の経済的独立と云ふことを更に一層進めたものである。以て婦人は直接間接に将来必らず政治上に於ても一段重きをなすであらうと思ふ。婦人の勢力を認める処は平和論の尤も盛に唱へらる丶処である。日本では戦争のある度毎に軍人と金持の跋扈を進めてをるが、今度の戦争では最も著しく婦人の勢力の膨脹を来すやうに見ゆる。此等の点を併せて考ふると戦後の独逸は遅かれ早かれ軍国主義を捨て丶世界的平和主義に移らざるを得ないと思ふ。

戦後に於ける欧洲の形勢斯の如しとすれば、我等の戦後に於てとるべき方針も亦明かである。我等は世界平和の大義が戦後如何なる速力を以て発展するか、又は如何なる段階を経て其理想を一歩々々に実現して行くかを審かに述ぶるの遑《いとま》がない。其経過の中途には勿論多少の波瀾があり、時としては軍国主義などが、ちよい〳〵頭を出すこともあらうと思ふ。乍併大勢が平和主義にあると云ふ事を信じて疑はざるが故に、余は軍備の整頓、力の養成を以て唯一の若くは最要の国是とは思はない。勿論其の必要は認めるが我等は唯だ現在に生き、瞬間の形勢に動かされて、徒に右顧左眄するのみを以て能とするものにあらざるが故に、日本人が国家永遠の大局に着目して策を立つる思想家の立場から我等は深く戦後に於ける世界の形勢如何を同胞に警告し、其将来に取るべき真実の態度を定めんことを希望して已まないのである。

〔『新人』一九一五年四月〕

戦後欧洲に於ける社会的新形勢

一

戦後に於ける欧洲の新形勢は前号に於て其一般を説いたのであるが〔本巻所収前掲論文〕、之は主として欧洲交戦諸国の国際関係の将来に対する余の想像である。本号には其の補遺として社会的方面から是等諸国の将来を考へて見やうと思ふ。戦後に於ける欧洲社会の有様を想像して先づ著しく余の念頭に浮ぶ事柄は、戦後に於ては労働者と婦人とが従来に比して著しく其社会的地位を高むるであらうと云ふことである。茲に労働者と云ふのは、文字通の意味で労働をするものと云ふ意味でなく、一般下層階級と云ふ意味に解して貰ひたい。此一般下層階級の人々と婦人とが将来の社会に於て偉大なる発言権を有する様になると、余は信ずるのである。此事は我国の人々には或は一寸了解し難いかもしれぬ。我国は明治以来既に数度の外戦の経験を経てをる。而して戦争の度毎に其社会的地位を高め、同時に社会の各方面に戦争の結果として跋扈し初めたものは軍人と金持である。日清戦争以前は軍人も金持も皆所謂政治家によつて其の権利を伸長せんと事を謀つてをつた。軍人でも金持でも当時の藩閥政治家には頭が上らなかつたのである。日清戦争後に至つて初めて軍人の跋扈を見、遂には伊藤公の如き元老政治家すら軍人側の要求を無視しては到底政界に其志を伸ばすことが出来なくなつた。当時金権もソロ〳〵頭を擡《もた》げたが、併し金権の著しく跋扈するに至りしは寧ろ日露戦争後である。日露戦争の際に政府の最も欠乏を感じたものは金であつた。桂公などは絶えず資本家を集め、之れに阿諛《あゆ》して、軍資金の調達をした。されば戦後に於ては金持の勢力が俄然として張り、彼等の要求を無視しては到底政界に雄飛することが出来ない有様になつた。今日金持の為めに、国家全体の利害から見て如何はしく思はる、幾多の法律が存在するのは皆其結果と云つてよからうと思ふ。斯くの如く我が国では戦争が起れば起る度毎に、金持と軍人とが其の社会的勢力を増進すると云ふことになつてをる。軍人と金持とが勢力を増進することになれば、婦人や労働者などは却つて物陰の方に押し籠めらる、訳になる。されば欧洲今次の戦争の後で婦人と労働者が其の勢力を増進すと云はゞ、読者或は不思議に思はる、だらうと信ずる。

乍併《しかしながら》欧洲の戦争は日本の戦争と全然其趣きを異にしてをる。日本の戦争は軍人と金持とに頭を下げて之れをするが、今度の欧洲戦争は労働者と婦人に頭を下げてなす処の戦争である。金持に全く頭を下げないかと云へば必らずしもさうでない。又軍人に頭を下げないかと云へば必ずしもさうでない。然し彼等の戦争は本当の意味の命懸けの戦争である。戦争は何れも命懸けには相違ないが、然し一生懸命となつてをる程度、死物狂ひとなつてをる程度が日本などと、彼等とは違ふ。日露戦争でも日清戦争でも、日本国民から見れば之れは比較的呑気な戦争で、戦争の運命に就て本当に心配してをつたものは政府当局者位のものである。而して国民は概して呑気に構へてをつたから、一番心配してをる政府が軍人や金持に頭を下げて戦費を調達したのである。然るに欧洲今次の戦争では其死物狂ひになる程度が激しい。戦争は目前で行はれてをる。軍人も金持も呑気に構へて居る訳には行かぬ。苟《いやしく》も兵役の義務ある者は予備だらうが、後備だらうが皆出払つてしまつた。夫れでも足りないので苟も武器を取るに堪へるものは、否でも応でも出て貰はねばならぬと云ふことになつた。そこで政府は労働者に頭を下げて一人でも多く出征して貰ひ、又婦人に頭を下げて壮丁の出払つた後の仕事を婦人で以て補つて貰ふと云ふ事になつた。即ち彼等は労働者と婦人に頭を下げるのでなければ到底戦争が出来ないと云ふ境遇に居るのである。

平時に於ても欧洲の各国では軍事上の点に就ては随分労働者に頭を下げて居る。英吉利《イギリス》などでは徴兵制度が施いてないから、所要の兵員を募集するために種々待遇をよくして頻りに壮丁を誘ふてをる。私は倫敦《ロンドン》滞在中、郵便局や停車場などで、兵隊募集の引札がぶら下つて居るのを見た事がある。其中には兵隊になれば一週何程の給料を呉れるとか、衣服はどう云ふ羅紗で作つて立派であるとか、一年何日の休暇を与ふるとか、クリスマスには上等の服装で帰省を許すとか、我等日本人の目から見れば寧ろ滑稽に類する程少年の虚栄心を挑発する様な文字が書いてあつた。大陸の方面ではそれ程でないが、夫れでも兵役を了《おわ》つたものでなければ郵便、鉄道の吏員にはなれないとか、又は一定の兵役義務年限を終つて、更に一定の年限を務めた者は必ず郵便鉄道等の判任官に採用するとか(以上独逸の例)、又兵役義務を終つた者でなければ議員になれないとか(以上仏国の例)、随分一般に兵役義務を尽した者を好遇してをる。之は欧洲では四隣境を接してをるがため、夫れ丈け多くの兵員を要して、従つて一人でも多く喜んで兵役に服せんことを必要としてをるからである。之れが今回の様な戦争になると国を挙げて戦場に壮丁を送るのだから、政府が如何に彼等の意を迎ふるに苦心して居るかと云ふことは想像に余りある。且つ各国政府が今度の様な場合に最も恐れて居る事は国内に非戦論の起ることである。独逸でも仏蘭西でも、国民の間に愛国心が盛に勃興してをると云ふことであるが、併し之れも程度があつて、戦争が永く続き段々と国民が疲れて来ると云ふと、予《かね》て実際生活に執着する処の欧洲人は遂に転じて非戦論者となると云ふ恐れがある。況《いわ》んや彼等の間には平時社会主義的思想が随分深く沁み込んで居るから、戦争が長引けば永引く程非戦的示威運動の危険が大きくなるのである。政府は此の危険の予防の為めにも少からず苦心してをるだらうと思ふ。斯く考へて見ると云ふと、今日欧洲の労働者は戦争のために非常に大切なものとして、好遇されてをるであらうと思はれる。

元来労働者は目前直接には国家の興敗と深い利害の関係を持つてゐない。戦争の勝敗により最も大なる利害関係の動揺を受けるものは上流社会である。労働者と雖も利害関係は相当にあるけれども、然も夫れは直接でない。之れ社会主義者などが労働階級の利害は国家と関係なしとか、労働者には祖国なしなどと云ふ所以である。従つて労働者は一時は敵愾心に駆られて戦争に従事しても、ひよつとすると我は本来何の為めに戦つてをるかと疑ひ出す恐れがある。特に況んや戦争のために直接生命を賭して居るものは労働者丈けである。さうすると主として上流社会の利益のために戦ふ戦争に、命までも投げ出して係はつて居るのは労働者だと云ふ風に考へないでもない。最も伝ふる所によれば欧洲では貴族でも富豪でも、労働者の出征した後に残つて種々の公共事業に従事して、本当の意味の挙国一致の実を挙て居るさうである。例へば英吉利などでは貴族の子弟だらうが金持の子弟だらうが、労働者と一所に戦場に出で、又老齢出征にたへぬものは巡査や鉄道の切符切りのやうな職業を志願して出て居るのであつて、日本などで見るやうに貴族や金持の子弟が直接戦場に身を曝すことを避けたり、下層の者が戦場に苦んで居るのに、上流階級が本国にあつて贅沢な生活をしたりする様な事はない。されば割合に下層階級の上流に対する不平は少からうと思ふけれども、然し社会主義などの議論が之れまで随分と沁み込んでをる点より見れば、労働階級一般の思想をして政府の考へと歩調を保たしむるためには、政府に於て余程労働者に対する処置を慎まねばならぬことになる。而して今日政府が労働者に頭を下げると云ふことは、戦後労働者の社会に於ける地位が従来に比して大に張ると云ふ事を意味する。果して然りとせば此の事は将来の欧洲社会に如何なる結果を齎《もた》らすであらうか。

二

今度の戦争の結果として婦人の職業の範囲が著しく広まり、婦人の待遇が著しくよくなつた。所謂婦人問題の一方面は之れが為めに自から解決せられた観がある。婦人問題と云ふ中には婦人参政権の問題もある。婦人参政権問題では直ちに英吉利のパンカースト夫人を長とする団体を聯想するが、此団体の運動は今度の戦争で一先づ中止すると云ふ事になつた。彼等は戦乱の勃発以来、出征者の遺族及び白耳義《ベルギー》避難民の救護に力を注ぎ従来の参政権獲得運動は之を中止した。彼等は平和克復の暁には直に従来の運動に復《かえ》るであらうと思ふ。参政権運動は暫く別として婦人問題としては従来婦人の職業の範囲を広めてくれよ、婦人の待遇を好くしてくれよと云ふ問題があつた。西洋では日本よりも婦人の職業の範囲が広い。独逸に於て見るも大商店の売子は皆婦人である。仏蘭西には婦人の弁護士も少からずある。けれども或職業に依つては法律上、又は実際上婦人に許さないものがある。実際上婦人に出来ない仕事なら仕方がないが、事実婦人に出来る仕事なら、其門戸を婦人にも開いてくれよと云ふのが彼等の要求の一である。

更に進んで門戸を開放せられたる職業の範囲に於ても、同じ仕事を同じ様にしながら婦人の給料は概して男よりも低額である。例令ば独逸で小学校教師の最初の給料は男は五十円であるが女は四十円である。然も小学教師となる準備的教育の年限は双方同一である。如斯《かくのごとき》は不都合である、何故男女の給金を同一にせぬのかと云ふのが彼等の要求の一である。然るに是等の問題は全部ではないが、此度の戦争に於て端なくも其一部分は解決せられた。何となれば従来は男でなければ出来なかつた仕事を此の戦争で不已得《やむをえず》婦人に頼んだからである。例へば電車の車掌、鉄道郵便等の吏員、会社銀行の社員、役所の小使、夫れ等の中には無論従来少数の婦人もあつたが、大部分は男子の仕事であつた。然るに是等のものが皆召集せられて戦場に往つたので、其後任は否でも応でも婦人に頼まねばならぬ。玆に於て婦人の職業は自から非常な膨脹を見た。且つ又此際無理に婦人を頼んで給料を減らすと云ふ訳には行かぬ。少くとも男と同じ給料は払つたらうと思ふ。場合によつては人を得るの困難なる為め、より高い給金を払つた処があるかも知れぬ。斯くて婦人は期せずして男子と同額の給料を得る事になつたのである。勿論之れは戦争によつて起つた臨時特別の出来事であると云へばさうも云へる。戦争が済んで男がどん〳〵帰つて来たら、婦人は今日の状態を何時までも続ける訳には行くまい。乍併戦争が済んだからとて婦人が一旦占めた地位を全然奪ひ取つて、元の様な状態に引戻す事が出来るかどうか之れは大なる疑問である。殊に職業範囲の拡張と待遇の同等とを多年要求し来つた欧洲の婦人は、男子が戦場から帰つて来たからとておめ〳〵と引き下がるであらうか。勿論夫が出征した為めに臨時其代理として務めておつた婦人の如きは、夫が帰つて来た為めに再び家庭の人となるであらう。けれども中には夫が戦死して食ふ事に困るから、其儘其職業に従事したいと望むものもあらう。又初めから職業を探して居つたが、恰度《ちょうど》其仕事を見付けたと云ふもあらう。斯う云ふ者からは容易に其職業を奪ふ訳には行かぬ。

斯く考へると云ふと戦後に於て独立の生活を営む婦人の数が非常に多くなると共に、婦人は従来よりも一層切実に社会公共の事業に興味を有すると云ふ事になる。勿論従来と雖も婦人は社会公共の事に全く興味を有せぬと云ふのではない。乍併多くは間接で、即ち夫を通して社会公共の事に交渉があるのである。されば従来の婦人は物価の高低などと云ふ事、従てせい〴〵関税の問題位には興味を持つことはあるにしても、家屋税がどうだとか、所得税がどうだとか云ふことは余り興味はない。然るに独立の生活を営む婦人が殖えると所得税、家屋税の問題も婦人の直接の問題となる。のみならず学校を建てる病院を設ける、夫れがために市で金が入ると云ふ様な事も婦人が直接に利害を感ずる問題となる。斯くして大体に於て公共の問題に興味を有する婦人の数が殖える、其結果婦人は公共の問題を決する一の新なる勢力となる。夫れを大きく考へると云ふと社会的、国家的大問題の決定にも婦人が一の勢力として参加することになる。少くとも斯の如き傾向になつて来るのである。従来婦人は政治などの事には興味がないと云ふ事になつてをつた。之れは彼等が直接に政治問題に触れないからである。従来の婦人の生活は男子に従属してをつた。従つて政治は男子に任せて置けばよかつた。今後はさうは行かぬ。政治も亦婦人が興味を感ぜずしては居られない問題になると云ふ趨勢になつて来る。斯く婦人が社会公共の問題を決定する一の有力なる分子となつて著しく其他位を高むると云ふ事は、将来の社会に如何なる結果を齎らすであらうか。

三

労働者と婦人とが著しく其社会的地位を高むると云ふことは、将来の社会に著しく平和的思想の汪溢すると云ふことを意味する。労働者と婦人とが共に世界平和の友であると云ふ事は今更呶々《どど》を要しない。斯くして余は戦後に於ける欧洲の社会的趨勢を目して平和的進歩の躍進にありと断ずる。此断定に対して人或は成程労働者と婦人とが勢力を占むるために平和的思想の進歩を見ると云ふ方面もあるが、他の一面には平和的趨勢を妨ぐる原因もあらう。彼此差引して考ふれば余りに平和的趨勢を楽観的に見る訳には行かぬと考ふる人もある。此種の論者は戦争の結果各国民の間に敵愾心と云ふものが起つて来る。此敵愾心は甲の国民と乙の国民とを反目せしめ、少くとも当分の間は欧洲の天地に平和の春風の吹き渡ることを妨ぐるであらうと思ふのである。之れも一面の道理はあるが、然し之れは日本の様な国柄に於ては最もの考へであるけれども、欧洲の様な所では余り適用は出来ない。なぜなれば欧洲大陸は諸の国が其中に対立して居るけれども、而して其間に仲のよいものもあれば悪いものもあるけれども、然し大体に於て大陸は互に密接の利害関係を以て相聯結せられたる処の云はば単一の社会である。独逸が一の社会的単位であり、仏蘭西や英国が又各独立の社会的単位であると云ふのではない。彼等の或る者は一部分に於て親族関係がある。独逸人が仏蘭西人を娶《めと》り英国人が墺太利《オーストリア》人と結婚して居ると云ふ例は決して罕《ま》れでない。現に皇室の例に見るも独、墺、英、露、皆密接なる親類ではないか。就中英独露の如きは最も親密な従兄弟である。夫れで是等の間に戦争をすると云ふ事によつて精神的苦痛を受くるものは非常に多い。若し夫れ経済的の関係を見ると、彼此非常に密接な関係を有してをる。今日我々は仮りに日米開戦を予想し、其結果太平洋岸幾万の同胞が皆引上げて来て彼地に於ける経済的根拠を失ふ事を想像せば、之れと直接の利害関係を有する者は如何に苦痛を感ずるであらうか。英仏独露の間には夫れ以上の密接なる経済的関係がある。是等諸国の経済的関係の密接なるは、恐らく北海道と九州との経済的関係よりも深いものがあると思ふ。戦争になつたから仕方がないとは云ふものゝ、之が為に非常な打撃を受けてをる者は各国とも非常に多い。故に欧洲今次の戦争は政治的に見ると云ふと外戦であるが、社会的に見れば一種の内乱と云つてもよい。

斯く見来れば欧洲諸国が戦乱に対する考へは我々日本人とは全然違ふ。我々は支那と戦ひ露西亜と戦つて何も精神的苦痛はない。而して経済上に於ても前述べた様な苦痛と云ふものは非常に少い。云はゞ日本は日本丈けで独立したる純粋の社会的単位であつて、日本と云ふ社会は先づ大体に於て露西亜や支那と切り離しても独立し得る社会である。そこで日本が露西亜や支那と戦ふと云ふのは甲なる家族が赤の他人の乙と云ふ家族と喧嘩をする様なもので、喧嘩した後で互に睨み合て永く敵愾心を抱き、機会があつたら又喧嘩をしやうと云ふ様なものである。欧洲今回の戦争は一家内の感情の衝突の様なもので云はゞ夫婦喧嘩か親子喧嘩の様なものである。喧嘩する時は激しく摑み合ても後で何時までも敵愾心を持つ事は出来ない。必ず後悔と反省とを伴ふ。要するに欧洲には国際主義とか同胞主義とか云ふものが現実に国民を圧迫してをる。故に我々が家庭の円満を希ふと同様な感情で、国際的生活の安全なる発達を希ふ。否斯く願はざるを得ざる境遇にある。我々日本人でも国際生活の安全を願はないではない。されど我々が斯く願ふのは日本を中心としての国際生活、日本の安全と云ふ事を主たる目的とする国際生活の安全を願ふのであつて、日本の利益日本の幸福と云ふ事の外には所謂国際生活の安全と云ふことは、殆んど我々の切迫した問題とはなつてゐない。東洋丈けを狭く限つても支那や暹羅《シャム》などと此の平和的な交際をする〔と〕云ふ事は、我々にとつて切実な問題となつて居ない。此点は欧洲と我国とは余程違ふ。仏蘭西人、英国人でも自国の安全な発達は勿論考へる。併し欧洲全体が一の社会だから、自国のみの利益のために欧洲全体の利益を利用することは許さない所である。之れを利用せんとして失敗したのは独逸である。斯くの如く欧洲全体の平和安全と云ふ事が、彼等にとつて切実緊急の問題なるが故に、戦後に於ては必ず悔恨と反省の声が高くなるであらう。勿論戦後の余勢として多少の敵愾心はある。又在来の歴史的反感は例へば独逸人と仏蘭西人との間などには残るであらう。けれども之れにも増して欧洲全体の国際的平和は如何にすれば安全に之を保持することが出来るかと云ふ事は最も痛切に考へらるゝであらうと思ふ。而して此の様な考へは一部の識者の間には既に今日戦時中ぼつ〳〵説かれ初めたことは、余が最近英、仏、独の新聞雑誌に於て看取しつゝある所である。未だ解決の答案はない。唯漠然世界同胞の大義を猶ほ一層現実に感得せしむる事が戦後に於て最も肝要であると云ふ様な議論が識者の間に唱へられつゝある様である。

斯く考へ来ると云ふと戦後に於ては平和思想四海同胞の思想が勃然として起ると云ふことを疑はない。最も平和思想が盛になつたからと云つて、軍備の問題が全く等閑に附せらるゝとは思はない。此点に関して将来各国は如何なる態度を取るであらうかといふ事は戦後に於ける独逸の態度如何に由て定まる事は前号に於て説いた処である。何れにしても各国互に軍備を整へると云ふ事は戦後に於ても変ることはあるまい。且つ此点に就て私の考ふる処は平和問題に就ては強大国も今後は真面目に耳を傾くるであらうと云ふことである。従来平和問題は大国の圧迫を蒙つた処の小国が主として唱へると云ふ傾向きがあつた。所謂平和会議は元露国の主唱に係り強大国の委員が中心となつて居るけれども、此会議では枝葉の点に走つて純粋な平和思想の進歩には余り貢献してゐない。他の諸の万国的諸平和協会は今日多くの小弱国が強大国の横暴を訴ふるの機関となつてをる様な傾向があつて強大国は余り熱心になつて居ない。故に此種の会合には小弱国からは第一流の人物が来るけれども強大国からは三流若くは四流の人物が出席する。従て牛耳を取るものは小弱国の代表者である。其議事の常に大国の現実の利害と相背く事あるは怪しむに足らぬ。然るに戦後に於ては従来平和会議に比較的に冷淡であつた強国が段々手を伸ばして来るであらうと思ふ。其の結果は平和問題と云ふものが著しき進歩を見るであらう。小弱国の手に取扱はれてをる間は平和問題は真に空論の譏《そしり》を免れない。所謂乞食の慈善論たるの観を免れない。大国が自ら進んで平和会議の協議に与《あずか》るの必要は、余が曾て瑞西《スイス》に於て開かれたる万国平和会議に出席した時につら〳〵感じた所であつた。此の機運は戦後に於て必ず起つて来るであらうと想像するのである。（四月廿日記）

〔『新人』一九一五年五月〕

戦後欧洲の趨勢と日本の態度

一

戦後に於て日本の取るべき態度如何の問題は戦後に於ける欧洲の形勢如何に由て定まるのである。そこで欧洲戦後の形勢は平和主義が勝つか、軍国主義が勝つか、換言すれば従来よりも一層平和思想及び平和的政策が勢力を有するに至るか、又は依然として武装的対立の状態を継続するか、之れは各見る所によつて意見を異にするも、吾人は大体に於て平和思想、四海同胞主義が益々熾《さかん》なるべきを信ずる事は、是迄屢々《しばしば》読者と共に考究を尽したのである。吾人の考へでは四海同胞の平和的思想は世界の始まつて以来永遠に貫通する処の人類の大傾向であると信ずる。世界は昔から今日に至るまで此傾向を追ふて発達して来た。勿論個々の時代を分割して見れば、随分戦乱があつたので、世界の歴史は一面に於て戦争の歴史である。けれども遠大の見地から之を達観すれば、其動乱の中に平和の大理想が厳然として輝いてをる。此偉大なる理想は幾多の戦乱争闘も之を打破する事は出来なかつた。斯くして発達して来た世界の進運は、今度の戦争で忽ち其方向を転換するものとは思はれない。僅か十年二十年の武装的対立の破裂が、数千年間の大潮流を止めることが出来るであらうか。暫く時間の観念を離れて世界の進運を観察するならば、此問題は恰《あたか》も時計の振子に例ふる事が出来る。世界は絶えず左右に動揺してやまぬけれども、彼は常に中心を求めてをる。吾人は其左右に動く所許りを見て、常に中心を求めんとして苦心して居る状態を無視することが出来るだらうか。達人はその左右に動揺する真中に、振子を自分に引つける一大勢力の存在することを洞察する。近眼者流は唯だ其動揺のみを見て振子の運動の常なきを歎ずるのである。吾々は振子が少しも安定せざるの故を以て、見えざる然も現実の大勢力を見遁《みのが》してはならぬ。又他の例を以て云ふならば、吾々は知己友人の種々に書き散したものを見て、之れは誰れの書、あれは誰の字と容易に判断する。然らば甲と云ふ人が自分の名を書く時、何時も寸分たがはぬ様に書くことが出来るかと云ふに、之れを数学的に精密に測れば十度は十度悉く違ふ。けれども吾々は何誰の書は何時も皆違ふとは云はない。つまり吾々の頭の中に誰某書と云ふ観念が定まつて居る。其見えざる頭の中の観念が本当の何誰の書である。人間の顔でも同一である。世界に数億の人間があつて、其中にどうしても見分けのつかぬと云ふほど似てをる人間は極めて少い。物が全く同じでないとの例に人面の異なるが如しと云ふではないか。夫程人面がまち〳〵ならば如何なるが人間の顔か分らぬ筈である。然も吾々が馬の面を見て人の面なりと誤らざる所以は、吾々の頭の中に人面と云ふ一種の動かざる観念があるからである。

斯の如く具体的の現象は区々まち〳〵であつても、其上にちやんと目に見えない、動かすべからざる目標となるものがある。世界の歴史も亦斯の如きものであつて、昔から今日に至るまで、其間に幾多の波瀾曲折はあれども、其の上の見えざる一の目標があつて常に之れを指導し統一してをる。斯の如く見て私は世界の進運の中に流れてをる見えざる然も動かすべからざる大勢力は、即四海同胞主義であると信じて疑はない。故に此立場から見れば世界の動乱は平和の理想の方面に向つて安定せんが為めの動揺であると信ずる。どんな惨酷な戦争でも今日まで単に戦闘のために戦はれた戦争と云ふものはない。唯だ今日の世界は決して安定してゐない。又近き将来に於て安定すべき傾向もないと云ふこと丈けは疑ひない。安定せんとして動揺してをるのが、今日世界の形勢である。而して動揺に伴ふて起る幾多の惨害を緩和すると云ふことは段々に進歩発達するであらうけれども、動揺は容易にやむものではない。同時に世界に国をなす処の各民族は其の動揺に際し自分の地歩を失はざらんことを欲するが故に、之れに対して相当の備へをすると云ふ事が必要である。之れ各国が平和の理想のために尽力しながら、一面に於て軍備を必要とする所以である。軍備は平和の理想とは全く正反対の用をなすものであるけれども、常に動揺してやまざる世界の進運に乗り出しては自から備ふる所なくんば、世界の進運から抛り出される恐れがある。斯く考へると云ふと今日の国家は一種のヂレンマにあるものと云つてよい。即ち一方には世界の尤も有力なる根本的大潮流に乗じて平和的進歩のために貢献せねばならず、他の一方に於ては平和の理想には遠い軍事上の備へをもしなければならぬと云ふ必要に迫られてをる。而して此間に処して巧みに国家の楫《かじ》を取つて行くのが経世家の任務である。然るに普通凡庸の政治家や或は卓見を欠く一部の軍人などは、動もすれば唯一方面のみに執して世界の動揺に備ふる事の必要をのみ高調する。彼等は現在に生き、現在に於て仕事することを任務とするのであるから、其見識の遠大ならざるは不已得事《やむをえざる》なるも、然し国家の生命は永遠である。故に学者思想家は永遠の大計に着目せねばならぬ。唯だ遠い先の方ばかりを見て、目前の必要を全く忘るゝは所謂灯台下暗しで頗る迂遠な空論に流るゝものと云はねばならぬ。故に経世の志あるものは一方現在の必要を認めつゝ必ず永遠の大計に着目するの要あるを忘れてはならぬ。

此の点に於て吾人は我日本の識者が自から備ふるの心掛を怠らざると共に、世界を通じ世界の中に流るゝ大潮流を看過せざらんことを要求してやまなかつた。而して今度の戦争になつてから我国の論壇の一部に戦後の形勢を想像して軍国主義の流行すべきことを判断し、益々軍国主義の鼓吹に熱中するものあるを見て、吾人は深く我国の前途のために憂ふべき事となし四海同胞主義を以て之れに抗争したのであつた。浅薄に物を考ふる人は若し平和主義四海同胞主義と云ふ如き思想を鼓吹する時は、必ず国民は武備の忽にすべからざる所以を忘るゝだらうと説く。而して武備の忽にすべからざるものなる以上、平和主義四海同胞主義は之を犠牲にしても、軍国主義の鼓吹に尽力せねばならぬと考へるのである。理論上両極端に立つてをる説を同時に納得させる事は困難であるけれども、然し物事は右と云へば全然左を忘れ、左と云へば右を忘るゝものではない。此点に於て吾々は大に英国民を羨むのである。我国の論壇に英国を論ずる際に二つの見方がある。一は英国は平和思想自由思想が盛に唱へられ、軍備などは全く等閑に附せられ、独逸は四十二珊《サンチ》の大砲で戦ふのに、英国ではギルドホールの演説で之れに応戦せんとしてをる。口ばかり八ケましくつて、仏蘭西北部に於ける戦争のざまは何だ。今日の時勢は英国の大臣などの様に、自由だの平和だの正義だの人道だのと云ふ事で世の中が渡れる時代ではないと云ふ。又他の一方では英国を斯う見る、英国は非常にづるい利己的の国民である。自分の利益のためには、他の国の迷惑などは顧みない。正義人道を看板にして何処までも自国の利益を図る陰険なる侵略主義者であると云ふのである。此二様の見方は英国を以て或は平和人道などばかり説いて居つていざと云ふ時には腰の弱い国と見、又他の一方には外の思はくを顧みずして、どし〳〵自分の勢力のみを張らうとする侵略主義者と見るのである。甚だ矛盾した訳ではあるが、私は寧ろ玆に英国民の偉大な処が存すると思ふ。英国がづるい狡猾な侵略主義者と云はるゝのは、彼が常に如何なる場合にも自国の利益を忘れず、自国を大にし、富強にする所以を忘れない事を示すのである。けれども他の一方に於て彼は独逸の様に、眼中自国の利益あるのみでなく、世界人類の利益幸福と云ふ事をも念頭から取り去らない事を示してをる。従来の歴史の上から見ても英国は随分四海同胞、万国平和の理想の為めに尽してをる。けれども翻つて彼は決して此の動揺つねなき世界に処する所以の道を忘れなかつた。如斯は我国の将さに取つて以て学ぶべき態度ではあるまいか。

二

以上は戦前たると戦後たるとを問はず、我国の態度を決する上に就ての根本の問題であるが、特に戦後に於ては右の如き態度を明白に意識する事の必要をも認むるのである。何となれば戦後に於ては、前号にも述べたるが如く〔本巻所収前掲論文〕、欧洲に於ては必ず平和思想が盛になると思ふからである。即ち欧洲の国際的観念が更に鋭敏にせられて、欧洲各国が個々独立の社会でなく、欧洲全体が実に切り離す事の出来ない一の社会であると云ふ思想が益々盛になり、斯くて平和思想が欝然として起るであらうと思ふ。然るに我国は此欧洲の社会から見れば遥か遠方にある独立の社会である。今後彼我の交通は精神上の方面に於ても、物質上の方面に於ても益々密接の関係を結ぶであらうが、夫れでも日本が欧洲の社会の一員として受取らるゝ事は断じてない。されば日本の状態がどう変動しても欧洲の社会では内輪同志の動揺ほど痛痒は感じない。無論東洋に事があれば西洋でも迷惑なのは云ふまでもない。併し知己友人の間に争ひがあつたと云ふ事と家族の中で争があつたと云ふ事によつて受くる苦痛の度は彼此決して同一の談ではない。さうすると欧洲の社会から見ると、日本は他人扱ひせられても已むを得ない。欧洲の天地が三国同盟と三国協商と相対峙すると云ふ風に、不安の空気が漾《ただよ》ふてをればこそ、日本は比較的其間に乗ずる余地があるけれども、若し欧洲の天地が穏かに治まると云ふ事になれば、遠く離れた日本は自から非常に寂寞を感ぜざるを得ない。斯うなれば我国将来の運命の上には是迄よりも一層深き注意を以て考察を加ふる必要がある。斯く論ずると云ふと一部の軍国主義者はだから益々軍備を拡張しなければならぬと云ふ。之れも一理がある。日本が不安寂寞を感ずる丈け恃みとするは自分の力のみである。けれども日本はどんなに軍備を拡張しても欧洲全体を敵に引受けて対抗し得る丈けの設備をなすことは不可能である。然らば吾々は欧洲から好戦国民とか徒に無用の軍備を以て東洋の平和を脅かすとか云ふ様な嫌疑を蒙らざる範囲に於て、適当に周囲の事情を考察し、相当の武備を収むるの必要はあるけれど、之れと共に忘るべからざるは欧洲諸国の同情を失ふてはならぬと云ふことである。唯でさへ吾々は人種を異にし宗教を異にし、従て文明を異にしてをる。吾々の希望吾々の運命は容易に彼等の了解する能はざる場合がある。此際徒に無用の武力を張つて、彼等の反感を挑発するは我国の将来にとりて頗る寒心にたへないことである。吾々は独力で世界の凡てを相手とする丈けに武力を養ふこと能はざる以上、其足らざる所を彼等の同情に由つて補ふ外に途はない。然し彼等の同情を得ると云ふことは彼等に阿附し、彼等の無法なる慾望を満足せしむると云ふ事ではない。欧洲諸国の尤も高尚なる理想尤も高尚なる希望を理解し、之れに対する吾々の関係を明かにして、而して此高尚なる理想希望の実現に協同し、斯くして彼等の同情を得よと云ふのである。欧洲諸国に於ては其尤も高尚なる理想として神の国を地上に建設せんことを心掛け、之れを人類最高の使命として国家社会を指導せんと熱中して居るものが少くない。而して之れ実に各国の政府が個々の場合に於ては、やれ戦争だのやれ競争だのと齷齪《あくせく》して居るのであるが、矢張り其根底には皆此の使命を感じてゐないものはない所以である。アングロサクソン人はアングロサクソンの文明を以て世界の進運に貢献せんとし、ゼルマン人はゼルマン文明を以て世界の進運に貢献せんとす。其の抱負は真に雄大なるものがある。

さらば吾々は積極的に彼等と協同して世界文明の進歩のために貢献する事が出来ないであらうか。欧洲人は世界の文運を積極的に進歩せしむべき任務を有するものはアリアン人のみで、其の他の有色人種は皆其指導を受けて文明の恩沢に与るものであると考へた。欧洲人が異人種を従へるのは文明の理想を世界に普ねからしむる上に於て当然の道行であると考へた。之れ実に彼等が世界征服の理想である。果して然らば吾々は欧洲人の見るが如く、彼等の為し遂げた文明の後を追ふて、其掣肘《せいちゅう》を受けつゝ進むべきものであらうか。今日でこそ西洋の文明が世界に雄飛して堂々闊歩して居るが、歴史上から見れば所謂東洋文明が独特の花を開いて、一時は西洋を風靡した時代もある。今日でも東西の文明が自から其特色を分有して互に相切磋琢磨して共に円満なる世界の進歩に貢献すべきものであることを説く人が多い。若し果して所謂東洋文明が西洋文明と相対して世界の進歩に貢献すべき資格と使命とを有するものであるならば、差しあたり東洋民族の代表者をして其衝に当るものは我日本ではあるまいか。若し我国が一方には真に西洋諸国の最も高尚なる理想と使命とを理解し且つ之れに同情し、吾も亦同様の高尚なる理想と使命とを掲げて乗り出して行くならば、茲に初めて西洋は吾々に同情し我等を尊敬するに至るであらう。斯くして又吾々は世界の舞台に存在するの理由があると曰ふ事が出来る。

今や我が日本は少くとも東洋に於ては武力に於て自から覇者の地位にある。今日東亜の運命に関して我国は素より西洋の思惑を無視して勝手な振舞をすることは出来ないが、さればとて西洋諸国も亦我が日本の意志に反して我儘な振舞をする事は出来ぬ。東亜の運命に対して最強の発言権を有するものは実に日本である。けれども吾々は武力を以て東洋に覇者たるを以て満足し〔て〕はならぬ。更に進んで精神的の方面に於て東洋民族の指導者となり代表者となるにあらずんば、吾々の覇者たる今日の地位は栄花一朝の砂上楼閣に過ぎぬ。我国にして今茲に永久の立場を占むる事能はずんば、之れ独り日本民族の煩ひなるのみならず又実に東洋諸民族の煩ひである。吾々が此の高尚なる理想高尚なる使命を自覚するは、一面に於ては東洋民族の精神的復活を齎《もた》らす所以である。茲に於て問題は一転して然らば何を以て吾々は世界の文運に貢献せんとするか。吾々は欧洲の最も高尚なる理想を有する人々と相携へて世界の進歩を齎らすべき何等かの特色あるものを持つか。かう尋ねると或論者は夫れは大和魂であると云ひ、或は又武士道であると云ひ、甚しきに至れば神道であると云ふのである。成程是等は何れも日本民族の特色たるには相違ないけれども吾々は之れを以て世界に乗り出すことが出来るだらうか。吾々は今や我国が兎も角も世界の各国から驚くべき国民として注目されて居る場合に当つて、彼等に反抗して斯る民族的、国家的、偏狭なる思想を世界に向つて高唱するは策の得たるものにあらざるを信ずる。而して彼等と同じ抱負、同じ使命を抱いて協同して世界文運の進歩を図らうと云ふ大抱負を以て、もつと根柢ある、もつと雄大なるもつと世界的なる所に着眼せられんことを、日本の識者に向つて希望せざるを得ない。(五月廿日記)

〔『新人』一九一五年六月〕

露西亜の敗戦

戦争勃発以来、久しく協商側の有力なる恃《たの》みと目せられし露軍は、今年五月以来、独墺軍の猛撃に遇ひ、一溜りもなく潰走して見苦しき失敗を重ね、世の協商側に同情ある者をして著しく失望せしめた。而して此露西亜敗戦の原因は、主として軍器の供給の足らざるに在ることは、万人の観る所を一にして居る点である。

単に兵数から云つて今日最も優勢の地位を占むるものは露西亜である。何となれば、露西亜の人口は其欧羅巴に在る者のみを算へて一億二千五百万を超え、約独逸の二倍、墺匈国の二倍半に当る。今日各交戦国は何れ丈けの兵数を出して居るか精密の事は分らないが、軍事専門家の言ふ所に依ると、敵味方合して千万人を超ゆるだらうとの事である。果して然らば、独墺側の兵数を大略其の半分と見るときは、此方は今や漸く兵力の供給は尽きんとしつゝあると見ることが出来る。何となれば、統計学上満二十歳以上五十歳以下の男子数は、全人口の約二割に当るを普通とするが故に、独墺に於て此種の戦務に堪へ得る人数は凡そ二千四百万人なるに、実戦に当る五百万人に加ふるに、約之と同数なるべき後方勤務員と、軍需品の製作其他に従事せる者とを加ふる時は、略々此数に達すべきを以てゞある。兵力の供給の尽きて居る点は、仏国も同様であるが、英国と露国とは此点に於てまだ〳〵余裕がある。殊に露国に於て其余裕が最も著しい。尤も人によりては、兵力の多寡は人口の大小に依りては決まらない、訓練せられたる壮丁の多少に依らねばならぬといふ者もあるけれども、成程十万二十万といふ小規模の戦争なら、之も理窟はあるが、今日の如く千万も対峙する戦争では、訓練を受けた壮丁のみではトテモ足りない。甚しきは未丁年の少年をすら駆り集めて、之に三ケ月とか半年とかの速成的訓練を施して戦場に送り出す際である。正規の訓練を受けた受けぬは、殆んど問題とならないのである。

さて露国は兵力に於て斯くも優勢であるのに、何が故に斯くも敗衄《はいじく》を重ねて振はざるやといふに、之れ一に軍需品の供給が行届かない為めである。之は固より今日に至つて始めて明になつたのではない。戦争の始めから明白であつた。只何故に早くより之に応ずるの策を講ぜなかつたかゞ不思議である。要するに、露国は此頃益々此方面の必要を感じ、之れ迄とても盛に我国に一部の供給を仰いで居つたが、今度愈《いよいよ》英仏両国の協議を得て、大規模に我国の製造力に恃《たよ》ることゝなつた。斯くて軍需品の供給が潤沢になつたなら、露軍は必ずや其頽勢を挽回するであらう。

併し露軍の頽勢を挽回するは近き将来に在りと思ふならば大なる間違である。露国の出征兵数は驚くべき多数であり、而かも我国の供給力には限りがある。固より我国以外よりも供給を仰ぐべしとするも、全軍に亘りて一通りの供給を為す事すら、決して容易の談ではない。今例を取りて之を明にせんに、我国の小銃製造能力を一日二千挺と仮定する。然らば一ケ月六万挺一ケ年七十二万挺である。最近の電報に依れば、露政府は新に八百万を召集せりとの事であるが、之は其数に多大の懸直《かけね》ありと思ふけれども、暫く之を事実とすれば、之に供給する小銃を皆我国で引受くるとすれば、十一年の星霜を要する。若し夫れ火薬の供給に至つては更に甚しい。一人の携帯弾丸を仮りに百二十発とすれば、百万人分の弾丸を作るには、火薬約二百七十噸《トン》を要する。而して我国一日の火薬製造能力を五噸とすれば、約二ケ月を要する。八百万人分ならば一年四ケ月となる。斯く考ふる時は、露軍の軍用物資充実するのは、何時の事やら一寸見当が付かぬと云つてもよい。

幸にして軍用物資供給難は今日敵の独墺側にもある。最近我国の某新聞は、独逸の小銃弾丸製造力は一日二十五万発に達すとて驚嘆して居つたが、併し一日二十五万発では大した役には立たぬのである。二十五万発の弾丸は、一人一回の携帯量を百二十発とすれば約二千人分に過ぎない。然らば独逸は毎日二千人分、即ち一ケ月六万人分、一年七十二万人分しか作れない。仮りに三百万人の兵士を戦場に出して居るとすれば、一回の携帯量だけを充実するに四年あまり掛る訳である。独り弾丸のみでない。万事が此調子だらう。只独逸は比較的に敵方よりも供給力が豊富なるが故に、戦争に於て勝利を得つゝあるのであらう。

近頃露軍は南方に於て多少勢を盛り返したと報ぜらるゝも、事実果して頽勢の本当の挽回なるや否や疑はしい。事によつたら独逸側が後方より物資の供給を待つ間攻撃の手がやまつて居るといふだけの話かも知れない。協商側殊に露軍の供給能力が、一転して独逸のそれを凌駕するに至るまでは、露軍の敗績を重ぬるは、已むを得まいと思ふ。

只問題は露軍の軍器供給能力は、将来果して独墺側のそれを凌駕することあるべきや否やに在る。日本よりする供給は、如何に奮発しても大勢を動かす程のものではあるまい。夫れでも来年の春頃までには大に露軍に重きを加へるだらう。只結局に於て恃む所は英国に於ける製造能力の完成である。之もあまり永い問題ではあるまい。

露国の敗戦に牽連して、近頃我国に於て二つの問題が唱へられて居る。一は日露同盟論であつて、一は増師否認論である。前者は先づ仏国に起りて東洋に波及し、最近我国の論壇を賑はし、現に本誌本号に於ても朝野識者の之に関する意見を集めて居る。後者は我国の非軍備拡張論者の間に唱へらるゝので、露国があんなに弱いのなら、何も朝鮮に二個師団を増設するの必要がなかつたとて、今更当局者の不明を詰《なじ》らんとするのである。予は元と増師賛成論者では無い。併し乍ら、今日前記難者のいふ如き論点より増師の計を難ずるのは当らぬと思ふ。何となれば、露の敗軍は必しも露の弱きに非ず、数百万の大軍を動すの準備に欠くる所ありしが故に、独逸には負けたが、東洋にて五十万や六十万の兵で日本と戦ふといふやうな場合ならば、或はモツト強いのかも分らない。加之《しかのみならず》朝鮮に二〔個〕師団を置くといふことは、単に露西亜に対抗する意味ばかりではない、一般東洋に於ける帝国の地位を強固ならしむる意味もあるからである。故に増師の計企を難ぜんと欲せば、東亜に於ける帝国今日の地位を維持するに、朝鮮に於ける二個師団の増設は必しも必要に非りし所以を、別の方面より論明すべきである。露西亜の敗戦は直に増師否認の理由とはならない。必しも増師論を弁護せんと欲するの意あるに非ざるも、不徹底なる政論の流行を喜ばざるが故に茲に敢て之を一言する。

〔『中央公論』一九一五年一〇月〕

協商は可、同盟は不要

日露同盟論の最も盛んに唱へられたのは仏蘭西に於てゞあり、次には露西亜、最近我国に於ても之を唱ふる者がある。露西亜に於て此論の唱へらるゝ所以は明白である。今度の戦争に於て露西亜の我国の助力を要するの切なる、自ら一般政客をして日露同盟を叫ばしむるのであらう。元来日本と露西亜とは日露戦争後段々親善の関係を恢復したけれども、而かも露国高級の政治家中には尚日本の禍心を説いて国民を警せんとする者が少くなかつた。彼のクロパトキン将軍の満蒙処分論の如きは其最も著しき例である。それにも拘らず最近此国の新聞などは一斉に日露同盟論を説くのは其動機の何れにあるか、之を想像するに難くない。若しそれ仏蘭西に於て日露同盟論の唱へらるゝ所以に至つては、彼が露西亜をして日本の助力を得て東方の戦場に強大を増さしめんと欲するのみならず、露西亜をして専ら西欧に力を注ぎ其対独政策に全力を注がしむるには、極東に於て日本と親和せしむるを必要条件とするといふ宿論から出て居る。此等の点を考へて見れば、日露同盟論の露西亜及び仏蘭西に於て唱へらるゝ所以は極めて明白である。

然し彼国の論者の唱ふる同盟とは如何なることを意味するのか、単に日露両国の関係を開拓して尚一層の親善を加へしめんといふことは、必ずしも同盟を待たずして出来る。何となれば同盟といふ時は、従来若し相互の間に利害の衝突があれば之を悉く解決し、其間に何等の蟠《わだかま》りを残さないといふことの外に、尚其上に相互に兵力を以て援け合ふといふ積極的義務を両者の上に課するものであるからである。三国同盟にしても日英同盟にしても皆兵力を以てする相互的援助といふことが基礎になつて居る。論者の所謂日露同盟論は日露の関係を此点まで近めやうといふにあるのだらうか。同盟の外、協商といふものがある。協商は従来の利害の衝突を解決一掃するといふ消極的の約束に過ぎない。無論協商に依つて親善の関係を回復すれば、両者の間に自ら精神上並びに物質上互に援け合ふといふ関係は成立するけれども、然し之は条約上の義務ではない。所謂三国協商の如きは即ち之に属する。そこで今日露の関係を論ずるに当つても、協商関係に止めんとするのか、進んで同盟関係にまで持つて行かうとするのか。論者が日露のより親善ならんと欲するの意は明かだけれども、具体的の協約としてはどの点まで持つて行かうといふ程度が甚だ明白でない。

日露大いに親善なるべしといふ議論に対しては、吾人も固より双手《もろて》を挙げて之に絶対的賛成を表する。勿論日露戦争以来此両国は旧怨を忘れ屢々約束を結んで相互の利害を協調した。風説によれば満蒙方面に於ける両国の勢力範囲に就ても、一種の密約があるといふことである。然れども此両国は亜細亜の東方に於て相接触して居るが故に、衝突とまでは行かなくとも少くとも利害の関係が錯綜して居る。単に我日本の方面より之を観るに、日本人の満蒙に於ける、更に自ら北方に発展して露西亜の勢力範囲の中に入り込んで居る。浦塩《ウラジオ》方面に於ける日本人の発展も亦又之を無視することは出来ない。故に想像をすれば日露両国の利害は尚両国の隔意なき交渉に依つて此上調和すべき余地はある。然らば日露両国は此等の現に起り或は将来起るべき問題を解決して、尚一層親善なる関係に立つの必要がある。斯くなれば露西亜も今後安心して全力を独逸方面に注ぐことが出来るし、日本も亦満蒙方面に於ける警備の手を休めることが出来る。斯くて我々両国は心を安んじて東方の平和的開発の為めに尚一層の力を尽すことが出来るのである。

日露両国は尚大いに親善の関係を増すことを必要とするが、更に進んで此両国は果して同盟の関係に入るべきや否やは一つの疑問である。私の考へに依れば、日露はあくまで親善和協すべきものであるけれども、同盟をするといふことには何等正当の基礎がないと思ふ。同盟は即ち兵力的互援を前提とする。兵力的互援は共同の敵の存在を前提とする。而して日露両国は東洋に於て、先づ何等共同の敵を有せないと見てよい。三国同盟も共同の敵を有するが故に出来た。日英同盟も共同の敵を有するが故に出来た。尤も日英同盟成立当時の共同の敵は今は敵ではない。露西亜は日本にも英国にも親善の関係を恢復した。けれども日英同盟は露西亜といふ共同の敵を失つた後も、尚東洋に於て共同の敵たるべき勢力が存在して居つたが故に其成立を継続して居つた。而して今や此敵も全く消滅したのであるが、それでも日英同盟は永く東洋に於ける外交関係の中軸たりし惰勢として、今後尚暫く其存在を続け又其効用を発揮するだらう。斯くの如く同盟は共同の敵の消滅した後でも其存続を続くることはあるけれども、共同の敵存することなくして成立したといふことは殆んどない。却て三国協商の場合の如く最も恐るべき共同の敵あるに拘らず、同盟の形を避けて協商の態度で止つたこととすらある。之れ兵力的援助といふことが事重大であり、且つ事柄の性質上挑戦的であるからである。斯く論ずる時は日露両国はあくまで親善和調すべしとは雖も、決して同盟すべき何等共同の基礎がないとはいはなければならぬ。尤も仏蘭西に於ては同盟関係を結ぶことによつて、露西亜をして権利として日本の兵力を利用せしめやうといふやうな考もあるやうであるが、然し之は虫の好すぎる話である。成程独逸は我々の共同の敵である。けれども独逸は露西亜にとつては恐るべき現実の敵、日本にとつては敵とい〔ふ〕のも名ばかりの影法師に過ぎない。之を以て同盟の基礎とすることは出来ない。尤も差当り露西亜の日本と親善の関係を一層増すことによつて得るところの利益は、必ずしも兵力的援助ではなかろう。兵力的援助以外の助力ならば、協商関係に依つて十分に得らるゝのである。故に此際日露両国に於て、何等か現状に一転進を加へんとするならば、そは協商であるべくして同盟ではあるべからずと思ふのである。

尚終りに一言したきは、世間には日英同盟に見切りをつけ、英国はも早や当てにならぬから、場合によつては英国は東洋に於ける我々の敵となるの恐れがあるから、そこで今より英国に代るべき味方を求めるの必要があるといふ立場から、日露同盟に賛成する人がある。甚だしきに至つては日独露の新同盟を締結して英国に当らんと夢想する者もある。然しながら日英同盟を呪ふのは非常の誤解なるのみならず、甚だ危険な思想であると言はねばならぬ。日英両国の利害は成程支那の一部に於ては衝突を免れない。然しながら全体に於て両国の利害は決して衝突して居ない。のみならず両国は今日まで此同盟に依つてどれ丈け利益幸福を得て居るか解らない。今は日英同盟の功徳を数ふる場合でないから悉しくは説かないけれども、兎に角日英同盟を以て其用を終つたものと観るのは誤りである。従つて日英同盟の代りに、日露同盟を策するといふ議論には賛成が出来ない。されぱと言つて日露の同盟することが、必然に日英同盟に裏切ることになるといふ一部の議論も、亦正当とは思はれない。日英同盟は露西亜を共同の敵として、其初め成立したものだけれども、今日となつては必ずしも日露同盟と両立しないものではない。又日露が同盟したからと言つて、我国が日英同盟の義務に十分忠実なり得ないといふやうなこともない。日露の同盟は日本の東洋に於ける地歩を一層鞏固にするものなるが故に、却て日英同盟にとつても利益であると思ふ。日露同盟するの必要があるならば、日英同盟の存在に遠慮せねばならぬ道理はない。故に日露同盟の要不要は、日英同盟とはなれて独立に決すべき問題であると思ふ。若し夫れ日独露同盟論に至つては、之は英国が我々にとつても最も恐るべき共同の敵として、著しく我々を圧迫する場合に於てのみ起り得べき問題である。本来露独の接近は日本の利益ではない。何となれば露独相親めば、彼等は必ずや欧羅巴に於いて利害の調和を計る。露独の欧に於ける利害の調和は、即ち露西亜の東洋に於ける跳梁を意味する。現に露西亜のラムスドルフ伯は、曾て独墺と妥協して朝鮮及び満洲に跋扈した。独逸も亦欧羅巴に於ける地歩を安固ならしめんが為に、露西亜の東方経略を唆《さそ》つた。之が為めに我国はどれ丈け困難したか解らない。而して此同盟に我国が加入するといふことは、極めて不自然である。此不自然を敢てするといふには、例へば英国の如き強大なる国が、東洋に於て我々の利益を蹂躪するといふやうな、非常な場合に限るのである。今日の場合日独露の同盟を云々するが如きは全然荒唐無稽の説である。

〔『中央公論』一九一五年一〇月〕

独逸強盛の原因を説いて我国の識者に訴ふ

一

独逸《ドイツ》は吾々の敵国であるにも拘らず、我国には独逸を賞める者が少くない。何故に多くの人が独逸を賞めるかと云ふに、其原因を考へて見ると一には独逸が此の三四十年来各方面に於て盛なる勃興をなした事に感心すると云ふ点もある。又一には英国に対する誤解もあるやうである。不思議にも我国には同盟国たる英国に好感を有せざる者が尠《すくな》くない。其反動として却つて敵国たる独逸を賞むると云ふ事になる。猶其外に独逸が英仏露の強敵を向ふに廻はして孤軍大奮闘してをる武者振りに同情すると云ふ点もある。不利益な地位にあるものに同情すると云ふ事は由来日本人の天性である。是等の種々なる要素が加はつて独逸を賞むるのであるが、併し独逸を讃歎する者の最も主として着眼する所は彼が非常に戦争に強いと云ふ点である。独逸が軍事的に非常に強盛であると云ふ点が吾国の多くの人々をして彼に感服せざるを得ざらしむる最も主要なる点であるからして、我国に於ては独逸の強盛なるに心酔し、はては之れに傚《なら》はんとするものを生ずるに至つたのである。

独逸の強盛に感服するは素より差閊《さしつか》へないけれども、是に傚はんとする世人の態度に就ては大に論究を尽すの必要がある。独逸の欧洲の戦場に於ける強盛なる武者振は恰《あたか》も国技館に於ける太刀山の武者振の如きものである。太刀山の膂力《りよりよく》の絶倫なるを見て、吾も亦彼が如く強壮ならんと欲するのは差閊ない。此意味に於て吾々が独逸に学ばんと欲するのは素より正当である。けれども日本国民を悉く太刀山の如くならしめんと欲するものあらば、吾々は俄《にわ》かに之れに賛同する事は出来ない。何となれば吾々は太刀山が彼が如く偉大なる体力を養ふために、彼は他の多くの、人間として極めて尊重すべき能力の発達を犠牲としたと云ふことを忘れてはならないからである。吾々は腕力の競争をなすが為めに此世に存して居るものではない。体力の強壮は素より切に希ふ所であるけれども、其外に猶多くの養はねばならぬ方面がある。独逸は独り其の軍事的方面に於て強盛なるのみでなく、他の方面に於ても素より多くの学ぶべきものを持て居るが、今吾々が独逸の物力の強盛なるに驚歎して唯是れを倣はんと事のみに熱中し、国民の精神的発達の必要を看過するが如き傾向を呈するならば、之れ我国の将来に取りて由々しき大事である。吾々は戦争に勝つことをのみ思つて国民の能事終れりとなすべきでない。戦争には無論負けてはならぬ。併し戦争に勝つても平和の競争に負けては何にもならぬではないか。

本年九月の半頃政府では青年団に関する訓令を発した。あの訓令の主旨は表向は如何様にあつても、其目的とする所は義務教育を終つてから徴兵適齢に至るまでの間の青年子弟に、軍事的予備教育を与へんとするにある事は公知の事実である。在郷軍人を指導に仰いで野外演習や体操などをやつて、以て青年の修養を図ると当局者は云つてをる。青年を集めて野外演習をやると云ふ事夫れ自身は至極結構である。青年の体力を之れによつて練る事も出来る。けれども之れを以て青年修養の全部となし若くは少くとも青年が修養のために割くべき時間の全部を之れがため捧げて、他の精神的の修養をなすべき余裕なからしむるが如き事あらば、為めに青年の蒙むる損害は少からざるものであると思ふ。之れなどもやり様によつては国民全体を太刀山たらしめんとする妄策の一つであると云はねばならぬ。独逸心酔者は動《やや》もすると斯う云ふ極端に走るから困る。勿論我輩は独逸は全然学ぶべからずと云ふのではない。独逸には全体として我日本国民の学ぶべきものが極めて多いのである。併し玆に忘れてならぬことは此意味に於て吾々は英国や仏国にも亦多くの学ぶべきものを持つて居る事である。然るに世人の英仏を論ずるもの動もすれば唯物力の方面よりのみ此両国を批評して、一方盛に独逸を賞める丈け夫れ丈け盛に英仏を罵倒するのである。青年団問題の発頭人と認めらるゝ参謀次長田中中将の如きは此思想の最も明白なる代表者である。中将は本年十一月発行の『義勇青年』第二号に於て「青年団の組織に就て」と題する一文を掲げ、其中に

一、英国には中流社会なく上流と下流とのみである。

二、上流社会は学校教育を受けてをるから人間も高尚であり、且つ愛国心も強い。従つて益々向上発展する。

三、下流社会には学校教育を受けないのと家庭教育がないのと、自由思想の中毒との為めに全然放任されて居る。従つて体力も弱く道徳的観念もなく愛国心もない。

四、其の結果英国では同盟罷工が流行し、軍務に従事する事を厭ひ、農業も非常に廃頽し、今回の如き大国難に際してすら徴兵制度を行ふことが出来ない。

と云つて暗に是等の下流民に何等かの社会教育を施せばよい、即ち青年団のやうなものは此種類の人民に精神身体の発達を与へ、愛国心を抱かしむる必要なるものなりとの意をほのめかしてをる。

英国に中流社会がないとか、或は下流人民は極めて劣等な品性を持つて居るとか云ふのは全然事実に反するが、其中一般人民が軍務に従事する事を拒み、今日の如き大国難に際しても徴兵制度すら行はれないと云ふ事を以て放逸極まる堕落国民であると云ふのは、最も明白に短見なる軍人一流の推論の好模範を示して居る。無論今日の如き国難に際して徴兵制度を布かないと云ふ所に吾々も亦英国の不用意を認める。而して之れ亦自由思想の一面の弊害である事を争はない。けれども英国が斯くまで個人的自由を尊重して最後まで其年来の主義を改めざらんとする所に、吾人は寧ろ英国人の偉大を認めざるを得ない。勿論吾々は此点に於て英国を学ぶべしと云ふのでは

ないが、唯だ此英国の短所を通して其奥に潜む彼の長所を味ひ大に参考に供する事は出来ると思ふ。要するに吾々は英国にしても独逸にしても、或は其商工業の盛なる所以、或は其陸海軍の強盛なる所以を皮相的に観察してはいけない。是等の国民は共に夫れ〴〵偉らい或物をもつて居る。吾々は其偉らい所を根本的に研究して之れに則るべき方策を立てる事が肝要である。羅馬《ローマ》は一日にして成らず、国家の強盛は其が物質的にしろ精神的にしろ其に由つて来る所遠い。一朝一夕の模倣にて之れに到達し得べしと思ふのは大なる誤りである。余は独逸の軍事的に強盛なる点を以て非常に尊いものとは思はない。我国の最先きに学ばねばならぬ第一義なりとは素より思はない。唯だ吾々は智識道徳に秀でても身体薄弱であつては致し方ないと云ふ意味に於て独逸の強盛を欽羨し、且つ之れに学ばんと欲する。其外に尚多くのより重要なる方面をも同時に心掛けねばならぬのは勿論である。而して単に此軍事的強盛と云ふ方面のみに取つて之れを論ずるも、実は之れ亦深き根柢を有し、独逸は一朝一夕にして之れを贏《か》ち得たるものでないと云ふ事を認めざるを得ない。世人は往々にして独逸の強盛を其軍国主義の形式に帰し、或は其形式を模倣し或は此主義の価値を我国民に盲信せしめんとするけれども、斯くして独逸の強盛は我国に之れを移すことが出来やうか。茲に於てか吾々は単に其軍事的方面のみを見るも、独逸強盛の原因は決して然かく表面のみに存するものではないと云ふ事を認むるものである。

二

独逸強盛の原因として普通に人の挙ぐる所のものは四つある。第一軍国主義が社会組織の各方面に行き渡つてをる事。第二軍隊の組織統一がよろしきを得てをる事。第三国民の気風剛健にしてよく国難に耐へ、一身を公に捧げて顧みざる事。第四学術技芸極めて発達し、且つ学理を実地に応用する方面も亦極めて発達してをる事。而して之等の原因を更に深く考究して見ると、其由て来る所のものが極めて遠く、且つ深い事を発見するのである。

第一　軍国主義の精神が社会の各方面に行渡つて居る事は独逸が今回の戦争に於て最も熱心に挙国一致の実を挙げて居る事に表はれて居る。一遍戦争と決すれば国民が全部同じ方向に志を向ける。国民の歩調が極めてよく一致してをる。すべての階級の国民は皆軍国の目的の到達の上に夫れ〴〵貢献する処あらん事を力めてをる。斯の如きは他の交戦国に於て見る能はざる所である。元来感情的に敵愾心に熱すると云ふ現象は開けない国民には珍しい事ではない。昔の耶蘇《ヤソ》教徒は聖地回復と云ふ抽象的名義に動いて十字軍を起した。今日でも支那人朝鮮人ならば愛国と云ふ空名に駆られて一時熱狂すると云ふことはある。けれども多少開明に進んだ国民は容易に抽象的空名には動かない。人あり忠君愛国の名を以て煽動し来るものあれば彼等は如何にする事が君に忠に国を愛する所以なりやと反問する。彼等は抽象的名辞に内容の添付を求め夫によつて態度を決せんとする。茲に於て開明国民と云ふものは容易に他の煽動に乗るものでない。英仏の労働者が政府のなす戦争に対して思ふ存分力を入れないのも此点にある。此点に於ては独逸も同一であるべき筈である。何となれば今日開明の程度に於て独逸国民は決して英仏国民に劣るものでないからである。加之《しかのみならず》本来独逸は英仏と異つて更に国論の一致を纏め難い事情がある。人種の関係宗教の関係、聯邦各国間の嫉視、特に普露西《プロシア》に対する猜疑等は平素頗る国民の歩調を乱してをる。夫れにも拘らず独逸国民が今度の戦争に於て最もよく挙国一致の実をあげて居るのは抑《そも》も如何なる理由によるか。斯う云ふ風に考へて其の根本的原因を探究すれば一には之れを制度に帰せねばならぬ。今一つは当局者の非凡の才能に帰せねばならぬ。独逸に於て政治界に人を挙ぐるに当りては我国などの如く情実の加はるを見ない。唯だ其人の能不能が任免黜陟《ちゆつちよく》の唯一の標準である。従て常識に外れた廻り遠い手続なぞで人民を苦しめ、人民の反感を買ふ様な事はない。

けれども之れ等の二つの点に優つて最も重要なるものは一国の主脳たる君主が実に偉らい人物であると云ふことである。独逸は国情が複雑である丈け、特に制度の力を以て之れを統一するを必要と認め、我国などの如く君主を政治上の実際的責任の上に置かず、現実に君主の独断を以て万機を決すると云ふ主義を取てをる。故に不幸にして君主其人を得ざれば、例令《たとえ》ば十九世紀当初の西班牙《スペイン》の如く国は非常に乱れるけれども、若し幸にして君主に其人を得れば、国家の機関は最も敏活に運用せられ、一人の意志が最よく国家の八方に徹底する。君主専制政治と云ふものは君主其人を得る場合に於て、最もよく其効用を発揮するものであるが独逸は正さに此の好適例を示してをる。現皇帝は素より兎角の非難はある、完全なる人物ではあるまい。けれども彼が現代に於て最も偉大なる人物の一人なる事は敵も味方も之を争はぬ所である。此点に於て独逸人は真に幸福なる国民であると云はねばならぬ。独り独逸では現皇帝のみが偉らいばかりでなく、昔から今日に至るまで代々名君を輩出せしめたといふ事が抑も独逸帝室の誇りである。現に十八世紀の初め、始めてプロシア王号を称したフレデリック一世から一代を置いてフレデリック大王となり、夫れからづつと降つて独逸帝国の始祖たるウイリアム一世に至るまで、其間一人として凡庸の名を冠すべき君主はない。ウイリアム一世が稀代の名君たることは云はずもがな、其子にして現皇帝の父たるフレデリック三世にしても不幸にして早く死したかなれども、皇太子の時代より国民の信望を一身に集めてをつた。斯の如くフオヘンツオルレン家は歴代引続き名君を輩出して居るが、世人は将来に於ても同様の期待を置いてをる。現在の皇太子、皇太孫皆其の聡明をたゝへられ国民の敬愛を博してをる。斯く皇帝に立派な人物が多いと云ふ事が如何ばかり独逸の強味であるか分らない。凡そ高位に居る人が一度其道を過つて信を国民に失へば急転直下の勢を以て国民の反抗が加はるものであるが、之れに反して少しでも国民の敬愛を受くると非常な勢を以て国民の心服が加はるものである。善かれ悪しかれ国君の言動の影響は、国民の上に非常に大なる働きをなすものである。されば独逸に於ては影でこそ或は国家の専制的政治組織を詛《のろ》ひ、或は国王の多弁饒舌を罵《ののし》るものがあるけれども、いざとなれば彼等は心から此偉大なる人物を上に頂くことを吾々外人に誇らんとするの傾向を有する。従て独逸国民は全体として英雄崇拝主義者である。然も彼等は理論として英雄を崇拝すべしと云ふのではなく、常に崇拝すべき英雄を有するが故に英雄崇拝主義者である。斯くして独逸に於ては国君の意志が容易に行はれる。従ていろ〳〵の方面に於て纏りがつきやすい。之れ今日上の一令が汎《あま》ねく全国に行渡る所以である。

然らば吾々は此処に問はざるを得ない。何故に独逸の皇室は代々明君を輩出してをるかと。茲に至つて予は独逸の帝室の常に、子弟の教育に最も熱心に骨折られたと云ふことを思はざるを得ない。而して子弟の教育に真面目に熱注すると云ふ根柢には、皇帝家庭の純潔と云ふことが伏在してをると云ふことを忘れてはならぬ。而して更に進んで其の奥に実に天地の公道と相通ずる宗教的情感が汪溢してをると云ふ事を注意せざるを得ない。現在の独逸皇帝が宗教的に見て立派な人物であるや否やは暫く之れを措く。唯だフオヘンツオルレン家が独逸新教の保護者として、多年真宗教の味方たらんことを家憲の一として来たと云ふ事は我々の記憶に止むるを要する点である。此の根柢なくしては独逸に明君の輩出を見る事は出来なかつた。従て此の根柢なくしては独に軍国主義は行はれなかつたであらうと思ふ。軍国主義は国民を圧制的に統率することによりては成功しない。国民から云はゞ盲目的に尊崇さるるやうな中心的人物の継続的輩出を第一の条件とするのである。

三

第二　軍隊の組織統一の宜しきを得てをると云ふ事。之れも根本的に立ち入つて原因を考へて見れば、先づ第一には当初の軍隊組織者の考へが間違はなかつたと云ふ事を数へねばならぬ。乍併《しかしながら》制度がよろしいと云ふばかりでは活きた人間より成る所の軍隊はうまく活動するものではない。そこで独逸の軍隊の卓越して居ると云ふことに就て他に一の大なる原因の存在すると云ふことを認めなければならぬ。其一は将校が兵卒の統率よろしきを得て居ると云ふ事。第二には一般人民が軍役に服することを以て名誉とし、且つ満足とすると云ふ事である。独逸では一般に非常に軍人を尊敬する。将校ばかりでない。一般の兵卒でも社会は余程之れに対して尊敬を払つてをる。其上に独逸では兵役に服したものが出来る丈け服役終了後生活に困つて軍人の体面を汚すやうな事のない様に骨折て居る。例へば兵役を終つたものでなければ郵便鉄道の吏員になれないとか、又一定の義務年限を終つて更に一定の年限をつとめた者は郵便鉄道等の判任官に採用するとか、其他法律を以ていろ〳〵退役後の軍人の生活を保証するの道を講じて居る。故に国民は軍役に服することを喜んで居り、父兄も亦之れを喜んでをる。斯くの如く兵役が国民の喜んで之れに就かんと欲すると云ふ事が、軍隊の働きがうまく行く所以の根本原因である。日本の如く国民一般が軍務に服する事を苦痛とし、父兄は又退役後の生活を国家が見てくれないので、二三年兵役を務めて帰つて来たものは却つて家業に就く事を嫌ひ、人間が生意気になつて郷党の厄介者となると云ふやうな処から、其子弟の兵役を免れん事を心密かに希望する。若し夫れ貴族富豪にありては其子弟を外国に送つて兵役を免れしめると云ふ悪風がある。斯う云ふ様では国民が喜んで軍務に服すると云ふ訳には行かない。夫れ故に我国では軍隊精神と称して無暗に上官に対する盲目的服従を要求する。其結果随分悲惨な出来事が軍隊内に起るやうであるが、之れ一には将校其人に見識が無いからである。

然るに独逸では将校が実に偉らい。何故将校が偉いかと云へば、独逸では概ね貴族が将校になるからである。貴族が将校になると云へば将校に無能なものが多い様に聞ゆるけれども、貴族の子弟に偉いものがないと云ふのは日本独特の現象であつて西洋では貴族の子弟は皆偉い。特に独逸に於て最も然りである。一体軍人に限つたことではないが、独逸では社会の各方面に於ける高等の地位は皆貴族で占めてをる。之れは社会の習慣として平民がそこに行けないと云ふのではない。平民がどんなに奮発しても、貴族が平民に劣らずどん〳〵進歩するから、平民の子弟が高い地位に上る余地がない。故に実業界でも政治界でも軍人でも錚々たる地位は皆貴族によつて占められて居る。之れが独逸の偉らい所である。平民がいけないときまつて仕舞へば社会の進歩は停滞する。けれども門戸は何人にも開放せられて居ながら、自由競争上到底平民が貴族に及ばないと云ふ所に独逸の特色がある。同じことを云ふても平民が云ふよりも貴族が云へば夫れ丈け重きをなす、何となれば貴族は伝説的に一種の社会的権威をもつてをるからである。其貴族が自由競争上平民に優り、而して夫れ等のものが社会を指導する階級に居るのだから、独逸は専制政治でも治まりがついてをるのである。而して中にも軍人には貴族にして地方の富豪、之れを我国に例ふれば封建時代の大小の殿様の子孫に当るものが多い。昔の大名の子孫は夫れ自身に於て非常な権威を持つてをるのに夫れが学問もあり徳望もあり、又非凡な才能を懐いて兵卒に臨むから、兵卒が心から服するのも当然である。故に独逸に於ける将校兵士の関係は、我国と同様絶対的服従ではあるけれども、彼にありては心服、我にあつては盲従と云はねばならぬ傾向がある。此点が実に独逸の軍隊の著しい強味であると思ふ。

然らば玆に吾々は問はざるを得ない。何故独逸の貴族の子弟が斯くの如く偉いのであるか。我国では貴族富豪の子弟と云へば大抵馬鹿ときまつてをる。我国では馬鹿を出し彼国では穎才を出すと云ふ、其両極端の現象を来す根本的原因は、矢張り之れを其家庭生活の源泉に宗教が〔存すると〕存しないとの差であるとせねばならぬ。宗教の有無と云へば話が廻りくどくなるが、一口に云へば父兄が子弟の教育に就て根本的の考へを持てをると否とに帰する。若し父兄が子弟の教育に就て普通当然の考へをもつて居るならば、名望あり財産あり其他有ゆる便宜を有する貴族の子弟が、競争上多くのハンデイキヤツプのついてをる平民の子弟に負ける道理はない。新式の器械を据ゑ付け豊富なる石炭を積み込んで居る汽船が、和船と競争して負けると云ふのは不思議な現象である。我国の貴族富豪の子弟が悉く競争上平民に敗を取てをるのは、つまり彼等は亀と競争した兎のやうに虚驕《きよきよう》の心掛をするからである。而して子弟をして如斯《かくのごとき》境遇に放任して居るのは父兄に於て子弟の教育に関する責任を感じないからである。畢竟人生に対する義務責任の意に乏しいからである。而して斯くの如くなる所以の者は宇宙人生に関する信念の欠乏に原因するのである。独逸の貴族は逭《さす》がに此点に於ては優れたものだ。父兄が其子弟の教育に熱中するばかりでない。政府も皇帝も此事には非常に骨折つて居る。彼の独逸の諸大学に於て学生は夫れ〴〵古い歴史を有する団体に加盟して此処に於て一種の精神的訓練を受けて居るのであるが、此学生の団体に対して社会並に政府の尊敬を払ふて居る事は実に吾々の予想の外である。皇帝すら此団体に向つては多大の敬を払つてをる。最も皇帝とても学生時代には此中のある団体の一員であつた。予は独逸滞在中皇帝が此学生団を非常に尊敬したと云ふ適切な実例を見た事があつた。当時皇帝がアルサスの首府ストラスブルグにお出でになつて或儀式を行つた時に、皇帝は同地大学の学生団に一番よい位地に立つて、此儀式に列するの光栄を与へられた。然るに当日に至り同地の総督は何かの都合で学生団の地位を少し不便な所に移した。すると学生団は隊を組んで一旦其場所まで行たのであるが、場所の変更を聞いて吾々を侮辱するものと称し、直に踵をめぐらして大学に引上げた。而して大学から皇帝に向つて祝意を表するの電報を発し、且つ会場を退席したる理由を述べたのである。ストラスブルグ大学は同地の離宮と恰度《ちようど》河を隔て丶相対して居る。学生は云はゞ離宮の前を退いて遥かに大学の楼上から其式場を睥睨《へいげい》した形になつてをる。然るに皇帝は此学生団の祝電を甘受し、翌日改めて団の総代に謁見を給ひ、之れに慰撫奨励の訓戒を与へられたのであつた。斯う云ふ風に教育と云ふ事には国家挙つて真面目に心を傾けて居る。是等の点が実に独逸の国民をして甘んじて英雄の統率の下に服せしめて居る所以である。

四

第三　貴族が偉いと云ふことは必ずしも人民が偉くないと云ふ事を意味しない。独逸の人民は又却て健全にして常識に富んでをる。総ゆる方面の生活に於て少しも浮薄の点がないと云ふ事が其特色である。最も一般人民の健実であると云ふ事は何も独逸人に限つた事ではない。之れは仏蘭西人も英人も皆同様であるが、独逸は特に著しいと云ふ事は出来やう。彼等は健実なるが故に生活に余裕がある。田舎にはいつて見ても農村の疲弊と云ふやうな現象は割合に少ない。斯う云ふ健実なる国民が国家の基礎をなして居るのだから独逸の強盛なるも亦敢て怪しむに足らないのである。然らば何によつて独逸の一般国民はかく健実なりやと云に就ては、最も明かに宗教の力である。若し宗教だけに其原因を起〔帰〕するを欲せざるならば宗教と教育の力、具体的に云へば各地方々々に於ける牧師と小学校教師の力である。独逸は小学校の教師と教会の牧師とに適当な人物を得、且つ彼等の待遇をよくして、永く一郷の師表たるの体面を維持する事を得せしめ、又引続き其知徳を修養するを得しむるために、最も適当なる手段を講じてをる。殊に教会の牧師は其給与も潤沢であるが、多くは大学の優等の卒業生にして其知識の点から云ても、其品格の点から云つても、国内最良の人物が其任に当つてをる。之れが一郷一村の中堅となつて精神的指導の任務に当つて居るのだから、其下に生活して居る国民は健実ならざらんとするも得ないのである。最も伯林《ベルリン》其の他の大都会又は商工業の盛なる地方に於ては破壊的自由思想もなか〳〵盛になつて居るが、然し一般には牧師の勢力は遥かに地方の名望家を凌いでをる。現に市長か村長とか或は議員とか云ふ様なものでも、牧師の鼻息を覗つて居るやうな有様である。牧師は斯の如き大勢力を持つて居るから、若しも之れを濫用するならば非常なる弊害を生ぜんも幸にして其任に当るものが殆んど常に智徳二つながら備つてをる相当の人物であるから、其の成績は上るばかりである。斯う云ふ設備があつて初めて国民の健実なる気風と云ふものが養成されるものである。勤倹は之れを云ふにはやすいけれども、之れを国民の気風として植ゑ付ける事は一朝一夕の事業ではない。而して独逸に於ては数百年此方の宗教が実に此任を尽してをる事を思ふ時に、吾々は又顧みて大に反省するものなきを得ない。

五

第四　終りに工芸の発達の事であるが、之れも由来する所は遠いのである。独逸に於ては貴族は主として政治社会、軍事社会に入り、一般下民は各其郷村に止まつて父祖の事業を継続する。而して教育界は主として中流社会の秀才が此処に集まると云ふ傾向がある。けれども独逸の学術技芸が非常に発達して居ると云ふ事の根本の原因は、同国が大学教育と云ものを非常に重んじたと云ふ点に存する。大学教育を重んずるの結果、独逸は精神的にも物質的にも極めて学者を優遇する。此優遇あるが故に天下の人才は喜んで学界に身を投ずるのである。而して彼等は物質的の優遇によつて安んじて研究に従事し、又精神的の優遇を利用して其研究の結果を社会の実用に供する。故に学問の研究は益々盛大となり、其研究の結果は直ちに社会人生の実用に応用せらるゝのである。かう云ふ設備が多年存在してをつたから、戦争になつて食糧に困るとか軍器弾薬の供給に困難するとか云ふ様になれば、学者は直ちに独特の技量を発揮し、新規の発明に腐心する。四十二吋《インチ》の大砲とか、毒瓦斯《ガス》の応用とか、其他各種の驚くべき新発明を以て学者が軍国の急務に応じてをると云ふ事も、独逸を除いて他国には多く其例を見ざる所である。而して其の根本的原因は何かと云ふに、独逸の識者が国運隆興の真の要件は教育の振興にありと云ふ事を真面目に意識して居つたからである。唯だ口に云ふ丈けならば日本の政治家も之れを云ふ。乍併真に其意味を味ひ且つ之れを実施すると云ふことは、遠大なる理想を以て居る政治家にして初めて之れをよくする事が出来るのである。独逸の宗教は実に斯の如く遠大なる政治家を作つた。学芸の発達は俄かに理化学研究所を立てるとか、国産の奨励を法律できめるとか云ふ様な事で、急速に之れを達し得るものでないのである。

之れを要するに独逸強盛の原因は単に其軍事的方面のみを見るも其の由つて来る所は極めて遠い。独逸に心服して之れを学ばんと欲するものは、須《すべか》らく此の根本的原因を明白にして以て我国将来の指導を誤らざらんことを切望する。(十一月廿日記)

〔『新人』一九一五年一二月〕

英国に於ける強制徴兵

英国に於ける陸軍の制度は、久しく世界の疑問であつた。必ずしも今度の戦争が起つてからの問題ではない。殊に独逸流の軍制が天下を風靡して居る時勢に於て、英吉利《イギリス》の如き生ぬるい制度を維持して居るといふことは、機関砲や航空機の物をいふ時代に、槍長刀《なぎなた》を磨いて居るやうなものであると、他の諸国からは譏《そし》られて居つた。けれども英国は何等か深く信ずるところありと見えて、容易に軍制を改革せんとするの決心をなさなかつた。曾《かつ》て英仏両国は、独逸の圧迫に対抗する為めに一九〇四年の協商関係を進めて攻守同盟の関係に立て直さんとしたことがあつたが、英国の陸軍があの態《ざま》では仏国の陸上の負担が徒らに多くなるばかりだといふので、立消えになつたと噂せられた事があつたが、事の真相は暫く之を追究せずとして、英国の陸軍は兎も角も英国と関係の近い国をして常に心細く感ぜしめて居たのである。然るに今度の戦争が起つて、いよ〳〵英国も亦大いに大陸に陸軍を送るの必要に迫られ、茲に初めて英国自身其陸軍制度の欠陥を認めざるを得ざることゝなつた。而して孰《いず》れ早晩強制徴募の方法に出でなければなるまいとの事が、開戦当時から一部の人の問題になつて居つたが、いよ〳〵去年九月十四日に再会〔開〕した議会に於て此問題が討議せらるゝといふことになつた。

然しながら、英国政界に於ては強制徴兵といふ問題は、アイルランド自治問題以上の政治的暗礁である。アイルランド問題で無事難関を切りぬけても、強制徴兵問題に於て見事に暗礁を乗り超へるといふことは、本来英国に於ては殆んど不可能のことゝせられて居つた。強制徴兵に対する反感は従来英国に於ては一種の盲目的信仰である。英国は由来個人的自由を尊重するの国で、従つて出来る丈け国家の拘束を避くるといふのが多年の国是である。英国の政治家は一方には人類の国家的生活の必要を認めつゝ、尚個人的自由を尊重するの信念に囚へられ、国法を解して「必要なる禍《ネセツサリー・イヴィル》」と称して居る。中にも兵役に強制せらる、といふことは、彼等の最も忌み嫌ふところであつた。加ふるに兵員供給の主たる源泉をなすところの労働者は一つには社会主義的の思想にかぶれたといふ点もあらうが、又一つには其実際上の利害関係から、強制制度には最も強き反感を有《も》つて居るものである。されば去年九月議会再開の当時、徴兵問題の新議会に於て討議せらるべきの風説あるや、労働組合中の最も有力なる団体たる鉄道従業員同盟は、月の十九日早くも反対の決議を発表した。独り労働者ばかりではない。政治家の中にも、一方には時勢の要求殊に外国の圧迫に動かされて熱心に強制制度採用を説く者続出するの側《かたわ》ら尚多数の有力なる政客の間には依然として反対の考が頗《すこぶ》る盛んである。大体に於て統一党は強制々度に傾いて居るが、然し其中でも前首領にして現聯合内閣の海軍大臣たるバルフオアの如きは最も熱心なる反対論者である。自由党大臣は首相アスキスを初めグレー、マツケンナー、シモン、ハーコート等皆反対論者である。只ロイド・ジヨーヂの独り統一党の名士カルゾン、ランスダウン、チヤーチル、ボナーロー、チエンバレーン等と賛成者の列に伍する者あるのみである。若し夫れ労働党出身の大臣に至つては、首領ヘンダーソンを初め固より皆反対である。故に内閣員の顔触を見ても賛否相半ばして居り、其間に一致点を見出すことは極めて困難である。強ゐて問題を惹き起せば、必ずや内閣動揺の禍を見るに至るであらう。而かも戦争の形勢は時々刻々に英国の出兵増派を促して止まない。与国の輿論も亦之を促すこと切なるものがある。翻つて見るに募集に応ずる者は予定の如く多くはない。政府之が為めに如何に焦慮したかは之を察するに余りある。而して差当り強制徴兵反対論者の賛成を得て先づ以て辛うじて実行し得たものは、去年七月五日大多数を以て衆議院を通過した国民登録法の実施であつた。

即ち之によれば、王国内に住する十五歳以上六十五歳以下の住民男子は、現に陸海軍に籍を有する者を除き、八月十五日を期して次の事項を公簿に登録すべしといふのであつた。即ち姓名、住所、年齢、国籍、婚姻関係、子供の有無、其他職業に関する細かい事実を登録するのである。之は何も兵員の募集の上に直接寄与するところはないのであるけれども、兎も角も之によつて国民中徴集に応じ得べき人数幾何なりやを明瞭にすることが出来たのである。これ丈けの事に対してすら之れ徴兵制度を布くの前提ではあるまいかとの懸念から、随分世間の物議を醸したのであつた。而して此秋に入つて露西亜は益々窮境に陥り、バルカン方面も亦思はしくない。英国の奮励を要するの声は益々高くなつた。英国の出兵総数は約二百万と称して居るが、去年十二月下旬首相アスキスの言明するところによれば、十二月九日までの英軍の損害は死者十二万、負傷者三十三万九千、行衛不明六万、合計約五十三万〔二〕に垂《なんな》んとして居る。更にバルカン半島に於ける聯合軍の失敗は益々英国をして多数の兵員を徴集するの必要を感ぜしめた。是に於て彼のダルビー卿の五百万募兵計画といふものが起つた。而して此募兵計画に就いても、予定の通り運ばなかつた時にはどうするかといふ問題を起すものがあつて、十一月初旬首相アスキスは遂に其時には致方がない、先づ未婚者の中から強制徴集するの外はあるまいと言明するに至つたのである。而してダルビー卿の募集計画に対しては、適齢者と認むべき者五百万人の中応募者は二百八十万人に過ぎなかつた。是に於ていよ〳〵アスキスは約を履んで強制的手段に出でざるべからざること〻なり、十二月廿七八の両日閣議を開いて最後の決心を表明し、玆に本年一月五日を以て陸軍法案の名の下に一つの強制徴兵法案を議会に提出することになつたのである。同日首相は議会に於て具《つぶ》さに其内容と理由とを説明したが、新案の骨子とするところは大体次の如きものであるといふことである。

(一) 十八才以上四十一才以下の未婚者及び子供を有せざる鰥夫《やもお》を強制して宣誓入隊せしむること。

(二) 宗教々師、宗教上武器を取ることを得ざる信徒(例へばクウエーカーの如きもの)、一家唯一の扶養者たる者等に対しては、事情を具申して兵役に服せざるを得せしむること。

(三) 此法律はアイルランドには適用せざること。

(四) 此法律の適用は今度の戦争の継続中に限ること。

尚アスキスは法案の説明に当つて此新法は他日一般的強制徴兵制度を施行するの前提たるものにあらずといふことを繰り返し〳〵説明して居つた。此堅き約束の上に、強制々度の反対者も一時、応急の臨時的便法として此法案に賛成したのである。故に内閣に著しい動揺を見ることなくして、六日の第一読会は百〇五票の反対に対する四〇三票の大多数で、又十二日の第二読会は三九票の反対に対する四三一票の大多数の賛成で通過した。第一読会に於てはアイルランド党議員は全部反対したが、第二読会に於てアイルランドを適用外に置くといふことに免じて全部賛成に転じたから、反対は著しく減じたのである。独り労働党は賛否両派に分れて居つた。併し大勢は定つて仕舞つた。遠からず開かるべき第三読会に於ても無論多数の賛成を得て、本月の末頃までには此等はいよ〳〵具体的の法律となることであらうと察せられる。

今度の問題の意味を明かにするには、英国従来の兵制如何を知らねばならぬ。英国今日の兵制は、一九〇八年、時の陸軍大臣ハルデン卿の立案編成せるものであつて、大体正規兵《レギュラー・アーミー》と地方兵《テリトリアル・アーミー》との二つに別れて居る。

正規兵は文字通り平時正式の訓練を受けるもので、謂はゞ本当の兵隊である。一部は本国にも居るが、大部分は別れて殖民地に屯在して居る。殖民地に在る時之は□英国軍《ブリティッシュ・アーミー》と呼ばるる。なぜなれば殖民地に於ては此本国派遣の正規兵の外に、其地方〳〵の土民軍があるからである。例へば印度に於けるインデアン・アーミー、カナダ及び南アフリカに於けるローカル・フヲアセスの如き之れである。殖民地のことは暫く措き、英本国のことについて言へば、前記正規兵は陸上防禦力の中心であるが、其外に専ら本国の防禦のみに用ひらるべき地方軍といふのがある。元来正規兵の英本国に於けるものは戦時動員をしたところが約十六万五千に過ぎない。然しこれ以上に沢山の兵隊を養ふ事は財政も許さず其他前にも述べたるが如きいろ〳〵の事情があつて事実出来ないので、茲に地方軍を以て其欠を補はんとするのである。之は各地方〳〵に於て有志の青年を集めて多少の訓練を施し、一旦有事の日に其地方の防備に充つるを目的とするもので、初めから外征には使はないとなつて居る。尤も細かいことをいへば、戦時二万人を限つて外征に用ひ得るといふ特例もあるけれども、然し全体としては其地方の防備といふ丈けの条件で組み立てられて居るものである。然し之は軍とはいふけれども我々日本に於て想像するやうな、多年兵営生活をして厳格なる訓練を受けたものではない。地方軍の兵役年限は四年となつて居るけれども、然し毎年兵事訓練を受けるのは、僅かに数週に止る。最初の訓練は一時間の訓練四十回以上を下るべからずとあるから、大したものでないことは明かである。二年目下はいくらか又減ずるのである。加ふるに志願制度であるから、どうしても厳重な訓練は出来ない。英国人は義務の観念が強いから、一旦志願した以上は十分其訓練に服するだらうとはいへ、人情として余り厳重に過ぐれば志願者が無くなるの惧《おそれ》がある。故に志願制度に於て厳重なる訓練を見るといふことは先づ困難と見なければならぬ。してみれば四年間の兵役といひながら、其訓練の成績は恐らく我国の中学校等の兵式体操に毛の生えた位のものではあるまいか。百姓一揆や同盟罷工などの鎮定には之れでも沢山であらうが、固より大陸の十分なる訓練を受けた兵隊との対戦に用ふべき代物ではない。故に国際的戦争を目当として英国の陸軍を論ずる時は、正規兵のみを眼中に置かなければならぬ。而して此正規兵は其数に限りあり、且つ雇兵の制度であるから戦時などに於て多くの兵員を得るといふことは困難である。独り兵数を得るに困難であるばかりでなく、地方軍に於けると同じ理由で、余り厳しき訓練を与へ得ざる憂がある。

十分にして完全なる訓練を与へるには、どうしても強制徴兵の制度でなければ行はれないやうに思ふ。此点に於て英国の兵制は確かに大陸の兵制に一籌《いっちゅう》を輸する。加ふるに予定の兵員を募集するの困難は平時に於ても少からず苦心して居つたことは、予輩の現に彼地に於て目撃したところである。我々は英国の都会で、停車場や郵便局や多数群衆の寄り集る場所で、入隊勧誘の引札をぶら下げて居るのを見たことがある。新聞紙半頁大の大いさの紙へ裏表に細かいことが書いてある。例へば日給歩兵は五十銭、砲兵は六十銭やるとか、着物は一年に何枚新しいのを呉れるとか、クリスマスの時には何日暇をくれ、帰郷する者には特に新らしい着物を着せるとか、恰度我国の田舎に於ける工女募集の引札を思はしむるやうなことが書いてある。我国の新聞に、今度の戦争になつてから英吉利はいろ〳〵な掲示をして入隊を勧誘して居ると報道して居るが、実は之は戦時に初めて起つたのではない。平時に於ても兵隊の募集には随分苦んで居つたのである。

さういふ訳であるから、英国の識者の中にも、実は従来兵制改革の急務を叫ぶところの人が少なからずあつた。中にも最も有力なるは故ロバーツ将軍である。彼は南阿戦争等の経験に鑑み、又対岸大陸の軍事的勃興に動かされ、英国国防の危機を絶叫して強制兵役制度採用の急務を説いて居つた。彼は之を以て終生の事業となし、頽齢の身を以て南船北馬此主義の遊説の為めに一日として席暖まるを得なかつた。国民兵役同盟《ナショナル・サーヴィス・リーグ》は此主義に動かされて起り、彼は自ら其会長であつた。去年の夏大陸戦場の視察中病の為めに死んだが、彼の努力は段々朝野の間に認められて居つたのである。然し斯くても英国には従来個人的自由の思想が盛んであつて、どうしても強制されて兵役に就くといふ考にはならなかつたと見えて、いよ〳〵の場合となると矢張り強制々度の前に冑を脱がうとしない。

英国が思ひ切つて大陸的の強制々度を採るといふことは、今度の戦争のやうな場合でも容易なことではない。

然し従来の兵制では到底国家の急に応ずることが出来ないといふ思想は、戦争の結果段々明白にはなつたやうである。尤も此考は戦争の前から一部の識者の間には段々深く考へられて居つたのではある。即ち現在の陸軍を以てしては、英国の国防は安全でないといふ思想は、十年以来段々一部の国民の間に盛んになつて居つたのである。尤も此種の考へを唱ふる者の中には色々の種類がある。一方には南阿戦争などの経験に鑑み、英国の目下の軍制では帝国内の動乱を鎮むるにさへ不十分ではないかといふ見地から軍制の改革を唱ふる者があつた。此議論も固より動かすべからざる真理を道破して居るものであるが、然し之れ丈けではまだ多数の国民を動かすことは出来なかつた。そこで他方には独逸陸海軍の勃興といふ現前の一大事実を提げて警鐘を叩くものがあつた。之には多くの国民は愕然として眼を開ひたのである。即ち独逸に於ける最近の軍事的勃興は、到底英国の軍事的覚醒を促さずんば止まない。今の儘《まま》にして居つては、英国の国防は累卵の危きにあると説くのである。従来英国人は英国の国防は専ら強大なる海軍によると説いて居つた。英国は島国である。海上に於て優越なる地位を占め、敵国の軍隊をして英本国に上陸するの機会なからしめ得ば、英国は永久に安全である。海軍さへ今日の如く強ければ陸軍の如きは全く之を顧みなくともよい。精々内乱の鎮定が出来る位の程度であれば結構であると思つて居た。さういふ見地から、英国は海主陸従といふよりも寧ろ全力を海軍に注ぐといふ方針を採つて居つた。之は政府当局の方針といふよりも寧ろ全英国民の信仰であつた。彼等は実は自ら陸上防禦力の極めて薄弱なることは知らぬでは無い。今日でも万一独逸の軍隊が上陸することがあるまいかといふ想像を描いて、非常な恐怖を感じて居る。曾てドーヴァー海峡に海底トンネルを穿ち、仏蘭西と大陸との陸上交通を計画した者があつた時に、之が偶々仏蘭西兵の英国侵入の機会となるまいかといふ愚にもつかぬ想像を描いて、一時英仏の言論界を非常に騒がしめたことがある。これ皆英国人が昔から今日に至るまで常に陸上防禦力の極めて薄弱なるを自認して居る証拠である。

然し之程陸上の弱点を自認して居りながら、彼等が仍《な》ほ陸軍制度の改革を敢てせざる所以は、一つには自由思想の中毒といふこともあるが、主として強大なる海軍に恃むの念の頗る固き結果である。そこで政府当局も海軍丈けには非常な精力を注いで居るし、国民も亦海軍に対しては全力を注ぐことを拒まない。此方針を継続さへすれば、陸上に大いなる欠点があつても、先づ国防は安全であるといふ考である。玆に於て英国陸軍の改革を主張する者は、自ら所謂強盛なる海軍を以て満足するの考に向つて更に大に抗論せねばならぬ。換言すれば所謂強大なる海軍に安ずる思想の謬妄を論証せなければならぬ。

或人は斯ういふ立場から此謬妄を論証せんと試みた。曰く英国の海軍は昔は二国主義を採つた。即ち英国に亜《つ》ぐ最大海軍国の二つに匹敵する丈けの力を養ふといふ主義である。英国が二大海軍国を敵として優に勝ち得る丈けの海軍力を備へて居る間は、或は国防の全責任を海軍に托して安心することが出来たらう。けれども近年独逸海軍の勃興は、到底二国主義を維持すること能はざらしめ、遂に英国は独逸のみを主たる仮想敵となし、十対十六主義を以て満足せねばならぬことになつた。然し独逸の十の力に対し英国が十六の力を維持するといふことは、成程英国の海軍を依然優勝の地位に置くものではあるけれども、然し昔の如く英国の海軍が嶄然《ざんぜん》頭角を抜いて居つた時代とは、遥かに趣を異にする。独逸は謂はゞ英国海軍の塁を摩せんとしつゝあるものである。斯く観れば万一の場合、独逸の海軍は英国海軍の警戒線を突破して英国に陸兵を上陸せしむるといふことは、最早や全然不可能のこと、見る訳には行かない。安全なる国防計画としては、今日の形勢よりすれば、独逸陸兵の上陸を全然計算の外に置くことは出来ないと。之も亦一応傾聴に値する議論である。更に他のものは斯ういふ立場から陸軍の改革を説く。曰く英本国の安全はいふまでもなく英国海軍の優勢に待つ。然しながら海軍の優勢なる地位は、単に噸数の多いといふことのみにあるのではない。其海軍をして十分なる活動の自由を得せしむることが必要である。而して海軍の活動が十分自由なるを得る為めには、陸上の防禦が相当の程度に発達して居なければならない。陸上の防禦力が覚束なくては、海軍は思ふ通りに活動することが出来ない。思ふ通りの活動が出来なければ、いかに噸数が多くとも、海軍はたゞ木塀〔偶〕の如くに消極的地位をとるに止る。英国海軍の斯くの如き地位を取ることは、一方には海軍の有効力を減じ、又一方には英国と外国との交通を遮断する所以である。斯くては国防の不安といふことばかりでなく、英国は経済的に餓死するの外はあるまい。英国の海軍をして国防上十分なる責任を果さしめる為めにも、英国は相当に強大なる陸軍を有することが必要であると。更に進んで斯ういふ立場から強大なる陸軍の必要を説く者がある。曰く昨今の如く独逸の独り隆々として勃興するを見ては、我々は和蘭《オランダ》、白耳義《ベルギー》は勿論のこと、丁抹《デンマーク》、仏蘭西の如きと雖も永久に安全なるや否やを疑はざるを得ない。若し不幸にして此等の地方が独逸の併呑するところとならんか、又は少くとも独逸の勢力の下に帰せんか、英国は最早決して独り安全なるを得ない。英国対岸の大陸が英国を敵とするものゝ占領に帰することは、少くとも英国をして経済的に滅亡せしむる所以である。のみならず、之に依つて英国海軍の優越的地位は著しく危くなる。されば英国は今日の如き形勢の下にあつては、少くとも欧洲大陸西岸の地方に無関係であることは出来ない。英国自身の安危の上から此等の地方の運命を座視することが出来ないとすれば、英国は最早や従来の方針を改め、万一の場合には大陸の事件に干渉するの覚悟を定むることが必要である。之には強大なる陸軍を要する。我等は国内動乱の鎮定といふ消極的の目的の為めのみに陸軍を養つてはいけないと。

以上三つの説は、或は単独に或は彼此相結んで、戦前に於て唱へられた軍制改革論の大要である。其中でも最も盛んに唱へられ且つ最も国民の耳目を聳動《しようどう》したものは、独軍上陸の説である。国民は一般に英国の海軍は兎も角十分に沿岸を防備するに足るものであるといふことは疑はなかつた。けれども不慮の敵軍の侵入をも絶対に不可能ならしめ得る程度のものなりや否やといふことについては、多少の掛念を持つて居つたやうである。之が絶対に不可能なるものならば英国は全く陸軍は要らないではないかといふやうな極端論は暫く論外としても、最近独逸海軍の勃興は、独軍の侵入を不可能とするの予想をして多少動揺さして居るといふことは疑ない。然らば陸軍の整備改革を説くの説は真に国防を憂ふる者に取つては大いなる真理であり、従つて識者の間に漸次多大の共鳴を感じつゝ、あつたことは之を想像するに余りある。

斯く論ずれば英国に於ては軍制改革には一点の疑無かるべき筈である。即ち従来の制度に幾多の改善を加へ、殊に強制徴兵制度を採用すると云ふ事は、何人にも異議無かる可き筈であるが、実際はそうでない。国民の有らゆる階級の中に、非常に反対の考が強いのである。最も此制度に反対する者は、云ふ迄もなく労働者である。其労働者が堅密なる組合を造つて常に一致協同の運動をなし、社会に於て侮る可らざる勢力ある事は云ふを竢《ま》たぬ所である。而して彼等の中には社会主義者も尠《すく》なくはない。然らざる者でも社会主義的色彩を有する考に囚はれて居る者亦極めて多い。是等の者が社会主義的の立場から軍備の整頓改革に反対するのは固より怪しむを須《もち》ゐぬ。其他社会主義思想から縁遠い者でも、労働者が一般に兵役に就く事を厭ふのは、独り英国に限つた事ではない。何処の国でも強制制度であればこそ甘んじて兵役に服すれ、志願制度であれば容易に労働者階級より多数の応募者を見る事能はざる事、皆英国と同一であらう。斯くして英国の労働者は、或は労働階級特有の思想より、又或は労働者階級の利害の打算より、国家の急務を思ふ遑《いとま》もあらずして極力徴兵制度に反対して居つたのである。現に去年の九月議会再会の際本問題の討議せらるべきの風説あるや、労働組合中の尤も有力なる鉄道従業員組合が逸早くも反対の決議をなしたる事は前述の通りである。而して本年一月愈々此問題の議会に現はるゝや、是に対する態度を決する為に一月六日に開いた労働党大会は、七万八千三百余票の賛成に対する百九十九万八千余票の大多数を以て、新兵制案に反対する事に決議した。されば労働党を代表して内閣に席を有つてゐたヘンダーソン氏以下の労働党大臣は辞表を呈せねばならぬ事になつたのであつた。ヘンダーソン氏等自身は首相アスキス氏の提案に賛成である。故に此点に於ては辞職すべき理由はないのであるけれども、彼等は元と労働党を代表するの意味に於て入閣したものであるから、今や自己の所信が労働党の決議に相反する事を見るに至つては、其確信に忠なる限り、労働党を代表する訳には行かぬ。そこで辞表を捧呈したのである。尤も月の半に至て辞表は撤回したと云ふ報道があつたが、要するに労働党は兵制の改革には断然反対して何等譲歩の余地を示さなかつた。一月十五日の新聞に表はれた電報に拠れば、是亦有力な労働組合の一たる坑夫組合大会も亦、三万八千百余票に対する六十五万三千百九十余票の大多数を以て反対の決議をしたと云ふ事である。是れもまた労働者の本問題に対する態度を知るの一端になる。

然し徴兵制度反対の声は、独り労働者から許《ばか》り来るのではない。一般資本家階級に於ても、或は財政上或は産業上是を排斥するの考が仲々に強い。財政上と云ふのは、徴兵制度を布いて新たに大陸軍を養ふと云ふ事になれば、非常に財政が膨張する。而して其財源を何処に求む可きやが一ツの難関であると云ふのである。産業上と云ふのは、徴兵制度の施行に因て働き盛りの労働者が兵士として徴集されては、英国の産業の現在の隆盛は妨げらるゝと云ふのである。是れも亦鈍重たる英国人の深く信じて徴兵制の採用に反対するの口実となす所である。加之英国には元来個人的自由の思想が旺《さかん》であつて、所謂強制と云ふ事に対しては、其何れより来るものに就いても、是に反抗するを常とする。強制せらるゝを欲せずと云ふ念は、英国の国民性に附着する感情的迷信と云ふてもよい。彼等が国家的拘束を呼んで「必要なる禍」と見做《みな》したるが如き、亦如何に個人主義自由主義に酔ふて居るかを示すものである。此点よりして徴兵問題は従来有力な政治家中にも仲々反対が多かつた。されば最近独逸の圧迫に依て益々軍備整頓の急務を感じても、愈々英国が徴兵制度を執るに至るであらうと云ふ事は、到底吾々の予想し得ざる所である。軍制改革運動の急先鋒たるロバーツ将軍の主張を見ても此事がわかる。其は彼は最も熱心なる強制徴兵制度の主張者であつたけれども、然し彼の英国民に訴ふる所は、十八才の青年男子に兵役を三年間強制するのであると云ふけれども、然し第一年は数ケ月、第二年第三年は数週を限て訓練すると云ふのであるから、極めて軽微なる負担である。其上強制して徴集するのは本国防禦軍のみであつて、海外遠征軍は従来の通り志願兵制度を維持すると云ふのであつたから、我が国等に行はるゝ兵役制度等に比較すれば極めて寛大なものである。英国に於ける最も極端なる改革論者の主張が既に斯くの如くであるとすれば、亦以て英国民一般の兵役問題に対する考の如何を推知すべきである。

国内の輿論が前述の如くであるから、今度の兵制改革も、首相アスキス氏の議会に於ける言明の如く、戦争の継続中に係る一時的の便法にして、決して之を前提として将来一般的に徴兵制度を採用するに至らざる可きは明白である。故に今度の陸軍法案は、是を以て兵制改革問題の根本的解決と云ふ事は出来ぬ。唯之に依て英国民は強制制度の実地に伴ふ幾多の経験を積むであらう。此経験に基いて更に国民の考を一変し、他日改めてほんとうに強制々度を布くやうにならぬとも限らぬ。けれども始め条件を附して定めた事を、後に絶対的無条件的なものに直すと云ふやうな事、例令ば戦時非常税として議会の協賛を得た織物税や通行税をば戦後に至つて之を永久税に直すと云ふやうなペテンは、英国政治家の決して為さゞる所である。故に英国では戦争が終れば又もとの志願兵制度に復り、兵制改革論者をして再び口角泡を飛ばして論難せしむるであらう。一部の論者の中には、斯くの如き空前の時機に際してすら自由思想の迷夢より覚めず仍然《じようぜん》として頑迷の態度を固守するの愚を嗤《わら》ふ者もあるけれども、英国が幾多の失敗を重ねて而かも尚ほ自由主義を捨てざらんとする事は今に始まつた事ではない。或る意味に於ては是れ英国国民性の欠点ではあるけれども、然し乍ら英国が戦争には負け乍ら居然として底力のある大国民たるの態度を維持して居るのは畢竟是れあるがためではないか。

右述ぶるが如く、今度の法案は戦争継続中を限る一時的の方便である、即ち戦争の急に応ずるの目的を以て立てられた者であるが、是れが為に英国は果してどれだけの兵力を増す事が出来るかと云ふに、是れは決して予想の如く大なるものではない。第一に仮令どれだけの数を増しても、急激に訓練をすると云ふのでは実際強大な力とはなるまい。而かも新法に依て新に強制徴集し得べき兵数は、政府の報ずる所に依れば百万内外との事である。して見れば現在の兵数に加ふる所さして著しいものではない。況んや戦場に於ける彼我送〔総〕兵数の全体に比較すれば極めて微々たるものである。故に今度の新法は、其声のみ徒に高くして実際に加ふる所は左程大なるものではないと思はるる。唯然し乍ら、今度の新法の国の内外に与ふる所の精神的効果に至ては、極めて大なるものありと言はざるを得ぬと思ふ。何故なれば、第一に外国に対して英国の決心の牢として抜く可らざるものある事を示し、又国の内部に向つては盛に各方面からの出征者を出ださしめ、以て民間に於ける対戦争の興味を唆《そそ》るからである。是れ迄出征するものは中流以上の壮者青年に多くして、労働者階級から出るものは案外に尠なかつた。自分の仲間や親族故旧やが遠く戦場に出て居ると云ふでなければ、国民は戦争に熱狂しない。労働者が稍もすれば国難を他所に見てストライキ等を敢てするのは畢竟今度の戦争は彼等より観て彼等自身の為す所の戦争でないからである。而して強制々度は即ち戦争に対する下層民間の風気を一変し、英国民全体をして真に挙国一致せしむる所以となるだらう。加之英国が万難を排して此処置に出でたのは、最後迄戦争を継続せんとするの決心の堅きを示すものであつて、是に依て敵を脅かし与国を心強く思はしむるの精神的効果は、更に計る可らざるものがあると思ふ。

〔『中央公論』一九一六年二月〕

新日露協約の真価

一

日露の接近は欧洲の戦争以来掩ふべからざる事実となつた。両国が何等かの形に於て其親近の事実を表はすべきことは、久しく世上の問題であつた。現に我中央公論も去年の十月、此問題に関して諸家の意見を徴したことがある。斯く久しく世上の問題となつて居つた両国親近の関係は、本年七月三日に至り、所謂《いわゆる》「日露協約」の締結によつて、いよ〳〵具体的の形式を採り、其正文は八日午後外務省から公表せられた。

日露協約

日本帝国政府及露西亜帝国政府ハ、極東ニ於ケル恒久ノ平和ヲ維持セムカ為協力スルコトニ決シ、左ノ如ク約定セリ。

第一条

日本国ハ露西亜国ニ対抗スル何等政治上ノ協定、又ハ聯合ノ当事国トナラサルヘシ。

露西亜国ハ日本国ニ対抗スル何等政事上ノ協定、又ハ聯合ノ当事国トナラサルヘシ。

第二条

両締約国ノ一方ニ依リ承認セラレタル他ノ一方ノ極東ニ於ケル領土権又ハ特殊利益カ侵迫セラルルニ至リタルトキハ、日本国及露西亜国ハ其ノ権利及利益ノ擁護防衛ノ為、相互ノ支持又ハ協力ヲ目的トシテ執ルヘキ措置ニ付協議スヘシ。
右証拠トシテ下名ハ各其政府ヨリ正当ノ委任ヲ受ケ本協約ニ署名調印ス。
大正五年七月三日即露暦千九百十六年六月二十日
彼得具羅士《ペトログラード》ニ於テ本書ヲ作ル

本野一郎
サゾーノフ

之によつて見れば、此協約の骨子となるものは、次の二大綱目である。

第一、日露両国は其極東に於て有する相互の領土権又は特殊利益を互に擁護防衛する事。尤も細かく言へば、之には次の四つの条件がある。一つは其擁護防衛せらるべき権利利益は、極東に於て存在するものでなければならぬ事である。従つて欧羅巴露西亜に於ける、若くは極東以外の露領亜細亜地方に於けるものは、本協約の問題とするところではない。二には擁護防衛せらるべき権利利益は、日露両国の相互に承認せるものでなければならぬ事である。たゞ如何なる権利利益を以て、「承認せられたるもの」と認むべきやは、自ら一個の別問題である。三には擁護防衛義務の発生は、権利利益の侵迫せられたる場合に限る事である。四には擁護防衛の方法は相互の支持又は協力を目的として、協議上適当の措置をとるといふことである。故に必ずしも常に直に兵力的援助をするといふ訳ではない。之れ自ら本協約が同盟条約と異るところである。

第二、日露両国は互に相敵対する政治的協定又は聯合を作らざる事。敵対的協定又は聯合の対手方《あいて》が、極東に在ると否とは問ふところではない。故に例へば、日本は如何なる国とも、露西亜に対抗する意味の約束を結ぶことは出来ない。其国が東洋にあると、西洋にあるとを問はないのである。もと此協約の目的は極東に於ける恒久の平和を維持するに在るといふのであるけれども、第一条は一般的に敵対的聯合の禁止を宣明して居るから、仮令欧羅巴に於ける露西亜の勢力に対抗する意味の聯合と雖も、日本は之に加入することは出来ないのである。

二

今度の此の協約に拘らず、一般に日露の和親を現実にし又は鞏固にすべき「協約」の締結が、今日の場合彼我両国にとつて頗る時宜に適し又必要でもあることは言ふ迄もない。日露両国は、曩《さき》に一九〇七年七月卅日及び一九一〇年七月四日を以て、已に二回の協約を取結んだ。和親の実は已に之を以て明白に挙つて居るのではあるけれども、更に今度第三の協約を締結したといふことは、決して屋上屋を架する類のものではない。先づ露西亜の側より之を観るに、第一露西亜が独逸と最後まで戦はんとするの決心ある以上、彼は到底日本を無視することが出来ない。世人或は露西亜の有力なる階級の間には独逸と単独講和をなさんとするの風潮旺《さかん》なりと説くものあり、之によつて往々露西亜には独逸と最後まで戦ふの決心がないだらうなどと推定するものがあるが、之は断じて誤りである。なぜならば、成る程上流社会の一部には親独的傾向も一種大なる潜勢力を持つて居ないではないが、併し一般多数人民の間には専ら排独的敵愾心が旺盛を極めて居る。戦争の進行と共に段々下層階級の勢力の張つて来る露西亜に於て、此対独逸敵愾心といふものを無視することは殆んど不可能である。況んや有力なる階級が全部親独的傾向を有すといふ能はざるに於てをや。故に予は露西亜には必ず最後まで独逸と戦はんとするの決心あるに相違ないと断ずるのである。露独両国の遠き将来を推断して、同盟を以て両者の必然的運命なりと論ずるの説には、予も亦一応の道理ありと認めざるにあらざるも、近き将来に於て、少くとも今次の戦争の結末を問題とする時期に於て、露独の可能的接近を説くのは、事余りに早計である。兎に角予は露西亜に最後まで独逸と戦ふの決心ありと観る。而して此決心ある以上は、彼は到底日本の好意を無視することは出来ない筈である。なぜなれば、日本は露西亜の態度次第で、其有力なる味方となり、又は最も恐るべき敵ともなる地位にあるからである。次に更に之に関聯して考ふべきは、今日国運を賭して戦つて居る露西亜にとつては、少くとも日本から後ろを覗はれざるの必要があり、更に出来得べくんば、日本より各般の助力を得るの必要がある。之れ現に今日日露両国の実現して居るところの関係であるが、此関係が今度の第三の協約によつて、更に紙上の約束として明白にされたといふことは、露西亜にとつて決して無意義な事ではない。

独り露西亜にとつて許りでなく、日本にとつても亦同様のことが言へる。それは日本も今次の欧洲大乱に参加した以上、戦争の目的を十分に達せしむるを其利益とし、而して其為めには露国の軍容をして堅実ならしめ、露国の民心をして安心せしむることが必要であるからである。今度の協約の内容たる事柄は、紙に書かなくとも、已に両国の間に実現されて居つたと言へばさうも言へるけれども、之を紙の上に書き表はすと否とは、露国民心を安んぜしむる上に、非常な効果があることと思ふ。其上此協約は他方に於て極東に於ける日本の特別の地位を確定するといふ効力をも有するものである。元来極東に於ける帝国発展の前途を安らかにする為めには、日露の隔意なき了解といふことが甚だ必要である。而して従来は、兎角両国の間は隔意なき了解を披《ひら》き合ふといふ程までに、十分に接近して居つたとは云ひ難い。為めに時に依つて双方遺憾に感じた点も多少あつたが、それは今度の協約の結果として取り去られた。少くとも取り去られるの端緒を開いた。更にもう一つ考ふべきことは、今日我国の露西亜と結ぶの結果は、一部の人の杞憂する露独の接近を絶対に妨ぐるの効果を齎《もた》らすことである。従来露独の接近は、露の極東に於ける跳梁を来たし、常に我国を苦しめる原因となつて居つた。東洋の平和と露独の接近とは、動もすれば両立しない関係に在つた。従つて今度の協約が、露独の接近を絶対に妨げ、少くとも日本の意に反して露の独に接近するを妨ぐることを得るならば、日露協約の締結は、確かに帝国外交の立場から見ても、近来の成功と言つてよろしい。

三

然し今度の協約が果してどれ丈けの功果を実際に齎らすかは、更らに精密に其内容に立ち入つて研究しなければ解らない。此事を吟味するに際して、我々の第一着に注意しなければならぬ点は、此協約で協定した事柄は、之を「確定の効力を有するもの」と「未確定の効力を有するもの」との、二種類に分たねばならぬといふことである。第一の確定の効力を有する事柄といふのは、日露両国が互に反対聯合に加はらざることと、イザといふ場合には互に支持協力するといふことの二点である。此事は協約で明確に決められて居る。条約文面の解釈によつて、伸縮するの余地がない。之れ予が之を称して、確定の効力ある事柄といふ所以である。今此確定の効力ある事柄について、此協約の齎らすところ如何を見るに、今度の約束は即ち日露両国提携して互に極東問題の解決に対する主人公たるの地位を確保し、第三者の干渉に対しては儼然たる態度を執るといふ決心を示すものであつて、従つて又自ら第三者をして極東問題に対する日露両国の特殊地位を確認せしめんと擬するものである。日露両国が極東に於て特殊の地位を有することの争ふべからざる以上、此事実を確定ならしむるを目的とするところの本協約は、固より我国に重大なる利益を提供するものと言つて差支はない。第二に未確定の効力を有する事柄と言ふのは、両国が相互に其特殊利益幷に権利を保護すべしといふこと、及び其保護の方法については協議の上適当な措置を取るべしといふこと之れである。即ち本協約は他の一面に於て、相互の権利利益を互に擁護防衛すると言うて居る。けれども其保護せらるべき権利々益の種類及び範囲如何については何等言及して居ない。又協助の為め執るべき措置につきては篤と協議するというて居るけれども、果して如何なる方法が協議の結果として執らるべきかは、全然協約の関知するところではない。是れ予が之を称して未確定の効力を有する事柄といひし所以である。凡そ日露両国にとつて最も肝腎な問題は、両国のどれ丈けの権利々益が保護せらるゝか、又如何なる方法によつて協助の実が挙げらるゝかである。此事は元より予《あらかじ》め明確に極められない事柄でもあらう。兎に角条約の上では明かに極められて居ない。故に将来に於て、条約文面の解釈上伸縮自在如何様にもなる所のものである。解釈の仕様によつては、之が非常に活用せらるゝこともあれば、又全く空文に終らしめらるゝ場合もないではない。故に此の所謂未確定の効力を有する事柄について、本協約が果してどれ丈けの利益を我々に持ち来たすやは、約束の文面丈けで断定することは出来ない。日露両国の利害関係が極東に於て極めて錯綜して居る丈け、此点は将来大に注目を要すること丶思ふ。

右述ぶるが如く、新日露協約は確に最近に於ける日露親和の徴表であり、又益々両国の接近を深からしむる動因ともなるものには相違ない。けれども之が運用の如何によつては協約に依つて達せんと欲したる目的を十分に貫くことも出来れば、又然らざる結果を見ることにもなる。従つて今度の協約が事実如何なる効果を日露両国の将来の関係の上に生ずるかは、予め今より之を推測することは出来ない。ツマリ今度の協約は両国和親の形式を定めたものである。其内容は今後両国の臣民幷に当局の努力に依つて充実して行かなければならぬ。尤も従来とても和親の実が多少でもあつたからこそ今度の協約も出来たのではあるが、併しこの和親の実は今後猶大に開拓するの余地はある。此開拓を怠つて居つては、折角協約で何や彼や取り極めても、両国で事実上大した意味を之に附せぬこと丶なる。この点に関して吾人の幸に思ふことは此協約に附随して更に各種の別約——東清鉄道一切の譲与、松花江航行の自由、満蒙租借地に於ける相互の居住移転の自由、ハルピン其他の露国側重要都市に於ける日本郵便局設置の認許等に関して――が両国政府の間に取り結ばれたといふ説である。果して此風説が真ならば我々は之によつて早くも露西亜が如何に誠意を以て本協約の趣旨を観て居るかを推測することが出来るのである。従つて我々は今日已に夫の所謂「未確定の効力を有する事柄」についても、他日問題が起つた場合に露西亜は必ずや寛大なる解釈をとるであらうと想像することが出来る。果して然らば此協約は、日露の親善を全うし兼ねて日本の利益を増進する上に於て、先づ大体に於て遺憾なきに近いといつても差支はあるまい。

四

終りに日露協約の成立に対する二三外国の態度を考へて見よう。

日露協約の公表と共に、敵国側が直に之に水をさし殊に之を以て日英両国離間の道具となさんと試みたことは怪むに足らない。英仏等の聯合諸国は之に反して何れも歓迎の辞を述べた。之も亦当然なことである。併しながら本協約が専ら日露両国の極東に於ける特殊利権の確保を目的とする丈け、東洋に大なる利害関係を有する英国などが初め大に猜疑の眼を以て締約の交渉を偸視《とうし》したことは、亦已むを得ない。帝国外務省が発表せしめたと見るべき都下の各新聞紙所載に係る協約締結顛末の報告の中には、「不幸にして交渉事情外間に漏洩し、行悩を生じたるも、露国皇帝の聖断とサゾノフ氏の尽力とにより、交渉僅かに進捗《しんちょく》するを得たり云々」とある。之れ丈けでは固より何処と指して言ふことは出来ないけれども、吾人をして一読忽ち英国辺の故障を意味するのではあるまいかと思はしむる。日露協約の如きが、固より英仏に無相談で結ばるべきでないことは、論を待たない。けれども余程話の進行する迄は厳重なる秘密の中に交渉を取運んだやうであるから、途中外部に漏洩して為めに第三国の故障を招いだといふことも、強《あなが》ち根拠なき想像でもあるまい。

一体英国に限らず概して支那に重大なる政事上又は経済上の利害関係を有する国が日露協約の締結を快しとしないのは当然の事である。英国は勿論であるが、米国の如きでも、彼等は皆極東――殊に支那――を以て列国共同の競争地域となし、独り日露両国に対してのみ其特殊地位を認めてやらねばならぬ義理はないと考へて居る。少くとも彼等は両国の特殊地位を認むることを欲しない。或は勢の迫る所幾分之を認めざるを得ざる事情に立ち至つても、其特殊地位なるものは出来る丈け之を制限して解釈せんと欲して居る。然るに本協約は、日露両国が自ら堂々と極東に於ける其特殊の地位を宣明する者であり、且漠然宣明した特殊地位なるものを他の第三国をして亦承認せしめんとするものであるから、他の第三国の内心之を喜ばないのは当然である。無論外交的辞令の上に於ては、或は日英同盟と相伴つて東洋の平和を確保するものだとか、或は日英同盟の目的とする所を猶一層強く裏書するものだとか贅沢な言葉を飾り立てゝ居るけれども、事実を如実に見るを職とする我々の耳には、此等の辞令は却つて偽善者の声の如くに響くのである。流石《さすが》に亜米利加は此点について無遠慮なる言論を弄んで居るやうだ。英と米とは此問題に就ては其所見を異にして居る筈はないと思ふのである。

英米両国が日露両国と対等の地歩に於て亦極東に特殊の地位を有すと自信して居るならば其妄謬なることは無論であるが彼等の言ひ分が仮りに消極的に日露両国の特殊地位そのものを否認せんとするに在りとするも、それは甚だ無理である。我々が極東に於ける特殊地位を主張するのは、英が印度洋に於て、米が中南米大陸に於て特殊地位を主張すると同じ意味に於て正当である。利害の打算上彼等が強て之を認めざらんとするのは穏当でない。少くとも公平でない。従来我々は余りに自己の特殊地位の擁護開拓を等閑に附した。今頃急に騒ぎ出して図らず他国の故障を招くのであるが、併し正当の立場を主張するのだから何も遠慮する必要はない。どんなに嫌がられても、事情の許す限り、力の及ぶ限り、どん〳〵進んで構はない。たゞ正当の範囲を踏みはづさなければよい。

孤立の日本は、従来余りに此の点については、第三国に遠慮し過ぎて居つた。対支外交の不振の原因は一つには慥《たしか》にこゝにある。今や我等は露国に提携することになつて、茲に大に内心に強みを感ずることゝなつた。今後は大に活躍して事実の上に、英米をして其妄を悟らしめ吾人の立場を承認せしむべきである。

然し又一方から考へれば、日露両国は共に理論上極東に於て特殊の地位を有せしに拘らず、前述の如く従来其実をあらはす為めの努力が甚だ足らなかつた。彼等は余りに放拋に過ぎた。否、久しく無為に終つた。さればこそ、どん〳〵英米の侵略を受けたのである。従つて我々は又一面に於て多年奮闘の功を積んだ英米に対して余り大きな顔の出来ぬ義理もある。茲に於て我々は英米等をして心から吾人の特殊地位を確認せしめんと欲せば、今後大に活動努力して理論上に於て有する我々の特殊地位を事実の上に適確に把持することを心懸けねばならぬ。或意味に於ては我々の特殊地位なるものは仍未《なお》だ十分出来上つた形態を得て居ないともいへるのである。ソコで真に我々が極東に於て確実なる特殊の地位を占めんとせば、今日以後我々大に之を開拓せなければならぬといふ訳になる。従来の如く、政治家も実業家も、無為放拋の状態に甘んずるのでは、我等の所謂特殊地位は、遂に永遠に空文に終らざるを得ないであらう。

協約の公表に対して支那が例により著しく神経を悩ましたことも亦怪しむに足らぬところである。日露の接近は、支那にとつて常に一大警報である。隣邦の二強を争はしむることによつて始めて自国の安全を贏ち得べしとするのは、支那在来の政策であつた。偶々両国相接近するの報に接すれば、彼等は忽ち隣強提携の手は必ずや満蒙割取の暴挙となりて現はる、だらうと迷信する。斯くて彼等は従来日露の協約に畏怖の念を抱き、其説の行はるゝ毎に所謂風声鶴唳《ふうせいかくれい》の慄《おのの》きを感じて居つた。本年一月露国一太公殿下の来朝当時既に支那の民心は疑心暗鬼を描いて少らず動揺したのであつた。殊に今度は、表向き発表になつた協約の外に、日本の特殊地位を独り満蒙のみに限らず支那全体に亘つて之を認め、而かも其全体に亘つての日本の自由行動を露国が承認するといふ意味の密約が結ばれたといふ風説があつたので、更に甚く神経を悩ましたやうである。斯かる風説を流布するに至らしめたるは確に当局の一大失態である。厳重に之を責めなければならない。さらでも神経過敏なる支那の民心を之によつて更に大に激動せしめたことは、日支の親善をどれ丈け妨げたか解らない。幸にして目下の支那は南北妥協の混乱の最中であるが故に、案外に此事が矢釜《やかま》しい問題とはならないけれども、平時であつたならば、或は再びボイコットなどの口実となつたかも解らない。然しこんな風説が無かつたとしても、何《ど》の道、日露接近の報が到底支那をして不安を感ぜしめずして了らざることは、今日のところ残念ながら止むを得ない。又実の所公平にいへば、日本の極東に於ける活躍に対して支那に安心して居れといふのは無理である。それでも強て支那に心を安じて貰ふ必要ありといふならば、第一に我々は我々の活躍をして常に合理的且道義的ならしむることを怠らず、第二に我々は更に退いて日支両国民の根本的親善関係を開拓するを心懸けなければならぬ。而して日支両国民の根本的親善は、両国民が近来の如く専ら政治関係の方面に於てのみ交渉するのでは到底期せられない。政治的には此両国は大体に於て利害の一致不一致相半ばする間柄にある。故に此両国は更に一段と歩を進めて、高尚なる精神的方面に於て交渉提携するの途を拓かなければならぬ。之等の点に就ては予輩に別に一個の意見あるけれども問題外なれば今は述べぬ。只東洋全体の平和の為めに活用さるべき筈の日露協約の締結が、不幸にして支那から余り快く思はれないのを遺憾とする旨を述べて茲に此稿を結ぶ事とする。

〔『中央公論』一九一六年八月〕

米国の対東洋政策

米国の対東洋政策と云ふ与へられたる問題に対して、詳細なる答案を作ることは、一朝一夕の事業ではない。唯茲に此問題の研究をなすについて、差当り我々の念頭に浮ぶ二三の点を列挙するならば、次の如くである。

第一に考ふべきは、米国の東洋に発展せんとするは、他の欧羅巴諸国の東洋発展と同じく、自然の勢であることである。少くとも米の経済的に発展せんとするの趨勢は、到底之を沮止し得べきものではない。さらでも最近米国の経済的発展は素晴しいものがある。而して今次の戦争は更に此発展の勢を驚くべき程に激成した。我日本でさへ、戦時に膨脹した事業の捌け口を戦後如何に之を調整して行くやを、今から苦心して居るではないか。況《ま》して米国の如きに在つては、其豊富なる資力を以て、猛然として我東洋方面に発展し来るに相違ない。而して此発展の目標となる最も著るしい所を尋ぬれば、言ふまでもなく支那である。

第二に考へねばならぬ事は、米国の此対支那(東洋中特に支那について云ふ)の発展は、勢ひ支那と特殊の関係にある諸外国の所謂専属的勢力範囲主義と衝突することである。外交的辞令を弄する事を避けて、事実を有りの儘にいへば、斯く断ずるの外はない。蓋《けだ》し我日本を初め、英吉利や、露西亜は、それ〴〵勢力範囲を確定独占して、他国の侵入を許さない。此独占的勢力範囲の確定と云ふ事についても、論ずべき点は少くないが、之は今予の直接に問題とする所ではないから述べぬ。要するに此等の諸国は、其勢力範囲を擁して所謂門戸開放機会均等主義の文字通りの適用を許さない。而かも此適用を許さない範囲をば、漸を以てヂリヂリと拡張せんとして居る。

此等の独占的勢力範囲が段々に拡張せらるゝものとすれば、他国が黙つて見て居れぬのは当然である。況んや初めより此種の勢力範囲を有せざるものに於てをや。況んや又米国の如く、早晩支那に大発展をなすべき必要に迫られて居るものに於てをや。故に米国の対支那発展を自然の勢已むを得ずとすれば、支那に勢力を有する諸国は、之と何等かの形に於て一種の衝突を感ずるのは亦已むを得ない。我等も亦少くとも米国の経済的発展との衝突を覚悟し、之を如何に所置して両者の経済的利益の調節を計るべきやを予め攻究するの必要がある。

第三に右の如き意味の一種の衝突は、米国自身が已に余程前から自覚して居つたと云ふ事を記憶せねばならぬ。其一つの例は明治三十二年九月から十二月にかけて米国国務卿へー君が、我国を初め英、仏、露、独、墺、伊の六国に向つて、支那に於ける機会均等門戸開放主義を提案した事である。恰度此頃諸外国は、独逸の膠州湾占領を初めとして、それぞれ租借地の確定を競争して居つたから、米国では余程気が揉めたものと見えて、将来に於ける自国の経済的発展の妨害せられざらんが為めに、勢力範囲又は租税〔借〕地を極めても外国の既得の権利には何等干渉すべからざる事、又以上の地域内に於ける各国商船、各国商品は全然同等の取扱を受くべき事等を提案したのである。要するに之は自国の支那に於て有する、又は有し得べき権利の、将来に於て傷けられざるべきの消極的要求であつた。然るに之は紙の上では大体賛成されたけれども、実際に於ては十分に尊重されないので、米国は遂に積極的に進んで支那に自国の利権を設定せんと欲するに至つた。之は即ち明治四十二年十一月国務卿ノックス君が、満洲鉄道の中立を提議し、若し之を聴かずんば米国は進んで錦愛鉄道を布設すべき事を提議した事によつて露はれて居る。之は日露両国より翌年一月二十一日を以て叮嚀に拒絶せられて泣寝入となつたが、要するに此頃から米国の態度は余程積極的になつて来た。此所置に対して、世上には余りに米国が無遠慮だとか、或は外交界の儀礼に嫻《なら》はないとか、又は言ひ出した事を直ぐ引つ込ませて平気で居るとかいふやうな種々の批評があつたが、其等の点はどうでも可い、兎に角米国の人心は支那に対して、消極的態度より漸次積極的態度に進んだ事を認めればよいのである。

第四に、其頃奉天の総領事たりしストレートと唐紹儀《とうしょうぎ》との黙契の結果米清同盟の説が起つたのも、考の中に入れて置く必要がある。之も明治四十一二年の出来事である。当時唐紹儀の親分の袁世凱《えんせいがい》は、段々に排日に傾き、特に満洲に於ける日本の跋扈を抑へんとして、東三省の経営に大改革を加へた。即ち総督に徐世昌《じょせいしょう》を挙げ、其下に三省の巡撫として唐紹儀(奉天)、朱家宝《しゅかほう》(吉林)、段芝貴《だんしき》(黒竜江)を配し、而して唐紹儀を奉天に駐《とど》めて満洲外交の中心たらしめた。此時奉天駐在の米国総領事ストレートは、廿余歳の青年を以て盛んに活躍し、或は法庫門鉄道問題を起し、或は粤漢川漢《えつかんせんかん》鉄道借款問題を起し、米清両国の接近を暗示して、交々《こもごも》我国の不安を激成した。此等の事から、自然支那中央の要路の人の間には、米清同盟を空想するものが起り、やがて米の好意に恃んで日本の跋扈を抑へようといふ底の発案が、袁の容るゝところとなつて、団匪事件に関する賠償金の返却(明治四十年)に対する答礼使といふ名義で、唐紹儀自身米国に使することゝなつた。明治四十一年十月の初、彼は本国を発し、暫らく我が東京に足を休めて、十一月八日横浜を発し、月の下旬桑港《サンフランシスコ》に着いた。伝ふるところによれば、彼は袁の密旨を受け、福建省内に一海軍根拠地を提供するの条件の下に、米清同盟を訂せんと欲したとのことである。その後日本の新聞には、十二月三日発紐育《ニューヨーク》電報として唐の白堊館に米大統領タフトを訪問したことを報じ、又十二月廿一日の電報は突如「米国政府をして米清同盟に等しき外交上の声明をなさしめんとするの計企は失敗せり」と報じて来た。要するに米清同盟は一場の悪夢に帰して了つたけれども、之は必ずしも支那人の空想にのみ帰する訳けには行かない。其年の夏、紐育ヘラルドの如きは、日本の侵略的行動によつて米と清とは同様に損害を蒙つて居るから、両国は同盟して日本に当るべきであるといふやうなことを唱へたこともあるから、此同盟説の芽は、或は米国方面にあつたのかも知れない。聡明なる政治家は固より斯かる愚論にとり合はないとしても、兎に角、斯くの如き思想が一部の米人の間にあつたことは、之を見遁してはならない。現に同盟説はお流れになつたけれども、之につゞいて清国と米国政治家との間には、いろ〳〵密接なる関係が出来、所謂三都墺《さんとおう》問題なる厄介な事件もこれから発生したのである。三都墺は台湾の対岸なる福建省の一港にて遥に我が淡水港に対峙するものである。之には日本も余程面喰つて、厳重なる抗議を以て、やつと収まりをつけたと聞いて居る。去年日支交渉の談判に於て、福建省沿岸に於ては造船所、軍用貯炭所、其他軍事上の施設は、何国にも許さゞる事、又外国の資本によつて之を為さゞることを約せしめたのも、其の由来するところは蓋し偶然ではない。要するに、這般の米清接近は、一時の極端なる反態的現象に過ぎないものかも知れないが、然し兎角、米人中には、一部の排日支那人と相応じて、支那を助けて日本を抑へようといふ考のもの丶あつた事は明白である。

終りに注意すべきは、米国は明治四十五年三月、六国借款団より脱退して、対支政策の方向転換をしたけれども、之によつて米国は、全然支那に対する積極的経営の希望を拋棄したものとは見るべからざることである。米国の脱退は畢竟片意地なるウイルソンの一人の考に出でたもので、之が果して米国民多数の意見なりや否やは、一の疑問である。且つ又支那の経営から手を引くといふことは、少くとも今日の米国の大勢が許さないだらうと思ふ。故に大勢論の見地から判断すれば、米国は今後益々東洋に発展の手を進むべきものと見なければならない。而して今日まで実は、米国は飽くまで所謂専属的勢力範囲主義に反対し来つたので、容易に他国と相並んで、思ふ通りの発展をなし得なかつた。米国にして今後大に経済的発展をなさうとするならば、或点までは——不便であらうが——専属的勢力範囲主義を承認しなければならない。少くとも既成の事実(fait accompli)は、之を承諾してかゝらなければならない。然るに最近米国は、此点について余程悟つて来たようである。先般渡来したゲーリー氏の帰国後に於ける議論の如きは、即ち此風潮を代表するものではあるまいか。即ち氏の説は一口にいへば日本の支那に於ける政治的地位を承認しつゝ、尚之と提携して大いに米国資本家の経済的発展を計らうといふのである。斯ういふ考に基いて、果して如何なる具体的の提案が提出せらるゝか、又其提案によつて、果してどれ丈け両国の政治的経済的利害が調和せらるゝやは、固より今後両国当事者の研究交渉に俟たねばならぬ問題であるが、兎に角戦後米国の産業が、猛然として支那に押寄せ来ることは、今より之を覚悟せねばならない。我々が之に対して果して如何なる態度をとるべきか。将た如何の方策を以て、此等の米国の勢力を利用すべきか。之れ予輩のそれ〴〵の専門家に対して、慎重に講究せられんことを希望するところである。

〔『中央公論』一九一六年一二月〕

欧洲戦局の現状及戦後の形勢を論じて日本将来の覚悟に及ぶ

一

此戦争は何時頃落着するかの見当は、米国の対独国交断絶の宣言によりて愈《いよい》よ分らなくなつた。去年十二月十二日独逸側が卒先して媾和の提議をなし、之れに続いて米国大統領ウヰルソンが同じく二十二日を以て和議仲介の提議を協商各国に致した際には、世人素より之れに由つて平和克復の近き将来に期し得べきを信ずるには至らなければども、併し少くとも平和の回復は之れを端緒として成立するものであらうと考へられた。少くとも将来に於て収まるべき終局の媾和の和解交渉は此度の提議にて端緒を開かれたものと見、大体の上に於て戦争の第三期即ち媾和期に入つたものと見た。而して目醒しき大戦争は双方から出来る丈け之を避ける方針を取るものと見て、聯合軍側が必死の勇を決して大決戦をすると声言してをるも、それが事実となつて表はれるのは疑問であると見られてをつたのである。米国を仲介とせる独逸の提議に対しては聯合国側は去年の年末を以て回答を与へた。米国自身の通牒に対しての回答は本年一月の十日に至つて聯合国側の代表たる仏国から米国に致された。聯合国側は独逸に対しては殆んど無条件に其の提議拒絶の決心を示し、米国に対しては幾多の苛酷ある項目を提げて最少限度の条件となし、此条件の無条件的承諾の上に、始めて媾和談判は開かるべきものと主張してをる。之れ丈けの行きさつを取つて判断すれば、平和回復の見込は到底近き将来にないと云はなければならないやうであるが、併し既に第三国の仲介あり、而して双方より兎も角も条件の提示ありたる以上は和議の交渉は相当に進んだものと見てよい。何となれば一旦示されたる双方の条件が第三国の仲介によりて段々接近すると云ふ順序さへ甘《うま》くつけば、媾和会議の開催は決して不可能でないからである。故に和議の仲介のために米国が非常に熱心でありさへすれば兎も角も平和克復の前途は決して暗澹たるものでない訳であつた。換言すれば媾和問題の将来は米国の態度次第であつたのである。而して米国が大体に於て平和主義の国であり、殊に現大統領ウヰルソンは欧洲戦争の平和的仲介者たらんとするの高尚なる野心に燃えて居る人であるから、結局此の戦争は米国の尽力次第にて治まるべきものと見るのは必ずしも失当の見解でなかつたかと思ふ。然るに其後の形勢は全然予期されないことではなかつたとは云へ、意外の発展をなして遂に米国をして平和的調停者たるの地位をすてねばならぬ破目に陥らしめたのは、返す〴〵も残念なる次第である。而して米国をして斯くの如き地位に立たざるを得ざらしめたものは独逸の潜航艇政策にあることは素より云ふまでもない。

独逸が潜航艇政策を取る事によつて、米国の感情を害した事は蓋し一朝一夕の事ではない。元来独逸が今度の戦争に潜航艇を用ひた当初の動機は、之れによりて優勢なる英国の艦隊に重大なる打撃を与へんとするにあつた。此政策は当初多少の成功を示した。少くとも英国海軍に一時大なる威嚇を与へたことは事実である。乍併《しかしながら》英国が間もなく之れに対抗する有力なる防禦策を講ずるに及んで敵艦攻撃用としての潜航艇は殆んど云ふに足らぬものとなつてしまつた。玆に於て独逸は更に潜航艇を通商破壊の目的のために転用することを考へ付いた。即ち潜航艇を海洋に派遣して敵国の通商を妨害するの任務に当らしめた。而して此行動の為めに犠牲となる船舶が敵国の商船たると中立国の商船たるとは其の問ふ所でない。蓋し船籍によりて取扱ふ事として居つては、通商を破壊して敵国を苦しむるの目的を達する事が出来ないからである。玆に於て此の独逸の新政策は大に敵国を苦しむると共に又大に中立国をも苦しむることにな〔つ〕た。就中之れがために最も多くの損害を蒙つたものは米国である。

即ち米国はルシタニア号事件以来、独逸潜航艇の無警告撃沈のため自国臣民の生命財産の上に不当の損害を加へられた事は一再に止らない。之れ即ち潜航艇政策に関して米独両国が一昨年以来屢々困難なる問題に遭遇した所以である。最も単独に独逸の立場のみを考へ、之れによつて有効に敵国を苦しむるの目的を達する上から考へて見れば、独逸が無制限に潜航艇の自由行動を主張するのは止むを得ない。中立国の船舶だからと云ふて遠慮してをつては確実に敵国を苦しむる事が出来ぬ。況んや中立国に遠慮すると云ふ生温《なまぬ》るい方針を取つて居れば、敵国商船にして独逸潜航艇の目を暗まさんがために中立国の国旗を揚ぐる者あるべきに於てをや。而して潜航艇は専ら攻撃のための機関にして更に自身を防衛する何等の設備をも有せざるものなるが故に、うつかり警告を与へて自己の所在を覚知せられては却つて敵の攻撃のために己が傷くの恐れがある。故に攻撃の実行に先《さき》だちて警告を与ふべしと求むるは、或意味に於て潜航艇に自殺を求むるものである。潜航艇の利用を認むる以上、其無警告撃沈を禁ずるのは無理と云へば無理な注文のやうでもある。併し一方中立国の立場から見れば如何に戦争の場合とは云へ公海に於ては自由の天地が許されてある。何人も暗打《やみう》ちせられざるの権利あり、公海に於て交戦国は其許されたる一定の範囲を越へて妄《みだ》りに中立国の権利を侵害する事は出来ぬ。其点から見れば米国は独逸の潜航艇政策に対して有効に中立国の権利を主張するを妨げぬ。米国は独逸と他の国との戦争のために、其正義及び万国公法に保障せられたる権利を蹂躙されても、尚ほ之れに甘んずるの義務はない。して見れば、米国が中立国の権利の擁護を名として独逸に食つてかゝるのは、理に於て一点の非難すべき処はない。之れ即ち米独両国が此問題に於て容易に円満なる解決を見得なかつた所以である。米国は理に於て正しく、独逸は数に於て服し難し、必要と道理との争ひで、どちらもうつかり一歩を譲り難き状況にあつたのである。

夫れでも従来独逸は随分米国の意志を尊重するに努めては居つた。何故ならば有力なる中立国の同情を失ふは交戦国に取りて最も重大なる損失であるから、之れに依つて蒙る損害は独り戦争中に止らず、戦後媾和談判の際にも亦甚大なる影響を有する。されば独逸は出来る丈け米国の感情を阻害せざらん事に力めた。否寧ろ進んで米国の同情を求めんために骨折つた。彼の開戦の当初に於て殖民大臣デルンブルグを米国に送つたのは、恰度日露戦争の当時、日本が末松、金子両氏を英米両国に派遣したると同様の趣旨に出でたもので、畢竟米国の感情をして自国に有利ならしめんとするものであつた。乍併独逸が潜航艇政策に出ずるの必要は猶ほ之れ以上に差し迫つたものがあつたので、結局米国の意志を顧慮するの遑《いとま》がなかつたと見ゆる。即ち一旦此政策に依つて敵国の通商を破壊し、英国を苦しめ得たるに味をしめ、容易に此の潜航艇政策をやめる事が出来ぬ事となつたであらう。蓋し独逸は陸戦には相当の成功を収めてをるとは云へ海上に於ては全然敵国の跳梁に委せられ、大勢に於ては明かに不利の状況にあるのである。此頽勢を挽回して戦局を有利に転ずるは容易の業でない。唯だ之れを為すの見込は潜航艇の盛なる利用である。此外には道はない。此の潜航艇の横行のためには実は聯合国も余程困つてをるやうである。開戦以来英国及中立国の船舶にして、独逸潜航艇の犠牲となつたものは二百三十隻、四百万噸《トン》を超へてをる。二月に入つてからは更に甚しく二月一日より十日までの間に五十六隻を算し、十一、十二の両日のみにても英船八隻が犠牲となつた。犠牲となつた船舶は之れ丈けであるが、之れが為めに通商の安全を威嚇することによつて加へらる丶損害はどれ丈けあるか分らぬ。之れがため昨年の秋以来英国は余程物資欠乏の困難を感じ、殊に平素食料に最も乏しきを感ずる英国は、今や独逸と同様の窮境に陥り、人をして或は饑餓のために苦しむもの独逸が先きか、英国が先きかと疑はしむるものあるに至つた。以て如何に潜航艇政策の独逸に取つて成功して居るものなるかゞ分る。

斯うなると独逸は一方に於てどうしても潜航艇政策をやめる訳には行かない。けれどもこれをやればやる丈け米国の感情を害する。此点に就て独逸政治家の苦心は大なるものありしと見ゆる。米国にても亦此点の関係を看破し、此儘に推し移れば米国は遂に独逸と国交を断つの外はあるまいと考へた。何故なれば一昨年五月既にサセツク号撃沈の際、米国は独逸に対し潜航艇戦の中止を宣言せずんば国交断絶を声明するの外に道なき旨を迫つた事がある。此の時独逸は屈したけれども、然も事実に於ては潜航艇戦をやめてはゐなかつた。否最近却つて益々之れを盛にやる傾向がある。米国は前の行掛りがあるので、独逸が反省しない以上はどうしても国交断絶を宣言する所まで推し進まねばならぬ。而して独逸が到底此潜航艇政策を放擲〔せざ〕するものである事は火を見るよりも明かである。茲に於て大統領ウヰルソンは近き将来に米独関係の危機に迫るべきを看破し、而して之れを避けんがために、去年の十二月、彼自から機運の熟せしや否やを問ふに遑あらずして媾和の提議を試むるの措置に出た。米国の和議提唱は独逸の媾和提議に引続いてなされしが故に、一時世人は其間に何等かの関係あるべく想像したが、併し事実は時に前後の差あるに止り彼是の間には全く関係なき単独の行動であつた。併し独逸の媾和提議も其原因たる動機には色々のものがあるけれども、一には矢張り米国と同様な考へに出でたものであることは亦之れを想像する事が出来る。蓋し独逸は此儘戦局の永引くのを座視して居る訳には行かない。早く結末をつけるためには潜航艇戦による外道はない。けれども此上盛に潜航艇を使つては肝心な米国の感情を害する、茲に於て媾和の提唱を試み、若し之れに同意を得れば最も自分に都合のよい時期に於て講和を締結するの利益あり、不幸にして之れが相手方から拒絶されたとすれば、強ひられたる戦に応ぜんがため已むことを得ず潜航艇政策を用ひると云つて、以て少しでも米国の反感の緩和に資せんとしたのである。即ち其裏面に於て潜航艇政策を盛にやるの必要が自から独逸を促して此挙に出でしめたものである。斯く考へて見れば独逸が媾和の提議をなしたのも、米国が和議の仲介を提唱したのも、其の源をなすものは独逸の潜航艇政策である。然らば聯合国の拒絶の結果として、独逸が潜航艇政策の実行を露骨に声明したのも、亦米国が之れに激して遂に国交断絶の宣言を独逸政府に投げつけたのも当然の結論と云はねばならぬ。唯だ独逸に取つて聊《いささ》か意外と見るべきものは米国が独逸の予想した通り、其潜航艇政策を幾分諒とするの態度に出でずして、国民挙つて独逸の暴慢に憤慨した事である。此点に於て独逸系統の米国人ですら、たいした異見を持つてゐないやうである。帰化米国人は既に米国に対する忠誠の宣言をなし、未だ帰化せぬ人々は争ふて帰化の手続をなす事によつて見ても此事は分る。第三者の地位に居ればこそ独逸のために同情するも、今や米国自身が独逸に敵対となる事になれば、彼等の社会的経済的生活関係は、米国にありて独逸に味方するを許さぬ。況んや米国移民中、ゼルマン民族は最も早く固有の国民性を失ふ種類に属するものなるに於てをや。無論多少独探の暴挙はあらん。併し独逸系の一千万の人間が挙つて米国の煩をなすと云ふ恐は毫〔毛〕頭ない。独逸系の人種既に斯の如し、其他の一般の米人が挙つて独逸反対の声を挙げた事は想像するに難くない。大統領ウヰルソンが二月三日遂に国交断絶を宣言したのは素より当然落着くべき所に落着いたのではあらうけれど、一には民間の輿論の激昂に促されたのである。而して此米国の蹶起は少くとも精神的にどれ丈け独逸に打撃を与へ、どれ丈け聯合軍の元気を鼓舞作興したか分らぬ。若し夫れ米国が遂に起つて独逸に宣戦を布告するに至らんか、独逸は之れによつて少なからぬ事実上の打撃を受けねばならぬ事に立至るであらう。

斯の如き現下の形勢は戦争の終局の上に如何なる影響を及ぼすであらうか。独逸が潜航艇政策によつて非常に英国を苦しめ、以て遂に聯合国をして独逸を屈服せしむるに至るや否やは蓋し問題にならぬであらう。して見れば戦争の終局に関して我々の念頭に置かねばならぬ問題は、一面に於て唯一の有力なる仲介者たるべき米国が手を引いた結果として、他に仲介の労を取るものがなくなり、従つて此処暫くは媾和風の吹き回すことがなくなつたと云ふ事と、又他面に於て、結局に於て独逸の敗北に了るものとするならば新に米国が加ふる圧迫は更に戦争の終局を幾分早める事になるとも見られ得ることである。従つて今日の形勢は戦争の自然的結末を幾分早むるの要件たると同時に、戦争の人為的結末を長引かすことになつたと見ることが出来る。之れ以上戦争が何時終るかは神ならぬ身の到底断言し得る所ではない。唯だ我々は米国が今後独逸に対して如何なる態度を取るかを、刮目して見んと欲する。米国は恐らく容易に宣戦の布告はしないであらう。目下の所は中立国を誘ふて盛に紙上の宣言に声容を整へんとしてをる。併し独逸の到底之れに屈せざる以上、米国は実戦と云ふ所まで行かねば一旦手をかけた剣の収め所があるまい。此の米独の関係は結局如何に開展し、而して如何なる影響を戦局の全体に及ぼすかは素より極めて重大の問題であるが、夫れと共に我々は此の米独関係の決定には一の重大なる思想上の問題の附着するを見のがしてはならぬ。夫れは此両国の争ひは一面に於て、必要の前には手段を選ぶに遑あらずとする独逸主義と、如何なる必要と雖も正義の要求を無視するを許さずと云ふ米国主義との事実上の消長に係るからである。

二

戦後に於ける世界の形勢、殊に欧洲の形勢が如何なる姿を取つて表はるゝであらうかは、次に来る所の問題である。此の事に就ては予は屢々読者と共に之れを考究したのであるが、そは繰返して云ふまでもなく、如何なる条件を以て媾和が成立するかと云ふことによつて定まると見ねばならぬ。

今度の戦争はいろ〳〵細かい原因を挙ぐれば際限もないが、其の最も主要なる原因は新興の独逸帝国が欧洲の現状を打破して国運の発展を図らんとする方策と、老成の英仏諸国が之れに対して現状の維持を確実にし、各自の利益を協同的に擁護せんとする方策との衝突である。独逸は今日でこそ欧洲最大の強国を以て任じて居るけれども、前世紀の半ばまでは、殊に其の帝国統一の以前には、第二流の国として夫れ程重きを置かれてゐなかつた。而して独逸自身と雖も帝国統一完成の後ですら、久しく自から第一流の国を以て居らず、只管《ひたすら》内部の整頓に腐心して海外発展膨脹の希望はもたなかつた。其の之れあるに至りしは実に十九世紀の末である。故に独逸が実力を十分に養つて之れより大に外部に発展せんとした頃は、海外の諸方面では大抵各国の縄張りがきまつて、独逸のために残されたる余地は極めて少なかつた。之れ後れ馳せに勃興した独逸が現状打破を以て其の根本的国是とせねばならなかつた所以である。併し現状打破と云ふことは勢力範囲を海外に拡張すると云ふ方面のみに限つたものでない事は言を待たない。而して独逸の此の態度は自から他の諸国を促して所謂現状擁護の原則を取つて、夫れ〴〵自家の利益を確保し、以て独逸に当らんと志さしむるに至りしは又深く論ずるまでもなき所である。此の現状擁護主義は大体に於て又平和政策となり、其の弊としては動もすれば因循姑息に流れた。之れに反して現状打破主義は常に積極的外交政策と伴ひ、其弊動もすれば侵略的態度に出づる事亦已むを得ない。今日の交戦国は其根本の主義に於て相反する二の立場に立つて居る。故に吾人は戦後に於ける世界の形勢を考ふるに当つて、此事を念頭に置くの必要がある。

右の如き事情であるから、両交戦国の何れが勝つかは実に将来の世界の形勢をして、或は右或は左せしむる岐路になる。簡単に之れを約言せんか独逸が勝てば現状打破の運動が更に将来に継続し、今後猶ほ暫くは不安の雲霽《は》れやらずして、独逸も相手国も各々益々軍備の拡張整頓に忙殺さるゝであらう。之れに反して聯合国が勝てば平和擁護の方策が将来の世界の有ゆる問題を決するの根本方針となるであらう。故に独逸に臨むに当つても亦此方針に対する保証を求めずしては置かないであらう。少くとも独逸の将来に於ける跋扈を制する丈けの手段は十分に之れを講ずるであらうと思ふ。無論軍備は相当の程度に之れを張るに相違ない。併し之れは夫れ〴〵必要の程度に制限を定め、其以外には平和的発展の方法を講ずるの風盛になるべきは又疑ひを容れない。乍併戦争の結末が自然的に着くに先つて、昨今の形勢の儘で人為的に着くとすれば、聯合国側が独逸をどれ丈け制し得るかは余程問題である。今日までの所戦闘其ものに就ては確かに独逸が勝つて居る。併し大勢に於ては聯合国側に六分の勝味があると見るは公平なる見方であらうけれども、六分四分の割合では聯合国は十分に予期の効果を収めて和議を締結する能はざるは云ふまでもない。従て今講和になるのは大体に於て独逸の利益にして、聯合国の不利と見ねばならぬ。之れ聯合国側に独逸の媾和提議を拒絶して最後の目的を達するまで戦を継続すると云ふ説ある所以である。乍併聯合国に果して全然媾和説に耳を籍《か》さず、最後まで戦争を継続するの決心ありや否やが一の問題である。

そこで暫く今日の状態の儘で、或は今日の状態と余り異ならざる状況の下に和議が成立つと仮定して、さて戦後の形勢果して如何。先づ第一に矢張り一種の武装的平和の形を取る事は免れまい。蓋し今日聯合国と独逸との勢力の比較は両方とも均しく大に困つて居る丈けに著しい差別はない。勿論独逸は米国と云ふ有力なる第三者の感情を害して居る丈け夫れ丈け、少からず不利の地位に立つてをるけれども、結局独逸に講和を強制して聯合国が予期の如く十分に独逸を屈する事の出来ぬのは云ふまでもない。全然独逸の軍国主義を打破し、欧洲平和の将来に対する確実の保証を得ると云ふことは之れを期し難い。故に聯合国側は依然として或は従来よりも幾分強く武装的準備に力を入れねばなるまい。現に戦争に対して第三者の地位に立つ米国の如き、既に昨年より頻りにプレペアードネスといふ事を説いてをるではないか。況んや英露仏の如きは皆此の点に就ては十分に覚醒してをる。彼等は従来軍備の整頓を怠つてをつた。故に今日まで見苦しき失敗を重ねた。今や彼等は深く此点に覚醒したから戦後に於ては大に独逸に学ぶに至るであらう。且つ従来是等の諸国はたとへ軍備を整頓したくも、いろ〳〵内部に特別の事情ありて之れをなし得なかつたと云ふ事がある。是等の点に就ては是迄屢々種々の機会に於て之れを述べた。而して是等の従来殆んど打越え難き障害物と見られた特別の事情なるものは今度の戦争の結果、恰も大浪にさらはれたやうに奇麗に一掃されてしまつた。今や英国にしても仏国にしても軍備拡張軍制整頓と云ふ事の前途の上に、殆んど云ふに足るべき何等の障害物を見ない事になつた。是等の諸国は戦後に於て必ずや独逸に対抗して有力なる軍隊の養成を企つるであらう。斯くして独逸をして独り欧洲の中原に跋扈せしめざるやうに力めるであらう。

独逸の陸軍の強いと云ふ事は、軍備軍制と云ふ直接の軍事的設備の発達してをると云ふ事の外に、猶之れを助成する裏面の精神的要素がある。此事も亦予は曾つて本誌上に於て「独逸強盛の原因」（本巻所収「独逸強盛の原因を説いて我国の識者に訴ふ」）と題して所見の一端を読者に披瀝したのである。要するに独逸の軍国主義は他のいろ〳〵の精神的文明の発達と云ふ背景あつて初めて立派に出来上つて居つたと云ふのが予輩の結論である。然るに此種の精神的文明は露西亜を除いては他の聯合国は既に之れを有してをる。否寧ろ此点に於ては独逸よりも優つてをる。既に精神的準備が出来てをる。之れを背景として軍備軍制の形式的整頓に熱中するあらば、欧洲に於て独逸独り陸軍国を以て誇ることは出来なくなるかもしれぬ。要するに戦後に於て聯合国は独逸の中原に於ける跋扈を牽制する丈けの用意は怠らないものと見なければならぬ。従て戦後に於ける欧洲は全体として軍備のために相当に金と頭とを使ふものと見なければならぬ。此事は一面に於て又戦後に於ける国民の財産が軍備のために相当に割かるゝ結果、夫れ丈け国民の経済的回復を弱める原因となるとも考へられる。併し又他の一面に於ては戦後に於ける前述の形勢は恐らく戦前に於けるよりも一層多く欧洲の平和を保証すべきが故に、其結果として欧洲の経済的発達は案外長足の進歩を表はすものと見られぬ事もない。何を以て斯く云ふかと云ふに戦前に於ては武力の点に於て独り独逸が卓然群を抜いてをつた、即ち独逸が自から其強きを意識して居つたから、欧洲の中原に傍若無人の振舞をなし、為めにどれ丈け欧洲の平和を動揺せしめたか分らない。然るに若し他に有力なる陸軍国が発生して有効に独逸を牽制するとすれば、独逸独り跋扈跳梁することが出来なくなるからして、徹底的の確実なる平和ではないが、兎に角暫くは欧洲の天地に不安の雲は収まるであらうと思ふ。

三

以上の如き欧洲の形勢は一方に於て一種の軍国主義の流行を促しつゝ、又他面に於て自から平和思想の勃興を促すものたるは疑ひを容れない。戦後欧洲に於て大に平和思想の勃興すると云ふ事は、予輩の是迄屢々熱心に主張した所である。戦乱の余毒を受けて欧洲の将来は殺伐の気風漲る所となし、戦時に於て宗教道徳の威力は其の影を潜めたるが如く、戦後に於ても亦其の後を絶つだらうと見るのは浅薄なる見解にあらずんば重大なる誤解である。第一に如何に今度の戦争が空前の大変革であるとは云へ、二千年の永きに亙つて養はれたる欧洲人の精神的文明は一朝にして覆り、其根底たる宗教道徳が全然後を絶つものとは考へられない。次に最近の経済交通の発達は何時までも不安殺伐の気風の流行を許すものではない。戦争以前に於て近世の経済的発達を根拠として戦争の不可能を論じた学者が少からずあつたが、今度の戦争は偶々是等の学者の予言が全然外れたことを証明せるものではあるけれど、ために是等の学者の説を全然謬《あやま》りなりと云ふのは決して正当の見解ではない。極端の場合に極端の現象を見るは何れの場合に於てもやむことを得ない。近世欧洲の国際関係が独逸の現状打破主義を中心として非常に険悪を極めて居つたことは人をして戦争の必来を予言せしむるものあつたけれども、併し経済関係の複雑なるところからノルマンエンゼル等が戦争の不可能を説いた議論にも一面の真理ありと云はざるを得ない。

之れを要するに戦前の欧洲には一面に於て戦争の勃発に導かんとする国際関係の険悪あると共に、他の一面には戦争を不可能とする事に密接なる各国の経済交通より来る所の平和的要求の切なるものがあつたのである。従つて一旦戦争の勃発を見ると、之れによつて受くる所の経済界の苦痛は量るべからざるものがある。従つて今度の戦争は欧洲の経済界をして更に深く戦争によつて蒙る損害の如何に大なるかを感ぜしめた。戦争の最中で気がたつて居るから、之れに関して兎角の議論もないやうであるが、併し戦後に至つて初めて将来は如何にして〔か〕戦争を避けやうとする考への勃興することは決して之を想像するに難くない。更に欧洲人全体は又戦争の惨禍と云ふ事を今度此度熟々《つらつら》経験してをる。戦争の惨禍と云ふ事に就ては彼等は文学上に於ても従来痛切に教えこまれてをる。彼等の精神的根底をなす基督教は主戦的たるよりも寧ろ何れかと云へば非戦的である。而して彼等は今や戦争の惨禍を目前に実見した。戦争最中気が張つて居つて元気らしい事を云ふても、一旦翻つて家族の離散、財産の蹂躙を顧み、懐かしき郷里が修羅の巷となつた事を思ふ時、彼等は如何にして其惨禍の大なるに戦慄せずしてゐられやうか。是等の点に於て我々日本人は最近屢々戦争の経験を積んでをるに拘らず、欧洲人の境遇に同情同感の資格はないと思ふ。何故なれば我々の戦争は常に捷戦で、然も戦場は支那朝鮮と云ふ他国であるから、本当の戦争の惨禍と云ふことは一度も経験した事はないのである。故に戦後に於ける思想上の変動と云ふ事に就て我々日本人の従来の考へ方では恐らく欧洲人を類推することは出来ないと思ふ。日本では一戦争毎に国民の思想が侵略的に成り進む。欧洲でも同じく斯くなるものと思ふならば夫れは恐らくは大なる間違であらうと思ふ。

斯くの如く考案を進めて置いて全体としての欧洲戦後の形勢を考へて見ると、戦後の欧洲に於て最も著しき現象は凡ての方面に於ける平和的競争が国際的に社会的に猶一層力強く叫ばるゝであらうと云ふ事である。蓋し全体としては平和的思想が流行する、然も一方に於て武装的準備も其手を緩めない。従て人心は緊張してをる。競争の上に勝利を占めんとするの効力は益々盛になるであらう。茲に於て平和的競争の激烈と云ふ事が戦後の欧洲を通ずる最も著しき現象であると見なければならぬ。扨《さ》てさうなると我々の茲に注意せねばならぬ事は、本当の根底のある発達をなしつゝある国民のみが此新しき競争に於て最後の勝利を占むると云ふ事である。徒に外面の粉飾を事とする丈けでは戦後の競争に勝利は占められぬ。国家及国民の内部の生命を充実して根本から養つた力を以て当るでなければ、到底最後の勝利を得る事は出来ない。一の例をあげると、例へば従来は武力の後援によつて未開地方に勢力範囲を作り、他国の競争を排除することが出来た。他国の競争を排除し得た結果として、粗製濫造の結果たる下等品でも之れを売込むことが出来た。斯くの如き事情が戦後に於て直ちに変はるとは云はれないけれども、結局斯の如き流儀では将来に於ける国家の経済的発展は十分の効果を収むる事が出来ぬ。今までは皆之れでやつて来たが、今後は武力の後援なくとも国家の直接間接の保護なくとも、一人々々が競争の出来るやうな、本当に根底あるものでなければ最後の勝利者たることは出来ない。此の点に於て日本人は戦後の世界に処する上に、大に覚醒し且反省する所がなければならぬ。何故なれば我々は戦後遠からずして愈よ欧洲諸国の平和的競争力にぶつつからなければならぬ運命にあるからである。最も人に依つては戦争が済んだからと云つて、直に〔彼〕等は我々に平和的競争を迫る事はないであらう。蓋し欧洲諸国の戦後に於ける経済的回復は決して容易の事ではないと云ふのである。併し直ちに来ないからと云つて安心するのが既に大なる誤りである、のみならず欧洲の経済的回復を前途遼遠の事として、之れに処するの用意を怠るのは非常に危険な事である。予輩の密《ひそか》に考ふる所によれば欧洲の経済的回復は決して経済財政家の計数的判断の示すが如き長年月を要するものではなからうと思ふ。兎角経済財政家は単純なる数字を以て計算の唯一の基礎とするけれども、我々は他の一面に於て精神の力を計算の中に入るゝ事を忘れてはならぬ。変に処して意外の大事を成就するは凡人の間に於てすら之れを見る。彼等欧洲人の平素涵養せる偉大なる精神の力を思ふ時、予輩は此精神の力の活躍が、無心の数字的計算を必ずや裏切るを信じて疑はない。素より戦後幾年にして彼等が其国力を旧状に回復し得るやの精密なる断定は出来ぬが、その回復力の意外にも速かなるの一事は予輩之れを断言するに躊躇しない。此点に於て我々は断じて楽観を許さぬ。況んや欧洲の国力回復には相当の年月を要するとしても、米国の殺到に至つては既に目前の急に迫つて居るに於てをや。

四

我々日本人が多くの点に於て欧洲人に優らざる事は遺憾ながら、之れを認めざるを得ない。人或は武力の点丈けに於ては優に欧洲人に勝ると云ふけれども、公平なる観察は此の自惚れを許さない。暫く一歩を譲つて如何に武力に於て優秀なりとしても、今日我々の力では欧洲諸国の聯携を敵として戦ふに堪へざるは言を待たずして明白である。況んや今度の戦争は一面に於て器械の戦争一面に於て兵数の戦争である。人口の少き科学工芸の発達せざる我国は、此の点に於て何等特別の優秀なる資格ありと主張することは出来ない。若夫れ各兵員の個人的勇気に至つては、従来日本人の専売の如く心得て居つたけれども、今度の戦争は此点に於て欧洲人が我々に遜色あるものでない事を示してをる。否真に国家の目的を意識して、真に有機的活動をなすの点に於ては或は彼遥かに我を凌駕すると云ふべきであらう。して見れば武力の競争に於ても我々は十年前露西亜をやつつけた時の心持で安心しては居られない。若し夫れ我々日本人の平和的競争の資格に至つては残念ながら欠くる所のもの極めて多い。此点に於て我国民の大に反省覚醒を要すべきことは前にも述べた通りである。故に戦後に於ける我国の国是としては、具体的の実際問題としては或は陸上国防の整理と云ひ、或は有力なる海軍の整頓と云ひ、或は科学工芸の伸長とか、其他いろ〳〵の項目があらうけれども、是等の凡ての具体的項目を通じて其上にたつ最も根本的の問題は、有らゆる方面に於ける人心の緊張を図る事である。国民個人々々の最も根本的の開発其ものである。制度や組織は無論必要には相違ないが、此の方は比較的やすい。人を作る事が最も困難な問題である。今日の時局は将さに我々に向つて此の事を教ゆるではないか。例へば独逸に於て人間の戦争の勃発と共に、直ちに朝野の識者は協力研究して巧みに食料問題の解決を着けた。即ち学者は民間に於て人間の必要とする食物の成分並に分量に関して極めて精密なる研究を遂げ、当局者は冷静〔に〕部下を督励して国内に貯蓄する食料品の精密なる統計を作り、而して立法家は是等の調査研究を基礎として巧みに精密に食料品の国民的分配を規定し、更に学者は其足らざるを補はんがため新規なる食料品の発見発明に苦心してをる。之は僅かに独逸国民が朝野協力活動の一例を示せるものであるが、斯くの如きは其他猶種々の方面に現はれて居る。而して之れ皆其基づく所は人の問題である。我国に於て一朝動揺の変に臨み果して之れ丈けの仕事が出来るか。乍併斯の如き研究調査、斯くの如き計画施設は事極めて容易ではないけれども、まだ必ずしも学んで之れに倣ひ得ない事はない。独り我々が独逸国民に敬服して措かざるは是等の精密なる頭脳的活動にあらずして、其計画の運用に成功してをる点である。計画工夫は比較的困難な問題ではない。之れを十分に国民に行はしむることが最も困難なる点である。而して之れが運用に成功するは、一層深き意味に於て「人」の問題である。

聞く所によれば独逸が極めて繁鎖なる食料制限の法律を作るに先ち、独逸皇帝は凡ての皇族を引率し、三箇月も前から卒先して新たに作らるべき法律の通りの事を実行して居られた。之れに促されて貴族其他の上流社会も亦卒先して之れを行ふた。故に法律として発布された頃には、国中の主なる人々は皆之れを実行して居つたのである。従つて之れは一般人民の間にも非常によく行はれる事になつた。加之《しかのみならず》平素独逸の社会は如何なる寒村僻地に於ても教会の牧師と小学校の教師とが常に各地方に於ける精神的指導者となつてをるから、是等の人々を通じて法律の主旨が十分に民間に徹底する。是皆人の問題である。夫ればかりでない。国民の個人々々に十分に開発の道がついて居るから、其成す所に各夫れ〴〵の精神がこもつてをる。同じく一と云ふ字を書くにしても、平凡な人間が書いたのと、すぐれた人物が書いたのとでは、何となくそこに相違がある。近世の工芸的作物は例へば軍艦を作るにしても飛行機、潜航艇を作るにしても皆器械的になつてをるから、一定の数学と器械学との命ずる儘に作れば、誰れが作つても同じだと思ふならば夫れは大なる間違ひである。同じく煉瓦を積み上げて家を作るにしても巧みなるものと然らざるものとの間にはこつが違ふ。我国で製造する軍艦が造船学上何等の欠点なきに拘らず、いざと云ふ場合にいろ〳〵の故障起り、飛行機にしても潜航艇にしても、如何に技術官が厳密に監督しても日本職工の作つたのと、英国あたりの職工の作つたのとの間には大なる差があると云ふのは皆職工其ものの〔ゝ〕霊性の問題であると思ふ。昔左甚五郎の彫《きざ》んだ京人形は動き出したと云ふ事であるが、之れは一個の伝説に過ぎぬとしても、之れを造るものゝ精神の力によつては是位の事のあるのは素より当然と云はなければならぬ。個人々々の精神が眼に見ゆる計算の外に於て非常の働きをなすは単に下級の職工に於て之れを云ひ得るのみならず、上級のものに就ても亦之れが云へると思ふ。予は我国に於ける飛行機隊の将校の間に兎角生命を失ふもの多きを見て、其原因は将校各自の精神の問題ではないかと密かに考へたのである。飛行機搭乗と云ふが如き危険なる仕事に当るものは、所謂軍人一流の血気の勇のみでは足りない。天命に安んずる精神の安穏を常に有して居るものでなければ突嗟の変に処して周章狼狽を免るゝ事は出来ない。如何に血気の勇にはやるものでもいざといふ時は矢張り一身を惜しむの情が起らざるを得ない。而して此場合に当つて一命を天に托して精神の平安を失はざるものゝみ、最も時宜に適する態度を取る事が出来る。全体として日本人の飛行機操縦は未だ余程劣つて居るとは云へ、米国あたりでは妙齢の女子が一年や一年半の練習で空中を自由自在に乗りまわすのに、独り我国に於てのみ自由自在の操縦は愚か、雨に休み風に屈すると云ふのは甚だ解すべからざる現象である。

是等は素より僅かに二三の例をあげたのみである。根本の人の問題に帰すべき例は猶ほ有ゆる方面に於て無数に之れを列挙する事が出来る。戦後に於て最も意を用ゆべきもの之れより急なるはない。而して此問題は一面に於て俄《にわか》に効果をあげ難きものなるだけ、兎角人の看過する所となり、他の一面に於て制度や組織の整頓と云ふ目前の急に追はれて蔑《ないがしろ》にされやすいものである。オルガニジエーションに骨折ることも素より必要であるが、此方面に余り力を入るゝ時には却つて個人的開発の根本問題を知らず識らず無視する事がある。何故なればオルガニジエーションに余り志を注ぐ時は人格の根本的涵養を蔑にして、一時の間に合せや、目前の組織に適合するやうな、専門的人物を作るに急ぐからである。我国に於て其最も著しき例は彼の陸軍幼年学校に於て之れを見る事が出来る。小学校を卒業するとすぐ之れに軍隊的教育を施すは、軍備軍制を主として着眼するものから見れば専門的軍人を作る急務に適合するもので、極めて適当の措置のやうなれど、併し之れがために人類の一員として又国家の一臣民としての、根本的修養を欠くと云ふ非常な損害あることを知らねばならぬ。戦後に於て教育の方針が若し余り専門的に走り、従つて他のいろ〳〵の方面に於ても根本的人格の養成と云ふ事を蔑にするの傾向あるならば、之れは最も警戒せねばならぬ点であると思ふ。

一月のアウトルツク誌に前後三号に亙つて英国の文部大臣フイツシアー氏の教育に関する意見が載つてをる。此論文によれば英国に於ても戦局の影響を受けて大分専門的教育論が盛であると見えて、もつと理化学の分子を多くせよとか、中大学でも希臘語《ギリシア》、拉丁語《ラテン》をやめて近世語学をやれとか、宗教的課目を減じて科学工芸の課目をふやせとか云ふ議論が盛んであるやうである。然るにフイツシアー氏は厳しく之れに反対して教育の目的は結局人を作るにあつて、専門的技能を授くるは第二第三の必要であると論じて居る。元来英国の如く教育界に於ける宗教の跋扈が甚しく、宗教の教理とか、教会の歴史とかを器械的に授くるため不当に多くの時間を費し、普通教育の上に極めて必要なる自然科学の課目を不当に軽蔑して居つた国に於ては、さらでも改革の声の起るのは当然である。況んや今日の時局の此方面に於ける英国従来の欠陥を遺憾なく暴露せるに於てをや。然るに斯くても猶英国の識者は、人格の根本的養成の幾分にても傷けられんことを恐れて之れを警戒するに熱心である。我国に於ては従来は寧ろ英国に反して間に合せの専門的技能の士を養成するに急にして、人格の根本的教養を大に怠つた。斯かる国柄に於て若し今度の戦争の刺戟を受けて、更に益々教育の方針を専門的にするやうな事であつては、以ての外の誤りであると思ふ。啻《ただ》に教育界に限つた事ではない。一般の国民思想の傾向を正しき方向に指し向くる事が、戦後の国是を議する者に取つて最も肝要の事であると信ずるのである。(二月十八日記)

〔『新人』一九一七年三月〕

欧洲大戦と平民政治

一

現内閣の超然主義を弁護せんとする説の中に、今度の欧洲戦争は明さまに平民政治の為す無きを暴露したと唱へて、以て政党政治を排斥せんとして居るのがある。其の説に曰く、今度の欧洲戦争は、先づ第一に吾人に示すに、平民政治の流行する国は常に戦争に於て負て居る事を以てして居る。是れ平民政治では到底今日の激甚なる国際競争に当つて、国家の富強を図ることが出来ないことを示すものである。第二には、右の教訓に基いて、近頃平民政治の国も段々に覚醒し、今や軍国の実権を少数者の手に収めて、却つて敵方の超然主義に倣《なら》はんとしつゝある。是れ平民政治の国が自ら其の平民政治に諦めを附けたものではないか。更に第三に、今度の大戦争の結果として、将《まさ》に近き将来に来らんとする思想界の大変動は、必ずや平民政治の流行に終りを告げしめるであらう。十九世紀初頭の大動乱は、平民政治の確立を以て一段落を告げたが、今や二十世紀の新時代に入らんとし再び前にも劣らざる大動乱が起り、此れに由つて更に政治上の新主義の勃興を促すに至るべきは、亦怪しむを須《もち》ゐないと。

二

併しながら此の説は、我々の見る所に依れば全然誤りである。

第一に平民政治をやつて居つた国は今度の戦争に始終負たといふけれども、果して此等の国が終局に於いて戦敗の運命を担はねばならないものか否かは、今日容易に之を断定することは出来ない。成程開戦の初期に於て、英吉利《イギリス》、仏蘭西《フランス》は独墺の為めに大に悩まされた。若し是れが独逸が所謂超然主義を取り、英米が所謂平民政治を取つて居つた為めの当然の結果なりとすれば、少くとも平民政治の国は超然主義の国に比較して戦争の準備を為すに欠くる所あるの事実を現出したといふことが出来る。併しながら開戦当初の勝敗は、それ丈けで決して終局に於ける戦争の勝敗を定めるものではない。故に独墺側は結局最後の勝利を得るといふことにならなければ、未だ以て平民政治が国家の富強を図るに足らないと断言することは出来ない。現に昨今の形勢に拠れば、今や漸く英仏側は勢ひを盛返して、独墺側に大なる圧迫を加へつゝあるではないか。故に今度の戦争で、平民政治の国が負たと断定するのは、余りに早計に失すると同時に、少くとも前後二年有余を経たる今日の形勢には合するものではない。

加之《しかのみならず》、開戦の当初英仏側の戦争に負たのは、決して平民政治の直接の結果といふことは出来ない。人は能く云ふ。英吉利は平民政治に毒せられ、国民皆個人的自由を熱愛するの余り、国家の為めに喜んで生命財産を提供するの美徳を知らない。随つて徴兵制度も出来て居ない。彼等は不断から軍国的目的の為めに其自由を束縛せらるゝことを欲しないから、国民は此方面に於て更に何等の訓練も与へられて居ない。是れ皆平民政治は到底国民を国家的に訓練し得ざるを語るものであるといふ。併し乍ら、英国民が「自由」を以て終始するは、是れ古来の民族的性格にして、必ずしも其の平民政治組織の結果ではない。而も彼等は、軽卒に政治家の煽動に乗つて、生命財産の提供に甘んずることはないけれども、併し能く先覚の政治家などが懇に其の必要を説く時には、彼等は決して国家的に奮起することを厭ふものではない。唯だ一般国民を納得せしむるには、先輩の政治家の大なる努力と又多少の年月が要る。現に英国人は開戦の当初戦争に熱心したものは上流の社会のみで、労働者の末に至るまで真に挙国一致の実を挙ぐるに至つたのは、漸く昨年の夏頃からのことであると云ふではないか。而も彼等が一旦覚醒していよ〳〵進んで国事に当るといふことになると、一個人一個人が其の目的を意識して尽すのであるから、非常に強い。故に英国の戦闘力は、戦争開始当時に於ては実に見るに足らないものであつたけれども、今日に於ては最も強い力として他国の尊敬を博して居る。故に英国は平民政治の国であつた為めに、戦ひに弱いといふの当らざるのみならず、其の開戦の当初戦さに弱かつたのも、実は平民政治其もの丶罪に非ずして、国民の民族的理想が、唯だ単純なる武力の整頓拡張といふ事の外にあつた結果であると思ふ。

〔以上『横浜貿易新報』一九一七年四月九日〕

「二」の二

次に又或人は仏蘭西に就いて斯ういふことを云ふ。仏蘭西も平民政治の国であるが故に、中央の政界に於て余りに議論が多く、此種の政論の為めに在外軍人の自由の行動が大に束縛せられるので、随つて戦争の遂行に統一と敏活とがないと。併しながら此説も亦実は深く仏蘭西の内情を知らざる者のいふ事である。仏蘭西では勿論中央の政界が在外の軍人を束縛するといふ事実はある。又不断から文官が大に武官を掣肘《せいちゅう》するといふ組織にもなつて居る。併しながら、之は同国平民政治主義の結果ではなくして、他に特別の原因があるのである。それは仏蘭西は、此の頃でこそ共和国体といふものが固まつて居るけれども、今より十年二十年前頃までは、随分国内に共和国体顛覆の陰謀が盛にあつたのである。一八七〇年ナポレオン三世が独逸軍の捕虜となつて、帝政玆に終りを告げた時、国内に実は王政回復の説が盛であつて、共和党の勢力は其の半にも至らなかつた。それでも或る特別の事情があつて、仮りに暫く共和組織でやつたのが、同国先輩政治家の苦心努力に依つて、到頭共和国でやり通すことになつたのである。随つて共和国は出来ても、其以後永らくの間之を顚覆して王政の回復を計らうといふ陰謀が常に絶えなかつた。而して此の陰謀は常に軍人を後援として居る。即ち軍隊の内部に王政回復の思想が頗《すこぶ》る深く、且つ広く行き亘つて居つたのである。此れが為め共和政府は何れだけ悩まされたか分らない。そこで政府は共和国体の基礎を固くする為め、已むなく軍隊を強くすることが出来ないといふ羽目に陥つた。少くとも共和政府の文的力を以て武を抑へるといふ仕組みにする必要を感じた。是れ同国の陸軍組織の完全ならず、或は参謀本部の中に文官を入れるとか、或は地方の各師団長等を中央政府の手で抑へるとか、又各地方に散在する各軍隊間の連絡を故《ことさら》に悪くして置くとか、甲地より乙地に軍隊や軍器を送るにも、一々巴里まで来て更に巴里から之を運ばねばならぬ様にするとか、各地軍隊間にも直接の連絡を附けて置かないとか、中央の陸軍大臣は常に文官を以て任じ、決して武官を用ゐないとかいふ色々の原則が立てられた所以である。さういふ風に、故さらに軍隊の敏活なる行動を妨げるやうに組立られて居つたのである。近年仏蘭西は隣邦独逸の強大なる武力に圧迫せられて、之に対抗する為めに、どうしても軍隊をもつと有力なものに組み直さねばならぬ必要に大に迫られて居つたけれども、如何にせむ、内政上右の如き理由がありし為めに、どうしても改革の断行が出来なかつたのである。それでも近年モロッコ事件などあつて以来、仏国の人心更に大に独逸に対する敵愾心を興奮し来ると共に、もう軍隊を改革しても大丈夫であらうといふので、国内に段々改革論が盛んになつて来て居つた。只此改革が未だ十分に出来ない内に、遂に今度の戦争になつたので、為めに仏蘭西の陸軍は、独逸から其始め大に追ひ捲くられたのであるけれども、是れ畢竟以上述べた如き理由に基くもので、仏国に取つては洵《まこと》に気の毒な訳である。而して之を唯だ平民政治の罪なりといふのは、全然皮相の見解にして、更に仏蘭西の内情を知らない人の云ふことである。

之を要するに、英仏が開戦当初暫く敗戦を続けたのは、断じて平民政治の罪ではない。暫く論者の説を容《ゆる》して、英仏の当初戦争に負たのは平民政治の為めであつたといふならば、其の反面に於て超然主義の政治なれば何時でも戦ひに勝つものであるといふ結論に達する訳である。が、併し若しさういふ結論が正しいものならば、独逸許りでなく露西亜も亦大に戦争に強くなければならない筈である。然るに独逸よりも猶ほ一層専制的の露西亜が、今度の戦争に一番弱いといふ所を以て観れば、平民政治を止めて専制政治をやれば、何時でも戦争に強いものと断言することは出来ないではないか。然らば独逸が戦争に強いのは、是れ其の国が専制的政治組織なるの結果ではなくして、他に原因があると謂はねばならない。故に独逸と英仏を比較して、今後の国家は平民政治ではいけない、専制政治でなければならないといふのは、恰《あたか》も日本人は魚を食つて居るから強い、支那人は豚を食つて居るから弱い、富国強兵の道は豚を食はずして魚を食ふにありといふやうな類にして、其の皮相浅薄の見たることは、固より一笑にだも値しないものである。

予輩の観る所では、独逸の強きは専制政治なるが故ではない。其原因は他にある。而して専制政治でなかつたならば、猶ほ一層強かつたらうと思ふ。独逸の強いのは、思ふに同国の貴族富豪の階級に属する所謂上流の社会が、非常に堅実にして且つ賢明なるの結果である。貴族富豪はそれ自身に於て既に多大の尊敬を社会から受けるものである。然るに猶ほ彼等は真に政治上、軍事上、学術上又道徳上、国民の儀表たるに恥ぢざるの実力を備へて居るが故に、彼等が国家の上流に居つて国民指導の任に当るや、国民は仮令《たとえ》其の形式の専制的なるに憤慨しても、其の政治の実質に対しては文句を云ふべき口実が無いのである。国民全体は、実は其の専制的政治組織に対して甚だ不満足なのである。此のことは同国社会党の年々増加して止まざるに徴しても分るのである。

〔以上『横浜貿易新報』一九一七年四月一一日〕

「二」の三

最近数年間の形勢に照して、我々は実は独逸も早晩専制政治を止めるであらう、又止めねばならないであらうと考へて居つた。独逸の貴族は、制度の上で随分無理をして専制政治を保存せんとして居る。夫れだけ民間の不平が又随つて高かつた。故に一面に於て独逸内部に於ける民間の不平の熾《さかん》なるは、丁度露西亜に類するものがあつた。唯だ露西亜の貴族は独逸の如く賢明に非ず且つ堅実に非ず、知識の点に於ても、道徳の点に於ても、真に貴族たるの名に恥ぢない実力を有しなかつたが故に、彼等は結局国民の心服を得ない、又国民の心服を得るだけの実質上善良なる政治を行ひもしなかつた。此の点に於て独逸は確かに露西亜とは面目を異にして居る。独逸の貴族は其の知識に於て道徳に於て、真に貴族たるの体面に適する実力を有つて居る。此の実力を傾けて国家の為めに尽し民生の為めに尽すのであるから、仮令其の政治上の形式が専制で、随つて此の形式に対して人民が如何に不平を抱いて居つても、実質上どうしても其の政治に満足せねばならないといふことになつて居るので、随つて相当に専制をやつても、いざといへば国民が大して不平を有たなかつたのである。之に加ふるに、独逸は四面強国に囲まれて一刻も油断が出来ない。若しも政府が少しでも手を緩めると、忽ち四方の強国から其の隙を覘《ねら》はれるので、仮令国家百年の計とは云ひながら、急激に現状に大改革を加へるといふことは、実に色々の困難があるのである。此等の点は平民政治家も能く分つて居るので、いざといへば大抵政府に譲歩して居つた。是れ独逸があれ程の開明の国であつて、今日猶ほ専制政治を行ひつゝある所以である。即ち独逸の貴族が優秀なる能力を有つて居るといふことゝ、四面強国に囲まれて居るといふ其の特殊の地勢が、独逸をして貴族専制の維持を可能ならしめたものである。而して其の優秀の貴族が其の優秀の才能を傾けるといふ所に、独逸富強の要訣があるので、決して貴族が平民の拘束の外に立つて仕事を為し得るといふ点が独逸の強い原因ではない。無論平民の拘束を受けるといふことは、幾分か貴族の仕事をする邪魔になるかも知れない。併しながら、若も心から国民全体の納得を受けて、其の上に政府の政策を押立てるものであつたならば猶ほ一層有力であつたであらうと思ふ。只独逸には独逸民族の外、或はポーランド人とか、或はアルサス・ローレン人とか、或は丁抹人《デンマーク》とか、独逸に取つて獅子身中の虫とも謂ふべき、一から十まで独逸の富強を欲しない多数の民族があるから、此等の民族をもて日耳曼《ゼルマン》民族と同一の地歩に立つて、政府を有効に拘束し得るの地位に置くことは頗る危険であるので、斯の国情の然らしむる所、自ら平民的勢力の有効なる拘束を認め難いといふ事情もある。若し独逸に此の如き特別の事情が無かつたならば、彼は決して今日の如き専制政治を施いて平気で居るものではなかつたであらうと思ふ。故に独逸が専制政治を行つて、而も相当に美果を収めて居るといふのは、一には其の国情の反映であり、一には貴族の優秀の結果であつて、専制政治其のものが独逸をして富強ならしめたのでは断じてない。かく独逸の国情が暫く専制に依らねばならない様になつて居り、而して色々の事情が又専制でも大した檻褸《ぼろ》を出さずに事を済まして行ける様になつて居るだけのことで、若しも事情が平民政治の実行を許すものであつたならば、独逸の心ある政治家は決して之を避くるものではあるまいと思ふ。然るに我が国の一部の論客が、深く此の独逸の内情を究めず、極めて皮相浅薄の見解を以て、独逸の専制主義を謳歌するのは、誤れるも亦甚だしいと謂はねばならない。且つ日本には専制を行はねばならない程の内外の事情も無い。此の点は独逸と全然趣きを異にするのみならず、日本の貴族は独逸の貴族のやうに国民の心からの尊敬を受ける程に、優秀の資格を備へて居ない。国民は大体に於て貴族富豪の子弟に信頼しない。貴族や金持の出といへば、初めから皆凡庸の輩と極めて居る。道徳の上に、才能の上に、真に国民の尊敬を博するに足るだけの資格が備はつて居ない以上は、貴族専制は到底我が国に於て行はるべきものではない。

三

第二に今度の戦争の結果、従来の平民政治の国が其の誤りを悟つて、其政治組織の形式を一変しつゝありといふ考へも、亦全然誤つて居る。成程英吉利は屢々《しばしば》内閣の改造を行つた。仏蘭西にも内閣の改造があつた。併しながら此の内閣の改造は、決して従来の根本主義を棄てゝ独逸の専制主義を真似たと謂ふべきものではない。成程表面上の形を見ると、従来二十人もあつた内閣員では徒らに議論が多いといふ様な次第で、軍国政府の実権を少数の人の手に収めたといふことになつて居る。仏蘭西も此の意味で内閣の改造を行つた。即ち多数より少数に収縮するといふ方針を取つたのである。併しながら此の多数より少数に収縮するといふことは、決して平民政治主義を棄てゝ専制主義に移たものではない。何故ならば、如何に内閣の実権が少数人の手に収縮しても、彼等は決して全然議会の監督の外に立つものではないからである。唯だ戦時中のことであるから、平時よりもヨリ多くの権限を此少数者に依託して、他からは之に干渉せず、其の自由行動を許すことになつて居るけれども、是れは唯だ直接軍事上の計画に就いての話のみで、一般の政務は矢張り依然として従来の主義に依つて議会の監督の許に運用して居るのである。故に大体よりいふに、此次の内閣改造といふものは、一般の政務の取扱は従来と何等変る所はないので、唯だ軍事上の行動に就いてのみ、従来十人で相談したものを今度は五人の相談に任せようといふの類に過ぎないものにして、決して全然一から十まで独逸流の超然主義に移つたものではない。勿論露西亜や墺太利《オーストリア》のやうに、戦時中議会で色々の文句を云はれては妨げがあるといふので、憲法を無視して国会に無期停会を命ずるとか、或は独逸や露西亜に見るが如く国会を開いても直に之に休会停会を命ずるといふやうな遣方をするものなら、是れは明白に従来の主義に反するものである。併しながら斯く極端な方法に出でゝ居るのは、平素平民政治の十分なる運用十分なる施行を妨げて居つた所の独逸とか露西亜とか墺太利とかいふ専制的国家に於てのみ見るの現象で、英吉利や仏蘭西では全然此の如き態度を取つては居ない。故に平民政治の国が今度の欧洲大戦の結果、幾分政府の組織に変更を加へたといふことは出来るけれども、全然根本の主義を改めて、即ち平民政治より専制政治に移つたといふことは出来ないのである。戦争の経験に基いて、此等の平民政治の国は其の誤りを悟り、最早平民政治に諦めをつけて居るなどゝいふのは全く事実を精密に考へずして発する所の妄断である。

〔以上『横浜貿易新報』一九一七年四月一二日〕

四

終りに今度の欧洲戦争の結果として、将来の思想界に大変動を生じ、其一つの現象として、平民政治主義は二十世紀の国家社会に於て全然其の価値を認められざるに至るであらうといふ説に至つては、其の無根拠の暴断も亦甚だしいと謂はねばならない。無論戦争の後に於ては、平民政治の運用方法も幾多の改正を見るであらう。併しながら其の改正たるや、平民政治の根本義に相反する方面に行はるゝものに非ずして、平民政治の根本義を猶ほ一層能く拡張充実完成する方面に行はれるものであらねばならぬ。

蓋し戦争以前に於ても、平民政治の今日の運用方法に対しては、幾多の非難があつた。併しながら此の非難たるや、従来の運用方法が悪いとか、平民政治は全然之を棄ねばならないとかいふ絶対的の非認論ではなくして、従来の運用方法には斯く斯くの欠点がある。此の点は斯様々々に改めねばならないといふ、所謂相対的非難であつた。換言すれば改革の主張であつた。然るに日本に於ける一部の固陋なる学者は、此等の非難の一端を採つて、西洋には近頃平民政治立憲政治代議制度に対して斯く斯くの非難がある、即ち平民政治は西洋に於ても段々下火になつたと附会するものがあるが、是れは実に甚だしき牽強附会であつて、西洋の書物を故意に半分読んだこじつけた論結である。更に後の半分を読めば、西洋の学者は是れだから平民政治はいけないといふのではなくして、斯く斯くの欠点があるから平民政治は未だ完成して居ない、此等の欠陥を補ふて将来大に平民政治の完成を図らねばならぬと説いて居ることが分る筈である。而して若し今度の戦争が平民政治の運用に就いて何等か重大なる教訓を与へたとすれば、従来唱へられて居つた改正実行が一層必要であるといふことであらねばならぬ。即ち其の改正を怠つて居つたといふことの結果が、今度の戦争に於て端無くも暴露されたので、戦後に於ては、平民政治の猶ほ一層の完成の為めに大に努力するといふ事になるであらうと思ふ。之を絶滅すべしとか、或は之を猶ほ一層制限すべしとかいふやうな議論は、全然無からうと思ふ。現に露西亜の如きは戦後を待つに暇あらずして此の運動の開始を見、従来の憲制〔政〕の運用方法に満足せず、猶ほ一層平民政治の面目を発揮せんとて、一大革命運動が起つたではないか。而して之に関聯して墺太利の民心も亦動揺し、独逸も昨今頻りに帝国議会に於て、選挙権の拡張乃至選挙法の改正問題が盛に怒号せられて居るではないか。是れ皆平民政治の完成が目下の急務であるといふことを、つく〴〵戦争の結果として悟つた為めであると謂はねばならない。

十九世紀の世界的大動乱は、思想界に空前の大影響を及ぼしたが、二十世紀の世界的大動乱も亦思想界に同じ様な大変動を与へざれば已むまいといふ見解は、前後相対照して如何にも尤もらしく聞える、又事実此の如くあるに相違あるまい。けれども、十九世紀の動乱が、従来の専制政治を打破して新たに平民政治を打立てたといふことに対照して、二十世紀の大動乱も更に平民政治の〔に〕一大打撃を与へて、再び専制的方向に一般の思想を転換すべしと観るのは、一寸対照の妙を得て居るが如くにして、実は非常に誤解である。十九世紀の政治思想の変転は、文芸復興並びに啓蒙時代に遠く根底を有し、個人の覚醒自由思想の勃興といふことに非常に深い文明的根底を有して居るものである。決して十九世紀になつて突然起つたものではない。否古来数百年間の経験を積んだ結果、十九世紀になつて茲に愈々一大覚醒を為し斯くて自由といふことが始めて確立せられた訳なのである。而して一旦開発せられた「自由」といふ思想は、今後益々開発せらるべき運命のもので、最早決して其の前途を他の小事件の為めに阻止せらるべき筈のものではない。今度の欧洲大戦争と雖も、自由思想の進歩発展の前途に対しては何等の障碍をも与へることを得ないものである。今度の大動乱を以て十九世紀初頭の大動乱にも勝れりと観るのは、只其の外形を見ての説であつて、思想界に及ぼす変動から云へば、今度のは、十九世紀の初頭の如く世界の歴史を前後に両分するが如き重大の意義を有するものに非ずして、十九世紀初頭に於て人類の覚醒に伴つて生れた新文明の、其発展の前途に横はる障礙を排除して、其進路を滑にし、今後は滔々として大に発展せしむべき一転機を作りしに過ぎざるものである。此の点から観れば、今度の大動乱の如きは、其文明的意義に於ては固より之を十九世紀初頭の変動と比較すべきものではない。否な十九世紀の初めに第一歩を踏出した新しき人類の進歩の、其の発展の途上に於ける小波瀾小進展に過ぎないのである。故に今度の欧洲戦争が、十九世紀の初めに於けるが如き意味に於て、重大なる革命的変遷を思想界に及ぼすべしと観るのは断じて誤りであつて、殊に十九世紀を以て、始めて開かれた道が、今度の動乱で更に方向を全然一転するだらうと観るが如きは、歴史を知らず近代人の心理を解せざる一大妄断である。故に曰く、欧洲大戦の影響として来るべき所の戦後の思想界の変動は、十九世紀の初めより起り来つた一大原理の方向転換に非ずして、却つて其の完成であり、其の充実であり、其の猶ほ一層の進歩である。平民政治は、戦後に於て更に大に改革せられ、更に新たなる形に於て世界の総ての国に花を咲き実を結ぶべき運命にあるものである。

〔以上『横浜貿易新報』一九一七年四月一三日〕

露国革命の真相と新政府の将来

一

ペテログラードに於ける革命の勃発は三月十一日の夜であるけれども、其端緒は既に八日各工場労働者の大示威運動に発してをる。露国政府の食料供給のために取た手段が宜しきを得ないので、下層階級が非常に困難を感じてをつた。食料品の価が著しく騰貴したばかりでない。事実物品がない。そこで労働者は示威運動を以て政府に迫つたのである。政府は初め之れに対して高圧手段に出でたので、所在官民の衝突あり負傷者二百余名を出したと云ふ事である。九日になると此の形勢は更に重大になつて来る。首相ゴリツインは閣僚を集めていろ〳〵前後の方策を講じたけれども治らない。十日更に軍隊と人民との大衝突あり、遂に政府は戒厳令をしき軍司令官の命令を以て人民の有らゆる集会を禁じ、其命令に背くものは兵力を以て容赦なく処分する事にした。けれども人民は此命に従はない。十一日に至つて依然として処々方々に集会して居る。之れを解散せしめんとして、或軍隊が発砲を敢てするに及んで人民は大に激昂した。政府は更に厳命を発して明日より直ちに就職すべく、然らずんば武力を以て戦線に送るぞと云ふ命令を罷工中の労働者に発した。茲に於て彼等は益々此の抑圧に激昂し、此夜を以て公然政府に反対すると云ふ決心を定めたのである。即ち茲に革命の火蓋は切られた。察するに此時までは暴徒は単純なる労働者の不平、殊に政府の食料政策に対する民間不平の勃発に過ぎなかつたのが、予《かね》て乗ずべき機会を覗つてゐた革命主義者が好機至れりとなして、此頃から乗じたものであらう。斯くて労働者の不平は革命主義者の隠謀と両々相助けて、玆に革命の勃発を見るに至つたのであらう。十二日以後の首都の形勢は最早既に純然たる革命の巷であつた。約三万よりなる一部の軍隊は既に革命に加担し、其結果として起るものは或は将校の狙撃、或は官省の襲撃、或は囚徒の解散、或は高官の監禁である。やがて近衛兵の一部も加はつて来た。三月十三四日の両日の中に首都は全然革命派の手に帰してしまつた。

之より先き三月九日議会は一度解散を命ぜられたが、議員は其命を奉ぜず、独立の存在を継続して居つた。十二日には革命運動の中堅たる労働者幷に兵士を代表すと称する団体の承認の下に、十二人よりなる臨時委員会を設定し、之れに政治上の全権を托した。該委員会は出征軍隊、殊に海にあつては艦隊司令官、陸にては大本営等に飛電して前内閣の滅亡と新臨時政府の成立を告げ、又全国の各方面にも政府の権限は一時議会に移れる旨を告げたが、之れに対して各方面より送り来れる答電は皆委員会を承認すると云ふことであつた。次で十五日委員会は自由主義の諸名士を集めて新内閣を作つた事は既に人の知る処である。同時に新政府は数箇条よりなる政綱を発表した。其主なる点をあぐれば、

一、国事犯人を大赦する事

二、言論集会結社の自由を認むる事

三、宗教並に人種に依る制限を撤廃する事

四、普通選挙の主義により立法議会を召集し新に政体を定めしめ完全なる憲法政治を布く事

等である。以て新政府が如何なる政治主義によるかを知ることが出来る。

此革命運動は従来の官僚政治を一蹴したるのみならず、官僚と深き腐れ縁につながつて居つた皇室をも亦非常なる危地に陥れたのである。斯くて皇帝の譲位を見る。即ち三月十八日譲位の宣言が発せられ、位をミハイル大

公に譲つたが、大公も亦国民一致の推戴あるまでは帝位に即《つ》かずと宣言して之れを辞した。大公自から国民の推戴を云ふ、之れ豈《あ》に皇族自から民主々義に屈服するを語るものではないか。

二

露西亜は最近まで世界に於て最も専制的なる国として知られてをつた。専制主義は十九世紀の初め以来露国政界の金科玉条であつた。独り自国の金科玉条たりしのみならず、之れを広く西欧諸国に強ひ、自由主義の跋扈を抑へんがためには他国の内政に干渉することをも厭はなかつた。曾て教務総官たりしホピードノスチエッフの如きは西欧文明を呪ひ、専制主義の主張固執を以て世界文明に対する露国独特の天職であるとまで唱へた。従つて専制主義の本塁は誠に堅牢にして、容易に覆へる可らざるものと思はれてをつた。日露戦争後一旦民間の要求を容れて憲法政治を制定したけれども、ストリピンのクーデターは忽ち憲法政治を有名無実のものたらしめ、変装的専制政治の復活を見るに至つた。而して此さしもに強大に見えた専制的官僚政治が一朝にして崩れるとは実に有為転変の甚だしきに驚かざるを得ない。

然らば何が官僚政治を仆《たお》した根本原因であるか、換言すればさしもに強大であつた専制官僚政治に対して革命の成功せし所以は何処にあるか。云ふまでもなく革命を誘致した直接の原因は労働者の不平である。而して労働者の不平を惹起した直接の原因は食料の窮乏である。露西亜は初めから食料に困つてをつたが最近に於ては殊に甚しくなつた。二月中旬既に此ために大示威運動をやらうとした事がある。政府の知る所となつて圧迫せられたが、其後人心は安静に帰しない。然も政府の為す所適宜の措置を欠き、食料供給の道を疏通する上には格別工夫する処なくして、廟堂の大臣は唯如何にせば民間の動揺を抑ふる事が出来るかと云ふ問題にのみ没頭してをつた。

政府は此問題を外にしても戦争に対する態度に就て実は既に久しく民間の不平を買ふて居つた。就中最も民間不平の的となつたものは其親独傾向である。民間の輿望に背き廟堂の高官中敵国に通じて単独講和を策せるものありとの隠謀は屢々暴露した。其ために議会に迫られて政変を見た事も一再でなかつた。殊に去年の秋以来は此点に関する政府不信任の声は極めて高かつた。内閣の改造頻々として行はれしは之れがためである。斯く政府は戦争の目的を遂行する上に於て国民の信任を得てゐない。其上食料供給の問題に就て毫も民間のために図る所がなかつたから、遂に三月八九日の大示威運動となり、偶々革命主義者に乗ずるの機会を与へたのである。

政府に対する民間の不平並に其勃発は革命主義者に乗ずべき間隙を示した丈けのもので、革命運動其ものの原因は猶もつと深い処にある。夫れ即ち十九世紀の初め以来露国の官僚閥族が民間勢力の抑圧、自由主義の圧迫を以て金科玉条とし、飽まで平民の勢力と戦つて来た事である。官僚閥族が平民の勢力と争つたと云ふ歴史は露国特有のものではない。けれども他国に於ては理想の上に於ては少くとも自由主義の抑ゆべからざるを認め、又事実に於ても相当に民間の勢力に譲歩し、従つて実際の政治も両勢力の妥協によつて大体行はれて来た。官僚が傲然として飽まで一歩も譲歩しなかつた事、露西亜の如きは殆んど他国に其例を見ない。そこで露西亜の自由主義者は平時に於ては到底官僚閥族を屈して自家の進路を開拓するの希望はない。若し茲に一点の光明を見るの時機ありとせばそは国難の場合であると云ふ思想を有するに至り、平時でも無論秘密の間に画策運動する所ないではないが、大体に於ては蟄伏に甘んじ、一旦国難が起つて政府が内を省みるに十分の余裕なきに乗じて猛然として立つと云ふ有様であつた。此前例は既に日露戦争の時に示されて居る。彼等は此国難の際に於て自由民権伸長の好機会を捕へんとしたのである。当時彼等は揚言して云ふ「今度の戦争は官僚のなせる戦争にして吾等国民の与《あずか》り知る所にあらず」と。然して之れは単に口実で、官僚のなせる戦争であらうが、国民のなせる戦争であらうが、兎に角国難に乗じて政府をして余儀なく自家の要求に屈服せしめんとしたのである。之れと同じ思想は素より今度の戦争に際してもあつたに相違ない。即ち今次大乱の勃発するや、恰度支那の昔の革命が内外に事ある毎に、今度こそ乗ずる機会があるだらうと云ふ希望を抱いて大に騒ぎ立つが如く、戦争の進行中必ず或種の機会あるべきを想像して、大に暗中飛躍を試みたに相違ない。其結果として今度の食料暴動を捕へたとすれば吾々は彼等の突嗟の間に事を起して、然も相当の成功を収めたるを見て多少了解する所あるを得るのである。

尤も彼等が愈よ事を起すまでには余程の躊躇苦心のあつた事を想像する。何故なれば彼等は国難に乗じて運動開始の好機会を見出し得べしとなし、又は国難に乗ずるにあらずんば他に其目的を達する途なきを確信するものであるけれども、しかし軽卒に事を起して偶《たまたま》外敵に対する国家の立場を、為めに大に困難ならしむるは亦彼等の愛国心の忍び得る所でもない。我国などで見るが如く、国難の場合だから挙国一致して政府を助くべし、夫れがために官僚閥族をして功名をなさしめ、又其勢力を伸長するの結果を来すも国家非常の場合だから忍ばなければならないと云ふやうな考の極めて少ない事は明かである。けれども国難を構はず政府の困つて居るに乗じて民権拡張の為めに盲目滅法に突進せよと云ふまでに過激でもない。無論議論として国難に際して一時の損害を忍んでも、自由の確立と云ふ国家百年の大計を樹つる方が結局国のためになる、戦争に負けても構はぬから自由のために飽まで政府に迫れと云ふ説もある。けれども実際問題になると革命主義者の大多数は決して此処まで極端に走るものではない。彼等は自由民権の伸長には飽まで熱心なれど、又一方に於て国家其ものを窮地に陥れる事を欲しないから、何とかして政府の目的を助成するの交換条件として民間の要求の聴従を迫らんとする。盲目滅法に政府を虐《い》じめるのは其本旨ではない。どうしても聴かなければ国家一時の不利益に顧慮せず、飽までお前を苦しめるのだと威嚇しつゝ、実は政府の此際に於ける譲歩を迫ると云ふのが彼等の本当の態度である。故に若し如何に革命主義者が官僚閥族の政府を信任しないからと云つて、官僚閥族の政府が仮令徹底的なものでない迄も、幾分民間の要求を入れると云ふ寛容な態度を取れば、少くとも一時を塗糊して革命の勃発を予防し得た筈である。乍併《しかしながら》官僚閥族から見れば国難の際如何に民間の助力を求むるに急なりとは云へ、うつかり自由民権伸長の方面に一歩を譲れば其後の事が心配になる。何故なれば自由民権の伸長は今や世界の大勢である、一歩踏み出せば余勢滔々として何処まで至るか分らない。之れを官僚閥族は恐れてをる。故に唯だ一歩の譲歩は一見何でもない様であるけれども、之れを端緒として乗ぜらる丶時には、結局官僚閥族は其立場を失ふことになる。之れを知つて居るから彼等は此問題に触れざる限りは飽まで頭を民間に下げて戦争目的の遂行の助成を頼むけれども、一度自由憲政の主義の争になると彼等は忽ち態度を厳格にして断じて一歩も譲らざらんとする。斯くの如きは実に戦争開始後今日に至るまで二年有半を通じての露国官僚閥族の渝《かわ》らざる態度であつた。さうして民間の議論が八ケましいと云つて議会なども久しく停会を命じて居つたのである。民論の無遠慮なる批判を厭ふて議会に定期の開会を禁じた例は独逸墺太利などにもある。夫丈け此方面に於て政府に対する民間の不平はあるが、露西亜は民論の抑圧官僚の跋扈と云ふ旧い歴史の背景がある丈け、又国難でもなければ到底民間勢力の伸びる機会はないと云ふ信仰がある丈け、露国に於ける対政府不平の方が激烈を極めてをつたのである。されば此半年此の方政府の失政が暴露し、段々一段人民の信任を欠くものあるに及び、革命主義者が其乗ずべき機会の愈よ近づけるを信じて、大に劃策する所あつたに相違ない。政府の態度斯くの如くなる以上遂に最後の手段に出づるの外道なきを考へて、各地の同志と連絡を取り、一朝乗ずべき機会あらば組織的に一大活動を開始すると云ふ計画を立てたものであると思はれる。是等の観察は今日明白ではないけれども、今度革命運動が首都を以て初まり、更に全国各方面で之れに響応するものあつたと云ふ事実から推してほゞ想像する事が出来る。

今度の革命の成功を促した今一つの原因は現在の皇室の不評判と云ふことである。仮令官僚閥族が大に跋扈して其間幾多の弊害を暴露しても、若し皇室が国民敬慕の中心となつてをつたなら、少くとも皇室の安泰丈けは保たれ得たであらうと思ふ。然るに不幸にして皇帝ニコラス二世は多病にして又意志よわく其間陰険佞悪《ねいあく》なる権臣の乗ずるものありて、皇室其ものが実に一部の皇族貴族の同情から孤立して居つたのである。皇帝の聡明に欠くる所あるの結果は、皇室は一部の固陋なる官僚閥族、殊に余りに親独的なる一部階級と余りに固く結托して、全然孤立の地位を作つて居た。之れが又実に其顚覆を早め、革命運動をしてしかく速かに成功せしめた所以であると思ふ。

三

革命の結果として、露国其ものが将来如何になるであらうか。此の点に関して今日までの材料に基いて云ひ得る点は、第一には当初多くの人の懸念した反動の来ると云ふことは大抵なかりさうだと云ふ事である。遉《さす》がに露国の皇室と閥族とは清朝時代の北京の如きものではあるまい。従て人心の沈静に帰すると共に反動の来る事はあるまいかと云ふ事を恐れたのである。乍併今日までの所其気色《けしき》はない。又将来に於てもなかりさうに思はれる。無論僻遠の地には自由政治の意味を曲解して乱民の暴行を働くこと恰も革命当時の仏蘭西を思はしむるものがある。併し之れは極めて小部分に止つて全体としては之れがために反動を来たすやうな事はないやうである。且又露西亜の先輩の政治家は支那などとは違つて、十分に自由政治の精神を体得してゐるし、又民間にも案外に民主思想は普及してをるから、革命の起らぬ前なら兎も角、一旦官僚政治を郤《しりぞ》けた以上、再び其復興を迎ふるやうに人心を転回すると云ふ事は困難であらう。又同国が政教一致の間柄であるため、皇室は同時に宗教的信仰の中心点なるが故に、此方面から反対の来るを恐るゝと云ふ点がある。此点は最も懸念にたへぬ所なれど、併し一面に於て同国の宗教が余りに固陋頑迷なるため、其反動は既に著しく、近世科学思想の普及と共に従来の旧い信仰の基礎が動揺してをつたと云ふことを考ふれば、此点も左まで恐るべき事はないとも考へられる。自由討究の精神を容れざる国教制度の国に於て国民的信仰が段々動揺して居ると云ふのは最近各国共通の現象である。

之れを要するに新政府の基礎は相当に固いと云つてよい。人或は云ふ今度の革命は一面に於て国民輿論が親独的勢力を駆逐するの運動であり、従て革命運動には英仏側が隠然多大の援助を与へた。従つて又露国に反動の来る事は、新政府の前途を監視しつゝある英仏側が之れを許さないと云ふ者があるが、其の真偽は予の敢て断言し得ざる所なれども、併し英仏側が三月十八日を以ていち早く新政府に承認を与へた点を以てみれば単に多大の同情を傾けたのみならず、又新政府の基礎を相当強く認めたものであり、新政府が又英仏の承認によりて更に一層基礎の強固なるを加へた事も疑ひない。次で二十四日に米国も亦之れを承認した。我日本は二十七日の閣議決定に基いて四月一日承認の通告を発したのである。

唯だ問題は露国は将来如何なる政体を取るかの点である。専制政治の復興を見ざるべきは固より疑ひない。露国の議会は既に三月廿一日を以て専制政治復活の許すべからざる事を満場一致を以て決議してをる。唯だ立憲君主国にするか民主共和国にするかゞ問題である。二十一日の議会では一般人民に諮るまでもなく直ちに共和政体を確立すべきを主張せるもの十五名程あつたさうである。けれども大勢はまだ共和と云ふ事に熟してゐなかつた。しかし昨今の模様では段々時の進むに従つて共和思想が勢を得つゝあるやうに見える。何れ此事は其中正式の憲法会議を召集して決定せらるゝ事であらうが、何れにしても余程進んだ民主的政治の行はるゝと云ふこと丈けは疑ひを容れない。例へば君主制を取るにしても英国の制度以上に出づる事はなからうと思ふ。

之れと関聯して猶一言すべきはポーランド、フインランドの問題である。ポーランドに就ては新政府は既に同民族の独立を認め一般投票によつて同国の憲法議会を作り、此議会をして新政府を決定せしめやうと云ふのである。尤もポーランドの運命は戦争の勝敗がどう定まるかと云ふ事にて一様ではないが、併し独逸もポーランドに独立を与ふると云ふ思想は余程進んで居るから、独立と云ふ事丈けは何れにしても疑ひない。若し独逸側が勝てばポーランドは独逸の勢力の下に属《つ》く君主国となるだらうが協商側が勝てば結局純然たる共和国を現出すべきは疑ひを入れない。フインランドに就ては未だ何等の報道に接せざるも恐らくポーランドと同一の運命を与へらるゝものであらうと思ふ。其他猶太人《ユダヤ》も完全なる自由を与へらるゝと云ふ事であるから、露国の将来に於ては少くとも人種問題は余程従来と其趣きを異にするであらう。

四

終りに今度の革命が戦局に及ぼす影響に就て簡単に一言して置く。戦争に及ぼす影響を考ふるに当て、先づ吾等の念頭におかねばならぬ事は、官僚閥族を協同の敵として起つた革命主義者の中に、穏和派と過激派との分立あり、其対立の傾向が昨今益々著しくなると云ふ事である。穏和派は内政上に於ては何れかと云へば君主立憲主義者で、戦争に関しては飽まで協商側と歩調を合せ戦争の目的を達するまで戦ふを辞せず、且つ露国民の将来の発達のためには他国の領土を幾分侵略するの必要を認めてをるものである。之れに反して過激派は内政上には急進的共和制を主張するもので、戦争に対しては全然侵略主義を否認し戦前の状態に無条件に引戻すに同意せば速かに媾和すべしとする所謂平和論者である。此両派の何れが将来に於て勢力を占むるやが露国の戦争に対する態度に大なる変動を来す。政府は今や此の両主張の間に介在して十分態度を鮮明ならしめ得ない様である。従て露国方面の戦争に対する態度は、昨今米国方面から頻に援助を与ふべしと云ふ勧説あるに拘らず捗々《はかばか》しく運ばぬ。此状態は今度〔後〕暫は続くであらう。

然し平和論者の勢力が段々加はつても、露西亜が独逸と単独講和をやると云ふ事は一寸考へられない。何となれば露独の単独講和は、其結果として英仏側に非常なる不利益を与へ、独逸に非常なる便宜を提供する。而して彼等の主張する平和は全局のための平和にして、自分のみ平和になれば、外の仲間はどうでもよいと云ふ利己的動機に出づるものでないからである。故に彼等の主張する平和は英仏も独墺も凡て皆其利己心を捨てゝ、彼等の主張する所謂「世界人類は相争ふべきものでなく、互に親愛すべきものなり」と云ふ理想に立ち帰つて、全局の平和を見るに至るべきを主張するものである。其ためには独逸を誘ひ、自から独逸と和すると共に、独逸と英仏をして亦同様の和議を結ばしめんとするものである。予輩は露西亜の平和主義者は即ち同国の社会主義者であり、同国の社会主義者は動《やや》もすれば忠実に一偏の抽象的理論を固執するの風あるを思ふが故に、彼等は如何に平和論を唱へても自分丈け講和して更に英仏と独逸とが大に相争ふを顧慮をしないものとは思はない。されば彼等の平和論は米国の公明正大なる主張と相俟つて、敵味方を促し、又其要求を和げて平和的終結に近からしむる効はあらんも、然も之れがために断じて単独講和の可能を説くべきではないと思ふ。

〔『新人』一九一七年五月〕

独逸に於ける自由政治勃興の曙光

——選挙法改正の議——

（一）

四月一日の西電は、独逸の帝国議会に於て、国民自由党の提出に係る「憲法問題調査委員会設置案」が三十三票に対する二百二十七票の多数を以て可決せられたるを報じた。此案の目的とする所は民権伸張の着眼点より諸種の憲法問題を研究する為め二十八名の委員を挙げて調査会を設置すべしといふに在り、就中最も力を入れて研究すべきは現在の帝国議会は果して完全に民意を代表して居るや否や、又現在の如き議会対行政府の関係は民意伸張の本旨に協《かな》ふものなるや否やの二点であるといふ事である。

更に四月九日の西電は、独逸皇帝即ち普魯西《プロシア》国王が其政治機関改革の要求を容れ、殊に其下院議員選挙法に根本的改革を加ふるに同意し、新たに其主意の法案の起草及び提出を政府に命じたといふ事を報じた。

之より先き三月の末頃から、帝国議会に於てもプロシヤの議会に於ても、それ〲改革要求の声が頓《とん》と盛んになつたといふ事であつた。中にもプロシヤ選挙法の改正は啻《ただ》に普国議会に於てのみならず、帝国議会に於ても亦盛んに主張されたといふ事であつたが、以上二個の電報によつて見れば、今や従来の政治組織を根本的に改革して、民本主義の要求を今後の政界に徹底せしめんとするの思想は、帝国に於ても将《は》た又プロシアに於ても、将に実現せられんとして居ることが解る。之れ実に独逸の政界に取つては非常な大事件である。而して斯の如き大事件の突発を促した原因は、三月央ばに於ける露西亜の革命に在ることは亦多言を要しない。露西亜に於ける革命の成功は従来先づ墺国に波及し次いで独逸に及ぶを常とするが、墺国より未だ格別の報道に接せざるに、吾人は今や独逸が適確に其影響を蒙りつゝある事を耳にするのである。何れにしても露国革命の成功は、今や世界に於ける最後の専制的文明国たる独逸を促して、漸く多年の迷より覚め、真個民本主義の国家たらしめんとして居るのである。

何を以て独逸並びに普国今次の改革案が、同国の政界に取つての一大重要事件なりと言ふか。帝国并に普国に於ける今次の改革案は、共に選挙法の改正といふ事に触れて居るが、元来此の両者の現行選挙法は甚だしく旧式なものである。其結果は即ち両者に於ける官僚の跋扈を助け、独裁専制政治の存続を便にし、従つて危険なる軍国主義の繁昌を促したので、為めに何れ丈け内に対しては自由政治の発達を妨げ、外に対しては国際間の平和を脅かしたか分らない。されば若し是等の選挙法にして一度近世的に改正せられんか、独逸は則ち一転して他の立憲国と同じく名実共に真の自由国となり、世界も亦其威嚇を免るゝを得るに至るのである。而かも此不都合なる現行選挙法は、実は官僚の拠つて以て自家の利益を擁護する唯一の障壁と為すものなりしが故に、従来彼等は極力其改正に反対し、遂に人をして尋常一様の手段では自由政治の実現は到底絶望なりと思はしむるに至つたのである。而して今や政府並びに皇帝は、率先して之が改正を公約宣言せらる。之れ決して尋常一様の事ではない。何となれば独逸に於ける此点の改革は、実に官僚階級の勢力の顚覆を意味するからである。選挙法の改正など、言へば其意味甚だ軽く聞ゆるけれども、之が実行によつて生ずべき独逸政界の変状は、正に之を露国の革命に比するも必しも不倫ではないのである。而して斯の如き革命的変革を独逸皇帝が此際率先して宣言するに至つたのは、是れ或は独逸に於て露西亜革命の影響が極めて重大であり、従つて新に勃興せる民権の勢力の実に抑へんとして抑ふべからざるものあるを語るものではあるまいか。

然らば問ふ。何を以て帝国並びに普国の政治機関の改革が、独逸現在の政界に取つて実に根本的改革を意味すと言ふか、次に少しく其訳を説明しよう。

(二)

独逸帝国に於て民意を表明する唯一の機関は帝国議会である。而して帝国議会の議員は、独逸全国を通じて普く普通選挙の主義により、且つ直接・平等・秘密の原則によりて選出せらるゝから、此点に於て議会は完全なる民意代表の機関たるが如くも見える。併しながら、帝国議会の議員選挙法に於ては、選挙区の分割が著しく其当を得て居ないといふ難がある。其為めに帝国議会は民意代表の名あつて其実に副はざるの現象を呈することゝなつた。而して此点の失当の原因は専ら同選挙法が帝国成立以来未だ一回も改められないといふ事に在る。

蓋し独逸帝国議会の現行選挙法は、今より約五十年前の制定の儘《まま》である。当時独逸の人口は三千九百七十万で代議士の数は人口十万人について一人といふ割合を以て三百九十七人といふことに決め、之を三百九十七の選挙区に分配したのである。其始め各選挙区の人口は大概過不足なき様に定められたのであつた。故に五十年前の制定当時には之で公平を得て居つたのであらう。が、然し其後人口の増殖と其移動とは実に甚だしい。されば当初の趣意を貫いて長く選挙権分配の公平を保たんとせば、時々人口の増加に伴ふ議員数の増加を行ひ、又人口の変動に伴ふ選挙区分割の改正を行はなければならなかつた。現に議員選挙法は此事を予期し、人口増加に伴ふ議員定数の増加は法律を以て之を定むと規定して居る。然るにも拘らず政府は未だ一回も之が増加改正を行はず、又極力之を行はざらんと努めて居る。其結果として生ぜる今日の不公平なる実例中最も甚しきもの二三を挙ぐるならば、シヤウムブルグ・リツペは僅に四万四千の住民を以て、又ラウエンブルクは僅に五万の住民を以てして一人の代議士を出すに対し、同じく一人の代議士を出すに過ぎざるハンブルクの第五区は今日五十万の人口を、又伯林《ベルリン》の第六区は実に七十万の住民を有するに至つて居る。総じて伯林は五十年前の人口六十万より今日は二百数十万に激増して居るから、依然代議士数を六人として置くのは正当でない。要するに今日、都市の住民即ち商工業を営む住民は、田舎の農業住民に比して、著しく不利益な状態に置かるゝことゝなつて現れて居る。なぜなれば此五十年間に於て、第一には人口著しく都市に集中せるを見、第二には年々増加する人口は言ふ迄もなく田舎より都会に多いからである。而して此事実は実に全体の人口中の保守的分子が、議会に於て代表せらるゝ関係に於て、急進的分子に比し著しく利益して居ることを語るものである。

　統計の示すところによれば今日の独逸帝国の人口は既に六千万を超えて居る。して見れば人口十万人に付き一人といふ割合を立て通せば代議士の数は六百人以上に増さなければならない。今の儘で放任しては約十五万人につき一人の割合になる訳である。而して十万人につき一人の割合を貫く為めに、仮りに更に二百余名の代議士を増加すとせば、其増員の多くが社会党其他の急進主義の巣窟たる大都市に落つべきは明白疑を容れない。併し一挙に二百余名の増員は余りに急激である。そこで姑《しばら》く此等の増員は急に之を行はないとしても、選挙区の分割だけは何うしても今日の儘に之を放任して置くことは出来ない。斯くて先づ此点を公平に改むるとすると、亦矢張り著しく社会党乃至急進派の増加を見るべきは明である。何故なれば、人口の減少の結果廃され若くは合併せらるべき選挙区は主として農業的保守派の地盤であり、商工業的急進派の地盤は之に反して従来一区であつたものが二区にも三区にも分たれるからである。

　今日の制度の許に於て如何に不公平なる結果の現はれて居るかは、一九一二年に行はれたる最近の総選挙に観ても分る。此の総選挙で社会民主党所属の議員は一躍して百十名の多きに昇つたけれども、之を全体の議員数に比較すれば僅かに其二割七分半強に過ぎない。之を得票数の四百二十五万を超え、全体投票数の三割五分弱なるに比すれば、不当に少いと謂はなければならない(票数の計算はすべて第一次選挙のに依る)。更に其以前の総選挙の例を取れば、一九〇七年には得票数が二割九分弱なるに対して議員数は僅に一割、一九〇三年には得票数が三割二分弱にして議員数は二割強といふやうな有様であつた。他の急進派も亦同様である。而して此等の急進的諸派が不当に損をして居るのは、即ち他の半面に於て保守派の不当に利益して居る事を語るものである。斯くして吾々は、若し帝国議会の構成が全然近世的に改造せられ、即ち一つには其代議士数の増加を見又一つには選挙区分割の改正の断行せらるゝならば、政府反対の急進派は議会に於て優に絶対過半数を占むるに至るであらうと思ふ。独逸帝国議会に於て今日尚ほ保守派が相当の勢力を占め、為めに官僚政治の跋扈を助けて居るのは、畢竟制度の罪であつて国民の罪ではない。而して此制度たるや実に独逸官僚政治家の拠つて以て立つ所の唯一の根拠なるが故に、彼等は従来頑として其改正の要求に耳傾けなかつた。然るに今や此点が民権伸張といふ題目の下に公然議会の攻究調査の題目に上せられて居る。之れ豈に独逸に於ける自由政治勃興の曙光といふべきではあるまいか。

(三)

独逸帝国議会の調査の題目に上つて居るものに、外に議会対行政府の関係といふ一項目がある。是れ恐らく帝国宰相の責任といふ年来の問題を意味するものであらう。之も亦同国に於ける自由政治の勃興には深き関係がある。

元来独逸の帝国議会の内部に於ける政党関係は極めて複雑である。其中には純然たる政府党もあれば又純然たる反対党もある。加之《しかのみならず》被征服地の住民(例へば波蘭《ポーランド》人丁抹《デンマーク》人仏蘭西人の如き)を代表する絶対的反独逸主義者もあれば、中央党の如き大体は保守的従つて政府賛成なれども天主教擁護といふ一事の為めには如何なる者をも敵とするを辞せざる一派もある。従つて之等諸政党を甲乙に両分して、政府党及び反対党といふ風に截然区別することは六つかしい。従つて有力なる恒久的政府党もない代りに、又有力なる恒久的政府反対党もない。中間に問題に依つて或は右し或は左する有力なる団体の介在するものあるが為めに、政府は兹に容易に議会を操縦するの余地を見出すのである。是れ同国に於て帝国宰相が議会に対して何等の責任を負はずとするの成例が、民論の反対に加はらざる所以である。同国に官僚政治の行はれ得る一つの原因にして、又議会そのものに実際的勢力の拘らず、久しく樹立し来りしも、亦畢竟このためであらう。

帝国宰相の責任は実は帝国憲法第十七条に規定されてある。即ち同条に皇帝は帝国の名に於て法令を発し宰相は之に副署し依て以て其責に任ずといふ様な事が定められて居る。然るに兹に所謂責任とは如何なる種類の責任をいふかは明でない。之等はもと特別法の規定に依つて定めらるべきものであるけれども、その特別法は未だ制定されて居ない。従つて宰相の責任の如何なる性質を有するものなりやは、法律上未だ明白でないのである。否明白でないといふよりも、責任の根本規定ありて之を糺す所以の細目規定を欠くが故に、責任の規定は、あれども無きに等しく、宰相は全く行動の自由を許されて居ると謂つてよい。是に於て宰相は啻に法律上の糺弾を受くることなきのみならず、又議会に対して責任を有するといふ一般立憲国に通有なる政治的慣例をも無視して顧みない。彼は日本の一部の固陋なる学者政客が論ずると同じ様な事をいひ、皇帝の信任さへあれば議会が一致して反対しようが又は不信任の決議をしようが、其の為めに地位を動かさゝの必要が無いと放言して居る。現に先年ビートマン・ホルウエツグが一年の中に二度まで議会の不信任決議を受けても平然として其職に留つて居つた。此点は不信任の決議を恐れて急遽解散を奏請したる日本の官僚よりも遥に徹底して居る。

斯くして独逸には宰相の責任を議会が糺すといふ途が付いて居ない。斯くては到底民意の伸張は期せられ無い。そこで従来宰相の責任といふ事は、頗る八釜しい政界の大問題であつた。たゞ政府側は離合常なき議会によりて左右せらるゝを国家の不利益なりと称し、責任論に対しては其都度極力反対し来つたのである。蓋し此事亦実は官僚政治に取つては其金城鉄壁とする所にして、若し宰相が議会の決議によつて其地位を動かさるべきものとならん乎、帝国議会其物の自由化すると伴つて、独逸の官僚政治は根柢から崩壊するの外はない。然るに今や政府側はまた卒先して宰相の責任を攻究すべしといふ。是亦政府に取つては民権に対する一大譲歩と謂はねばならぬ。

(四)

次に普国の選挙法改正の事を調べて見る。帝国議会が如何に自由化しても、宰相が頑として動かない以上は、独逸に到底自由政治の行はるゝ見込は無い。独逸を自由国にする為には、帝国議会よりも宰相其者を自由化することが先決問題である。然らば宰相の議会に対する責任を明にし、議会の意思に依つて彼の地位が動かさるゝ事となれば、夫れで独逸は直に完全な自由国となるかといふに、必ずしもさうではない。何故となれば独逸の制度の上に於て行政上の実権を握つて居るものは、皇帝を外にしては、帝国宰相に非ずして、実に各聯邦政府の代表者より成る聯邦参議院であるからである。然らば独逸を自由国に変ずる根本の要点は、この聯邦参議院の自由化であると謂はなければならない。

聯邦参議院は如何にすれば之を自由化することが出来るか。之に対する答案は頗る簡単である。曰く普国を自由国にすること即ち是れ。今其故を説明せんに、抑《そもそ》も聯邦参議院は、制度の表面上は成る程帝国庶政の発源地であるけれども、実際の作用は全然普国政府の意の儘に動くので、同国の意思に反しては何事も出来ない。畢竟独逸帝国の万般の政治は、聯邦参議院を通じて実は専ら普魯西の自由に動す所となつて居るのである。帝国宰相は法律上普国の総理大臣が之を兼任することになつて居り、彼は普国総理大臣たるの資格に於て聯邦参議院の一員たると共に、帝国宰相の資格に於て其議長となつて居るが、此事自身は普国が参議院全体を左右するといふ事の上にさして重大の関係はない。重大の関係あるは其組織の上にある。独逸の聯邦参議院は、米合衆国の上院が各州政府より均しく代表者二名宛を出して組織せらるゝと異り、各聯邦の大小に依りて其送るべき代表員の数を異にして居る。而して普国は実に十七名を送りて最多に居る。十七名は全員約六十名なるに比すれば四分の一にしか当らぬも、併し此独逸の諸邦中には普国の意思通りになるもの少からざるを以て、事実上普国は参議院の過半数を制して居るのである。而して帝国憲法の規定に依れば、憲法の改正は十四票以上の反対ある時は之を為すを得ずとあるから、仮令他のすべての国が一致して其改正を希望しても、普国一国が之を欲せざれば、現在の政治組織は絶対に之を改正することが出来ない。他の一般の政務に付ても大体普国が優に参議院の過半数を制し得る事は前述の通りである。従つて概して之をいふに、聯邦参議院の決定は取も直さず普国の決定に外ならない。是れ「独逸は即ち普国の独逸」なりと称せらるゝ所以である。否、斯の如きは単に理窟の上ばかりではない、事実上今日は帝国全般の政務は、便宜上普国の政府に於て計劃せらるゝ事が多いのである。普国総理大臣が則ち帝国宰相なるが如く、帝国政府の各省と普国政府の各省とは同一若しくは隣接したる建物内に在るを見ても、這般の事情は察せらるゝのである。之等の点は独逸の人は能く知つて居る。故に従来一方には帝国を普国の支配より解放すべしと主張するものありしと同時に、他方には本来地方的問題たるべき普国の政治組織の改革を以て、独逸全体の政治上の問題たるが如くに取扱ひ、屢々之を帝国議会の問題に上せるものがあつた。要するに独逸帝国の政治を十分に自由化せんとすれば、何よりも先づ普国其物の政治組織を自由化することが実質上必要なのである。然るに普国の政治組織は、極端に保守的にして、到底普通尋常の方法では之を自由化するの見込は無い。元来独逸政治の官僚的にして且つ専制的なるを極むるは、実は普国の政治組織が極端に保守的にして、其専制的官僚的政治を万全に擁護して居るからである。而して普国政治組織の今日尚ほ依然として保守的なるを得る所以のものは、実に其特異なる選挙法の御蔭である。そこで普国の選挙法を近代的に改正するといふ事は独逸帝国に於ける自由政治の興廃に至大の関係あることゝなる。是れ予輩が今次の普国選挙法改正の議を非常に重要視する所以である。

(五)

普国の議会はいふ迄もなく上下両院より成つて居る。上院の事は姑く措いて問はない。下院議員の全数は四百四十三人で、選挙権の資格は二十五歳以上の男子にして市町村会議員の選挙権を有する者となつて居る。大体先づ殆んど普通選挙に近いと謂つてよい。一選挙区より二人を選出するを原則とし、時として一人又は三人なる事もある。こゝまでは可い。けれども其選挙の手続きを見るに至つて、我々は其極めて不都合に組み立てられ居るに驚かさるゝのである。其第一の弊根は間接選挙の方法を採れる事である。即ち一般人民は先づ選挙委員を選び、其選挙委員が集つて代議士を選挙するので、即ち二重の手数を要するのである。第二の弊根は三級制度を採れる事である。即ち各選挙区に於ては人口二百五十人につき一人の割合を以て選挙委員を選ぶ事になつて居るが、其選び方は、一選挙区を更に沢山の支選挙区に分ち、其の各支選挙区に於て所謂三級制度に基いて選挙委員を選ぶのである。詳しくいへば、各選挙権者を納税額の標準で三級に分つこと恰かも我国の市町村会議員の選挙に於けるが如くし、各階級に於て同数の選挙委員を選ぶのである。但し其区に於て挙げらるべき選挙委員の数が三で割り切れない時には、残余一人ならば之を二級に与へ、二人ならば一級と三級とに分配する。斯くして挙げられたる選挙委員は、更に中央に集つて、改めて所定の代議士を選ぶのである。第三に最も甚だしい弊根は口頭選挙の制である。選挙は之を選挙官吏の面前に於て口頭を以て為すといふのである。此方法の民意の順当なる表現を妨ぐるは三級制度よりも遥に甚しい。此事は多くの人の其見る所を同じうして居る点である。

斯くの如き天下稀なる極端に保守的の選挙法なるが故に、結局普国衆議院に於ける代表関係は、保守党其他の政府側に著しく多くして、過激なる在野党は殆んど其代表者を出すことは出来ない。一九〇七年の調査に拠れば、全国人口の僅かに三分が一級に属し、九分五厘が二級に属し、三級は実に全人口の八割七分五厘に達して居る。されば第三級は全体の人口の約九割を占めて居り乍ら、僅々選挙委員全数の三分の一を選び得るに過ぎない。而して一級と二級とは、略ぼ利害関係を同じうするが故に、動もすれば相提携して第三級に当るので、為めに普国の下院は、政府党全盛にして民間党は殆んど驥足を延ばすことが出来ない状態に在る。余りに不都合な制度なるが故に、社会民主党の如きは、斯かる悪法の下に選挙を争ふを欲せずとて、一八八三年来、棄権の態度を執り来つたのであつた。社会民主党が初めて態度を一変して選挙を争ふやうになつたのは、一九〇三年からであるが、此年保守党の得票は三十二万四千余、社会民主党の得票は三十一万四千余であつたのに、議員数は前者に於ては百四十三人、後者は零であつた。一九〇八年始めて僅に七人の議員を送るに成功したが、同党の得票に至つては実に全体の二割四分に上つたのであつた。最近の選挙たる一九一三年六月三日の夫れでは議員数は更に増して十名となつたけれども、得票数と遥に釣り合はぬことは言ふ迄もない。

斯くの如くにして普国下院に於ては、独逸帝国議会の場合と同様に、下層階級の勢力は不当に少く代表されて居る。否、帝国議会に於けるよりも其不当なる程度が甚しい。何故なれば、独逸帝国議会に於ては、一九〇三年の選挙には社会党の議員は八十一名を算し(得票は総投票数の三割二分弱)、一九〇七年の総選挙には大いに減じたるも尚四十三人(得票数は二割九分)を得、一九一二年には一躍して百十名(得票数は三割五分弱)に昇つたのに、独逸国中最も社会党の優勢なる普国に於ては、一九〇三年には一人の議員もなく、八年と十三年の選挙でヤット七人から十人に上つたに過ぎぬからである。以て如何に同国選挙法の不当なるかゞ解るであらう。民間に改革の要求の高いのは亦怪むに足らない。

併しながら、此不当なる選挙法が実に普国の官僚政治の立て籠る金城鉄壁である。若し之を改正して学者の所謂単純なる普通選挙若くは普通・平等・直接・秘密の原則を採用するならば、普国乃至独逸の政界は一躍して平民的勢力の横溢する所となるべきや疑ない。最近の一九一二年の帝国議会の総選挙に於ける各党派の得票数を見るに、社会民主党は単独で四百二十五万を算し、更に常に政府反対の側に立つ諸党派の得票を通算すれば約二百二十万となり、之を社会党の得票と合すれば六百四十五万(議員数は約百八十)の多きに達する。之に反して純然たる政府党の得票は僅に合計百七十万に過ぎない(議員数は約七十)。此外に問題によつては或は政府反対となり或は政府賛成となる者の得票は合計三百七十万ある(議員数約百四十)。仮りに此派を政府側に立たしむれば、議員数は二百名を超え優に過半数を制するに足るも、得票数は約五百四十万に過ぎずして遥かに政府反対党の夫れよりも少い。普国に於ては此等の関係は尚一層甚しいのである。故に独逸に於ては、帝国議会の選挙法にしろ、普国議会の選挙法にしろ、之を近世的に改めると否とは、取りも直さず専制的官僚政治の根拠が顚覆さるか否かの問題である。故に官僚閥族は従来選挙法の改正には極力反対して来たのである。

如何に彼等が選挙法改正の問題を重要視したかは、近年に於ける改革運動の歴史を見ればよく解る。茲には只普国選挙法の方だけに就て述ぶる。改正論の八釜しく唱へられた始めには〔ママ〕、一八八三年並びに一八八六年に〔で〕ある。この時秘密投票主義採用の議が議会の問題となり、激しき討論後遂に政府側の排斥する所となつた。此種の要求は其後も屢々繰返された。近くは一九〇六年にも改正の議があつた。併しながら政府側は、議員数を十名丈け増すといふこと丶、少しばかり選挙区の分割を改めるといふことに承諾を与へたに止り、直接選挙並びに秘密投票の両主義の採用には極力反対して其通過を妨げたのである。一九〇八年一月には、此問題の為めに社会党は全国に亙る大示威運動を行つた。けれども時の宰相ビユーロー公は、明に現制の欠点を認めつ丶、尚帝国議会議員選挙法と同一の程度に改めることにすら反対なる旨を明言した。此年また左党より一改正案の提出を見たけれども、無論否決された。六月の総選挙後の議会に於てもまた改正決議案の提出を見たが、是亦否決するところとなつた。之より社会党の示威運動は頻々として起つた。為めに政府の態度も幾分改つたと言はれた。其為めにや、一九一〇年一月の開院式の詔勅に於て、遂に国王は改正案提出を約束するに至つたが、併し乍ら其結果としてビートマンホルウエックの提出に係る一案は、最も露骨に官僚的臭味を帯ぶるもので、更に民間の要求する根本点に触る丶所は無かつた。現に此案は間接選挙を直接選挙に改めた丈けで、秘密投票の主義は全く採用して居ない。三級制度も五千マルク以上の納税者を総て第一級にするといふやうな些細な改正を加へた丈けで依然之を存続せんとして居る。故に此案の提出に接するや社会党は勿論他の自由派は均しく冷笑を以て之を迎へたのである。二月下旬同案の調査委員は直接選挙の主義は採用しなくてもよろしいから、秘密投票の制度だけを採用して欲しいといふ意味で、原案に修正を施し、三月此修正案を通過したのであるが、四月に至つて上院は下院の修正を排して却つて原案の儘を通過したので、結局遂に成立を見なかつた。此間社会党の一派が示威運動などを以て政府の威嚇を試みたこと其数を知らぬ。けれども政府は断然此点に於て譲歩することを肯んぜなかつたのである。

普国に於ける選挙法改正については、実に右の如き沿革がある。然るに今や政府は率先して改正を断行すべきことを宣言した。而かも普通・直接・平等・秘密の主義によつて選挙法の根本的改正を加ふべき旨を宣言したとある。是れ同国に取つては尋常一様の改正と見るべきではない。従つて此報道は一面に於て独逸に於ける民論の勃興が、今や旭日沖天の勢を以て進み、将に全然官僚を屈伏せんとして居ることを語るものではあるまいか。是れ予輩が此報道に接して独逸に於ける自由政治は今や其曙光を放てりと言へる所以である。只気に掛るは今後の成行である。

〔『中央公論』一九一七年五月〕

戦争継続乎講和乎

（一）

何れにしても戦争が段々終局に近づきつゝあることは疑ない。唯問題は昨今繰返して伝へられる単独講和の説などが端緒となつて、案外早く平和の克復を見るか、又は愈々最後の講和期に入るに先立つて、もう一二度戦争が行はるゝかの点にある。此両様の観察に対しては夫れ〴〵相当の理由があつて、今の所何れを何れとも定め難い有様である。

講和に先立つてもう一二度の戦争あるべしと見る説には、種々の根拠を挙げ得ると思ふのであるが、中に就いて其最も主なるものを述ぶるならば、次の数点であらう。

第一に数ふべきは西部戦場に於ける英仏軍の活躍である。四月の八九日頃を以て始まつた英軍の活躍、同じく十七八日頃を以て始まつた仏軍の活躍は、一旦独逸軍に阻止せられて一時却て英仏側の危険を説くの報道もあつたが、独逸側にも最早や逆襲に転ずるの元気は無いと見えて、やがて英仏側は再び頽勢を盛り返し五月初めよりは微弱ながら再び攻勢的態度に出でゝ居るやうである。此方面に於ける英仏の態度の決して退嬰的に非ざることは、五月中旬独逸が東部戦場から約四十個師団の兵士を西部に移したといふ報道に拠つても明かである。何故なれば、此独逸の行動は、英仏の進撃に備ふる目的なりと見ねば、解釈が付かぬからである。若し単に東方の敵勢の手薄なるを好機として、大兵を西部に転じて英仏を攻撃せんとするに出でたものならば、独逸の態度はも少し活潑なるべき道理である。而かも独逸の態度斯くの如くならざるは、是れ畢竟英仏の態度が常に積極的に出で、居るからであらう。且又三月初め以来の英軍のメソポタミヤ方面に於ける成功、四月末以来の伊太利《イタリア》軍の対墺活躍、皆夫れ〴〵敵方を相当に牽制するに足り、今や英仏側は西部戦場に殆んど其全力を傾倒し得る境遇に在りとも言へる。巴爾幹《バルカン》方面の近き将来に於ける危険を予想するの説も無いではないが、此方面は屢々予輩の述べた如く、独墺に取つては非常に大事だけれども、英仏に取つては夫れ程の関係は無い。且又此方面に於て英仏側が切迫したる危機に臨んで居ると言ふ報も真否確ではない。先づ当分の所此方面にも差迫つた後顧の憂は無からうと思ふ。

第二に数ふべきは四月六日の宣戦以来の米国の態度である。合衆国の宣戦布告は、更に之れに次いで起つた南米諸国の対独宣戦と共に、著しく協商国側の元気を鼓舞するに力あつたことは言ふを俟たない。然し米国は唯恁《か》かる精神的声援を与ふるに止まらず、更に進んでモツト直接なる実質上の助力をも与へんとして居る。如何なる実質的援助を与ふるやの内容は、未だ明白ならざるも、今日まで世に知られて居る処に依つて見るに、先づ第一には其豊富なる富の一部を割いて協商国側に財政的援助を与へんと準備して居る事である。四月二十九日の電報に拠れば、米国政府は自ら公表するに、協商各国に対して、毎月少くとも八億乃至十億円の援助を与ふべきを以てしたとある。之れ畢竟英、仏、露、伊の諸国が米国に於て購入する食物、軍器鉄道材料等の代償の仕払ひに充てらるべきが故に、是等の諸国は詰り、米国より宏大なる物資の供給を受くることになるのである。啻に之れのみではない。第二に米国は英、仏、露等に向つて又夫〴〵相異なれる特別の援助を与へんとして居る。此事の為めに英吉利《イギリス》はわざ〳〵バルフオアを送つた。彼は四月二十二日から五月十日頃まで華盛頓《ワシントン》に居つたが、其間彼は飽くまで戦争を継続すると言ふ根本義に就き深くウイルソンと黙契する所ありし外、特に食料並に運送船の供給に就て深く米国の好意に恃むことを得るの確信を得たといふ事である。仏蘭西は又ヴイヴィアニに副へてジョッフル元帥を送つた。四月二十七日米国に着いてから朝野の間に大に活動して居るやうであるが、其結果として現はれた最も著るしいものは出兵論である。ジョッフルは三十日新聞記者に対《むか》つて頻りに米国の出兵を熱望する仏蘭西の希望を表白したが、幸にして之れは米国多数の承認を得たやうである。其結果でもあるまいが、徴兵案は同日下院を、翌日は上院を、殆んど満場一致に近き大多数を以て通過した。五月八日の電報には、早くも已に米兵一万三千の仏国派遣を報ずるものがあつた。仏蘭西は思ふに此外にも尚諸種の援助を得るものであらうが、少くとも其最も乏しとする兵力の補充を米国に得たる事は、彼等の最も満足する所であらう。次ぎに米国は露西亜に対しては、先方から人の来たるを待たず、我から進んでルートを派遣し、出来る丈けの援助を与へんことを申込ませんとして居る。ルートは四月の末頃露西亜に向つて出発した筈である。之れ又米が露西亜をして飽くまで英仏と行動を共にせしめんことに熱心なるを証するものである。斯くの如く米国の態度が積極的である以上は、協商国側は義理にも此儘指を嚙《くわ》へて居る訳には行くまい。

　第三に独逸の窮状も亦之れを並べ数ふるの価値がある。独逸が兵員の補充に於て、物資殊に食料の補充に於て、益々窮乏を感じて居るのは寧ろ当然である。人或は独逸は今日尚左程窮乏を感ぜずなどと、見て来たやうな事を言ふものもあるが、之れは道理上有り得ない事である。此上堪へられない程の窮状には陥つて居ないにしても、各種の物資の窮乏に困憊して居ることは疑があるまい。夫れに露国の革命に促されて民心の動揺は更に一層の激しさを加へた。為めに遉《さす》がの政府も若干民論の要求に折れ、自由政治の曙光或は之を端緒として発し初めるも知れぬといふことは、既に前号に於て予輩の詳述した所である〔本巻所収前掲論文〕。而して五月十日の電報には、新に帝国宰相の責任に関する憲法の規定に修正を加へ、改めて其責任が「議会に対するもの」たることを明かにしたと言ふことである。真偽未だ確かならずと雖も、独逸国民が一方には窮乏を感じ、他の一方には自由に覚醒せんとしてゐること丈けは、以上の事実に依つて明かであらうと思ふ。

それかあらぬか、四月央《なか》ばよりは頻々として各地に同盟罷工が行はれてゐるやうである。中にも十六日伯林《ベルリン》の同盟罷工は参加労働者の数二十五万の多きに達し為に軍需品工場の已むなく休場するもの三百に及び、市民の動揺は十九日に至つて漸く鎮静したといふことである。独り伯林許りではない。其他の諸市に於ても恐らく同じやうな騒動があつたことであらう。然れば労働党の書入れ日たる五月一日は、政府に於ても余程懸念して居つたらしい。幸に予《あらかじ》め警戒をさをさ怠りなかつた為めに、格別の事も無くして済んだやうであるが、他方に於て或は予め千余名の社会主義者を拘禁したとか、或は同盟罷工者を反逆罪に問ふことにしたとか、又は五師団の兵を以て伯林の警戒に充てたとか、種々森厳なる取締りと圧迫とを加へた事実を見れば、幸に何事も無かつたとは言へ、如何に潜伏せる禍危の恐るべきものありしかを想像することが出来る。要するに之等の内情は他の原因と相伴つて、遂に独逸をして従前の如く華々しき攻勢に出づる能はざらしめて居る原因であらう。而して是等の事情は又同時に協商国側に乗ずべきの好機を提供するものたることは言を待たない。

斯く論ずれば、英仏側は恐らく此の儘有耶無耶に戦争を終局せしむべき考ではあるまい。何処までも勇を鼓し、独逸に最後の致命的打撃を与へずんば已まざらんとする考で居るものと謂はねばならぬ様である。

（二）

然し又他の一方から見れば、何等の戦争無しに此儘講和期に入るであらうとする説にも、各種の根拠がある。今その主なるものを数ふれば、第一には露国に於ける下層階級間の平和風である。近き将来に於て露国の中心勢力たらんとする下層階級が、其本来の立場に於て極端なる平和主義者たることは前既に之を述べた。彼等には所謂同盟の誼《よしみ》に義理を立てゝ英仏の行く所まで漫然引き連られて行くと言ふ考は、最早毛頭無い。これでは大変だと、英国は労働党の長老ヘンダアソンを送るとか、白耳義《ベルギー》は社会党の世界的名士たるヴァンデルヴエルトを送るとか、又米国は遥々《はるばる》労働組合の頭梁たるゴンパアズの名を以て、軍国主義の絶滅を見るまでは決して干戈を収むべからずとの警戒を発電せしめたとか、頻りに露西亜社会党の反省を求めて居るけれども、更に何の効果も無いやうだ。即ち露国は今や無条件平和克復主義を執つて一挙に世界の平和を再現せしめんと努力しつゝある。単に夫れ丈けならばまだよい。此の上彼等は更に進んで、平和の促進に害ありとなして一切の兵備をすら解かしめんとして居るのである。露西亜が独逸と単独講和をするといふが如きは万々之無かるべしとするも、露西亜に於ける右の如き風潮は、少くとも英仏をして思ひ切つた攻勢に出づるを躊躇せしむることは明白である。固より斯くして英仏が特別に不利益を蒙ると言ふことは、露西亜の希望する所では無からう。けれども唯彼等は、是の如くする事により、始めて英仏・独墺の双方を促して我の意見に同意せしめ、以て一般的平和を齎らし得ると信じてゐるのであらう。尚序《つい》でに言ふが、露西亜が斯く兵備を懈《おこた》つて居るに乗じ、独逸が之に附け入つて進攻し来ることは無からうかと言ふに、斯かる心配は多分あるまいと思ふ。何故なれば、斯くして露国民の怒を挑発し、折角平和的になつたものを一転して主戦的に変ぜしむるの恐れある事柄は、独逸の最も慎むべき所であるからである。蓋し独逸は目下露国を誘つて之と単独講和をなすを以て唯一の活路と見て居るらしい。固より之に由つて敵城の一角を崩壊し得るとは期待して居まい。が、少くとも彼は之を端緒とし、露西亜を通じて多少面目の立つ講和を贏《か》ち得るの望を抱いて居るのであらう。

第二に独逸の内部に昨今講和風の頗る旺んなことも亦看遁すことは出来ない。思ふに独逸は今日余程困つては居るもの、、未だオメ〳〵敵に屈せざる丈けの余力は有るのであらう。然しどの途先は見へてゐる。一部の者は潜航艇戦の効果と、露西亜の政変の結果とに一縷《いちる》の望を掛けて居るやうであるけれども、多数の人の腹は、相当の条件ならば早く和を講じた方が得策だと云ふ位の考であらう。少くとも斯の如き思想が下層階級殊に社会党の方面に流行して居ることは疑を容れない。唯帝国主義を代表して居る現政府並に其与党の一派に至つては、固より我からイニシヤチイヴを取つて和議の提唱を為すことを欲しない。若し速に和議を修むべくんば、先づ露国と単独に和して同盟の一角を崩し、次で英仏を促して我に和を乞はざるを得ざらしめやうと言ふのが彼等の希望であらう。其為めにや独逸は先般来頻りに露国の下層社会に講和熱を煽らんとして非常に努力して居つたやうである。極端なる非戦論者レニンを露国に帰らしめて、彼に依つて無智の労働者を煽動せんと試みたのは、即ち之が為めに外ならぬ。四月央ば以来屢々独逸より和議の提唱あるべきの報道を言ひ振らしたのも、或は露西亜を誘はんが為めの探りであつたかも知れない。此計画は今の所失敗に終つたやうであるが、兎に角之に由つて我々は独逸にも亦講和風の旺んなるを推測し得るのである。

レニンを操縦して露国の下層階級を動かすの計画に失敗した独逸政府は、最近ストツクホルムに各国社会党聯合大会を開くの計画に依つて更に活路を開かんとして居る。此催しはスカンヂナビア諸国の社会党代表者の主催する所となつて居るけれども、主として斡旋の労を執る者は丁抹《デンマーク》のボルグビヱルグである。ボルグビヱルグは是より先き独逸の内命を受けて露国社会党の意嚮を探りに行つた事もある人であるから、彼の斡旋に係るストツクホルムの会合の陰に、独逸政府の存在する事は略々《ほぼ》之を推測する事が出来る。其証拠には独逸政府は自国社会党の穏健なる者には、出来る丈け多数出席すべき事を勧誘して居るに拘らず、ハアゼ一派の過激派には悉く旅行券の交付を拒んで居るといふではないか(五月十四日の電報)。されば英仏の社会党は、初めから之れに警戒の眼を注いで居つたが、終には公然参加拒絶の声明を為し、五月十日の電報に拠れば、却つてアベコベに六月を期して聯合国の社会党労働党大会を倫敦《ロンドン》に開くといふことである。不幸にして露西亜の社会党は、十一日代表者をストツクホルムに派遣するの決定をなしたと言ふから、少くともスカンヂナビア諸国の代表者と露西亜及び独逸の代表者との会合は実現する事になるだらう。而して独逸が此会合に由つて達せんとする所の目的は、露国代表者の参加あるのみで十分である。何故なれば、之に由つて露独両国は如何なる講和条件に一致し得るやを略ぼ探知する事が出来るからである。新聞紙上には、独逸社会党のストツクホルム会議に提出すべき講和条件なるものが屡々発表されたけれども、之れは固より深く信用するに足りない。が、兎も角、此会合で露独両国代表者の合致したる意見なるものが成立発表さるゝことになれば、之れが著るしく不当なるものに非らざる限り、精神的に英仏側をも動かす力を持つことは争はれない。斯くては英仏は独逸に先手を打たれた形になり、将来の掛引上甚だ不利の地位を取らねばならぬことになる。何れにしても此会議の成行きは、今後我々の大に注目すべきものであると同時に、此会合に熱心なる丈け、独逸に於ける講和の希望は又切実なるものあるを推測せざるを得ない。而して此会合にして若干の成功を見ば、之が又著るしく一般的講和の機運を促進すべきや言ふを俟たない。

更に之れと関聯して看遁すべからざるは、露西亜の下層階級が頻りに其宿論を以て政府に迫る所あると同様に、独逸の社会党も亦頻りに昨今政府并に議会に向つて迫る所あることである。五月二日の電報に拠れば、社会党は議会に向ひ、極めて強硬なる態度を以て次の如き請願をなしたといふことである。一に曰く、領土の保全を条件として速に露国と単独講和を為すべきこと。二に曰く、政府は進んで其講和条件を明白に声明すべきこと。三に曰く、議会は政府を助けて、戦後軍備制限を目的とする国際条約締結の為め、国際的平和機関を組織する事に全力を竭《つ》くすべきこと。四に曰く、政府は国民の希望要求に適合する様に国内政策を改定すべきこと。是等の請願がどれ丈け聴かれたかは分らないが、次いで五月五日の電報に拠ると、帝国宰相は不日帝国議会に於て講和条件に関する明白なる声明をなすべしとの事であつた。以て如何に独逸政府も亦下層階級の要求の為めに動かされつゝあるかを知るべきである。尤も後報に拠れば、帝国宰相は十四日を以て行《や》る筈になつて居つた戦争目的に関する声明をば、終に見合すことにしたといふことである。其故は、さう社会党に圧倒されては困るといふて、保守的軍国主義者から反対されたからであらう。軍国主義者は今なほ潜航艇戦の効果を過信して居るし、且露国政変の今後の発展如何に依つてはも少し有利に戦争を終結し得べしとの空頼みを抱いて居る。斯ういふ考の人も独逸だけにまた少く無いのであらう。何れにしても宰相は、自ら進んで講和条件を声明するが如きは、断じて避くると言ふ方針に改めたことは疑ない。然し独逸は、自ら進んで何等かの声明を為すこと無くして露国を動かす事が出来るであらうか。之れ我々の注目に値する点にして、又思ふに独逸政府の最も関心する所であらう。

（二）

ストツクホルム会議の結果如何。露独両国代表者の間に、講和条件に関して、果して一致点を見出し得べきや否や。之れは和期の速かに来るや否やに重大の関係がある。而して仮りに露独両国が其占領的希望を全然棄てたとすれば、其間に一致点を見出す事は決して難くない。而して斯くの如き一致が両国の間に成立したとすれば、如何に英仏が従来飽くまで戦争を継続すると主張したとしても、結局露独の協定に大体盲従せざるを得ない事にならう。況んや露独の斯くの如き協定には、米国の如きは――少くとも主義に於ては――始めから同意を表するに吝《やぶさか》ならざるべきに於ておや。故に今後我々の尤も精密に観察を懈るべからざるは、露独両国の間に真の一致を見出す事が出来るか否かの一点に在る。之れさへ出来れば、最早英仏の意嚮の如きは深く之れを問はずして一般的平和は来るであらう。

且又英仏それ自身も、独逸と同じく、昨今非常に困難を嘗めつゝある。仏蘭西が兵員の不足に苦しんで居る事は曩きにも述べた。若し夫れ英国に至つては、独逸潜航艇戦の結果として、昨今非常に食物の窮乏を感じて居る。四月二十八日の電報は、強制的に食料を制限するの外他に良策無きを悟り、遠からず切符制度を布かんとして居るといふ事を伝へて居る。之れ亦如何に英国が窮乏に悩んで居るかを語るものである。而して此れが原因は畢竟船腹の不足に在る。換言すれば昨今独逸潜航艇の犠牲となる輸送船が非常に多くなつた結果である。兎も角、食料欠乏は今や英国に於て極めて危急なる問題となつて居る。新聞も亦筆を揃へて食料欠乏の結果時局は正に重大なる危機に在る旨を説いて居る。以て其の如何に此問題が重要の意味を有して居るかゞ分るであらう。果して然らば、英国と雖も、適当の条件を以てする講和談判の開始には、実は必ずしも反対では無からうと思ふ。此点は仏国とても同じ事である。

要するに和期の到来は決して遠くは無い。差当り之に直接の関係を有するストツクホルム会議の経過は、吾々の特に注意を傾けねばならぬ点である。戦争継続か将た講和か。そは更に今後の時局の発展に見やう。(五月十九日)

〔『中央公論』一九一七年六月〕

露国の前途を楽観す

（一）

露国の前途の観測について我国の論壇には悲観論が多い。否な、殆んど全部が悲観論と言つてよい。恐るべき外難を扣《ひか》へて居りながら、内部の状態が混沌として更に帰する所なきを見ては、悲観説の唱へらるゝも尤もである。五月初めにはクロンスタットの独立があつた。七月の央《なかば》にはウクライナの独立要求があり、つゞいて数日の後フインランドの独立宣言があつた。之に加ふるに中央に於ては一方には過激派、他方には反動派の辛辣なる陰謀を逞うして極力政府顚覆を計るものがある。戦線の士気至つて振はず、九月三日にはリガの陥落を報じ、独軍長駆して露京を衝くの日なかるべきかを憂ふる者あるに至つた。斯くして露国の前途を悲観せざらんとするも得ざるのである。

併しながら露国の前途を観察するに方《あた》つて、動《やや》もすれば、我々の看過せんとし、而かも決して看過するを許さゞる点が二つある。第一は内部の状態が紛乱に紛乱を重ねて居る様に見える中に、自然に大勢の帰嚮の歴然たるものある事である。換言すれば、中央の政界はケレンスキー及び其一派を中心として漸次堅まりつゝある事である。凡そ革命後の政界の暫らく紛乱を重ねて容易に帰嚮する所の定まらざるは、何処の国に於ても通有の現象である。仮令《たとえ》対外的国難は内部の紛乱の収拾を急がしむる傾向ありとはいへ、社会諸勢力の安定の為に数年の歳月を要するは当然である。独り露国が革命後半歳を経て内部の統一其緒に就かざるを怪むべきでない。況んや露国は此短日月の間に、略ぼ何れを中心勢力として政界の安定を見るべきやの意、極めて朧ろげながらつけつゝあるに於ておや。我々は固よりケレンスキー並びに其一派が結局露国政界の中心勢力となり了《おお》せるか否かを予言する事は出来ない。けれども彼は初め臨時政府に法相の地歩をとり、やがて陸相となり、又首相となるの間に於て、漸次無政府主義的過激派と戦つて大いに其勢力を打破するに成功した。所謂レニン一派の運動なるものは革命後一二ケ月の間頗る勢力を有つて居つたが、彼は常に之と戦ふに余力を残さず、殊に七月央ば此派の首都に騒擾を起しやがてルボツフ公に代つて首相の地位につけるを機とし、更に彼は内に於ては高圧政策を以て過激派に望み、外に於ては一時国境封鎖を宣言して此派の運動員の外国より流入するを防ぎ、以て国家の統一を阻害する有害分子の掃蕩に努めた。此政策は今日まで大体に於て成功しつゝあると言つてよい。併しながら彼の政策に対して紛々たる非難を加ふる者は独り過激派のみではない。彼のよつて以て根拠とする所の社会主義者の間にも少からずある。蓋し彼は穏健的社会主義を有つて居るに対し、所謂社会主義諸党の中には彼を以て余りに右的なりとする者があるからである。併しなが〔ら〕彼の堅忍不抜の意志と、其一点私心を交へざる赤誠とは、彼をして深く彼等諸党の意嚮を顧慮する事なくして自由に奮闘するを許して居る。八月六日彼は内閣組織の困難を口実として一旦辞意を決したが、彼の外に此難局に当るの人材なしとして強いて留任を求めらるゝや、彼は再び政柄《せいへい》を秉《と》つて内閣組織を決行した。而して閣員は民主党たると社会党たるとを問はず、当分其党議に拘束せられず、其属する政党に対して責任を負はざるべきの宣言をなした。此宣言が何れ丈け有力なりやは、時の勢によつて自ら異る所あるべきも、要するに彼が紛々たる議論を超絶して自由に其手腕を振はんとするの意気に対し、甚だしく之に反抗する者なかりし事丈けは明白である。尤も所謂労兵会はケレンスキーの此態度に対しては反対であつた。故にケレンスキーが自己の政府の後援を国民的基礎の上に置かんが為め、モスコー国民議会の開催を唱道するや、現政府の唯一の後援者を以て任じて居つた労兵会は盛んに之に反対し、其過激なる分子に至つては後開会の当日、労働者を煽動して同盟罷工、示威運動等を行はしめ、以て極力会議の進行を妨げんとして居つた。之より先き政府が七月十七日の露都騒擾に対し、政府が高圧手段を以て之れに臨まんとした時にも、労兵会は高圧手段を政府に認むるの交換条件として共和制の即刻の宣言、農相の土地制改革案の実施、国民会議開催の中止の三件と共に政府は須《すべか》らく労兵会に対して全部の責任を負ふべき旨を要求した。以て労兵会の政府に対する態度を見るべきである。併しケレンスキーは此要求を容れもせず、又事実其要求に服従して居ないが、又全然労兵会を無視して居ない事は論を俟《ま》たない。なぜなれば、労兵会とても亦彼に於て自家団体の意見を実行すべき好個の代表者を見出して居るので、彼によつて労兵会は実際政界の偉大なる勢力たるを得るのである。従つてチヘーゼの指導するところたる労兵会一派の議論は、ケレンスキーの政見と正しく一致するところあるにあらざるも、又両者は不即不離の関係を持続して居ることは見逃すべからざる事実である。ケレンスキーの如き人材を欠かば、政府或は労兵会の傀儡《かいらい》となり了つたかも知れないが、兎に角ケレンスキーあるによつて、今の露国政府は労兵会の政府にあらずして露国の政府たりといふ権威を略ぼ立て得た事は之を認めねばならない。若し夫れ革命政府にとつて最も恐るべき反動派の勢力に至つては、コルニロフ将軍の失敗によつて測らずも大打撃を之に与ふるの好運に際会したと言つてよい。革命匆々の事とて暫く鳴を鎮めて居つたとはいへ、流石《さすが》古い君主国丈けに保守的反動派の隠れたる勢力は、決して軽視すべからざるものと見なければならない。革命後の政界の紛乱に乗じて、此等の反動派が頭を擡《もた》げ、為めに屢々政界の進歩を逆転せしめる事あるは多くの国に於て経験せるところである。此苦き経験は、恐らく露西亜に於ても必ずや一度は嘗むべきものであつたらう。然るに幸にして反動派の頭を擡ぐべき機運の到来に先つてコルニロフ将軍の蹶起あり、而して之の失敗に連座して多数の反動主義者がそれ〴〵の処分を受けたのは、啻《ただ》にケレンスキーに取つて僥倖であつたのみならず、臨時政府の前途を著しく平坦ならしむるものである。コロニロフ将軍がルボツフ公を通じて内閣の譲〔引〕渡しをケレンスキーに要求したのは九月九日である。此種反動的の騒動あるべしとの噂は、莫斯科《モスクワ》会議の閉会以来、殊に九月初旬に於て盛に流布せられて居つた。而してコルニロフ将軍の立つあるに及んで、ケレンスキーは直ちに之を拒絶するのみならず、且つ此等の運動に対しては叛逆者として厳重に所罰するの決意を示すに及び、天下の大勢は忽ちにしてケレンスキー内閣を支持するに決した。之れに依つてケレンスキー内閣の権威は更に一段の重きを加ふる事になつたのである。

第二に考へねばならぬ点は、社会主義にかぶれて居る露国民の多数が自家階級の利害を考ふるに急にして、目前に迫れる国家的大難を深く顧慮せざる点を、我々日本流の思想で一概に之れを非難するは必ずしも当らないといふ事である。国家の為めには何事を措いても全力を捧げよと云ふのは我々日本人の最も重きを置く道徳で、之れあるが故に日本国民は其国の小、人の寡を以て能く強国の面目を保ち得るのである。併しながら西洋の、殊に労働者階級、就中其社会主義にかぶれて居るものゝ間には、啻に斯の如き思想の旺盛でないのみならず、寧ろ斯の如きは排斥すべき思想と考へられて居る。彼等は動もすれば人道を云ふ。人道の前には国家的道徳の如きは第二義第三義のものとせられて居る。「労働者に祖国無し」とは彼等の誇を以て主張する所である。斯の如き考の善いか悪いかは姑《しばら》く之を別問題として、兎に角是等の連中に、国家の目的に其尊しとするものを捧げんことを期待するは、抑も期待するものゝ誤りである。仮令其説の根柢が謬《あやま》つて居るにせよ、彼等は戦争を以て資本家階級の利益の為めにする事業であると考へて居る。資本家階級が国家の運命を左右して居ればこそ戦争がある。労働者の天下になれば戦争は有り得ないといふのが彼等の金科玉条である。斯う云ふ思想の人々に戦争遂行の為めに全力を捧げしむる事が出来やうか。彼等の斯の如き態度が結局露国を如何なる運命に陥れ、彼等自身も亦之れによつて大いなる不利益を被る事なきかは、我々の彼等の為めに憂ふる所であるけれども、彼等自身の立場から云へば、国家防衛の名の下に資本家の為めにする戦争に従事するよりも、彼等自身の利益に取つてもつと重大なる問題があると考へて居るのであらう。故に露国民が今日の困難に方つて内争に紛々たるは、彼等の立場からすれば、彼等の最も大切とする問題の為めに狂奔して居る所以であつて、階級的利益の為めに国家の大事を忽諸《こつしよ》にして居ると罵るべきでない。暫く小異を捨てゝ挙国一致して外敵に当るを急務とすべしといふのが、我々の立場からする判断である。而して我々の立場から云へば、国家的精神の欠乏は多く民心頽廃の結果なるが故に、我々と思想の根柢を異にする国民に就ても、我々は動もすれば此両者の間に必然的関係を認めんとする。併しながら露国民が国家的問題を第一義とせざるは、必ずしも民心頽廃の結果と見るべきではない。況んや彼等は前にも述ぶるが如く彼等自身の立場より見れば、其主義並びに確信の為めに傍目を振らず奮進努力して居るを見るに於てをや。彼等を以て其最も重んずべしとする事を取違つたと責むるのは妨げない。彼等が目前の利害に追はれて何等高尚なる目的の為めに尽くすの誠心を失つたといふは恐らく大いなる謬りであらう。

（二）

革命後の露国の政界には各種の勢力が勝手に横行して、殆ど統一する所なきが如く見える。併し斯の如きは革命後の政府に於ては何処の国でも致方がない。而かも其間に於て社会主義の一派が嶄然頭角を現はし、漸を以て一般民衆を率ゐんとするの概あるは、寧ろ革命後の恢復力に於て露国民の他に優るものあるを思はしむるの一例になると思ふ。要するに今日並びに近き将来に於ける露国政界の中心勢力は、広義に於ける社会党である。従つて此党が革命後如何にして其勢力を張り、又如何なる主張を以て国民を導き、又如何なる態度を以て他の外国と交渉し来りしかを見るは、即ち露国の将来を見る所以である。

一体旧政府を殪《たお》した勢力は下層階級を根拠とする所謂社会党ばかりでない。中産階級を中心とする所謂自由派も亦有力なる一原素である。自由派と社会党派とが共同の敵を殪す為に、革命の実行に一致したのである。従つて革命後の臨時政府は此両派の相寄つて組織する所であつた。然しながら此両派はもと凡ての問題について其政見を同じうするのではない。故に共同の敵を殪すといふ消極的目的の為めには一致しても、革命後の政治を経営すると云ふ建設的事業に於て意見の岐《わか》るゝは止むを得ない。果せる哉此両派は間も無く戦争の継続について、激しく意見を異にする事になつた。何となれば自由派は英仏諸国に共同して、依然最後まで戦争を継続すべきを主張するに反し、社会党は戦争の目的は自衛以上に出づべからず、侵略の目的を以て戦争するは常に文明並びに人道上の最大罪悪でありとなし、而して此目的を否認せんか、一挙して一般的平和を齎らし得べきを主張して、直接に戦争の継続を予想する凡ての施設に反対せんとした。斯くして革命後の臨時政府は差当つての最も重大な問題、即ち戦争に対して如何なる態度を取るべきかの問題について二派相争ふ事となつた。而して社会党が斯の如き主張を取るは、社会主義平素の主張に照して毫も怪しむを須《もち》ゐない。然しながら宮廷一派の親独的傾向に反対して起つた革命なるに鑑み、其革命の指導者から戦争継続反対論を聞くとは各国の予期せざる所であつたに相違ない。協商国が革命後の露国政府が前よりも一層の熱心を以て戦争の継続に尽力すべきを予想した事は、英仏が三月十八日を以て早くも革命政府を承認し、米も亦廿四日之に倣つた事を以ても明かである。当時英仏は暗に革命運動を助けつゝありといふ風説すら行はれた程である、然るに今や彼等は戦争の継続を無条件に承認せざらんとするの態度を取る。而して偶々其間に無政府主義並びに独探運動などがあつて、無智の下層階級を煽動して独逸と和せしめんとするの隠謀も行はれたので、露国政府は一転して単独講和を希望するものではあるまいかと云ふ説さへ行はれたのである。併しながら之は皆露国の社会党を知らざるの誤解に出づるものである。彼等の期する所は初めより一般的平和を以て終始して居る。一般的平和の促進に妨げあるが故に、先に彼等は宮廷の親独傾向に反対した。何を苦んで再び単独講和の説に迷つて当初の素志を抛擲すべき。彼等は一般的平和に熱中するが故に、英仏に同じく戦争の継続を説かない。戦争の継続を説かざるは、必ずしも独逸と単独講和を為すに意有るが為めではない。単独講和に意無くんば、徒らに講和論を流行せしめて、戦線に於ける士気の頽廃を招致するは避くべきではないかといふのは、我々の議論である。如何なる憂ふべき結果を生じようが自家の主義は隠す所なく明ら様に之を主張すると云ふ一本調子は、由来社会党の特色である。是に欠点もあるが又長所もある。目標を睨んだら最後、傍目も振らず突進して全然左右を顧みないといふ所に、兎も角も我々は露国社会党の潑剌たる元気を認めねばならない。

臨時政府は社会党と自由派との相寄つて作くる所なるは前述の通りである。併しながら此革命政府の後援となつて居る民衆の大部分が、社会党若くは社会党系のものたるは言ふを俟たない。而して此等の民衆的勢力は前述の如き社会党の主張を掲げて、其承認を政府に求めて止まない。此種の要求の初めて現はれたのは三月廿七日で、其結果政府は止むを得ず所謂戦争目的の宣言なるものを発表したのは四月十日である。社会党は国内に於ける宣言のみを以て満足せず、更に之を同盟諸国にも通告し、所謂非併合・無賠償の主義に各国を承認せしめて、茲に一般的平和の到来を促さん事を主張するに及び、政府は五月一日此要求に押されて戦争目的に関する露国政府の所見を同盟各国に通告したが、其際露国の所見は同盟諸国の今日まで宣言せる所に表はれた目的と深く異るものではないと云ふ附け加へをした為めに、民衆は大いに憤慨し一大騒動を露都に現出した事は曾ても述べた通りである。斯くて五月の央には陸相外相の辞職によつて自由派の有力者は退き、臨時政府は殆ど社会党を以て占領する所となつた。而して社会党の優勢を占むる臨時政府は更に一歩を進めて、協商諸国に密約改訂の要求を以て大いに肉迫する所あつたのである。

社会党は非併合・無賠償を金科玉条として、断じて侵略的目的の戦争を否認して居る。之れ一般的平和の促進を妨ぐる唯一の原因であるからである。然るに現在の戦争は其起源が何であるにせよ、又当初之れを起した目的が何であるにせよ、少くとも聯合国が戦争の継続によつて達せんとする所の目的の中には、併合と賠償との二大利益を含んで居る事は疑ない。之れ協商国の間に共同作戦の歩調を一にする為めに締結せる秘密条約の定められる所にして、而して革命後社会党は是等の秘密条約を手に入るゝことに依つて此事を知つたのである。斯くして社会党は英仏諸国に向つて我々の戦争目的の中には侵略の意味が含まつて居るではないか、之を我々から卒先して拋棄するに非ずんば、平和の克復が永久に望まれないと主張するのである。之れ密約改訂の説ある所以である。露国政府が此希望を以て同盟国政府の内意を探りつゝあるといふ報道は、五月の末已に我々に伝へられて居つたが、六月十六日に至り遂に外務大臣テレスチエンコーの名を以て「臨時政府の交附したる戦争の目的に照し、各国間に現存する条約を調査するの目的を以て聯合国間の会議を召集せん」ことの通牒を発するに至つた。此露国政府の希望は未だ十分に聯合諸国の容るゝ所とならざるも、兎に角彼等が飽くまで目的の地に突進するに勇なるを想像する事が出来る。

(三)

以上の如き露西亜の態度には差当り英仏は大いに困つたやうである。何故なれば平素正義公道を口実とする協商国は、形式上難のない露国民の意見に表面から反対する事も出来ない。又強いて反対すれば露国の同盟より分離し去るを恐れねばならぬ。されぱと云つて露国民の言分に全然賛成する訳にも行かないからである。而して一方露国に於ては其決心は牢乎として抜くべからず、同盟の誼は重んずべしと雖も主義に殉ずるは更に重んずべしといひ、英仏にして我々の主義に賛成せずんば、我等は自由行動を執るの止むを得ざるに至るべきを説いて居る。中には何の必要あつて我々は英仏の侵略的目的を達する為めに戦争せざるべからざるかと憤慨するものも少からずあつた。是に於て英仏側は露国民の言分に屈して、不得要領の講和を為すに甘んずべきか、又は露国の離反を厭はずして当初の素志を貫徹するに努むべきか、二者其一を選ばなければならぬ事になつた。併し流石は英仏である。彼等は一挙に問題を決定して、黒に非ずんば白とノッピキならぬ関係に問題を片付けて了ふ拙策には出ない。彼等は此問題を決定するに暫く時を与へ、其間にいろ〳〵策略を運《めぐ》らさんとして居る。唯、彼等の苦心はかたくなる露国の社会党を動かして、其頑強なる態度を改めしむる事を得るや否やが一つの問題である。

英仏が戦争の目的に関して当初の意思を変ずるの意なき事は極めて明白である。彼等はプロシアの軍国主義を打破する事を以て終局の目的とし、更に戦後に於ける永久平和の保障の為めに多少の領土と賠償を敵国に求むるを必要なりと認めて居る。此点に於て独逸の譲歩を見ざる以上は何処までも戦争を継続せんと欲するものたる事は疑ない。如何に露西亜の歓心を得んと欲すればとて、此目的を棄てる訳には行かない。此目的を棄てる位なら、初めから露西亜と協同して戦争を初むる必要も無いのである。此点は動かないが、併し実際上今露西亜に離れられては、戦争の遂行上大いなる齟齬を来たす。戦争の目的を達する為めには是非共露西亜の協同を必要とする。故に戦争の目的を遂げると云ふ事と、露西亜を同盟国として連れ立つて行かうといふ事とは両立し得べからざるものながら、尚両立せしめて行かねばならぬといふ所に協商国側政治家の苦心がある。此等の苦心の結果であらう、或時は露国を威嚇して見た事もある。五月初旬亜米利加の新聞に露国が若し協商国に負《そむ》くならば、日本は即ち協商国の為めに露国の背後を衝くであらうといふ説の如きは即ち之れである。こんな事に利用された日本は甚だ迷惑であるが、然し已に国家防衛の必要を第一義と見做《みな》さざる露国の民衆に取つて、斯の如き威嚇は何の効も奏しなかつた。此威嚇の結果として現はれた唯一の産物は、露国民衆の排日思想のみに過ぎない。か丶る下らない策略を外にして、英仏側の露西亜に対して執つた策略の一つは、戦争の目的に関する宣言の連発である。

露国の政府並びに社会党が戦争目的を宣言するや、他の諸国に於ても社会党員などから、一体何の目的の為めに我国も亦戦争に参加して居るのかを問ふものがあつたので、二政府は勢ひ之に応じて戦争目的の宣言を発表せねばならなかつた。併し政府の戦争目的に関する宣言の発表は、啻に此理由にのみ基くものではない。是等諸国政府の此点に関する意見を、暗に露国の政府並びに国民に向つて宣言するといふ意味を含んで居るものである。而して是等の宣言に表はれた所に拠ると、彼等は主義に於ては露国と同じく非併合・無賠償の原則に賛成であるが、併し非併合・無賠償といふ文字の意味の取り様によつては、必ずしも露国の所見と一致するものではないといふに帰するやうである。例へば米国大統領ウイルソンは非併合といふ文字が「住民の為めに公正なる生活及び自由を確保する目的以外には決して他国の領土を侵さない」といふ意味ならば賛成であり、又無賠償といふ文字も「明かに非行と認めらる丶ものに対して賠償するものの外には絶対に要求せず」との意味ならば賛成であると述べ、更に「戦争の目的は独逸軍国主義の剿滅《そうめつ》にあり、之れが為めには先づ独逸の已に犯せる非行を強制〔矯正〕し、更に其隠謀の由つて発する機会を永久に絶滅するを要す」と説いて居る。英国に於ても社会党の名士スノーデンの要求に対しセシル卿の答弁する所に拠れば、英国は決して侵略の目的の為めに戦争するものではない。而して白耳義《ベルギー》、セルビア、北部フランスの独軍によつて加へられたる損害の賠償を求むるは懲罰的意義の賠償にあらず、又不当に外国によつて虐げられたる地方即ち波蘭《ポーランド》、アルサス・ローレン、伊太利イルレデンタの恢復は併合にあらずと説き、更に一歩を進めて外国の暴政に苦む民族に自由を与ふるの大義を名として「独の毒手を免れたる異民族」を再び独逸に委すべからざるを説きて、既占殖民地の保持を説けるが如きは最も注目するに足る。同じ様な説明は五月の末仏国に於ても亦時の宰相リボーの口から発せられた。之に拠つて見れば、協商諸国は文字の上に於ては露国の主張に賛成して、其顔を立てゝやりながら、事実に於ては彼等の宿望をして露国をして承認せしめんとするものである。此見解に対して露国は決して譲歩する所なかつた。何故なれば彼等は戦前の状態に恢復するを以て所謂非併合・無賠償の原則の根柢となし、之れにあらずんば一般的平和は、之を促進するに由なければなりと主張して居る。若し此方面に於て英仏側と露国側との間に意見の一致を見た点ありとすれば、そは所謂民族自定主義のみであらう。虐げられたる少数民族の自由を保護すると云ふ点は、露国側の必ず反対し得ざる主張である。其処で戦前の状態に恢復すると否とに係はらず、問題となつて居る民族の運命は、其民族自身をして之を決定せしめようといふのである。此主義に拠れば大体に於て英仏の希望は達せられる。露国の社会党は英仏側の希望の達せられると否とは其問ふ所でない。帰する所は主義の一貫のみにある。従つて民族自定主義は又彼等の喜んで賛成せる所である。現に此主義が立つて、彼等は七月の下旬已にフインランドとウクライナに対して、或意味の独立を認めたのである。併し是等の点を外にしては露国民の戦争目的に対する態度は、未だ頑として一歩も英仏に譲る所はない。主張其物の是非善悪は姑く之を問題外に措く。唯其毅然として所信に忠実なるの態度を見て、我々は露国民の容易に侮るべからざるものあるを思ふものである。

英国側の取つた策略の第二は、名士を派遣して露国国論を動かすといふ事であつた。外交的手腕によつて露国政府を動かさんとすれば、其背後の勢力たる社会主義的民衆の見解を改めねばならない。此目的の為に英吉利は政界の元老にして労働党の領袖たるヘンダアソンを送つた。仏蘭西は之れ亦見識声望兼ね備はる所の社会党の名士トーマーを送つた。白耳義は又同国労働党の首領にして、万国社会党同盟の総指揮官として世界的の名声あるヴァンデーヴエルトを露京へ送つた。世界の社会党中に普く之れを捜すも、才徳声望に於て恐らく此三氏の右に出づるものは余り多くあるまいと思はれる。此三名士は六月より七月に亙り、露京に会して同国社会党の名士の間に奔走し、勧説大いに努むる所あつたやうだけれども、結局に於て何等の効果を奏せなかつたやうである。之れによつて見ても、露国社会党の態度の如何にも牢乎たる点が思はる丶のである。徒らに頑迷なのではない事は、彼等の為す所に初めから一貫した主義の流れて居ることによつて、略ぼ之を察することが出来る。

（四）

革命政府は創立以来絶えず動揺があつた。五月の央には自由派の有力なる名士が去り、七月の央にはルボツフ公の退隠によつて政権全く社会党に帰し、八月上旬政変によつてケレンスキーが政界の首脳となつたけれども、彼自身の勢力の根柢は尚未だ確定せず、八月の下旬莫斯科《モスクワ》国民会議によつて、自家政権の基礎を国民的根拠の上に置かんとするの計画も十分に成功しなかつた。却つてコルニロフ将軍の人気彼を圧して、反動的傾向の盛んならんとするを憂へしめた程であつたが、機熟するに先つてコロニロフ将軍の政権を奪はんとするの隠謀あり、九月央を以て漸くケレンスキーを中心とする政府の権威は確立しかけたやうである。併し其果して確立せりや否やの未だ明かならざると共に、全体として中央政府は之れまで甚だ動揺常なかつたと見なければならない。併しながら如斯《かくのごとき》は社会党中の如何なる方面に勢力の帰すべきやの決定の為めに行はれたる動揺にして、社会主義が革命露国の指導的中心であると云ふ主義は、五月央より今日に至るまで一貫して些《いささか》の動揺をも見なかつた。従つて内外の政務に関する露国民の態度並びに決心が、初めより確固として動かすべからざるものがあつた。故に五月十七日社会党で固まつた内閣の発表せる八ケ条の宣言、又七月二十二日改造後の政府の宣言は、露国民の決心を最も明白に語るものであつた。中にも七月下旬の宣言の如きは最も明白に露国民の態度を宣明するものであつた。此宣言は前後九ケ条より成つて居るが、其第一条には「外敵と戦ひ無政府党及び革命反対派と戦つて、飽くまで新制度を保護する事」を宣言した。第二条には「露国外交政策の基礎たる自由、平等、同胞の思想に反する目的の為めには露国民の一滴の血も流さざる事」を宣し、以て暗に今の儘で英仏と協同戦争に従事する事能はざる旨を宣言して居る。更に第三条には「政府は本年五月十九日宣言せる所の外交政策の原則を実行すると同時に、聯合国一般の外交方針を改めしめ、且つ聯合国の行動をして露国革命により声明せられたる主義を行ふに一致せしむる為め、本年八月を期し聯合国会議を露京に開く事」を提議すべく、与国よりは右会議に専門の外交官の外民主主義の代表者をも出席せしむべしと書いてある。以て自家の主義に英仏諸国を従はしめんとするの熱心を思ふべきである。

尤もケレンスキーは近頃余程右的になつたやうに見える。けれども非併合・無賠償の原則の下に一般的平和を促進するの主義に聯合諸国を率ゐんとするの態度に至つては前後変はる所を見ない。此事は露国政府が其意見を他の同盟諸国に押し付けんとして為す所の不断の努力によつても分る。英仏諸国が容易に承服せざるべきを知りつゝ、露国側が尚頑として其態度を改めざるについては、茲に看遁す事の出来ない二つの原因がある。一つは聯合国側が大抵の犠牲を払つても、露国との同盟関係を維持して置くの必要があると云ふ関係である。露国の斯の如き地位にあるといふ事が、其彼等の意志を同盟国に迫る上に有力なる武器である。第二には英仏等の諸国に於て社会主義の系統に属する民衆の間には、段々露国と同意見のものが輩出しつゝある。露国が頑として其主義を改めざれば、それ丈け同盟国に於ける同主義者の気勢も揚るといふのが、露国の人々をして意を強うせしむる一原因である。露国革命以来非併合・無賠償の叫びは、敵国の独・墺内に於ても盛んになつた。況んや英仏に於ては社会主義者中露国の同主義者と策応して此運動の為めに起つて居るものが少からずある。英吉利でも有名なマクドナルドの如きは即ち此種類に属する。此等の理由よりして英仏諸国の政府の意に反して露国が頑強なる態度を取つて居るのは、強《あなが》ち我意を通さうといふ意地ばかりではない。聯合国の内部に於て多数の同志ありとの確信の上に、多大の光明を前途に描きつゝ、所信の実現に努めつゝあるものに相違ない。而して彼等の計画の下に運ばれつゝあつたストツクホルム社会党万国大会の如きは即ち此目的に出でたものである。なぜなれば玆に洽《あま》ねく欧洲諸国の同主義者を会し、明白に非併合・無賠償の原則を確立する時は、其正に出席した代表者を通して更に其主義を各国の内部に宣伝し、以て交戦各国の輿論を動かし、やがて一般的平和を到来するを得べきを以てゞある。

併しながら、露国民の此立場は前にも言ふ如く、英仏諸国の為政者の断じて承認するところではない。彼等は単純なる非併合・無賠償の原則の下に奔《はし》るは、即ち不得要領に戦争を終止するものにして、折角多数の人命と多大の国帑とを費して継続せられたる戦争を無意味ならしむるものである。斯くして彼等は戦争の目的として、独逸の軍国主義の剿滅を掲げ、所謂虐げられたる民族に対する自由独立の保障を掲げ、之が即ち永久平和を保障する所以の道なりとして輿論を此方面に導かんとしてゐる。そこで、彼等は露西亜の勢力の下にストツクホルムの大会が開かれ、一旦決議が成立しては取返しがつかぬから、之に先立つて英仏の勢力の下に別個の万国大会を開いて、ストツクホルムの大会を圧倒し去らうといふ計画を立てた。七月下旬英吉利のヘンダーソンが仏蘭西にトーマーを訪ふて、社会党万国聯合の委員会を開き、八月十五日を以て開かるべかりしストツクホルム大会を九月央に延期し、之に先立つて八月の終りを以て倫敦《ロンドン》に大会を開かうといふ事を決議した。倫敦大会は八月卅日を以て英仏政府の希望するが如き状況の下に首尾よく閉会し、而してストックホルム大会の方は露国に於ける政変の結果として当分無期延期の姿になつて居るが、然しながら之を以て此点に関する英仏側と露国との暗闘が首尾よく解決せられたものと見る事は出来ない。何となれば、露西亜ではやがて機会を見てストックホルムの大会の開催を実現せんと努むべく、而して英仏政府では敵国の代表者も来る会合に出席するものに対しては旅券を交附しないなどいふて頻りに妨害に努めて居るけれども、社会党の連中は之に対して猛烈に反抗して居るからである。

一般的平和の到来を希望する点に於ては、英仏側も露国側も固より同一である。而かも之が促進を計る所以の主義について両者の説と異る所以は、畢竟独逸其もの、観察に於て両者の見るところを異にするによるものであらう。惟《おも》ふに英仏側では抽象的には素より非併合・無賠償の原則に反対するものではない。併しながら此原則が一般的平和を持ち来たす根本原則たる為めには、総ての関係諸国が残りなく之を承認するでなければ出来ない。英仏露が此原則で立つても独り独逸が禍心を包蔵して改むるところなくんば、到底平和は来らない。而して英仏の実際政治家は従来の経験上独逸が全然此禍心を擲拋するや否やが明かでないから、暫く独逸は従前の儘の独逸であるといふ実際的見地に立つて今後再び彼によつて欧洲の平和の攪乱せられざらんがため、彼より横行跋扈の機会を奪ふといふ事が必要である。之れ単純なる非併合・無賠償を甘んずるを得ざる所以である。之れに反して露国の社会党は恐らく独逸の将来を英仏の如くは見ない。由来労働者といふ抽象的階級を見て、独逸とか仏蘭西とかの国境を無視するは社会党の通習である。彼等の物の見方は、如何なる場合に於ても抽象的である。労働者は何処の国の人間でも皆同一の者と見る。従て独逸の労働者は露西亜の労働者と何等特別の種類をなすものとは認めない。而して労働者のみを眼中に置く彼等は、独逸が如何なる階級によつて支配せられて居るかを顧慮するに暇あらずして、否な殆んど独逸といふものを念頭に置かずして、純然たる理論的見地から非併合・無賠償の原則を取つたものに相違ない。独り此事に限らず一般に社会主義の主張の中には、実際的立場を離れた抽象的の議論が多い。就中平和論に関する説の如きは、何処の国も皆一所にやるといふ事を前提としてのみ考へられ得べき説明が多い。例へば彼等が戦争防止の唯一最良の手段として年来主張する所の軍器弾薬製造所に於けるストライキの煽動の如きも、各国洩れなく同時に之を行ふといふ条件に於てのみ有効であらう。甲の国独り之を実行して、乙の国が之れを実行しないといふのでは何の役にも立たない。のみならず甲国をして非常な窮地に陥れる。而して我々は他国がやらないで自分の国丈けやつては、自分の国丈けが非常に損をするといふ懸念があるから、斯の如き説は到底実際に行はれるものではないと考ふるのであるけれども、社会主義は労働者は万国を通じて総て利害を一にして居るものであるから、必ず一般的同盟罷工は行はれ得ると信ずるか、或は少くとも堅く主張して動かない。露国の主張に係る非併合・無賠償の原則の如きも、単純なる抽象的理論としては兎も角、実際的政策として其儘之を承認し難きは、彼の一般的同盟罷工と趣を同じうする。斯くして非併合・無賠償に関する露国と英仏との論争は、社会党の抽象的主張と、英仏政治当局者の実際政策との争である。或意味に於ては、イデアリズムとトラヂシヨナリズムとの論争と見てよい。而して実際問題としては、抽象的理論が其まゝに行はれ難いを常とするけれども、然し実際的政治家の因襲的見解に刺激と警告とを与へ、斯くして一般思想界を清新ならしむるの効は之を認めなければならない。況んや露国の非併合・無賠償主義は同盟国に於ける露国の得意《〔特異〕》なる地位よりして、尚大いに他諸国の思想と政策との上に重大なる影響を与へつゝあるに於ておや。

　露国政界の混沌たる状態は、之を掩ふことが出来ない。社会党が其偏狭なる思想を以て横行闊歩する事が、国内秩序の安定を早める上によいかわるいかにも疑がある。一日も早く内部を堅めて外、国難に当つた方がよからうといふ見地から見れば、露西亜の前途に憂ふべきもの甚だ多い。けれども確信の上に動き、遠大なる理想の上に動くところの国民に決して滅亡のある筈はない。予は革命の露国に一定の遠大なる主義あり、些の妥協的精神を容れずして最も忠実に此主義の貫徹の為めに努力奮闘せる此半年間の大勢を見て、露国の将来を楽観せんと欲するものである。

〔『中央公論』一九一七年一〇月〕

日米共同宣言の解説及び批判

（一）

所謂日米共同宣言書なるものは、我国に於ては十一月七日外務省より公表せられたが、其形式は米国国務卿ロバート・ランシングより我石井特命全権大使に宛てたる公文と、之に対して石井大使より米国国務卿に宛てたる公文とより成つて居る。日附は十一月二日、内容は全然同一。詰り共同宣言の普通の形式に拠つたものに外ならない。而して此公文につき我々の注意すべき点は次の五項目である。

一、本宣言書は両国政府の共に利害を感ずる諸問題につき意見の一致したるもの丶表示にして、且つ特に支那共和国に関するものたる事　特に支那共和国に関するといふ点を我々は念頭に置く必要がある。後にも説くが如く、本宣言中領土相接近する国家の間には特殊の関係を生ずるの原則を承認したからと言ふて、我国が樺太に於ける特殊地位を承認せしむる事も出来るとか、又は墨西哥《メキシコ》に於ける米国の特殊地位を承認せねばならぬとかいふ議論が二三新聞に見えたが、此等の説は全く本宣言の専ら支那共和国に関するものたる事を忘れたる議論である。

二、今日此際斯かる宣言を発表するに至れるは、「近年往々流布せられたる有害なる風説を一掃せんが為め」得策なりと認めたるにある事　近来日米両国の間に憂ふべき感情の疎隔のあつた事は、米国国務省が諸新聞へ公布せる公示なりとて米国大使館の発表せる文書が最も明白に之を認めて居る。曰く「日米両国人民中互に極東に於ける自他活動の動機を相邪推せるが如き感情多くの点に於て存在し……近日来世を惑はす不実の流言風説は益々盛んに行はれ……何等の異図なき適法なる金融上の企業も裏面政治上の意義あるが如くに曲解せられ、従つて此等の企業ある毎に両国人民は互に相敵視反対せんとするに至れり」と。而して日米両国は其原因を専ら独逸の陰謀に帰して居る。前記文書は此点について又「斯くして両国人民が顧慮疑惑の態度を取るに至りしもの、畢竟独逸が多年来巧妙秘密に計画助長せし反間運動の結果也」と言つて居る。日米疎隔の原因は只一に独逸の運動の結果とするは予輩全然賛同するに躊躇するも、兎に角之を今日の儘に放任すべからざるは言ふを俟たない。なぜなれば、前記文書も云へる如く「之を放任して控制するところなくんば或は延《ひ》いて重大の事態を馴致するに至る」べきを以てゞある。而して或は両国の衝突遂に避くべからず、政府は須《すべか》らく予《あらかじ》め之が準備を為さゞるべからずと言ひ、又は極東に於ける彼我両国の利害は根本より相反すとなして、互に太平洋岸に於ける他の活動を以て異図あるが如くに言ひ触らすに至つては、今日独逸膺懲の戦争に従事して居る際何を以て能く共同動作の効を完うする事が出来よう。故に今日此際斯かる宣言を見たのは、日米両国民の誤解を一掃して東洋平和の基礎を固め、且つ来るべき戦後経営に対して今より両国の方針を確定するに資すると共に、又目下戦はれつゝある戦争の目的を一層有効に達成せしめんとするの主意に出でたものであらう。

三、米国政府は「日本国が支那に於て特別の利益を有する事を承認し」、「日本の所領に接壌せる地方に於て殊に然」るを承認せる事　此点に関する宣言書の文面には、両国政府は先づ以て凡そ「領土相近接せる国家の間には特殊の関係を生ずる事」を互に承認し、其適用として米国が日本国の有する前記の特殊利益を承認するといふ事になつて居る。して見れば、支那共和国に関すると否とに拘らず、日米両国は領土近接する国家に生ずべき特殊関係を尊重すべしとする抽象的一般原則を承認した訳になるが、併しながら本宣言の本当の目的は此抽象的原則の承認にあらずして、寧ろ其適用として日本が支那共和国に於て此原則の適用を受くべき特殊利益を有する事を承認するにある。謂はゞ右の原則は特に共同に公約するを要せざる程に明白なる原則であつて、只或国が或他国地域に於て有する所謂特殊利益は、果して此明白なる原則の適用を受くべき利益なりや否やに争があり得る。従つて本宣言は、日本の支那に於て有する利益は前記一般原則の適用を受くべき特殊利益なる事を米国が承認したといふ点に重きを置くべきである。故に本原則が一般原則の承認を約束したからと言ふて、米国が日本の特殊利益を承認したと同じ意味に於て、本宣言は又日本をして墨西哥に於ける米国の特殊利益を承認するの義務を負はしむるものであると言ふのは、軽重の別を無視するの論である。勿論墨西哥に於ける米国の特殊利益は、支那に於ける日本の特殊利益と同様に之を尊重するの必要がないといふのではない。事実同様に尊重する必要があるかも知れず、又之を尊重するのが日本の道徳的義務であるとも言へる。が、然し斯くの如きは直接本宣言の認むるところの事項ではないのである。

更に此米国の承認する日本の所謂特殊利益なるものについては二つの問題が起り得る。一つは、日本が特殊利益の承認を米国に向つて主張し得る範囲如何の問題であつて、今一つは其所謂特殊利益とは如何なる種類のものなりやの問題である。本宣言の文面によれば特殊利益を認め得べき範囲は二段に分れて居る。一つは支那共和国全体である。一つは所謂日本の所領と接壌せる地方である。日本は領土相近接せるの理由を以て、支那に於て特殊の利益を有する事を認めらるゝとあるが、所謂「支那」については何の制限も認めてゐない。併し之は支那本部に限るのか、或は遠く西蔵《チベット》内外蒙古等をも含むものかは一つの疑問である。恐らく普通英国の勢力範囲とせらるゝ西蔵や、露国の勢力範囲とせらるゝ外蒙古やは除外せらるゝものと思ふけれども、宣言書の文面には何等の制限が置かれてない。次に「殊に然り」と一段強く特殊利益を認めらるゝところの日本の所領に接壌せる地方といふのは何れ丈けの範囲を云ふのか。此中に所謂南満と東部内蒙古とが包含せらるゝ事は元より明白である。山東省や福建省が此内に含まるゝや否やは自ら一個の疑問たるを得る。而して支那全体に対して認めらるゝ特殊利益と、所謂相接壌せる地方に於て認めらるゝ特殊利益との間に何等か実質上の差別があるものとすれば、後者の範囲は特に最も精密に之を確定するの必要がある。此種の確定は通常密約を以て定むるを常とするが、日米両国の間には此点に関して果して如何なる諒解があつたであらうか。

次に所謂特殊利益とは如何なる種類の利益を云ふか、之が何よりも大事の点である。之については先づ支那全体に対して認めらるゝ利益と満蒙等領土相接壌せる地域に認めらるゝものと実質上何等かの差別がないかといふ点が最も大事である。此等の点については本宣言には何等の定めがない。之も恐らく何等かの形に於て両国政府の間には内々精密なる協定がある事と信ずる。此等は外交上之を公表するを憚るものであるが故に、本宣言の文面丈けについて見れば、どれ丈けの特殊利益を米国が承認したのやら甚だ漠然として居る。解釈の仕様によつては非常に大きな利益ともなり又非常に小さい利益ともなる。尚此等の点については後段に於て更に之を論じて見よう。要するに支那、殊に我国と密接の関係ある地方に於て、空漠ながら我国の特殊利益なるものを承認せしめ得たのは、又一の成功たるを失はない。

四、日本の特殊利益に対する米国の承認は、次の二条件に繫《かか》つて居る事　一、日本は支那領土主権の完全に存在するを認むる事。二、日本は他国の通商に不利なる偏頗《へんぱ》の待遇を与へ、又は条約上他国の有する既得の権利を無視すべからざる事。宣言書の本文には以上の二点は、日本政府の屢々《しばしば》保障せる所であつて、米国は全然其累次の宣言に信頼するとある。けれども之は米国が日本の特殊利益を承諾するの交換条件として、日本をして又承認せしめた主義であるといふ事が出来る。斯くして日本は特殊利益を主張する事を承認せられたるも、支那の領土主権は十分に之を尊重し、他国の通商には均等の機会を与へ、条約上有する所の他国の既得権は之を侵さないといふ公約を宣言したものである。此公約は専ら米国の日本に対して主張し得べき所にして、日本の所領と相接壌せる地方たると否とを問はない。従つて満洲蒙古に於ても米国は此点に就ては日本の為す所に容嘴するの権利を得たものと云はなければならない。而して此等の義務を日本が負担するといふ事は、日本が特殊利益を有するといふ事とどれ丈け調和する事が出来るか。殊に一段立入つて特殊利益を主張し得る所の満蒙に於て、本項目は如何に其適用を見るか。之れ亦実際問題としては余程注目に値する。

五、両国政府は「毫も支那の独立又は領土保全を侵害するの目的を有するものにあらざる」と共に又「常に支那に於て、所謂門戸開放又は商工業に対する機会均等の主義を支持し」且つ以上の趣意に反して「特殊の権利又は特典」を獲得するものある時は、両国政府は其何国政府たるを問はず一致して之に反対すべき事　即ち日米両国は互に支那の独立及び領土保全と門戸開放並びに商工業上の機会均等主義を尊重するを約するのみならず、更に一歩を進めて之を妨害するものあらば一致して之が排除を期する事を約束したのである。故に例へば、戦後独逸が再び支那に向つて領土の租借などを申込むやうな場合には、両国政府は此項目によつて飽くまで独逸に反対する事が出来るのである。只茲に問題となるのは日本の特殊利益の承認は、此一般主義の例外をなすものなりや否やの点である。他の言葉を以て云へば、特殊利益の承認の条件として立てられたる第四と第五の項目とは同じ事を言つて居るのかどうかといふ問題である。若し同じ事を言つて居るのなら、特殊利益の承認は第五の原則の例外ではない。同じ事を云つてるでないとすれば、所謂特殊利益は此一般原則の例外をなすものにして、又特殊利益の特殊利益たる所以を明かにするものである。而して第四に於ては支那の領土主権の完全に存在すべき事を云へるに止つたのに、第五に於ては殊更に支那の独立又は領土保全と別の文字を使つたのは、茲に何等か多少の意味が伏在して居るのではあるまいか。

（二）

以上解説するところによつて見れば、此共同宣言によつて日米両国の天下に明かにせんとしたところの眼目は二つある。一つは将来列国の取るべき対支政策の根本的一般原則の宣明であつて、他は日本の支那に於ける殊に満蒙の如き領土接壌の地方に於ける特殊利益の承認である。

第一に将来に於ける対支政策の根本義としては、支那の独立及び領土保全、門戸開放並びに商工業上の機会均等を掲げて居る。而して日米両国は独り自ら此根本義を尊重すると共に、何れの国をしても此根本義を侵さしめざるの決意を宣明して居る。尤も此根本義は諸外国の既得の権利にまで亘るものではなからう。従つて此根本義と明白に抵触する各国の租借地の如きは今更ら之を奈何《いかん》ともする事は出来ないといふ訳なのであらう。只之によつて将来に於ける諸外国の陰謀を沮止せんとする事は明白である。元来支那の独立及び領土保全とか、又は門戸開放、機会均等とかいふ事は各種の宣言協約に於て繰返されたる問題である。併しながら之に対する侵害を共同の力を以て防止しようとする堅き決心を表明したものは今度の協約を以て初めとする。此点が実に本宣言の特色であつて、従つて又日米両国は此種根本義の支那に於ける確立につき、如何に熱心であるかを語るものである。而して東洋殊に支那に対して最も深き利害関係を有する日米両国が、かゝる堅き決心を有するといふ事は支那の安全なる発達乃至東洋の平和の為めに最も欣幸すべき事たるは云ふを俟たない。之れ本宣言が東洋平和の歴史の上に一時期を劃するものなりとまで重く見らるゝ所以であらう。而して余輩の考ふる所によれば、かゝる主義の宣言は我日本の対支政策に於て実に一大発達を意味するものであると思ふ。何となれば支那の領土保全、独立の尊重といふやうな事は最も必要な事であるに拘はらず、従来日本は日本其物の安全、日本其物の膨脹発達を念とするに急にして、結局日本其物の安全並びに発達の基礎たる支那の安全と発達とを重く見なかつた嫌がないではない。故に口に領土保全とか独立の尊重を唱へながら、時には自ら之を傷け、又他国を誘ふて之を傷けるに至らしむるが如き行動がなかつたではない。之れ我々の日本の為めに又東洋の為めに深く遺憾とする所であつた。然るに近時支那の運命は実に直ちに我国の運命なりとするの意識が極めて明瞭となり、支那其物の安全なる発達を冀《ねが》ふの念が極めて痛切となつたのは最も慶賀すべき現象である。而して日本国民の此新らしき意識は、最近最も明白に紐育《ニューヨーク》のある公開の席に於ける石井子爵の声明に表はれて居る。其言に曰く「予は支那門戸の閉鎖は決して我政府の政策たらざりしものにして、将来に於ても又た然らざる事を確信する。吾人の機会均等の改善の為めにあらゆる協力と競争とを歓迎する。吾人は善良なる政治、即ち支那に於ける平和安寧及び議会の発達を要求するものである。吾人は常に我隣国支那の忠実なる友人且つ扶助者たらん事を冀ふ。吾人は啻《ただ》に支那の保全若くは主権を侵さんと試みざるのみならず、侵撃者に対しては結局支那の保全と独立とを防衛するの方法を怠る事は出来ない。何故なれば吾人の国境は支那に於ける海外勢力の侵入若くは干渉によつて著るしく脅かさるべきを知つて居るからである」と。此確信に基いて今後の対支政策を一貫指導する事を得ば、之れ独り日本の幸福ではない。実に東洋全体の幸福である。兎に角此見地に立つて共同宣言の発表を米国政府に促したのは、実に日本の対支政策の一大進歩といはなければならない。

第二、日本の特殊利益の承認については前にも述べた如くいろ〳〵の疑問がある。此等の疑問を明かにせずしては其範囲も意義も明瞭でない。而して両国政府は結局に於て如何様にも解釈せらるべき空漠たる約束をする訳は無いから、予は此種の公約に普通なるが如く、本宣言に伴つて必ず他に一種の何等かの形式に於ける密約の存在する事を疑はぬものである。此密約によつて特殊利益の及ぶ範囲、並びに其種類性質が明かになつて居る事を信じて、深く心を傷むるの必要なしと信ずるものであるが、暫く此等の点に関する予輩一個の私見を述べしむるならば、先づ第一に広く日本の特殊利益を認めらるべき一般地域は、大体支那本部と見てよい。更に分り易く云へば直接北京政府の命令の其儘行はるべき範囲と見てよからう。或はもつと分り易く此等の地域を代表する意味に於ての北京政府といつてもよい。而して此等の範囲に対して日本の有する所謂特殊利益とは如何なる種類のものかといふに、之は恐らく極く軽い意味の政治的優先権に過ぎまいと思ふ。経済上の優先権は門戸開放、機会均等等の主義にも背く故、含まれては居るまい。恐らく支那に於ては米国は日本の同意無くしては支那に対し何等の政治的活動をなすまいといふ位のものであらうと思ふ。斯く断ずるには無論多少の根拠がある。そは嘗て英国公使が袁世凱に戦争参加を勧めた時日本は之れに極力反対したが、其際英の外務大臣グレー卿は今後英国は予め日本の同意を得る事無くしては、支那に於て何等のイニシヤチーブを取るべからざるべしといふ公約をなし、其後此趣意を公文を以て通告して来たといはれて居る。後仏国亦同じやうな公文を送つて来たから、仏国も亦英国と同様に日本の此の一種の政治的優勝の地位を認めたものと云はなければならない。此れ丈けの特殊地位を日本が領土相接近せるを理由として主張するは、決して無理にあらざると同時に、又此れ以上の積極的優勝権を主張するのは、容易に諸外国の同意を得べき所ではあるまい。一般に主張するを得べき所謂特殊地位は大方此位のものであらう。

次に領土相接壌せる地方といふのは、恐らく主として満洲蒙古を意味するものであらう。福建は台湾の対岸に位すと雖も、領土相接壌するといふ事は出来ない。山東は今日のところまだ何れとも極まらない。なぜなれば、山東に於ける日本の権利が今日尚確定の状態にないからである。元の独逸領たる膠洲湾租借地が戦争後南満に於ける関東洲と同一の地位に置かるゝとすれば、山東省は即ち満蒙と共に日本の特殊利益を主張し得べき範囲となる。故に山東省が所謂領土接壌の地方の中に包含せらるゝや否やは、山東省の現状を以て之を断定する事は出来ない。媾和締結の後山東の地位確定するを待つて初めて極めらるべき問題である。今にして山東省の地位を本宣言によつて確定し得べしとするのは本末を顚倒せる議論である。然らば特殊利益を主張し得べき第二の区域として残るところのものは只満蒙のみとなる。然らば問ふ。我日本は米国の承認により此満蒙に於て主張し得べき特殊利益は如何なるものであらうか。此点を明かにする為めには、先づ次の諸点に注意する事が肝要である。一、日本の特殊利益の主張が支那の主権に悖《もと》らず、他国が従来支那より許与せられたる商業上の既得権を無視すべからざる事、即ち此特殊地位を主張する事の結果他国の通商に不利なる偏頗の待遇を与へざるものでなければならない。第二は、日本独り主張し得る利益であつて、他国は之を主張し得ざる種類のものでなければならぬ事である。他の言葉を以て云へば、普通の国際間には存在し得ざる権利でなければならない。領土接壌の結果として特別に主張し得べき利益でなければならない。之に関聯して一つの問題となるのは、領土接壌を理由として日本が支那に対して主張し得るなら、支那も亦日本に対して同様の主張をなし得るかといふ問題である。北京のイーヴニング・タイムスは、明白に同じやうな事は支那から日本に向つても主張し得ると説いて居る。けれども他方チヤイナ・ガゼツトの如きは「日本が支那に特別なる地位を占めたるは支那の従来の政治宜しきを得ざりしが為めである。従つて支那が自ら改革し其国家をして目的あり能力あるものとする迄日本の特別なる地位は継続せらるべし」と説いて居る。又「支那が覚醒し自由の位置を高めざる間は、如何にすとも米国も英国も仏国も日本の位置を如何ともする事は出来ない」と説いて居る。之によつて見れば、所謂特殊地域とは領土相接壌するの結果、強国が弱国に対して有するところの特別利権であつて、従つて支那から日本に主張し得べき性質のものでない。第三所謂特殊利益が、日本が支那との条約に於て有するところの権利利益のみでない事亦略《ほ》ぼ明かである。尤も支那政府では日米両国より所謂共同宣言の交附を受くるや、之に対して自らも亦一の宣言を発表し、其中に「支那政府は各友邦に対し公平平等主義を取り、其の条約に基く利権を一率に尊重せり。即ち領土相接壌せる国際間に特殊の関係を生ずるものも亦支那との条約上規定されしものを限とす」云々と言つて、出来る丈け狭く解せんとして居るけれども、之は支那としては当然の事であらうが、然し条約によつて有する権利の主張丈けならば、何も第三国の承認は必要でない。特に第三国の承認を必要とせし所以のものは、条約によつて有する権利以外の利益を意味するものと見なければならない。

第四に、所謂特殊利益は商工業上の特権でないといふ事も亦之を想像する事が出来る。只誤解してならぬ事は、日本が支那に於て領土相近接するといふ地理的関係上、商工業に関し事実上他国より優れる地位にある事は、諸外国と共に米国も亦認めて居るところである。十一月九日米国公使の支那政府に致せる通告中にも「日支両国の地理的関係により、日本の支那に於ける商工業的事業は、明かに何れの他国人民の同種の事業よりも遥かに優れる特殊利益を有す」と云ふて居る。併しながら、之は只事実の認定に過ぎない。事実上優勝の地位にあるといふ事と、更に進んで優越なる特権を認むる事とは自ら別問題である。故に同上米国公使の通告中の他の部分には、日米共同宣言の来歴を叙して「日本特使は地理的関係より生ずる特殊地位を商業上工業上に利用するの素志なき事を宣言し」たるにより、双方の協議が円満に進んだと言ふて居る。又米国国務省が各新聞紙をして発表せしめたる公示の中にも「石井大使一行の来訪は我国人をして大いに見解を改めしめたり……日本の政略は侵略にあらず、日本は地理上支那に有する特殊関係を商工業に利用し利益を壟断《ろうだん》せんとするが如き一点の異図なきを宣言」云々とある。之によつて見れば、米国は日本の特殊利益を認むるも、其特殊利益たるや断じて日本の商工業の発展の為めに利用すべからざるものとするの諒解の上に協定したものと認めて居る。して見れば、米国の考は商工業に関しては何処までも機会均等主義で、彼等の日本に承認せんとするところの特殊利益は断じて経済的のものでない事が明白である。

五、日本の所謂特殊利益は経済的のものでないとすれば、果して如何なる性質のものであるかといふに、此点については関係両国は元より英吉利などでも殊更に説明を避けて居る。之れ又一つの注意すべき現象と言はなけ〔れ〕ばならない。米国政府の発表せる公文の中にも此点は全然明白に説明されて居ないが、駐支ラインシユ公使が支那に於ける不安の念を鎮める為め、本国政府に特殊利益の意味を問ひ合せたるに対し、米国国務省より発せる返電には「之に関して特別の説明を加ふるの必要なし」とあつた。英国に於ては、下院議員スミス氏より政府に向つて特殊利益の意味の質問があつた。之に対するバルフオアの答弁は、同盟国間の此種の協定に関し我々は勝手に兎角の説明をすべきものではないといふやうな答弁を与へて居る。我日本に於ても此等の点については未だ明白の説明がない。斯く説明を欠いて居るところに即ち深長なる意味が存するので、之れ畢竟説明し得ざるにあらず、説明を避くる事が実に無用の誤解を避くる所以なる事に気がついた為めであらう。而して予輩をして率直に信ずるところを述べしむれば、日本の所謂特殊利益は大体政治的のものであると言はなければならない。帝国外務省筋より出た説明として各新聞に一様にあらはれた記事の中に、石井大使は国務卿ランシングに対し「支那の安危の関する所我国の如きはなし」と述べ、ランシング氏は十分之を諒承せりといふ文句がある。之れ豈日本の特に希望する所は支那の安危存亡に関して、普通の独立国家間に認められざる特別の地位の承認を求めんとするものではないか。然らば之を以て大体政治的なりといふは仮りに正確の形容詞でないとしても、概ね当らずと雖も遠からざるべしと思ふ。

之を要するに特殊利益の如何なるものたるかに就いては未だ明確に之を劃定するの材料に乏しきも、其断じて経済的のものにあらず、寧ろ政治的のものたるべき事丈けは疑を容れない。而して日支両国の関係を基礎とする事理の当然より帰結して、此政治的特権は積極的の干渉権にあらずして、日本其物の安静を擁護するといふ消極的目的の範囲内に於て、支那の内政に干与する事を承認せらるゝといふ特別の地位を意味するに外ならない。而して斯くの如き特殊地位は、特に満蒙に於て認めらるゝ事たるは又言ふを俟たない。

以上の如く日米共同宣言の主なる内容は、満蒙に於ける日本の特殊地位の承認と、支那に於ける列国活動の一般原則として、独立及び領土保全、門戸開放並びに機会均等主義の尊重と、此の二つである。後者を一般的原則とすれば、前者は此原則に対する例外である。尤も条約の文字に拘泥して強いて理屈を捏ねれば、日本は支那全体についても特殊地位を承認されて居るし又満蒙に於ても領土保全、門戸開放、機会均等の主義は蹂躙する事は出来ないと云へる。成程支那全体に関しても、前に詳しく述べた通り、日本は或種の特典は認められて居る。然しながら共同宣言の精神を忖度《そんたく》すれば、上述の如く第一に一般原則を声明し、第二に満蒙に於ける除外例を認むるものと言はなければならない。

満蒙に於ける日本の特種地位を認めた事は、疑も無く日本に取つて一つの成功である。何となればそは元英吉利や露西亜の早く已に承認せる処であつたとは云へ、米国は未だ嘗て公けに之を承認した事無きのみならず、寧ろ常に日本に不利益なる態度を此問題に対して取らんとして居つたからである。米国年来の主義は寧ろ例外なく支那の全体に、所謂一般原則の完全なる施行を希望するにあつた。満洲だらうが蒙古だらうが特例を認むる事は彼の希望せざる所であつた。一八九九年の秋から冬にかけて、米国国務卿ヘーが我国を初め英・仏・露・独・墺・伊の六国に向つて発したる提議の中には、「清国に於て保有し又は保有する事あるべき勢力範囲又は租借地内に於ては、外国の既得の権利を侵さざる事。何れの国の商品も関税上並び鉄道輸送上同等の取扱ひを受くべき事、又其中の港湾に航行する船舶は同等の港税を徴収せらるべき事」といふやうな所謂門戸開放、機会均等主義を厳格に行ふべき事を主張するものである。次いで一九〇九年十二月国務卿ノックスが満洲鉄道の中立を提議したる如きは、一方に於ては甚だ無遠慮の嫌なきに非ざるも、他の一方に於ては満洲に於ても全然一般原則の除外例を認めざらんとする米国の断乎たる決心を見るべきである。故に今度の宣言で日本が満蒙に於ける特殊地位を承認せしめたのは、米国から云へば非常な譲歩であると云はなければならない。日本から云へば、固より米国の承認無くとも我満蒙に於ける地位に軒輊《けんち》あるべからずと雖も、而かも日米親善の振興を必要とするの時、殊に戦後米国の東洋に於ける地位の大いに躍進せんとするの秋《とき》に方つて、米国よりかゝる承認を得たといふ事はさう軽々に看過すべき事ではない。支那全体に対する一般原則の宣明の方は、日本も無論多年唱道し来つた所であるけれども、寧ろ米国の方が最も熱心に唱道した所である。寧ろ日本は従来此宣言を唯紙の上で留めて、実際は余り此原則の支那全体に於ける確立を熱心に考へなかつた傾がある。故に或意味に於ては此項目に関して、日本は米国の主張に譲つたといつても差支はない。併しながら茲にもう一つ考へねばならぬ事は、米国の主張に日本が譲つたと云ふのは、日本は之が為めに多少の犠牲を忍んだといふ意味ではない。寧ろかゝる一般原則の確立は、日本の為めにも必要なのであつた。唯従来日本は余りに国防的見地に偏して対支経営を着眼して居つたが故に、かゝる原則の確立の方面には興味が薄かつたのである。而して之が実に結局に於て日本の不利益でもあつたのである。而して今度の戦争で日本は支那と経済的に結ぶの必要が最も痛切に感ぜられ、斯くて今や我々は支那を全体として着眼し、此全体の支那と結ばねばならぬといふ必要に覚醒せんとしつゝあつた。斯くして米国のかねての主張に賛同して一般原則の確立の為めに尽さんとするの新機運に向ひつゝあつたと云へる。故に正確に云へば此点に於て日本は何も米国に譲歩したのではなくつて、本来正当の主義に復帰したまでの事である。唯米国から云へば従来此問題に比較的熱心でなかつた日本を誘うて、自家多年の宿論の主張に、新たに最も有力なる友邦を見出した事を大いに満足に思つてゐるに相違ない。従つて日本自身から云へば何等の犠牲を払つたのではないけれども、米国自身から云へば可なりの成功位に考へて居るだらう。

（二）

日米共同宣言の内容につき我国一部の論客の間には、我国の多年唱道し来つた事で何も新らしい事はない、有つても無くても同じ事だなど、云ふものがある。之と同じやうな議論は無論米国に於ても無いではない。言葉はそれ程極端ではないが、今度の共同宣言は米国が多年主張する所のものを、日本が受諾せしものに過ぎずなどと云ふ説が屢々新聞などにも見える。無論見様によつては従来あり来りの事を其儘紙に表はしたものに過ぎず、之によつて何等新らしいものが加つて居るのでは無いと云へぬ事はない。併しながら之が今後の日米外交の発展の上に全然無意義であるかといふに、決してさうではない。

先づ日本の立場から云ふて見ると、満蒙に於ける特殊地位を承認せしめたといふ事が決して無意義ではない。満蒙に於て特別の地位を占有して置くといふ政策が日本の為めに真に得策なりや否やの問題は暫く之を別とするも、少くともかゝる特殊地位を洽《あまね》く諸国から承認して貰ひたいと云ふのが、我国の多年の希望であつた。第二次第三次の日英同盟も一つには之れが為めに締結された。日露協商の如きは云ふまでもない。然るに米国は——而かも近来東洋に於て段々勢力を張り来る所の米国は、事実上は兎も角形式上は之を承認してゐないのみならず、動《やや》もすれば之が承認を欲せざるの意を明かに表示せんとするの態度に出でようとする。之が日本に取つて確かに一つの外交上の障礙であつた。今や日米共同宣言は此障礙を日本の為めに取り除いたのであるから、決して之を無意義といふ事は出来ない。更にもう一つ此宣言の日本将来の対支政策に重要の意義を有する点は、支那の一般領土の全面に就き領土保全門戸開放機会均等主義を、従来よりも一層有効に主張し得ることである。支那の一般領土に以上の主義を確立すべき事は従来誰も云つて居る。日本も固より之を主張するのであるけれども、現に自分が満蒙に除外例を立て丶居る以上は、他の部に於て一般原則の確立を主張する上に、自ら多少の不便を感ぜざるを得ない。日本は満蒙に於ては飽くまで特殊利益を主張し、他国が他の部分に於て日本と同様に特殊地位を主張する事を許さざらんとする。之が地理的近接の当然の結果なりと我々は云ふけれども、他の国では之を日本の得手勝手と見て、強く之を主張すればする程日本に侵略的野心あるにあらずやと疑ふ。斯くして日本は一般原則を承認せしむる事は容易《たやす》いけれども、満蒙に於ける除外例を承認せしむる事が実に困難であつた。ウツカリ一般原則を以て外国に相談を持ち掛ければ、ソンナラ満蒙に於ける特殊地位を捨てよと云はる丶恐れがある。けれども日本としては此の一見両立し得べからざるが如き両者を、等しく承認せしむる事が必要であつた。而して此日本の希望に対し反対の急先鋒たりし米国に、日支両国の特別なる地理的関係を説いて十分なる納得を得た上、我国の立場を完全に諒解して貰つたといふ事は、之れ実に日本外交の非常なる成功と云はずして何ぞや。斯くして日本は満蒙に於ては特殊地位を主張しつ丶、支那一般の領土に於ては、如何なる国に向つても特殊利益の設定を拒む事が出来る事となつた。俺丈けは特別だ、お前方は満蒙に於ける俺の真似を支那のどの部分でも為てはならないと云ふ事を、従来斯う云ふ事には最も反対であつた米国の裏書を以て断乎として云ふ事が出来る事になつたのである。

日米共同宣言は又米国に取つても決して無意義ではない。米国は多年予の所謂原則の確立を主張し来つた。支那に何等の事実上の根拠を有せざる米国に取つては、各国の特殊地位を承認せざる事が彼等の利益にも合する。

従て彼等の感情から云つても、又彼等の利益から云つても、又は彼等の所謂道義の観念から云つても、支那に於ける或一国の特殊利益の設定には、常に不快と不安とを感じて居つたのである。而して斯の如き不快不安の種は、従来最も多く日本より来ると感じて居つたが、日本が此態度を改めない以上は、外の国も之に模するものが有ると云ふ風に考へて、日本以外にも猜疑の眼を放たずしては居られなかつた。然るに今や日本より懇切なる説明を与へられ、一つには満蒙に於て特殊地位を主張するの已むべからざる所以を明かにし、一つには満蒙以外に於ては日本は全然米国と同一の考であると云ふ事が分り、斯くして満蒙に於ては其之を経済的に悪用せざる条件の下に特殊地位を承認しつゝ、他方日本と云ふ有力なる国と共同して、支那全体に於ける排他的勢力範囲の設定を有効に除斥する事を得たのだから、米国は之より大いに東洋問題に就いて心を安んずる事が出来るのである。即ち従来陰鬱なる黒雲の中に不安を感じて居つた米国の東洋政策は、此日米共同宣言によつて俄《にわか》に光明の中に置かれ、安心して堂々として闊歩する事が出来ることになつたのである。之れ米国に取つても決して無意義なりと云ふ能はざる所以である。

唯問題は米国は日米共同宣言並びに之が締結の際に於ける、石井特使一行の所謂虚心坦懐の説明に信頼して、全然安心を極め込んで居るか如何《どう》かと云ふことである。他の言葉を以て云へば、日本政府並に国民は此共同宣言の趣意を十分に諒解し、又十分に之を尊重して、忠実に其の公約する所を守るか如何かの問題である。此点に就て遺憾ながら懸念に堪へざる事は、米国は日本従来の態度より推して多少の不安を抱いて居ると云ふ事である。「日本従来の態度」に関する米人の観察が果して正鵠を得て居るか如何かは暫く別問題とするも、少くとも彼等は日本は従来表面の宣言は極めて公明正大であつたに拘らず、実際に之に忠実でなかつたと見て居る。今度の宣言についても、之は米国年来の主張であつてそれを日本が事実上真面目に認めなかつたのを今度改めて我々の主張を確認したのだと云つて、暗に日本が従来の過を改めて我々の方について来たといふやうな言説を弄して居る。例へばイーヴニング・メールは「日米新宣言の実体はジヨン・ヘー初めて国際政策を打ち建てたる門戸開放主義並びにルート高平協約に再陳せられたる領土保全主義を単純に確かめたるものにて……日本政府の訓令を経て石井子爵の之を公式に受諾せる事は、日本の支那に対する領土侵略の風説を永久に葬るものである」云々と云ふて居り、又紐育タイムスの如きは「支那の領土若くは主権を尊重するの原則に対する日本側の厳粛なる誓約として之を承認せんと欲する」と云ふやうな事を云つて居る。又華盛頓《ワシントン》ポストが「米国の有識者は従来か丶る提議をなすの正当なるを知つて居つたけれども、只日本が之を害用せざるやをのみ懸念して居つた。今回の宣言の末文に於て支那の独立又は領土保全及び商業的機会均等主義に反する事をなさゞるべしとあるから、吾人は最早や何等の疑惧を抱くを要せな〔い〕だらう。日本は一昨年の対支要求の如きを繰り返す事もしないだらう」と言つて居るのも、取り様によつては一種の皮肉と思はれないでもない。紐育ヘラルドの如きは「米国の権利を抛棄せず、支那に対する其公平なる態度を変へざる範囲に於ける日米国の協議は云々」と冒頭し、次いで「支那はルート高平協商が其領土主権を保証せるに拘らず、其後屢々主権を侵されたる事実あるに鑑み、本回の宣言にも不信を抱く事であらう」と言ふて居る。又前記の紐育タイムスは別の論文に於て「宣言の効果如何は寧ろ実行にある。……支那に於ける日本の特殊利益を認めたるは決して支那の主権を侵害するの意味なき事は日本の須らく諒解せざるべからざるところである」と云ふて居る。此等の論調を綜合して見れば、米国の有識者間には日本の誠意に対して多少の不安を抱いて居るのではあるまいかと思はれる節がある。而して以上の新聞は皆米国に於て最も有力なるものであることを思ふ時に、我等は此等の論議を決して軽々に看過する事は出来ない。我々が只一片のお座なりとして此共同宣言を見ざらんとする以上は、此米国有識者間の疑念を一掃し忠実に宣言の趣意を実行せんと欲するの誠意を示す為めに尚大いに努力することなければならない。日米共同宣言は更に我々の大いなる奮発を俟つて其真に希望する目的を達する事が出来るものである。此宣言の成立に直接の関係ある政府当事者に此覚悟なかるべからざるは云ふを俟たざるが、真に彼等が此点を痛切に感じて居る以上、従来の対支経営の方針は玆に大いに緊縮を加ふる必要がある。この点あの点といふ細目についても云ふべき事は沢山あるが、今は管々《くだくだ》しく述べぬ。只此宣言の趣意と相容れざる事にして、政府の一挙手一投足の労を以て直ちに之を禁遏《きんあつ》し得べきやうな事は支那の各地に沢山ある事を言ふに止める。宣言の発表し放しで従来のまゝで押し通すやうでは、我々は遺憾ながら此共同宣言の趣意に忠実なるものと許す事が出来ない。独り政府許りではない。国民夫自身も従来支那問題に関して抱くところの感想も、亦概して之を言ふに、決して共同宣言の中に流れて居る根本思想と歩調を同じうする底のものではない。此等の点についても政府は国民の智識を啓く為めに大いに努力するところなければならぬ。政府が如何に宣言の趣旨に忠実ならんとするも、国民の思想が何時までも侵略方面に向つて居るやうでは、決して米国の識者の十分なる信頼と安心とを得る事は出来ない。故に日米共同宣言の発表は、或意味に於て我々日本国民に独乙《ドイツ》と同じやうに国際間の協約などゝ言ふものは一片の紙屑に過ぎないといふやうな態度に出でるか、或は米国や英仏等によつて代表さるゝ飽くまで道義をして力に勝たしめようといふ思想の見方をするか、此肝要なる問題を提供して居るものといふ事も出来る。今や日米共同宣言は、更に進んで太平洋に於ける日米両国の海軍共同策戦の協定を成立せしむるに至つた。英吉利は勿論、仏蘭西も、伊太利も、之を以て聯合国間の連絡を一層堅くするものであると言ふて非常な満足を表はすのみならず、従来動もすれば世界共同の理義に興味がないといふ風に見て居つた日本に対して俄かに一転して好感を表すやうになつた。これ即ち日米共同宣言は不知《しらず》不識《しらず》の中に日本をして英米側の思想の流の中に一層深く足をふみ入れしむるに至つた徴象である。して見れば、世間には随分独逸カブレの説もあるに拘らず、矢張り日本国民の思想は不知不識世界の大勢に押されて、略ぼ其方向を誤つて居ないと言ふ事が出来る。更に之を意識的に確乎たる決心を以て進ましむるは将来に於ける識者の責任でなければならぬ。

（四）

従来日米間に一種好ましからざる誤解あり、最近殊に疎隔が甚だしく、双方の相当識者間に日米開戦論などが唱へらるゝまでに至つて居つたことは、彼我両国政府側の公表せる説明書にも述べてあつた通りである。此等の疎隔が共同宣言によつて全然一掃せられた事は殊に慶賀すべき事であるが、併しながら元来日米両国の疎隔の原因は、双方政府筋の云ふが如く全く独乙の離間策によるものなりや否やは、尚之を慎重に考察するの必要がある。第三者の離間策のみによる誤解ならば、双方胸襟を開く事によつて忽ち根本的の融和を見る事は出来るけれども、然しながら予輩の考ふる所に拠れば、日米両国の疎隔はもつと深い所に原因があると思ふ。否な予輩ばかりではない、少しく日米従来の関係を知つて居るものは、独乙反間策の説を以て一片の外交的辞令とするに異議がなからうと思ふ。然らば何が双方――昔は極めて親善であつた――を近来斯く疎隔せしめたかと云ふに、之にはいろ〳〵ある。其中殊に我日本の側に存する原因と思はるゝもの二三を列挙すれば、第一には我々多数の日本人が米国有識階級の社会及び国家の経営に関する理想を諒解せざる事である。其結果として第二に米国の所謂帝国主義的の思潮並に施設に対する正当なる理解の欠如を挙げなければならない。従つて第三に我国に於ては以上の不理解に基く対米暴論が相当に横行して居る。殊に海軍拡張の急務を主張する人の間に此種の論者を見るが、之も亦最近疎隔を甚だしくした主なる原因である。第四に支那に於ける日本人跋扈の事実も亦著しく日本に対する米国の反感を挑発した。之には米国の方にも多少の誤解はあらうが、日本人の為す所にも許すべからざる不都合のあつた事は、我々も亦認むる所である。誤解にしろ正解にしろ日本人は支那殊に満洲に於て、正義の許す範囲を超えて不当に支那人は勿論、諸外国人の利益を蹂躪して居ると云ふのが、米人一般の輿論であつたやうに思ふ。第五に今度の戦争で、米国などが最も世界的正義の為めに戦はんとして居るのに、此点に関する共鳴が我々に著しく欠けて居る。之れ亦相互の完全なる信任を齎らし得ざる重大なる原因である。

以上は唯二三の例を列挙するに過ぎない。要するに今日を機として双方真に大いに親善ならんとすれば、当局者も国民も茲に又大いに反省する所がなければならない。独乙をして乗ずるの隙なからしめたと云ふ丈けで安心するならば大いに誤りである。且つ我々は茲に一度手を携へて親善の途に踏み込んだといふ事を忘れてはならない。同じく不信の戟先を向けらるゝにしても、一旦親善を看板にして提携し、後之を裏切つたと感ぜしめて受くるところの不信の尤《とが》めは、一層激しく来るを常とするからである。

日米共同宣言は日本から云つても米国から云つても支那に対して極めて公明正大な政策を立てたものであつて、之が誠実に守らるれば支那の之によつて受くる慶福は測るべからざるものがある。けれども、支那政府並びに国民が此宣言の公表に対して一種の不快を感ずる事は又止むを得ない。前記の支那政府の宣言も亦支那の公使が華盛頓に於て並びに東京に於て「支那国民の希望を酌量せずして成立したる協約には全然拘束せられざる」旨の通告を、それ〴〵の外務省に通告したといふのも、政府としては尤もの事である。之によつて支那国民の安全が保障せらるゝのであるから、寧ろ之を歓迎すべきであると云ふのは、独立国民の心理を解せざるの俗説である。北京ガゼツトが「第三国の有する特殊利益の承認を何等当該国の同意を俟たずして公然発表するが如きは独立国に対する侮辱である」と敦圉《いきま》いたのは、正に支那人の感情を率直に述べたものである。それ丈け又我々は此際殊に支那人の感情をも尊敬するの態度を忘れてはならない。なぜなれば、日米共同宣言は又一面に於て日支両国の親善提携を必要とするが故に起つたものであるからである。一時の憤激は止むを得ない。支那人は米国に対しても今日は憤激の声を高めて居る。前記北京ガゼットは更に続いて「米国が日本の侵略主義を裏書して自ら進んで此措置に出でたのは誠に驚愕に堪へない。思ふに、米国の此措置は支那に於ける同国の威信に及ぼす事尠少《せんしょう》にあらざらん。従来公平至誠を以て支那に接し来れる同国の為めに殊に遺憾に堪へない」と云つて居る。而して我々の更に忘れてならぬ事は、斯くても米国の側には遠からずして支那の反感を和らげ得る丈けのあるものを持つて居る。我日本は果して何物を以て支那民心の誤解を解かんとするか。斯く考へて予輩はつく〴〵我国官民が従来永く対支政策の根本義を誤つた事を残念に思ふ。それ丈け予輩は今日を機として支那に対する考を根本的に改善せん事を呉々も国民に希望せざるを得ない。

〔『中央公論』一九一七年一二月〕

米国大統領及び英国首相の宣言を読む

（一）

英国首相ロイド・ヂヨーヂの一月六日労働組合大会に於て為せる宣言は、我国に於て九日の新聞に、又之と相前後して米国大統領ウイルソンの議会に送れる教書の大綱は、十一日の新聞に発表された。共に戦争の目的並びに連合国側の講和条件を明示したもので、政治上極めて重要なる意義を有するものである。而して是等の宣言の発表が露・独単独和議交渉に促されたものなることは固より言ふを俟《ま》たない。本号時論欄にも述べたる如く〔「露独単独講和始末及び其批判」『中央公論』二月号〕、露西亜は去年の暮独・墺側に対し、和議交渉の原案として、一般平和の条件たるべき基礎的原則を公表した。独・墺側も之に対する答弁の形に於て其の講和条件の大略を示した。於是《ここにおいて》英・米側も亦同じく其の講和条件を天下に公示して、間接に露・独の挑みに応ずるの必要を認めたのであらう。兎に角之等の事実に由つて、我々は今や、独・墺側と連合国側との講和条件の如何なるものなりや、又両者の中間に立つて鋭意一般平和の恢復に焦慮しつゝある露国の講和条件は、前二者のそれと比して如何なる差異ありやを知るの機会を得た。一部の軽薄なる論者の中には、口でこそ大言壮語すれ、いざと云へば如何様にも主張が変るなどゝいふて、是等責任ある当局者の宣言に大なる重味を置かざらんとする者もあるが、我々は英・米乃至独逸はもとより、今日紛乱を極めつゝある露西亜と雖も、共に皆極めて真面目なる動機に動いて居るものと認むるが故に、彼等の宣明に依つて明かになつた思想を比較研究することは、やがて戦争並びに講和の問題を判断するに、有力なる材料たるべきことを信じて疑はない。連合国側に在つて宣言を公表したものは、英・米両国のみである。仏蘭西は特別の発表をして居ないけれども、一月十一日同国下院に於て、外相ピシヨンは露京に於ける主権簒奪者を通じて講和の交渉を開くは仏国政府の屑《いさぎよし》とせざる所、独・墺側が直接吾人に講和の提議を為すまでは、何等回答を与ふるの必要を認めないとて、英・米と同一の行動に出でざるを弁護して後、「仏蘭西は講和条件に関して完全に英・米両国とその見る所を同うす」と述べて居るから、詰り英・米の宣言は仏蘭西の意見をも代表するものと観てよい。伊太利其他に於ても、夫れ〴〵政府当局者は、英・米両国の宣言に裏書する旨を述べて居る。故に、英・米の宣言は畢竟連合国全体の意見と観て差支ないと思ふ。又仮令《たとえ》反対の考の者があつても、英・米・仏が已に一致した以上之を如何ともすることは出来まい。

（二）

英・米両国の宣言は、もと露・独単独和議の開始に促されたものであるだけ、自ら之に対する両国の態度の宣明を以て初められて居る。而して両者共に和議交渉の舞台に於ける独・墺側の態度を非難して居ることは同一であるが、露西亜の態度については、ウイルソンは惟《ひと》り大に之を賞揚して居るに拘はらず、ロイド・ヂヨーヂは余り好感を有つて居ないやうである。ウイルソンは曰く「露西亜代表者は、その採つて以て一般講和締結の基礎たらしめんと欲する諸原則をば完全適確に提示せるのみならず、以上諸原則の具体的適用の案件をも、亦斉しく明確に列挙したり。之れに反して、中央諸国代表者の提示せる解決案は頗る明確を欠き、彼等が更に特定の実際的案件を示すに非ざる以上、如何様にも解釈せられ得べき曖昧なるものなり……彼等の提議の真意を一言にして尽さん乎、彼等は畢竟其軍隊を以て占領せる土地をば、その如何なる部分をも、永久に自国領土の一部として保有せんと欲するものに外ならず」と述べて居る。独・墺側が少数の軍国主義者、帝国主義者に左右され、多数国民の輿論が殆んど顧みられざる以上は、斯くなるも亦已むを得まいと云つて、民本主義の為めに大に気焔を吐いて居る。然るにロイド・ヂヨーヂの方は、露西亜の提案せる原則そのものには余り深く触れずして、唯其のこゝに到れるまでの態度を責めて居る。その言ふ所の大要を摘まめば次の如くである。曰く露西亜の将来がどう治まるかは、今日の所分らない。然し差当り独逸の毒手の深く喰ひ込んで居ることだけは、疑が無い。而して独逸が露国に対して侵略的野望を包蔵して居ることは、今や一点の疑がない。露国の軍隊は全く戦闘力を欠くが為め、独逸の威嚇に抗することを得ず、ために露国は将に独逸の奴隷とならんとしつゝある。我々は固より他の国々と同じく露西亜の新民本主義と提携するを喜ぶものであるけれども、現在の為政者が単独行動に出で、自ら国を誤まるの措置を採るのは、我々に於て如何とも致し方が無い。彼は、彼自身の人民によつての外、今や全く救はるゝの道が無いと。斯くて彼は暗に露国の内政に干渉するの意思は無いけれども、反動革命が起つてもつと穏健な且つ確実な政府の現出せんことを庶幾《しよき》して居るやうな口吻を洩して居る。昨今英国が今の過激派政府を承認せんとしつゝありとの風説が伝はつて居るが、ロイド・ヂヨーヂの此宣言と右の風説とは鳥渡《ちよつと》両立し難く見える。併し乍ら転じてウイルソンの立場を採れば、過激派政府の承認位は何の訳も無い。何となれば彼は単独不講和条約に背いたといふ方面から露西亜を責むることはせず、専ら彼等の発案せる平和条件の頗る公明正大なるの点よりして、頻りに賞讃の声を放つて居るからである。ウイルソン曰く「露西亜は今や独逸の暴力の前に絶望的窮地に陥り、其力全く潰滅に帰せるものゝ如くに見ゆるも、而かも彼等の精神に至つては毫も之に屈するものに非ず。彼等は今後に於ても主義並びに実行の両面に於て恐らく断じて譲歩する所なからん。彼等が正義の何たるか仁慈名誉の何たるかにつきて、卒直に簡明に且つ誠実に声明せるの一事に至つては、苟《いやしく》も人道の友を以て任ずる者の等しく嘆賞して措かざる所ならん……露国現在の諸領袖が如何に之を迎ふるに論なく、露国民の窮極願望たる自由と秩序ある平和との獲得の為め彼等を幇助し得るの何等かの道の吾人の前に開かれんことは、実に吾人衷心の願なり」と。

以上英国と米国との露西亜に対する態度の相違が我々に取つて鳥渡面白い。たゞ併し乍ら、英国は露国の行動の形式を法理的に責め、道徳的に警戒するものであり、米国は露国民の主義精神の実質を裏書し且つ後援するものと観れば、両国の対露国態度は、必ずしも根本的に異なるものと断言することも出来ない。

両国当局者の宣言は遂に進んで戦争目的の声明に移つて居る。何の為めに戦争するかを明かにして講和条件叙列の前提として居るのである。此点に関してウイルソンは曰く「吾人参戦の目的は、屢々繰返へされたる正義の蹂躙を糺し、此種の犯行を再びせしめざるやう、確実なる保障を世界に与へんとするにあり。……従つて此戦争によつて吾人の要求する所のものは、何等吾人に特別なる種類のものに非ず、唯此世界をして安全にして居心地好き生活の場所たらしむるにあるのみ。殊に吾人の如き、苟も平和を愛好する人民――平穏に自由に生活し、且つ暴力と利己的侵略とによりて煩はさるゝこと無く、他国民より正義公平を以て遇せらるゝを欲する人民――の為めに世界を安全ならしめんとするにあるのみ。此点について世界の人民は凡て共同の利害を感ずるや言を俟たず。故に世界の平和の為めの条件は即ち吾人の要求する条件たらずんばあらず」と。ロイド・ヂヨーヂの方は戦争の目的を唯簡単に「正当にして継続する平和の為め」といふ一句に約言するに止めて居る。尤も他の場所に於て「吾々は独逸国民を敵として戦ふのが本意では無い。一つには自衛の為め、又一つには公法と国際的正義との擁護の為めに、已むを得ずして戦ふものである。此の目的さへ達すれば何時でも戦争は止める」といふやうなことを述べて居るから、畢竟は米国と同じやうなことを云つて居るのである。

然し是等の宣明は余りに抽象的にして、ウイルソンが独逸の態度を批評したると同じく、所謂「特定の実際的案件を示すに非ざる以上、如何様にも解釈せられ得べき」程甚だ空漠たるものである。あれ位のことは実は独・墺側でも云ひ得るし又現に云つても居る。もう少し具体的の細目に入らねば、彼等の戦争によつて達せんと欲する現実の目的は明かにならない。幸にして両国の当局者は、細目の講和条件を列挙するに先立つて、先づ根本条件なるもの数条を掲げて居る。之れは恰度昨年の暮露西亜が単独講和会議に於て独逸に提示せる六箇条の根本原則と相対照するものにして、此と彼とを比較研究すれば略ぼ是等諸国の所謂戦争目的なるものは相当に明白になると思ふのである。

先づウイルソンの提案から述べる。彼の根本要件とするものは四箇条ある。第一、講和談判は絶対に公開せらるべく、且つ何等個別的秘密協定の存在を許さゞる事。第二、平時戦時を問はず、領海以外の海洋に於ては、絶対に航行の自由を認むる事(但し国際協約の実行の為め、国際間の行為により、一部若くは全部を閉鎖せるものは此限りにあらず)。第三、締約国間には出来るだけ経済的障壁を撤廃して平等なる通商関係を確立する事。第四、国内安寧の維持に支障無き点まで軍備の縮少を図る事。次ぎにロイド・ヂヨーヂは「平和の来るに先立ち次の三要件を充さゞるべからず」として、第一、条約を神聖犯すべからざるものとするの原則を確立する事、第二、領土問題は住民自決主義と被治者同意主義とに基いて解決する事、第三、特別なる国際組織の創定により軍備の負担を減じ、戦争の機会を少からしむる事、を掲げて居るが、其外別の個処に「不法行為並びに国際法の侵害によつて加へられたる損害の賠償」といふ一項もある。此損害の賠償といふ事については、ウイルソンの方は全然言及して居ない。従つて彼が果して露西亜の提案の如く絶対的無賠償主義を取るものなりや否やは明かでない。他の点につ兎に角此一点についてだけは英・米当局者の意見は全然合致するものではないと見なければならぬ。

いては言ひ方が違つても大体に於て同様であらう。ウイルソンの第一条件はロイド・ヂヨーヂのには之れ無く、ロイド・ヂヨーヂの第一条件はまたウイルソンのに之れ無しと雖も、此点は両者に於て何等の異議あるべくも思はれない。ロイド・ヂヨーヂの第二条件は、ウイルソンは植民地問題の解決について他の所に之を認めて居る。軍備縮少の事も大体両方同意であるから、若し双方の間に多少意思の合致せざる点ありとすれば、そは英が米の挙げたる第二・第三の原則によつて、従来占め得たる海上優越権並びに経済的優越地位に、何等拘束を受くるを欲せざらんとする所にあらう。然し是等の点についいては、従来英国は幾分我儘であつたと認められて居るから、恐らく米国の公明正大なる提説に対しては、深く異議を唱ふることも出来まい。

以上を以て英・米両国の一般平和恢復の基礎的条件の何たるかは明かであらう。而して之を同じ問題に関しブレストリトヴスクの会議に於て言明せられたる露・独両国の見解と比較するは、頗る興味ある研究である。此会議に於ける最初の発案者は露西亜であるが、彼は第一に現占領地の返還及び即時撤兵を要求した。此点は明白には云つて居ないけれども、英・米側の固より異議なき所であらう。而して独逸側は、一方に於ては強請併合の意思無きことを言明して居れど、撤兵の時期は講和条約に於て定むるを原則とし、講和条約に先立つて撤兵を必要とするものは特別の協定に由るべき旨を主張して、手強く露の主張を斥けて居る。第二に露西亜は、戦争に由つて独立を失つた国の完全なる恢復を要求して居る。此点について英・米両国は、抽象的原則の形に於ては述べてないが、白耳義《ベルギー》、セルビア、モンテネグロの独立恢復といふ個々別々の項目として、同じことを主張して居る。而して独・墺側も此の点に於ては全然無条件に賛成の意を示して居るから、独・墺は最早白耳義は勿論、セルビア、モンテネグロの併合をも断念したものと云はなければならない。第三に露西亜は、従来他国の支配の下に屈服して居つた民族に、一般投票によつて其政治上の運命を自ら決するの権利を与ふべき事を主張した。此宣言と共に露西亜は自ら自国内のフインランド民族やウクライナ民族に此の自決権を与へたのであるが、此点に関する英・米並びに独逸の態度は全然露西亜と同一なるを得ない。英・米側は主として敵国の領内に於ける民族については此原則を適用せんことを主張して居る。彼等は露西亜の提案の如く、之を一般原則の形に於いて表はさず、アルサス・ローレンをどうするとか、ポーランドをどうするとかいふ個々別々の問題として掲げて居る。従つて自国内の異民族はどう処分するの考なりやは明でない。只植民地の処分に関しては一般的原則の形に於て同じ主張をなして居るけれども、然し講和問題に上るべき植民地と云へば独逸の植民地だけである。故に或意味から云へば、此点についての英・米側の主張は偏頗であり狡獪であると観られ得る。されば現に露西亜は去年十二月の末つ方英・仏側に向つて講和会議参加を迫るの檄文に於て、彼等が印度や埃及《エジプト》や又は印度支那等を如何に処分する積りなるかを詰《なじ》つて居る。英・仏側が此点に関して露西亜の要求に従はざる以上、惟《ひと》り独逸をして之を承認せしむるには、もつと打撃を与へて、彼を全然戦敗者の地位に堕した後でなければならない。而して独墺側自身は此点については、之れもと国家内部の問題にして、国際協約を以て強請せらるべき事柄に非ずと為して断然反対の態度を取つて居る。故に此点については英・仏側と独逸との間に尚ほ大なる距離がある。近き将来に於て露西亜は果して両者を譲歩せしむるに成功するや否や。第四に露は多数民族併住の地方に於ては各民族に自治権を与ふべしといふ主張を為して居る。此原則の適用を受くるものは、実際上墺洪国のみであるが、英・米両国は、其形を異にしては居れ、全然その観る所を露西亜と同じうして居る。惟り独・墺は之れ亦国内法上の問題であつて、事実上は成るたけ自治を許すべきも、之を他から強要せらるゝことを欲しないといふ態度を執つて居る。故に此点についても双方の主張相反するを見る。然し之れは独・墺側に於て承認したからと云つて、遣り方によつては、格別実質上の損害を来さずして解決が附くから、前の第三の問題ほど困難なものではない。尤も遣り方次第では、二三民族の独立となり、事実上墺洪国の領域縮少を見るに至るべき事の惧《おそれ》あることは勿論である。第五に露西亜は、何れの交戦国も賠償を支払はざること、既に支払ひたる賠償は之を返還すべきことを掲げて居る。此点についてウイルソンは何等特別の言明を為して居ないが、多分露西亜と同意見なのであらう。然し無警告潜航艇襲撃によつて米国人の生命財産に加へられたる不法の損害(此不法を糺すといふのが米国参戦の目的である)に対し、彼は果して何等の賠償をも要求せないのであらうか。ロイド・ヂヨーヂは現に不法行為並びに国際法の侵害により加へられたる損害の賠償を一般的に要求して居るのみならず、白耳義やセルビヤ、モンテネグロに関する個々の場合についても一々賠償の要求を掲げて居る。而して彼は是等の賠償は所謂不法に加へられたる損害の賠償であつて、普通懲罰の意味を含む所謂戦時賠償の意味ではない。従つて是等賠償の要求は露西亜の所謂無賠償主義に必ずしも抵触するものではないと云つて居る。然し露西亜の提案は、恁《か》かる意味の賠償をも一切皆否認せんとするものである。併し露は戦争によつて蒙れる個人の損害を一切放任して顧みざらんとするものではない。是等の為めには交戦各国をして一定の比例に基く出資に依りて、特別の基金を設定せしめ、之れから各々賠償を得しめやうと主張してゐる。賠償ではない、各国が銘々進んで金を出し合ふといふのである。併し之も所謂「一定の比例」の定め方如何によつては、その特に重き比例を課せられたるものに取つては、事実賠償の賦課と同一の結果にならぬとも限らないから、独逸は此点を顧慮したものと見へ、他の交戦各国が皆遠からず講和談判に参加した上にあらざれば之れを議し難しと逃げて居る。又一般無賠償主義の提案に対する独逸の態度を観るに、元来無賠償主義によつて最も利するものは独・墺側なるが故に、彼等は無論無条件に露西亜の提案に同意して居る。然るに彼等は更に慾張つて、俘虜費用及び一国領域内に於て敵国の平和人民に加へたる不法損害の賠償だけは払ふことにしようといふて居る。俘虜として外国に囚へられたもの、数は、独・墺側よりも連合国側に多い。又敵国内に於いて損害を受けて居る平和人民といへば、之れも独・墺人の方が多い。敵国に在つて独逸人の蒙つて居る損害の賠償を云々して(尤も協商国側の人民にして独逸に在つて損害を蒙つたものも、同様に賠償を受け得るが、併し此方は遥かに人数が少い)、独逸が敵国の占領地に於て敵国の平和人民に加へたる損害に言及しないのは、余りに虫の好い言ひ分と云はなければならない。第六に露西亜は植民地問題並びに弱国保護の問題を掲げて居る。植民地については第一項乃至第四項の条件によつて之を解決せよとあるから、先づ即時撤兵して之を原所有者に還すのが第一の手続きであつて、然る上に各民族に其政治的所属を自ら決定するの権利を与へよといふのである。此点に関して英・米の態度は、大体に於て露西亜と同様である。但、撤兵の時期については或は露西亜の要求するが如く即時たることを直に承認しないかも知れない。併し之は独逸が其占領地より即時撤兵することと交換条件として成立せしめ得ないこともなからう。然るに独逸は現に植民地にして講和会議の問題として上るものは、専ら自国の植民地のみなるの事実に鑑み、撤兵並びに還附には全然賛同して居るけれども、植民地住民の自決権行使については全然反対して居る。尤も独逸は所謂民族自決主義を主義として排斥するの形は採らない。独逸は、其植民地住民が今度の戦争に於て本国独逸の為めに竭《つ》くした忠実の事実は、彼等が如何なる場合に於ても独逸の所領たることを希望するの最も有力なる証左として、彼等の如何なる意思表示にも優さるものであるといふ理窟から、更めて自決権を行使せしむるの必要が無いと主張して居る。然し事実は必ずしも独逸の云ふが如くではないから、独逸が植民地を失はざらんとする限り、極力凡ゆる口実を以て英・米の要求に反抗すべきや疑ない。露西亜は、独逸が如何なる苦痛を嘗めやうが、又英・仏が如何なる影響を受けやうが、そんなことには更に頓着なく、唯植民地の運命は住民の意思に依つて定まるといふ主義が確立しさへすればよい。なほ此民族自決主義は、植民地の場合のみに限らず、凡ての場合に適用せらるべき原則として討論せらるべき問題であるから、両交戦国間に意見の一致を見るはなか〳〵困難であらう。来るべき講和会議に於ても、最も激しく争はるゝ問題の一は、恐らく此点であらうと思ふ。次ぎに弱国の保護に関する問題としては露国委員は、強国が将来経済上より弱国を苦しむる方法を取つては不可《いけな》いといふやうなことを述べて居る。此点についてはウイルソンも「経済的障壁を撤廃して平等なる通商関係を確立」すべしと云ふて居るから、先づ露西亜と全然同意見と見てよい。ロイド・ヂヨーヂは此点については何等明白なる宣言はして居ない。之れ恐らくは主義としては必ずしも反対ではないが、かの所謂連合国経済会議の決議と関聯して、戦後場合によつては、今日の敵国を経済的に引続き苦しむるの必要あるべきを想うて、他日自縄自縛の窮境に陥らざらんが為めに、故《ことさ》らに言明を避けたのではあるまいか。独逸は現に此圧迫を今より非常に恐れて居るから、最も熱心なる言葉を以て露西亜の提案に賛成して居る。故に此点に於ては大体露西亜の提案が結局多数の賛同する所となるだらう。

以上述ぶる所によつて英・米の要件と独逸の要件との間に、今日尚ほ大なる溝渠あることを知ることが出来る。露西亜と英・米との間には、主義に於て大体一致するも、尚ほ細目の点について多少の疎隔あるを免かれない。而して此両者の差は取りも直さず露国の冥想的空想と、英・米の実際的見地との相違である。此相違は今日の露国と英・米との凡てに亘る相違にして、惟り講和条件に限つたことではない。而して今後の講和条件の変遷を覧るには、先づ第一に英・米と露国とが今後事局の実際的推移に連れてどれだけ接近するかを着眼せねばならぬ。之に次ぎて又英・米の近き将来に於ける努力奮励が、どれだけ其意思を独・墺に強行し得るに至るやをも細心の注意を以て観察せねばならぬ。

（二）

予は更に進んで英・米両国当局者の宣言に表はれたる細目の講和条件について観察を下さう。先づ第一に英・米両国は仏蘭西伊太利及び羅馬尼《ルーマニア》の占領地より独墺軍の直ちに撤兵すべきことを要求して居る。其内英は損害の賠償をも主張して居るが、米が此点に言及して居ないことは前にも述べた通りである。占領地即時撤兵の問題について、特に一つ注意すべきは露西亜の問題である。米国は露西亜についても固より撤兵を要求して居る。のみならず更に「露国に関する一切の問題は、露国が自己の政治的方針を独立決定するの自由なる機会を得んとするに際し、他国民の最良にして自由なる協力を容易ならしむるやう、斯くして彼等が自由国民の団体中に真摯に歓迎せられ、且つ其希望し必要とする凡ゆる援助が自在に与へらるゝやうに解決せらる」るを要すると云ひ、暗に撤兵ばかりではない、独逸の勢力をして独り露国内部に横行せしめざらんとするの意図をも洩して居る。然るに英国は、前にも述べた如く、露西亜の現状を悲観し、現政府の態度を悦ばず、露国人民自ら起つて自ら救ふの途を講ぜざる以上は我々に於て何等手を下すべき途が無いといふに止めて、撤兵のことには一言も触れて居ない。撤兵の必要を観ないといふ訳でもあるまいから、今の政府の下に於ては撤兵を説いても駄目だと見たのか、或は露国民の反省を促す為めに特に撤兵を問題としなかつたのか、何れ特別の理由があることであらう。根本の考に於て決して米と異るものではあるまい。

第二に白耳義及びセルビア、モンテネグロの独立恢復についても双方の要求は全く一致して居る。英は更に之に損害の賠償を附け加へて居ることは言ふを俟たない。而して米は特にセルビアには「自由安全なる港口を得しむること」と「白耳義の独立恢復を図るは、以て世界各国民に国際法規に対する各自信頼の念を恢復せしむる所以」なること等を附言して居る。セルビアは欧羅巴に於て、瑞西《スイス》を外にしては、港口を有せざる唯一の独立国である。海と接触を保たんことは彼の多年の希望にして、之れが墺洪国との衝突の原因であり、又延いて今度の戦ことであらう。

争の遠因でもあつた。独・墺側に在つても、苟も同国の恢復を認むる以上は、之れに港口を与ふるは亦避け難いことであらう。

第三に独立を有せざる民族に自決権を与ふること、並びに諸民族雑居の土地に於て自治主義を認むることについても、大体両者の意見が合致して居る。多数民族雑居の場所と云へば専ら墺洪国が問題になるのであるが、米は「墺洪国諸民族には何よりも先きに自治的発展の機会を与ふべし」と云ひ、英は「真の民主的自治を許すこと」は絶対の急要なりと云つて居る。従来墺洪国の国勢の振はざる一つの主因は、多数民族の乖離反目であつた。故に各民族に自治を与ふるは、一面に於て内紛を除去することになる。けれども又他の一面に於ては、ボヘミアや南スラヴの中央と相離るゝによつて国力の削減を来すことも認めなければならない。蓋し所謂自治を許すといふことは、処に依つては単純な自治に了らざるものもあるべきを覚悟せねばならぬからである。去ればロイド・ヂヨーヂは特に「吾人は墺洪国の潰裂を冀ふものにあらざるにあらざれども、之れ亦欧洲平和の必須条件として已むを得ずと附言して居る。次に所謂「独立を有せざる民族」については、英・米両国は、主義として其民族の本来の希望を無視するものではない、従つて所謂民族自決主義に依る解決方法を採用して居る。斯くて此原則の適用として明白一点の疑を容れない処置であるといふ訳で㈠アルサス・ローレンは当然仏国に割かるべきこと(但し此点は千八百七十一年普魯西《プロシア》より仏蘭西に加へられたる不法行為の原状恢復といふ文字で表はされて居る)、㈡波蘭土《ポーランド》民族はその住居する凡ての地域を包括して独立の一国を建設すべきこと(米は特に之に安全自由なる港口を附与し、其独立と領土とは国際条約を以て保障するといふことを附言して居る)、㈢土耳古《トルコ》の支配の下にある諸民族の独立を承認すること(米は何の民族といふ個別的列挙の方法に出でないけれども、英は特に亜剌比亜《アラビア》、アルメニア、メソポタミヤの三つを挙げて居る。而して英は別個の国民としての地位を承認することと云つて居るに対し、米は生命の安全と自治的発展の機会を与へて絶対に之を犯さざること、云つて居る。何れにしろ独立の承認に外ならない)、㈣墺洪国に対する伊太利民族地方は、当然伊太利に合併せらるべきことを掲げて居る。此外米国は何等言及して居ないけれども、英国は、墺洪国内の伊民族を伊太利に合併すると同一の原則をトランシルヴアニアに適用して羅馬尼の膨脹を図ること、並びに欧洲以外に於ても一般に此原則の適用せらるべきことを掲げて居る。之れ皆恁かる場合に於て、併合せらるべき民族は皆進んで併合を希望して居るものといふ前提に基くものたるは論を俟たない。従て言及は欠いて居つても、米国も亦必ずしも此等の要求に反対なのではなからう。

第四に巴爾幹《バルカン》半島の問題が来る。半島は由来欧洲紛乱の源である。欧洲の平和を永久に維持せんが為めには、土耳古を適当に処分しなければならない。此点についても英・米両国の考は、土耳古民族が其住域の全体を包括し、コンスタンチノプールを首府として、其帝国的主権を維持することを認むるに一致して居る。又之れに関聯してダーダネル海峡の問題については、国際的管理の下に永久中立の自由航路とするといふことに一致して居る。元来戦争の初め英・仏諸国は、密約を以てコンスタンチノプール及びダーダネルの露国領有を認めたのであつたが、露西亜自身が今日既に併合を否認し、且つ又連合諸国が民族的権利自由を尊重するの主義を主張するに至れる以上、ダーダネルの自由航通を条件として土耳古の半島の一角に於ける存続を許すのは当然の順序であらう。

第五に独逸植民地の処分に関する問題であるが、之れについて米国は「関係政府の主張と同等の程度に、在住民族の希望をも尊重する」の原則によつて自由公明に且つ絶対に淡泊なる精神を以て其主権問題を解決すべしといふて居る。英は現に其占領せる独逸の植民地を其儘領有して仕舞はうとはしない、が、又直に之を独逸に還附もしない。最後の処分は講和会議の協定に一任しやう、但此場合に於ては、第一に土着人民の希望と利益とを尊重すべく、而して民族自決主義の原則が採用せられなければならないと主張して居る。

以上を以て英・米両国の細目の条件は竭きた。が、最後にもう一つ、講和条件と観るよりも寧ろ講和会議に於て討議せられ而して結局其成立を見んことを欲する希望条件とも云ふべきものがある。そは戦後に於ける国際間の特別組織の創設である。ウイルソンは曰ふ、「国の大小如何に拘はらず、其独立と領土とを相互的に保障するの目的を以て、特別の条約により、各国民の一般的聯合を形成すること」と。ロイド・ヂヨーヂは曰ふ、「今次戦争の解決は将来に禍根を貽《のこ》さざる底のものならざるべからず。併し如何に巧妙に国境其他の問題を処理しても、国際紛争の種子を絶滅するは事実不可能なり……故に吾人は国際争議解決の根本の手段として、「戦争」に代はるべき何等かの国際聯合組織を設定するの大企図なかるべからずと信ずる。畢竟戦争は野蛮の遺物なり。国際紛争の解決に於ても、個人間の場合と同じく、法と正義とをして暴力に代らしむることは絶対的に必要なり」と。之れ皆倶《とも》に戦後に於ける国際聯合組織の計画を暗示するものにして、講和会議が直ちに此種の希望に何等具体的の成型を与ふるや否やを知らずと雖も、法と正義とを基礎とし、各国聯合の力によつて、永久に平和を保障せんとするの思想が、少くとも講和会議に於ける指導的精神の一たるべきは、今より之を銘記するを要する。

（四）

最後に英・米両国の当局者が、戦争及び講和に関する彼等の最後の決心を表明せる大文章も亦吾人の特別なる注目に値する。英国は簡単に、「吾々は以上の条件を達する為めには、従来よりも一層大なる犠牲を払ふを辞せず」と云つて居る。言簡なれども言外に現はるゝ決意は頗る堅い。且つ彼が演説の冒頭に於て、「過去数日間予は各方面の代表者の意見を求むるに骨折つた。その結果戦争の目的と平和条件とについては国民的一致あることを発見した。故に吾輩の云ふ所は啻に政府の意見にあらず、実に国民全体の意見である」と云ふを観ても、英国の決心の程は覗はれる。若し夫れウイルソンに至つては、詳細に其決心を語り、烈しく独逸を責めて、その戦争に関する決心の牢として抜くべからざるものあるを示して居る。彼曰く、「係かる条件の獲得の為めには吾人は敢て戦闘を辞せず。之れ唯吾人は正義の行はれ、前記諸条件の遵奉に依つてのみ保障せられ得る正当確実なる平和の実現せんことを冀ふの意に出づるものにして、敢て独逸の強大を嫉視するが故にあらず……若し独逸にして正義と法と公正との約束に於て、吾人並びに他の凡ての平和を好愛する国民と提携するを厭はざらん乎、吾人は何を以て干戈《かんか》の間に彼と見《まみ》ゆるを敢てせんや……予の提案せる諸条件を通じて流るゝ明白なる一原則は、畢竟凡ての国民と民族とに正義を保障することに在り。換言すれば、その強弱如何に拘はらず、凡ての民族に自由並びに安全の対等条件の下に生存するの権利を承認するに外ならず……此原則の為めには、吾人は生命と名誉と其他一切の所有を捧ぐるを辞するものにあらず」と。以て彼等が、以上述ぶる所の諸条件を最小限度の要求として、最後まで其獲得の為めに奮闘せんとするの大決心を知る事が出来る。

予は終りに英・米両国当局者の宣言を読んで得たる三つの要点を掲げて、此小論文を結ばうと思ふ。

第一は、英・米両国の各種の主張の根柢となつて居る原則は、畢竟もつと明白に露国が主張して居る所のものと本体を一にして居ることである。従つて戦争の目的並びに講和条件に関する思想としては、露西亜の思想が最も卓越して居ると謂はねばならぬ。といふたからとて必ずしも此種の思想の発祥地が露西亜であるといふのではない。唯最も醇正なる形に於て這《こ》の思想を卒直に声明したのが露西亜である。それだけ又露国の思想は独り掲焉《けつえん》として他国を支配せんとする概を示して居る。英・仏側も固より戦争の初め以来同じやうな原則を抽象的に主張しないではなかつた。けれども彼等は時として独逸に対する自家の利害問題を、利害を離れた抽象的原則の貌《かたち》の下に主張するの嫌ひ無きを得なかつた。例へば民族自決主義といふ原則の下にアルサス・ローレンを仏蘭西に奪はんとしながら、同じ原則を愛蘭《アイルランド》や埃及にも適用すべきや否やは、故らに言明を避けて居つた。従つて彼等の主張は聊《いささ》か醇正を欠く所がある。それだけ露西亜の公正なる且つ卒直なる主張の前には聊かたじろがざるを得ない気味がある。之れ露西亜の思想の何と云つても今日最も優勢を示して居る所以である。尤も露西亜の主張の重きを為すのは、露西亜の主張の実際的適用が、大体に於て独逸に不利なるも、英・米・仏に取つては太《はなは》だ有利なる所あるの事情にも幾分依る所はあらう。

第二に、露西亜の主張するが如き原則は、英・米の之を賛するによつて、今日殆んど多数国家共同の要求となつて居ることである。只此原則の適用は殆んど悉く独・墺側の不利とする所であるから、事実上完全なる承認を彼等より得ることは頗る困難である。元来独逸は今度の戦争に於て正義公平の立場から云へば受け身の地位に在るのだから、戦に勝つても多少の譲歩は到底免かれない。が、何処まで譲歩さした所が、今日彼等の私かに胸中に蔵する所の講和条件は、固より英・仏の主張とは余程距離の遠いものたるに相違ない。従つて今日は言ふまでも無く、近き将来に於ても、英・米側と独逸側との講和条件は容易に一致を見るものでない。而して正義を後援として最後の捷利《しょうり》を確信して疑はざる英・米の決心前記の如く牢として抜くべからずとせば、講和機運の熟成を見るまでには、今後更に永い時日を待たなければなるまい。如何に勇猛でも、独逸が更に大に奮進して其意思を敵国に強請するといふが如きは、今日の所もはや其見込は無い。然らば平和の到来は之を独逸側の事実上の屈服の時に俟たなければならないが、斯くの如き屈服は果して何れの日に来るであらうか。米国は密かに独逸民衆の起つて政府の軍国主義を粉砕せんことを予期して居るやうに見える。露西亜は現に進んで無線電信或は檄文の撒布によつて頻りに独逸民衆の平和思想を煽動することに骨折つて居る。英・米両国の当局者が更に戦備を修めて、独逸に事実上の打撃を与ふる前に、思想上独逸が国内平和主義者の圧服する所となるを期し得るだらうか。独逸が昨今故らに露西亜との単独講和の顚末を国民に正しく報道せざるの事実に観るに、独逸内部民心の動揺は単独講和開始以来とんと其勢力を増して居るとも想はれる。要するに双方の講和条件の間には、未だ大なる距離がある。従つて近く平和の克復すべき見込みは無い。けれども亦いつ何時平和の気運を急激に持ち運んで来るか分らないといふのが今日の実況であらうと思ふ。

第三に、平和の克復が何時如何なる時期に到来するにしろ、講和会議に於いて所謂「万国聯合組織」は確に一個の重要なる問題となるに相違ないことである。斯くの如き思想は古来屢々閑人の空論に上つた。而かも現実の国際関係は古往今来常に陰雲の見舞ふ所となつて居る。従つて過去の歴史に囚へらるる者は、一言の下に斯の如き思想を痴人の甘夢と罵倒し去る。無論国民と国家との関係が従来の如く単純なる信義と公正とを以て支配し得ざりし時代に在つては、一挙に安全確実なる世界的聯合の成立を見るは不可能である。併し之が出来ぬ間は世界の平和の永久に保たれないのも亦、過去の歴史の教ふる所である。そこで従来の経験に失望して迚《とて》も駄目だと諦めるものもあるが、併し又一方には苦い失敗を重ねた度毎にこれだから国際聯合が益々必要だと考へるものもある。現に今日世界の有力なる政治家が真面目に此問題を攻究して居るといふ事実は、之を軽々に看逭《かんかん》してはいけない。表面はどんな公明正大なことを云つても、腹では何を考へて居るか分らないなどといふのは、余りに公人の心事を疑ふものである。口先で何を云はうが実力の前には何になると云ふのは、余りに思想の力を無視するの議論である。真面目なる人の真面目なる思想は、或る場合に於ては武力よりも強い。吾人は戦後直ちに国際聯合組織の創設あるべしとは軽信しない。又創設されても固より初めから完全なものとも思はない。併し乍ら戦後に於ては、国際協同の力によつて法と正義とを擁護し、又此協同の力を以て武力を恃む或る一国の跋扈を抑へようとするの主義、従つて又凡ての善き事に於て世界の凡ての国が誠意を以つて協力するといふ主義が、国際間の通義となり、又各国銘々の根本方針となるだらう、此の為めに或る種の国際組織が実現するだらうとは、予輩の深く信じて疑はざる所である。

〔『中央公論』一九一八年二月〕

平和の機運を促進しつゝある三大原則

一

去年の暮から露西亜と独墺側との間に単独和議の交渉が始つた事、続いて本年の一月初旬英国の首相ロイド・ジョーヂ及び米国大統領ウイルソンが戦争の目的並に媾和条件に関する宣言書を発表して以来、平和回復の風潮は大に動いて来たやうに見えたのであるが、併し之れを以て近き将来に於て完全なる平和の克復を見るを得べしとするの早計なるは論を待たない。率直に云へば今の所戦争の終結に就ては殆んど何等の見当も着け得ないのである。けれども吾々は過去一年間に於て平和の機運が著しく進捗《しんちょく》した事を見遁《みの》がしてはならぬ。戦争の終局の時期に就てこそ軽々なる断定は困難であれ、今や欧洲の戦局は戦場に於ける駈引をはなれて媾和準備の外交期に入つたと見てよいのは確かである。無論戦場に於ける勝敗の数が全然無関係であるとは云はない。両交戦国側の媾和条件の間に今日猶存する多大の懸隔は今後二三回実戦の経過を経て、何れにか接近せらるゝ望みはある。乍併《しかしながら》疑ひのない点は今次の戦争は武力の競争を此上飽まで継続する事によりて達せられ得るとする考への謬妄なる事である。之れ予が今や戦局は戦場の輸贏《しゅえい》より一転して外交期に入れりと断定せる所以にして、而して此新時機に於ける勝敗の数は、何人が最もよく平和の回復の基礎的条件を最も適切に最も明白に、又最も公正に立て得るかによつて定まるや云ふを待たない。併して斯の如き新形勢を此の一年間に作り出した原因は何れにありやと云ふに、そは云ふまでもなく露西亜の革命と米国の参戦とである。

二

露西亜の革命と米国の参戦とは従来屢々世上の問題に上つたのである。所謂媾和条件を一の主義原則の形によつて主張せらるゝと云ふ風潮を促した。従来媾和条件と云へば独墺側が提出する場合でも、又英仏が之れを提出する場合でも、すべて皆両交戦国側の争点となつてをる個々の利害問題の整理解決と云ふ形に於て示されてあつた。元々戦争は究極に於て利害の衝突から起る。其利害の衝突を整理する事が戦争の終局の目的である。最も独逸は独逸文化の防衛拡張のために起つたと云ひ、又英仏は国際的正義の維持擁護のために起つたと云ひ、所謂戦争の目的を抽象的主義原則の中に見出さないではない。乍併之れ多くの場合に於て半ば表面の体裁を飾る口実に過ぎずして、彼等の戦争によりて達せんとする目的が専ら当面の利害問題なりしは一点の疑ひを容れない。而して利害相反するものが、其解決を武力に求めて一方が一方を圧倒して、其意志を他に強制せりと云ふことであれば、其解決は終局的のものでない事は之れ亦云ふまでもない。要するに利害の調節が媾和条件の本質である間は、終局の平和は到底来らない。さし当りの平和でも、一方が全然他を圧倒して仕舞はなければ実現し来らない。而して双方対峙の今日の形勢では此意味の平和の容易に来らざるは素より明白である。従つて平和の機運も容易に熟せなかつたのである。然るに去年の三月露西亜に革命が起つて社会主義者が天下の政柄を握る事となつた。而して社会主義者は実際の国家的利害よりも抽象的原則を重んじ、殊に目前の利害のために干戈を取るが如きは最も其厭ふ所なるが故に、利害を以て争ふ戦争は彼等に取りて無意義となるのである。次いで四月上旬米国の参戦を見た。然るに米国は元来英仏と同様の利害関係を独墺側に対して持てゐない。米国の参戦せる唯一の理由は独逸が戦争の必要と云ふ利己的理由を以て国際間の正義を蹂躙したと云ふ抽象的の思想から来てをる。現実の利害問題をはなれて抽象的原則の擁護のために干戈を取つたものは恐らく米国今次の参戦を以て嚆矢《こうし》とするものであらう。斯くして今日の交戦国中少くとも露西亜と米国とは表面は勿論内実に於ても国家的民族的利害の問題を以て戦争の目的としてゐない。従つて彼等には改めて調節整理せらるべき何等の利害問題もない。然らば彼等は平和克復の際には果して何物を求むるであらうか。夫れは云ふまでもなく抽象的主義原則の確立である。斯く露西亜と米国が歴史上に新例を開いて抽象的主義原則を以て媾和条件とする事となると、其公明なる態度の前には面をそむける何等の理由もないので、内心はいやでも表向き之れに従はざるを得ない。斯くして英国も仏国も果ては敵の独墺までが自然とつりこまれて抽象的主義原則の形に於て媾和条件を論ずると云ふ風になりつゝある。かうなれば個々の利害問題や、複雑なる沿革や関係を持つて居る個々の問題の議論とは違ふから、話の纏りは非常に早くつくのである。斯くして平和の風潮は頓《とみ》に盛になる事になつたのである。

最も抽象的一般原則を確定して之れを実際に適用すると、敵国側が損をする事もあれば、又著しく自国が損をする事もある。そこで其の主義原則の公明正大なる事は全然認めてをつても、実際政治家の常として斯る原則の具体的適用には著しく自分の損失になる事はなからうかと躊躇し反省せざるを得ない。斯くて表向きは主義原則には服従するの形を装ひながら裏面に於て其原則の適用より来る自国の不利益なる境遇を救はんがためいろ〳〵小策を弄するものがある。従つて媾和条件を抽象的一般原則の形に於て説くと云ふ風潮は今日猶ほ未だ十分に徹底してゐない。此点に就て最も徹底したる態度を示せるものは云ふまでもなく露西亜である。彼は所謂国家の利益よりも主義原則をより多く適用するが故に、其適用の結果如何なる苦痛を嘗めねばならぬかは素より始めから問ふ処ではない。此点に於て今日露西亜の態度は最も純正である。初めより比較的利害問題に淡泊な地位にあつた米国すらも今日に於ては露西亜程純正ではない。大統領ウイルソンが米国民を代表して発表せる宣言の中には、多くの主義原則を掲げて居るけれども、猶ある原則の適用は個々別々に之れを独墺に示し、英仏側の同原則の適用を受くべき結果に就ては全然沈黙して居る。若し夫れ独墺側の宣明に至つては此点が更に甚しい様である。故に今日の所是等の所謂媾和条件は未だ全然抽象的形式を取つて居るとは云へぬ。けれども之れを露西亜の革命以前、米国の参戦以前の場合に比較するに、抽象的形式を取る部分の著しく増加して来た事を見遁してはならぬ。之れによつて見れば媾和条件を抽象的主義原則の形にて表はさんとするの考へが、昨今着々勝利を得つゝあるは之れを疑ふことが出来ない。そうして前にも述べたるが如く、抽象的原則の形にて媾和条件を定むる事になると問題が甚だ簡単明瞭となり、問題の開発は著しく捗《はかど》る事となるのである。

三

然らば今日一般媾和の条件として如何なる主義が説かれて居るかと云ふに其尤も適当な代表者は去年十二月二十二日露独単独媾和の席上に於ける露西亜側の提案である。此の露西亜の提案は全部で六個条あるが、其六個条中に含まるゝ抽象的原則を概括すれば次の三点に帰する。第一非併合主義、第二無賠償主義、第三民族自決主義、即ち之れである。其外にも細かいものがあるが先づ大体右の三原則が露西亜の提出にかゝる平和克復の基礎的条件であると見てよい。第一の非併合主義は武力を以て外国の領土を占領する事を許さず、現に占領せるものは速かに撤兵して之れを現状に回復すべしと云ふのである。従来戦争は其最初の動機が如何に神聖なるものであつたにせよ、之れに勝てば必ず対手国《あいて》の領土を取ることが出来ると云ふ希望があつたからこそ戦争がたえない。勝つても尺寸の土地が取れぬならば何を苦しんで戦を継続する者があらう。之れ非併合主義を以て世界平和の最も根本的なる基礎的原則とする所以である。次に第二の交戦国間には絶対に賠償金の授受をなすべからずと云ふ事も亦前項と同一主旨に基くものである。若し夫れ第三の民族自決主義に至つては独立を有せざる民族が他の優勢なる民族の圧迫に苦しんでをつた事が従来紛乱の種となつてをるから、今後は一般投票の方法により民族夫れ自身の希望に従ひ、独立を欲するものには独立せしめ、其国籍を変更したいものには変更を許すことにするならば、従来の如き紛乱の種は著しく減ずると云ふのである。以上三つの主義を六個条に分けて主張したのが即ち露西亜側の原案である。斯う云ふ明白率直なる形に於て出て来られては、其余りに公明正大なるがために、他国は之れに歯向ふの手段もなく、何やかや云ふ間に自然之れに引入れられねばならぬのが今日の状況である。

　但し此三大原則を最も率直に最も純正に、全然夫れより生ずる実際の結果如何を問はずして主張して居るのは露西亜のみである。大統領ウイルソンの宣言は非併合無賠償の原則を認めてをるけれども、第三に就ては、此原則の適用を受くべき敵国側の個々の問題を列挙するに止めて、与国側に存する問題に就ては一言も云つてない。例へば独逸のアルサス・ローレーンは無論仏蘭西に行くべきであると暗に云ふて居るけれども、埃及《エジプト》に独立を与ふるとか、印度に独立を与ふるとか云ふ事は全然黙殺してをる。英国に至つては非併合主義民族自決主義に就ては略ぼ米国と同様であるが、唯無賠償主義に就ては多少の留保をなして居るやうである。何となれば米国は露西亜と共に賠償の授受を絶対に否認して居るのに反し、英国は又熱心に所謂不当に加へられたる損害に対する賠償は刑罰的意義を有する戦時賠償とは其意義を異にするから、之を授受するも無賠償の原則には牴触しないと云つて露西亜の主張するが如き絶対無賠償主義には反対してをる。若し夫れ独逸側に至つては非併合主義の原則を承認するの口実の下に殆んど之れを無効ならしむるが如き重大なる例外を主張し、又無賠償主義を自国の利益のために賛成して居りながら、之れにも多少の例外を認めて僅かばかりの自国の利益に執着して居る。第三の民族自決主義に至つては独逸は正面から之れに反対することを得ずして、少くとも自国の権力の下にある異民族に就ては一般投票の方法を実行することを極力拒んで居る。其云ひ分は是等異民族の今日までの意志表示は、彼等が昔のまゝ独逸についてゐたいと云ふ意志が極めて明白であるから、何も投票などする必要はないと云ふのである。斯くして独逸は専ら自国の利害を眼中において、媾和条件に対する態度が正に露西亜に相反してをるが、併し英米の方は既に多少不十分な所ありとは云へ、露西亜の提案と相去ること遠からず、仏蘭西伊太利も亦皆英米と同意見なることを公表して居るから、今や以上の三大主義は大体に於て来るべき平和克復の根本原則として殆んど世界一般の承認する所なりと云つてよい。アルサス・ローレーンをどうするの、コンスタンチノープルをどうするの、或は膠州湾や南洋諸島をどうするのと云ふ各国特種の利害問題の細目の研究を後にして、先づ抽象的の原則を定め、此原則の適用の結果多少の損失を蒙つても忍ばなければならないとするやうになつたのは、之れ実に平和促進の上に非常の進歩であると云はなければならぬ。

四

終りに今一つ最近著しくなつた現象は、平和問題の基礎的条件にして、且つ将来世界平和の永久の骨子たるべき是等の原則を確立擁護する方法の研究である。是等の原則を立てゝ折角平和の克復を見ても将来又独逸のやうな国が起つて、武力を恃《たの》んで之れを蹂躙せられては何にもならない。如何なる原則を以て世界平和を確保することが出来るかの研究と共に、如何にして是等の原則が武力を恃むものゝ蹂躙より免るるやうにする事が出来るかの研究は又同じ程度に於て肝要である。此点に於て社会主義かぶれの露西亜は極めて楽天的の態度を取つて居る。何となれば彼等はかう云ふやうな結構な原則は、世界の人々はすべて皆之れに従ふもの、従つて協同の利害を有する世界中の下層階級は皆此の原則を遵奉するものと定めてをる。露西亜の革命政府が非併合、無賠償の旗幟をかざして平和回復の誠意を示しさへすれば、独逸などでも必ず賛同して来るに違ひないと云つて、英仏に迫つたのも此のためである。折角我から結構な原則を定めても、誰か之れを破るものあるべしとて警戒する事が既に平和を破るのであると云ふのが露西亜側の云ひ分である。故に彼等は将来主義原則を確保するための研究は初めから問題としてゐない。之れに反して英米は過去の成績に鑑み、又実際の苦き経験に照らして折角定めた原則を確立擁護して再び之れを武力の蹂躙に委しないやうに、茲に一の新工夫を必要とするの考へに一致した。斯かる主義の下に唱へられたのが世界各国の間に、或鞏固なる国際組織を作るべしと云ふ説である。此事は現に最近ロイド・ジヨーヂもウイルソンも明白に之れを宣言して居る。言簡にして素より其内容の一端にも触れてゐないけれども、然も責任ある政治家の口より此種の宣言を聞くことは、我々の決して軽々に看過してならない所である。世界各国の国際的組織と云ふが如きは従来閑人の空想と認められて居つた。けれども過去数十年の苦き経験と、今度の戦争によりて与へられたる絶大なる刺戟とは必ずや此空想をして現実ならしむるに至るの日あるであらう。況んや既に英米にては此種の国際的平和同盟の組織に関する研究は昨今大に強盛を極めてをるに於てをや。

繰り返して云ふ、戦争の終局と見るべき時期、平和の回復せらるべき時機は今日の所見当はつかぬ。けれども平和の機運が去年以来盛に動いて居る事は、以上述ぶる所の昨今の新現象に於て極めて明白に表はれてをる。平和の時機猶ほ定め難しと雖も我々は今や平和に対する準備を怠つてはならない。殊に平和の風潮が凡ての利己的利害問題に頭を擡《もた》げしめず、極めて公明なる正義の光に照されつゝ表はれ来るの事実は、我々の歓喜満悦を以て特に注目を要する点である。

〔『新人』一九一八年二月〕

出兵論と現代青年の世界的傾向

一

二月末以来我国に於て西比利亜《シベリア》出兵問題が盛に唱へられてをる。昨今聊か下火になつたやうではある。寺内内閣も貴族院に於ける答弁に於て「政府は何等此の問題に就て決定して居らず」と言明した。又「独逸勢力の東漸を恐る丶程帝国の国防は無力にあらず」と豪語した所を以て見れば、政府は出兵を決行するの意なきが如くにも見える。乍併《しかしながら》出兵論の尤も熱心なる主張者たる国民新聞の如きは、去二十三日の紙上に出兵頓挫の説を否認してをるから、何日《いつ》何時《なんどき》又此議論が復活して来ないとも分らない。何れにもせよ出兵論は昨今我国民の耳目を著しく聳動《しょうどう》して居る事件である。

出兵論の是非は今暫く之れを問題外に措く。唯だ之れに関聯して吾人の甚だ不思議に思ふ点は、国民特に青年の多数が出兵論に対して極めて冷淡なる態度を取つて居る事実である。由来日本人は対外発展、領土拡張等の問題になると、最も熱しやすきを以て知られて居る。日露戦争後亜米利加辺からは之れがため好戦国民と云ふ好ましからざる汚名をさへ蒙らされた。然るに斯る所謂好戦国民、中にも血気盛んな青年の輩が出兵論に対して冷かな態度を取つて居ると云ふ事は誠に不思議な現象ではないか。況んや今日此際西比利亜方面に帝国の勢力を拡張する事は又と得難き千載一遇の好機会なるに於てをや。否啻に多数の青年が此の問題に対して冷静であるばかりでない。中には之れに対して熱心に反対の意を表する者もある。之れこそ誠に驚くべき現象ではあるまいか。而して老成先輩中には此現象を目して、或は青年元気の頽敗となし、或は国家的精神の欠乏と罵るのであるが、此見解は果して正当であらうか。予輩の考ふる所によれば寧ろ出兵論に対して冷淡なる青年の方が、実は遥かに進歩して居るのであると思ふ。国権の発展と云へば無暗に嬉しがり、国力の膨脹と云へば直ちに熱狂するやうな、無批判無責任の盲目的愛国者は之れまで我国に余り多ふ過ぎた。是等の所謂愛国者のため我帝国は之れまで苦い経験を嘗め過ぎてをる。真に強国として列国の間に伍し、確実なる地歩を占めんが為めには、我々はもつと冷静なる判断と、根柢ある研究が必要である。併して老成の先輩が、今猶ほ盲目的愛国心に昏迷して居る間に、第二の日本を作るべき青年の多数が、今日理性的に覚醒しつゝあるを見るのは、国家のため真に慶賀すべき事である。之れを以て青年志気の頽敗と云ふのは偶々時勢に迂愚なるの醜態を暴露するものである。

二

苟も日本人として誰か国権の発展、国力の膨脹を喜ばざるものがあらう。西比利亜の出兵其事には吾々も元より絶対に反対するものではない。乍併吾々は相当の理由なくして、斯の如き大事を軽卒に決行しやうとは思はぬ。此点から見て吾々は先づ何のために出兵するか、且つ出兵の結果として帝国の負担する利害得失の関係如何を精密に考究する事なくして、軽挙盲動する事は出来ない。従つて吾々は先づ出兵論の根拠を尋ねる。而して之れがため必要とする国家の損失並に出兵によつて達せんとする目的が、之れ丈けの損失を払ふに相当するものなるや否やをたづねる。此点から見れば今日出兵論者の掲ぐる所の根拠には何等の理由なき事は疑ひを入れない。或人は帝国の自衛のため出兵を断行せよと云ふ。自衛のためと云ふ以上、緊急の危難の我に迫るものあるを前提としなければならぬ。併し何処に吾々を脅かす緊急の危難あるか。露国は独逸の蹂躪する所となつたと云つても、独逸は兵力を東亜に送るの余裕もなければ必要もない。是等の点に関しては予は他の機会に於て審かに之れを説いて居るから、玆には述べない。要するに昨今殊に危急を叫ぶべき特別の出来事が起つてゐない。いろ〳〵の事実を掲げて危険の切迫を説くは、多くは捏造にあらずんば架空の想像に過ぎないのである。

又或人は露国を救援するために出兵せよと唱へる。併し何物の手より之を救援せんとするのであるか。甲は独逸の強暴なる毒手より露国を救へと云ひ、乙は過激派の横暴より露国の良民を救へと云ふ。前者の目的ならば吾々の出兵は遠く欧土に及ばねばならぬ。後者のためならば吾々の出兵は即ち露国民の大多数を敵とするの覚悟をなさねばならぬ。露国を救はんとして、露国民の大部分を敵とするは、之れ自家撞着である。而して吾々が若し露国の少数の有産階級若しくは官僚階級を救はんとすと云ふならば、之れ取もなほさず、少数者を助けて大多数の露国民と戦ふ結果となる。斯くて何処に露国救援の事実あるか。又或人は独逸を牽制して聯合国の共同目的を助成するにありと云ふ。積極的に独逸を牽制すると云ふならば兵を露独国境の遠きにまで繰り出さねばならぬ。若し浦塩《ウラジオ》方面にある物資の敵手に落ちるを予防して間接に独逸を牽制すると云ふならば、何も此上出兵する必要がない。今年一月浦塩に送つた軍艦と、満洲の守備軍でも事は足りる。斯く考へ来ると出兵論には何等の根拠はない。而して今日の敏感なる青年がたとへ国力発展、海外膨脹の好辞柄を以てするも、是等薄弱なる根拠に基く煽動にはうつかり乗るものではない。

今日の青年が出兵論に何等の同感なきは、又一つには彼等が今度の戦争のために著しく世界的に覚醒した結果でもあらうと思はれる。従来吾々は全く世界あるを知らぬでない。唯だ遠く西洋の活舞台をはなれて居つた結果として、世界の問題に精神的共鳴を感ずる事極めてうすかつた。而して今や実に世界の一員としての自覚が段々明白になりつゝある。此の点が実に今日の青年をして他の列国の存立を全然無視せる如き狂暴なる侵略主義者に何等の共鳴を感ぜしめざる所以である。

三

之れに比すれば所謂忠君愛国を売物にする一部の軍国主義者の思想が遥かに低級であることは云ふを俟たない。彼等の多くは自国あるを知つて、他国あるを知らず、すきさへあれば自分の国であらうが、人の国であらうが乗ずべき機会を遁さずして、一歩々々利権の拡張を計るのが、国家に対する尊い義務と考へる。而して斯の如き思想の結局自からを害し、他を害するの甚しきは素より云ふを待たぬ。而して今度の戦争は実に独逸によつて代表せらるゝ斯くの如き思想に反対して、聯合国と行動を共にするの義に立つて干戈を取つた我国が、平然として侵略主義的思想に沈湎するは、単に思想の不徹底を以て責むべき問題に止らない。而して斯の如き謬想に本来戦争を商売とする軍人の熱中するは致し方なしとして、一世を指導すべき地位にたつ学界の先覚者までが、是等の偏狭なる思想に拠つて悔いざるに至つては、之れを評すべき何の辞を知らない。若し夫れ是等の盲目的侵略主義に民心を誘はんとして、各種不実の流説を散布し、事実に基かざる幾多の想像説を提唱して平然たるは寧ろ其態度に甚だ憎むべき所あるを見るのである。

最も是等の盲目的侵略主義者中には、真に国を思ふの至誠から之れを唱道するものもないではない。併し夫れでも彼等の目的とする所は精々欧米各国の手出しの出来ぬ今日の機会に乗じて幾分たりとも西比利亜の地に勢力の根拠を据えようと云ふのである。然らば之れ豈に明白なる一種の火事場泥棒ではないか。戦後の将来も又戦前と同じく、他人を見たら泥棒と思へと云ふやうな猜疑と不信任とに充ちた世の中であるならば格別、今や人類的相愛の基礎の上に面目一新の新世界を建設せんとするの努力極めて旺盛なる時に当り、火事場泥棒にて目前の利益をはからんとするは決して結局日本を幸にする所以ではない。

四

兎角我国には所謂国民の元気は戦争と云ふ気分にあらしむる事によつてのみ達せらるゝと云ふ声がある。故に国民元気の鼓吹のためには国民をして何時でも戦争気分にあらしめなければならぬ、之れによつて初めて青年の志気を鼓舞し得べしとするのであるから、彼等は勢ひ人道主義、平和思想等を呪はなければならぬ。従て彼等は所謂国民の元気を鼓舞作興せんがために、無暗に他人を敵と思はしむる。門を出づれば七人の敵あり、人を見たら泥棒と思へと云はなければ国民に愛国奉公の観念が起らないと見るのである。此点から火事場泥棒にならうが何にならうが、出兵でもして現実の戦争気分を国民に味はしむる事は必要であると考へたのであらう。本当の合理的根拠によつて愛国心を養成せられたものであるならば、彼等は決して平和思想の鼓吹によつて、必ずしも軍国主義からはなれるとは限らない。又人はよく戦時の今日、英国も米国も皆独逸に被ぶれて軍国主義、専制主義に化しつゝあると云ふ。而して戦後の形勢に処するに当り吾々は実に此殺伐なる軍国主義者を持つ事を覚悟せねばならぬと。斯くて又戦争気分を鼓吹し、之れによつて初めて国民の志気を鼓舞せんとする。併し之れも亦誤りである。成程英米は外見非常な専制主義になつて居る様に見える。乍併英米に於ける外形上の専制主義は、其背景として絶大なる民本主義を根柢とするが故に初めて可能なるものにして、英米の所謂専制主義は独逸の専制主義の如く、全然人民の監督権と没交渉のものでない。故に英米が軍国的専制主義を取つて居ると云ふことは、何も戦後の世界をして殺伐なる空気の中に苦しむる者とは思はれない。何れにしても今日若くは将来は平和思想の旺盛を来すべく火事場泥棒的軍国主義は著しく世界の同情を失ふに至るであらう。

之れを要するに今日の青年は既に世界的に覚醒するの端緒を開きつゝある。之れ誠に慶賀すべき現象にして、之れあるが故に吾々は偏狭なる国家思想が世に蔓《はびこ》り、国家を毒するを悲観しないのである。開戦以来今日まで幾多の変遷はあつた。而して之れに対して下さるゝ説明も亦種々雑多であつた。乍併是等の変に処して国家民衆を指導すべき根本原理は初めから厳然として少しの動揺を見ない。吾々は須臾《しばら》く此の不動の根拠に立つて正々堂々の大道を闊歩すべきである。而して吾々のよつて以て立つ所の万古不動の根本義は何であるかと云へば、一言にして云へる。曰く「神の意志の現世に於ける発展」即ち之れである。

〔『新人』一九一八年四月〕

所謂出兵論に何の合理的根拠ありや

(一)

西伯利《シベリア》出兵論が露独単独講和の成立に促されて起つた事は言ふ迄も無い。単独講和条約の調印は三月三日である。併し出兵論の漸く我国の朝野に動き出したのは、二月廿日過ぎ内田大使露都引揚げの報道があつた頃からである。而して此問題につき何国がイニシヤチーヴを取つたかに就いては、今日いろいろの説がある。一説に拠れば、此問題の発頭人は我本野外務大臣で、先づ西伯利に於て軍事行動を採らんとするの利害を英仏伊の三国政府に諮り、次いで英を通じて米国政府の意嚮をも照合したとの事である。又一説には本野外相が斯る態度に出づる前、氏の親友たる仏国外相ピシヨン氏から之に関する慫慂があつた、尠《すくな》くとも本野外相の這般の措置は、英仏の暗示に基くものであると云ふのである。而して英仏側の当初の目的は西伯利に於て反過激派勢力を結束し、之を協戮《きょうりく》援助する事によつて露国の崩壊を拯《すく》はんとするに在る、此種の考は二月中旬露国東清鉄道のホルワツト氏が北京に来た頃から初まつた、或は此頃から大いに熟したといふのである。更に第三の説は西伯利に於て反過激派勢力の結束を計るの運動は余程前から初つて居つたので、現に日本人中にも所謂志士を以て任ずるもの、少からざる数が、西伯利方面に活動を初めて居つたとも云ふのである。之と参謀本部との連絡に関する風説は、固より一片の訛伝に相違ない。

何れにしても西伯利に出兵すべしとの論は、二月末から三月に懸けて頓《とみ》に激烈を極むるに至つた。而して中には故《ことさ》らに事を大袈裟に吹聴して、露西亜は今や正に独逸の所有《もの》になつて了《しま》つたとか、独逸の辣腕は更に遠く東亜に及び、独逸俘虜の解放並びに其武装に伴つて、吾人を脅かす所の危険が目前に迫つて居るとか、無暗に我々国民を怕《こわ》がらせんと努めて居るやうに見ゆるものもあつた。社会に相当の地位を占むる学者論客にして、亦此種の盲動に左袒するものが少く無つたので、一時新聞紙等の論調から判断すれば、政府は今にも出兵しさうな形勢であつた。尠くとも政府は此等の矯激なる言論を其の横行するに任せて、何等の手加減を加へなかつた事丈けは事実である。

併し一部の識者の間には出兵に反対する考が亦案外に強いやうであつた。尠くとも所謂出兵論者の其理由として挙ぐる所の根拠に深き疑問を挟むものが頗る多かつた。之れ実に注目すべき現象である。其上米国の方からも出兵に反対する趣の意嚮が明になつて来る。風説に拠れば、我国が英国を通して米国政府の意嚮を問合せたるに対し、彼は「独逸勢力東漸の結果急迫なる実害の発生する場合を除き其以前に出兵するは露国民に対する敵対行為と云ふべく、我政府は主義として直ちに之に賛成する事を得ず」といふ旨の返事があつたといふ事である。一部の好戦論者《ジンゴイスト》は、外国の思惑を右顧左眄するを批難するのであるけれども、悲哉いよ〳〵出兵となつた場合に、必要なる各般物資の供給を米国に仰がざる可らざる状態にある我国としては、全然彼の意に反して行動する事を難《かた》んずべき事情がある。夫れや是れやの理由で月の央頃《なかごろ》から出兵論も段々下火になつた。吾人の見解からすれば、斯の如きは政党や外交調査会などの反対する迄も無く当然の成行であらう。而して政府も愈々当初の考の如き大規模の出兵計画を中止した事は、三月廿日貴族院本会議に於て高橋博士の質問に対して為せる寺内首相の答弁に於ても明かである。吾人の密かに想像する所に拠れば、大規模の出兵は或は絶対に実現する事無かるべしとするも、若し西伯利に於ける反過激派勢力の結束成るの暁には、或は之を援助する意味に於て多少の出兵を為す時が来ないとも限らない。尠くとも政府並びに軍事当局者は斯の如き事実の発生を心私かに期待して居るではなかろうか。故に予輩は、寺内首相の言明に於て大に安心すると同時に、まだ多少の懸念を将来に繋《か》けざるを得ない。

予輩は必ずしも絶対的出兵反対論者ではない。唯兵を動かすは、陳腐なる言葉ではあるが、国家の大事である。最も慎重なる熟慮深議を尽して後、初めて決行するを許すべき問題である。而して熟慮深議の題目としては、先づ第一に、何の為めに出兵するかの目的を確定しなければならない。第二には其目的に対して払はねばならぬ所の犠牲の程度を測定しなければならない。第三に夫れ丈けの犠牲は、之に依つて達せんとする目的に照して、甘じて之を払ふに差支なきものなりや否やを講究しなくてはならぬ。更に第四には出兵の結果として将来に起るべき財政関係、国際関係其他種々の方面の跡始末に就いても計画する所なければならない。而して凡て此等の問題を慎重に講究した上で、之を国の内外に正々堂々と表明して、然る後に初めて出兵を決行すべきである。然るに今日まで主張せられたる出兵論者の議論には、凡て此等の点に就いて果して十分吾人を満足せしむるものがあるか。

出兵論者の多数の議論に予輩の甚だ遺憾とする所は、何の為めにするかの目的の意識が明白で無い事である。而して彼等の最も喜んで国民に語らんとする所は、出兵の結果として他日帝国の獲得し得べき物質的利益である。或有力なる新聞の如きは、西伯利の占領は以て優に戦費を償うて余りあるべしとさへ放言して居る。西伯利を占領する事に就いては日本国民中何人も異議はあるまい。其豊かなる富源の点より、又日本海の対岸を包容して日本の国防的地位を一層鞏固にし得る点より、殊に日本国力の大陸発展を一層促進せしむる点より観て、此上の望ましい事は無い。併し乍ら西伯利占領はさう無雑作に実現の出来るものであらうか。東亜に利害関係を有するものは、日本を除いて支那許りでは無い。仮令《たとえ》戦時の今日欧米諸国が深く東亜の事を顧るに遑《いとま》無しとしても、我日本国は今や世界の一員として立つて居るものなる事を忘れてはならない。世界の大勢に逆行する事は今日決して吾人の執るべき方針では無い。世の偏狭なる論者動《やや》もすれば、我国が漫《みだ》りに欧米の思想に左右さるべきにあらずと力む。然し斯くの如きは鎖国的思想家の常に口にする所にして、世界的思想を自らの中に見出し、否、自らの思想を以て世界の大勢を造らんとする大国民の抱負に適《ふさ》はしき態度ではない。吾人は須《すべか》らく進んで世界の大勢を作るの主動的分子たるを期すべきである。此覚悟ある以上、世界の大勢に順行するといふ事夫れ自身は決して大国の面目を傷けない。而して今日世界の大勢は、故無くして領土的野心を逞うせんとするものを許さざらんとするに在る。米国が日本の出兵に好意を表せざる所以も、畢竟彼の努力して造らんとしつゝある所の大勢が、之に由つて事実上裏切らるゝ事無きやを怖れたる為めではあるまいか。米国の態度の是非は今茲に論ずる問題では無い。唯斯くの如きが今日世界の大勢なる事を念頭に置いて、其上に出兵の問題を研究計画すべきである。訳も無く出兵して相当の地歩を事実上に占めさへすれば、後日何とかなるだらうと云ふやうな根拠薄弱なる楽天観に基いての、帝国此際の出兵は、余りに無鉄砲なる行動ではあるまいか。他国の領土に出兵する事のみが国力を張る所以では無い。講和談判の開催まで十分の余力を蓄へ、所謂満を持して放たざるの態度を執る事も亦、何れ丈け戦後に於ける日本の立場を鞏固にするか分らない。何れにしても出兵の決行には、もつと〳〵精密なる研究を要する点あるは言を俟《ま》たないのである。

一体我国が西伯利に出兵し得るとすれば、如何なる目的を以てすべきであるか。吾人の考へ得べき出兵の目的は尠くとも三つある。一つは帝国の自衛の為めである。も一つは露国を救援する為めである。終りには聯合与国の協同目的を後援するが為めである。此等の点は出兵論者も亦漠然と認めて居る所である。唯此等の目的の為めに、果して帝国は、一部の論者の主張するが如く、大兵を西伯利の野に送るの必要ありや否や。之が実に大いなる問題である。

(二)

先づ自衛の為めにする出兵論から調べる。

論者曰く、単独講和の成立と伴つて独逸の勢力は全露を掩ひ、今や東漸して直接に我国を脅かさんとして居る。一日後るれば夫れ丈け危機増大するの形勢を呈して居るから、我々は自衛の為め速かに出兵して之に備へなければならないと。此論に対して吾人の先づ問はんとする所は、東亜に殺到し来る所謂独逸の勢力とは如何の性質のものなりやの点である。若しそが純然たる経済的勢力若くは多少兵力を伴ふ経済的勢力であるならば、之に対抗する方策は出兵による国権の発動でなくして、自ら他に方法はあらう。故に自衛を名として出兵を必要とする以上は、所謂独逸の勢力を解して純然たる兵力と観なければならない。世の出兵論者の多くが、自衛の為めの出兵論の根拠として、東亜に於ける独逸経済力の発展までを列挙するのは笑ふべき俗論である。

高橋法学博士は最近の『国際法外交雑誌』(三月十五日発行)に於て自衛権を理由とする西伯利出兵の法理的根拠を説かれて居る。併し直接の危害あらざるも緊急防禦手段として大兵を西伯利に送る事が仮令国際法の認むる所たりとしても、此論拠から直ちに速かに出兵を決行せざるべからずとするの議論は成立たない。国際問題を惹き起すべき重大事の決行については、之に関する国際法理を予め講明するは固より必要であるけれども、更に進んでいよ〳〵国際法上許されたる行動を決行すべきや否やは、また諸般の事情を斟酌して慎重に判断すべき政治問題である。而して世上の議論の争ふ所も亦其が法理的根拠ありや否やにあらずして、今日出兵を決行するの必要ありや又之を為すは得策なりやの点である。

自衛の目的を以て出兵を主張する論者の掲ぐる根拠に二つの種類がある。一つは独力東漸の勢滔々として已に東亜に及び、帝国に対する脅威目前に迫つて居るとの説で、一つは危機夫れ程切迫しては居ないけれども、早晩到来するに相違ないから、今より之に対する用意を為すの必要があるといふ説である。

第一の独逸の勢力東亜に漲り直接に我国を圧迫せんとして居ると主張するものは、又いろ〳〵の根拠により自己の説を裏書きせしめんとして居る。今其主なるものを列挙すれば、(一)今日露国内の実権を握つて居る過激派は全然独逸の傀儡《かいらい》である。此両者の結託は自ら独逸勢力の東漸を便せざるを得ないと観るのがある。併し此説は、過激派が概して独逸の意の儘になると見る点に於て、及び独逸が昨今の新形勢に乗じて東亜に野心を逞うせんとして居ると見る点に於て、正鵠を欠いて居る。独逸が今日兵力を割いて徒らに東亜に事端《じたん》を醸すものに非るべきは尚後に説かう。過激派が概して英仏嫌ひである事、レーニンが曾て独探某と金銭上の交渉があつたといふ事は隠れもない事実なるに拘はらず、昨今に至りて、此一派が決して独逸の傀儡でもなければ、又独逸の思ふ通りになるものでもないといふ事が、段々明かになつた。而かも我国に於て、今日尚過激派を独逸の手先なりなど、する謬想より脱するを得ざる所以のものは、恐らく西洋の社会主義、中にも極端なレーニン一派の殆んど無政府主義に近い主張に関し、適当なる理解を欠くからではあるまいか。人は曰ふ、彼等が英仏を袖にして単独講和の商議を進め、以て不信の譏《そしり》を厭はなかつたのは、大に独墺を利益せんが為めであると。成程単独講和の成立は其必然の結果として、英仏の不利と独墺の利益とを伴つた。併し乍ら、前者の不利と後者の利益を計る事が彼等の目的ではない。一般平和を齎らさうとする大理想(仮令其考が誤つて居るにせよ)の前には、目前の細事を顧るに遑なかつたのである。斯の如きは独り彼等許りでは無い。他の穏健なる社会主義者の間にも略ぼ一貫せる所にして、革命開始以来数ふるに遑無き程多数の類例を示して居る。彼等の為す所の結果が偶々独墺を利益したからとて、直ちに之に味方するものと考ふるは、レーニン一派を誣《し》ゆるの甚だしきものである。又人は曰ふ、レーニン政府は曩《さ》きの与国との密約を訐《あば》いて信義に背くの罪を意としなかつたと。併し乍ら吾々は、彼等が曩きの与国との密約許りでない、独墺との密書をも訐いた事を忘れてはならない。中にも日露戦争当時より数年間に渉り露独両国皇帝の間に往復された七十余通の秘密電報を世界に公表したるが如きは、最も露骨に独逸皇帝の面皮を剝《む》いた処置と云はなければならぬ。今度の単独講和の調印に至る迄の経過に於ても、露国側は唯々諾々として其命を喜んで奉じたるが如く見ゆるけれども、併し其実、最後まで精神的反抗の態度を翻さゞりし事は、調印の席上に於ける露国側委員長の声明に於て之を徴する事が出来る。彼は飽くまで独逸の領土的野望に眼を掩ふを拒んだ。又独逸が無法に休戦条約を破棄せる罪を数へて止まない。而して所謂平和条約も畢竟独逸が武力を以て強要する所たるが故に、故らに一言も文句を云はず、提示せられたる条約を其儘調印する旨を述べて居る。自ら戦争停止を声明し軍隊の解隊を決行して置きながら、今更敵の武力的強制を罵るは、実際政治家の眼から観れば如何にも馬鹿気切つた事のやうに見ゆるだらう。けれども彼等が飽くまで真摯なる態度を執つて動かない事だけは之を認めてやらなければならない。要するに過激派を、単純なる空想に動いて毫も実際上の結果如何を顧みないといふ点より之を批難するは妨げない。けれども彼等に故らに独逸を助くるの意ありと観るのは大いなる誤りであらう。独逸が暴力を以て無理に露国人民を圧倒しつゝ進むに非る限り、大兵の東亜発遣を無人の地を行くが如く容易なる事業と思ふならば、大なる誤りである。

(二) 仮令過激派政府に独逸と結托する事実無しとするも、同国の無政府的崩壊は独逸勢力の東漸に何等の妨げを為さぬではないかと観る説もある。独逸に此際東亜に送兵するの意図ありや否やは別問題として、露国今日の国家的崩壊は或点迄は事実である。レーニン一派がもと自家の理想の実現の為めには戦争の敗北を第一条件とするの見解を執つて居つた事に鑑み、去年の夏以来軍隊の秩序が全然崩れて、今日となつては仮令どんな英傑の将軍が出て来ても殆んど之を纏めるに由なき状態に在るに鑑み殊に二月十一日戦争停止軍隊復員の命令を発して以来、此の形勢が一層進んだといふ事実に鑑みて、露西亜が独逸軍隊の前には全然無力である事は言ふ迄も無い。単独講和成立の前後、独逸軍隊の露都侵撃に対して、政府が対独反抗命令を出したといふ電報もあつたが、こは恐らく過激派政府の与り知らざる所であらう。政府並びに人民に概して独逸を助くるの意無きは疑も無い。否、進んで独逸に反抗せんとするの気分は、一部の国民間に必ずや存するに違ひない。けれども政府も国民の大多数も、武力を以て独逸に抵抗するの考の無い事は明白であつて、云はゞトルストイの所謂無抵抗主義を実行して居るが如き現状に在る。此点に於て露国が国家として全然解体の姿にあることは明白であるけれども、併し乍ら之を以て露国民に到底将来旧態に復興するの気力はないと見るのは些か早計ではあるまいか。武力的破産は必ずしも精神的破産を意味しない。我々の愛国的思想から観れば無論精神的破産に相違ないが、併し彼等には善かれ悪しかれ彼等自身の立場がある。而して彼等本来の思想の立場から云へば、彼等は寧ろ自家の思想の成功を誇つて居るかも知れない。尠くとも彼等が自家の理想の実現を近き将来に期して努力奮闘を止めざる事は、最近帰朝せられたる内田大使の談話にも見えて居る。大使曰く「過激派政府は一方ブレスト・リトヴスクに於て講和を議しながら、他方無線電信を飛ばして過激派主義の宣伝に努むる等、其熱心驚くべきものがある。為めに独逸国内にも過激派化したるもの少く無い。従つて独逸も強圧的政策を採り得ない。よし独逸が過激派を撲滅する事が出来るにしても、其主義は決して亡びないであらう。彼等の立場は今や却て世界の全局に亘り影響せずんば已まざるの概がある。恐らく其影響は第一着に墺太利《オーストリア》に及びて其瓦解を来たし、更に之が独逸に波及して流石の強国も獅子身中の虫の為に斃《たお》れる事とならぬとも限らない」(東京朝日新聞に拠る)と。予輩の数ケ月来主張せる見解が偶々大使の言明によつて裏書せられたるは、予の密かに快とする所である。大使の言の如く、武力的に圧倒せられたる過激派が、精神的に独逸を圧倒し得るの日の、果して近き将来にありや否やは姑く措き、彼等が独逸の態度に不満と反感とを有つて居る事は、累次国民に向つて発表せる檄文にも明かではないか。彼等は「侵略主義の毒手より世界を拯はんとする吾人の革命的運動を、独逸が漫りに蹂躪せんとする」と云つて其暴状を罵つて居る。一般物資を独逸軍隊の手に入らないやうにせよと人民に告示して居る。されぱと云つて彼等は主義の上から武器を執つて独逸に抵抗する事はしない。夫れ程憤慨するなら何故武器を執らないかと云ふのは日本流の考である。吾人は吾人の考へ方の型に嵌《はま》らないからと云つて彼等を漫《みだり》に罵倒してはならない。独逸の暴状を許さず、独逸に何等の援助を与へざらんとするの決心の頗る堅い事丈けは、之を認めなければならない。吾人は内田大使と共に、過激派の政府は、「当分持ち堪へるもの」と観る。よし過激派政府が没落したとしても、近き将来に露国が優に独逸の跋扈に対抗し得るだけの勢力に纏まるとは思はない。併し乍ら露国は今日独逸の横行跋扈に対して全然何等の障礙を与ふるもので無いとする程に、予は露国民を見縊《みくび》らない。況《ま》して独逸が夐《はる》か東方に大兵を送つた場合、独逸軍隊の背後の連絡は露国領内に於て極めて安全なものとは、到底考ふる事は出来ない。

(二) 過激派の跋扈と独墺俘虜の活躍とが両々相伴つて我々を脅かすと云ふ考もある。露西亜が其欧羅巴本部と西伯利方面とを通じて過激派の跋扈跳梁に委して居る事、解放されたる独墺俘虜の少からざる数が過激派の為めに武器を執つて反対派圧迫の仕事に従事して居る事は、隠れも無き事実である。然し此事が東亜に対する脅威たるを得る為には、過激派が日本に悪意を有する事と、過激派を援くる俘虜が本国の戦争目的に共鳴し、否進んで熱中するといふ事と、及び露西亜殊に西伯利方面に在留する此種俘虜の数が恐るべき実勢力を有するといふ事を前提としなければならない。併し乍ら此等の前提には果して確実なる根拠ありやは大いに疑無きを得ない。過激派が必ずしも独逸と結托するものでない事は前にも述べた。独逸の使嗾《しそう》に基かず過激派本来の立場として彼等が特に日本に反感を有すとの証拠は、今日迄何等挙つて居ない。あれだけ秩序の紊《みだ》れたる中で、内田大使などが兎も角無事に帰朝し得た事実に観ても、寧ろ相当の好意を有つて居ると観るべきである。過激派の態度若くは其思想其物に反感を有するからと云つて、直ちに彼等を敵視するのは正当でない。ブラゴヴエスチエンスクに於て過般日本義勇兵団が十数名の死傷者を出したのは、正確なる事実の報道に拠るに、我から進んで彼等の争闘に参加したるの結果であるやうに見える。今日まで特に過激派が日本の不利益を計るべく行動したる事実は無い。故に過激派の跋扈に由つて不良なる精神的影響を蒙るといふは妨げ無きも、直に之を以て日本に対する現実の威迫と見るのは穏当ではない。若し夫れ独墺の俘虜が、本国の戦争目的を助成するの意味を以て巧に過激派に取入り、本国の指揮訓令の下に一定の計画を立てゝ、過激派を操縦し、其結果西伯利に於ける彼等の一団が、所謂過激派を提げて支那日本に迫るだらうと観るに至つては、事実を謬《あやま》るも亦甚だしい。一体西伯利に限らず、一般露西亜の内部に於て、独墺の俘虜が自由に露国民の間に闊歩して居るのを見て、我国多数の論者は、之れ現露西亜政府が独逸の言ふが儘になつて居る証拠だと見るやうであるが、之れ甚だしく事の真相に違つて居る。過激派政府が独墺の俘虜を全部解放した事は事実である。其中の一部を過激派軍隊の中に使つて居ることも事実である。併し乍ら之と独墺政府との間には、尠くとも当初何等の連絡が無い。而して将来とても、独墺政府が此等の俘虜を利用して自家の野望を遂げるといふが如きは、容易に起り得べき事柄では無いと思ふ。

一体露西亜が俘虜の解放を断行したのは、独墺政府の意思に出でたものでは無い。彼等一派の本来の空想から、人類の自由は重んずべし、無意義の戦争の為めに俘虜となつたものを拘束するのは不当であるといふ見地から、進んで彼等を解放したのである。彼等は戦争を無意義として戦時の今日凡ての軍隊に復員を命じたではないか。

而して所謂国際主義を採り国家の畛域《しんいき》を眼中に置かざる彼等が、自国の兵隊に与へたると同じ自由を敵国の俘虜に与へたるは何の怪しむべき点も無い。されば彼等は今年一月独逸との単独講和の席上に於ても、此同じ理屈から独逸に向ひ、露国俘虜を解放せよとか、居住旅行の自由を与へよとか、殊に言論集会の自由を与へ、又本国より発送する革命思想の伝播を目的とする印刷物を自由に閲読する事を許せよなど丶要求した。而かも其際露国委員は更に附け加へて云ふ。吾人は唯之を貴邦に望むのみではない、我国に於ても已に貴国の俘虜に対しては同様の取扱を与へて居ると。斯う云ふ見地から露国委員は、独逸の所謂「俘虜交換」の提議に対して「俘虜取扱の方法の変更」を主張した。蓋し俘虜の交換は已に一種の自由の拘束である。帰らうが帰るまいが、飲まうが食はうが、勝手に任せよ、之を一纏めにして交換するといふ事は、其欲する所に非るのみならず、已に解放を決行した今日事実不可能でもある。斯う云ふ次第で、独墺俘虜は露国内に於て全く自由の身となつた。而してかゝる取扱方については独逸は寧ろ之を甚だ迷惑に感じたのである。何故なれば斯くして解放せられたる独墺の俘虜の多くは、帰つて本国の為めに再び貴重なる生命を捧げんことを欲せずして、寧ろ戦争の済むまで露国に止らんことを欲する者が多く、中には過激派の思想に感染《かぶ》れた者も少く無いといふからである。現に墺太利の方面からの報道に拠れば、単独講和の結果として帰還すべく予期した俘虜の数が案外に少かつたといふ事である。独逸とても此点は同様であらう。最近露国から帰つた人の説に拠ると、鉄道沿線に於て赤帽や宿引やに独逸人を観ること少からず、更に何なり職業に有り就きたいと焦つて居る多数の独逸人を見たといふ事である。故に彼等が今日露国の諸都市に散在するは、寧ろ彼等に帰つて国家の急に応ずるの志無きを証明するものである。唯表面丈けの観察から軽卒に判断して、此処にも独逸人が横行する、彼処にも独逸俘虜が闊歩して居ると買ひ被るのは正当でない。横行闊歩どころか、彼等の多数は今や、露国人の糟粕《そうはく》を嘗めて漸く今日の露命を繫《つな》がんとする意気地無き状態に陥つて居るのである。

今や彼等は生命が惜しいから帰国はしない。さればと云つてまた適当な職業もないので今日大いに生活に困つて居る。茲に独墺政府に乗ずべき隙があるといへる。即ち彼等を買収して独探たらしむる事は左程困難な事ではない。併しながら又一方に於ては、独墺俘虜の中の少からざる部分が過激派にかぶれて居る事をも予定しなければならない。独逸とても下級兵卒の多数は労働階級の供給する所である。而して労働階級間に於ける独国近年の社会党の勢力発展の事実に考へ合はすれば、独逸俘虜は已に過激派の思想に大に共鳴するの十分なる素地を有つて居るものと視ることが出来る。故に二月十七日の電報が、独墺土三国の解放せられたる俘虜が、任意にウエストニツクに集合し、満場一致の決議を以て、各自国民に対しては「吾人は吾人の本国が、露国の革命を援助し、専制主義と資本家の束縛とより国土を解放するに尽力せんことを求む」る旨の、又露国民に対しては「吾人は貴国農民労働者及び兵士諸君に対し、深厚なる敬意を払ふと共に、全世界の労働階級を糾合し、露国労働者階級によつて掲げられたる国際的標旗を支持せんとす。吾人は速かに戦争の終結を見んことを欲するに於て諸君と其望を一にするものなり」との檄文を発表したといふのは、少くとも一顧の価値はある。内田大使の談によれば、独逸本国の人民すら漸次過激派の思想に感化せられんとしつゝありと云ふ。況んや露国其物の中に在留する者に於てをや。此等の点より考ふれば、如何に独墺政府が買収其他の陰険なる手段を講じても、露国内の俘虜全部を挙げて其手足たらしむる事は事実不可能であると見なければならない。無論我々は之を以て安心する事は出来ない。何処までも警戒の眼を睜《みは》つて居ることは必要である。併しながら、独墺の俘虜が全部本国政府の手先となつて過激派を操縦し、東亜に吾人を脅かすとの、針小棒大の臆説に立つて、以て出兵の大事を軽々しく決行せしめんとする躁狂論者の暴論に対しては、敢て一言の弁妄を草して、其無責任なる煽動より正直なる国民を保護せざるを得ないのである。

仮りに西伯利方面の独墺俘虜が、真実本国政府に忠誠なものとしても、其数は決して大したものではない。二月二十五日清和倶楽部に於ける本野外相の説明によれば、西伯利に居る独墺俘虜の総数は七八万より十万位であると云ふ。外相は更に附け加へて言はれた。之に過激派から供給した武器は二三百人分位に過ぎぬ。而して哈爾賓《ハルビン》方面に於ては支那兵の牽制を受け、浦塩《ウラジオ》方面に於ても連絡ある行動を取り得ない状態にあるが故に、我在留民の生命財産が焦眉の危殆に瀕しつゝありとは認めて居ないと。又三月十五日衆議院予算分科会に於ける大島陸相の説明に依れば、バイカル以東に九万四千人、バイカル以西に六万人で、イルクツク以西は不明であるとの事である。吾人の不完全ながら調査せる所に依れば、陸相の挙げたる計数はやゝ多きに過ぐる。それでも僅に十五万に過ぎない。而して露西亜が当初、スラブ人とか波蘭《ポーランド》人とか云ふ敵国に於て所謂異人種に属するものをば本国に留め、生粋の日耳曼《ゼルマン》人は之を西伯利に送る方針を取つたといふ事実があるから、西伯利に於ける俘虜は、其能力に於て特に他に優つて居ると見なければならない。併しながら、それでも十五万が全部結束して独逸の用をなすといふ事は考へられない。其中若干武装して過激派の為めに働いて居るものはある。併し之とても何等本国政府と連絡のあるものではなからうと思ふ。憶ひ起す、支那第一革命の当時、兵役の義務を終りて後商店の小僧として又は薬の行商などの為めに彼地に行つた我国の青年が、面白半分に戦争見物に行き、規則正しき訓練を受けた事のない支那兵が大砲などの打ち方を知らないのでまご〳〵して居るのを、兎や角批評して居る中に、気の早い連中は手伝つてやらうといふ事になり、支那軍隊でも段々之を重宝がつた結果、遂に商店の小僧が一躍して支那革命軍の指揮官となつたといふ奇譚が沢山にあつた。之と同じやうな径路で独逸俘虜の一部が過激派の用をなして居る者はあらう。併し斯くの如きは今に初つた事ではない。此事が若し警戒すべきであるならば、もつと早く警戒すべきであつた。単独講和が調印されたからと云つて、俄に此等の寧ろ滑稽に類する事例を挙げて騒ぐのは、所謂風声鶴唳《ふうせいかくれい》に昏迷するの類ひに外ならない。

又理屈から考へても、仮令幾万の俘虜が有つたにしろ、全部之を武装するといふ事は、あの乱雑な露西亜に出来る事であらうか、鳥渡《ちよつと》考へると、軍隊を解隊した以上夫れ丈けの兵器が残つて居るではないかと思はる。けれども解隊と同時に小銃などは兵隊の自由に持つて行くに委し、大砲なども殆んど遺棄して顧みなかつたから、相当数量の兵器弾薬が政府に残つて居るのではない。又露西亜に夫れ丈けの設備が無いなら独逸が之を供給するだらうと考ふる者もあらうが、今や西部戦場に乾坤一擲の大決戦をなさんとするの際、力を他に割くは独逸の為し得ざる所、又独逸の利とせざる所であらう。更に一歩を譲り、仮令十分なる供給を得たとしても、一旦武器を離れた俘虜が俄かに鞏固な組織の下に強い軍隊となるといふ事は考へられない。何となれば、彼等には最早緊張したる士気の恢復を求むることは出来ないからである。若し夫れ斯くして造られたる軍隊が、後方勤務をあの乱雑な露国に托して遠く千里の外に立派な軍事行動を執り得るかの点に至つては、固より一言の弁明を要しない。故に独逸の俘虜が仮令纏つて過激派と手を携へても、精々之を買ひ被つた所にしろ、吾人は稍々大規模な支那の土匪馬賊以上に之を評価するの必要は無い。此種類のものに対抗するなら、現在帝国の派遣せる満洲守備軍を動かした丈けでも大抵事は足りるではあるまいか。現に寺内首相も廿日の貴族院に於て、西伯利に於ける独逸東漸の危険を極めて軽く見て居るでは無いか。勿論万一に備ふるの用意は、断じて之を欠く事は出来ない。併し周到なる用意を怠るなと云ふ事は、直に出兵を決行せよと〔い〕ふ事ではない。

第二に独力東漸の危機が左程急迫でないとしても何《ど》の途《みち》早晩来るに違ひない、然らば機先を制して今より之に備ふるのが我々に取つて目前の急務であるといふ意味で出兵論を主張するの説もある。此説が、前に述べたやうな露西亜は全然独逸の意の儘になるといふ考と、独逸は此地位を利用して必ず東方を脅かすといふ考とに基いて居る事は言ふ迄も無い。而して露西亜を以て必ずしも独逸に対する絶対的の抵抗無能力者と観るべからざること、幷びに独逸の東洋派兵を絶対に安全ならしむる程に露は独を後援するものに非る事は、前段述ぶる所に拠つて略ぼ明白であらうと思ふ。高橋博士の如きは、独逸は已に必要なる輸送を東亜に開く為めの準備を完全に整へて居ると説かれて居るけれども(前記国際法外交雑誌)、何の正確なる根拠に由つて斯の論断を為すか頗る怪むべきである。盲目的出兵論者は、独逸が鉄路潜航艇を浦塩に送るの可能を説いて国民に無用の恐怖心を起さしめんと努め、殊に三月五日浦塩に於て潜航艇五隻の艤装を終れりとの誤報に接するや、得たり賢しと之を出兵論の口実にした。又某将軍が公開の席上に於て、途中二度着陸すれば独逸のツエツペリンの我帝都に爆弾を投下するは不可能でないと述べたのを聴いたが、さう手軽に着陸地点を発見し得るものなら、日本の不完全なる飛行機でも、七八度途中で休むを得ば伯林《ベルリン》の蒼空を脅かすことが出来ると云へぬ事もあるまい。架空の条件を訳も無く許し、一片の想像を今にも目前に起る事実なるが如く説くのは、識者の最も慎むべき事である。或は露独同盟してバイカル湖畔の鉄道を破壊すといふが如き、ウラル方面にクルツプ工場の一部を移転するといふが如き、多量の軍器弾薬を北氷洋を廻つて東亜に送るといふが如き、イルクツク及びクラスノヤロスクにツエツペリンの格納庫を設くるといふが如き、皆真面目に受取るべき報道では無い。若し事実斯の如き事ありとすれば、事の初まつてから之に対する処分を考へても遅くは無い。我々の知らぬ間に斯の如き事が実現すると云ふならば、そは敵側の敏捷を語るよりも寧ろ我当局者の大なる間抜けを自白するものである。之を要するに、独逸が現実に東亜を脅かす程の兵力的基礎を西伯利に築くといふ事は、テクニツクとして殆んど不可能に近い。従つて之を根拠とするの出兵論も亦一個の空論たるを免れない。さればと云つて吾人は全く独逸の為す無きに安心して、西伯利を顧るの必要が無いと云ふのではない。最も緊密なる警戒を怠る可らざるは言ふを俟たない。唯万に一つ起る事有りや否やの明白ならざるに、早急事端を醸すの得策にあらざるを説くのみである。論者或は曰はん、いざといふ時に事を初めては遅いではないかと。併し乍ら、独逸がいよいよ此事に着手して、いざといふ急迫の場合に到る迄には相当の時日がある。而して同一の期間を与ふるなら、我々日本は寧ろ独逸よりも早く準備を整へ得る地理的境遇に居るではないか。況んや満洲にはかゝる万一に備ふる為めの大兵の駐屯があるではないか。いざといふ場合に機先を制する事難しと云はゞ、大兵の駐屯は畢竟何の為めぞ。

仮令独逸の東洋派兵が技術上可能であるとしても、独逸は果して此処置を取るや否やも考へて見なければならない。第一に独逸は今や西部戦線に於て一大決戦をなさんとして居るではないか。其現状が許し得る出来る丈けの力を東洋に割いても、果して日本支那を圧倒し得るの成算があるだらうか。一体独逸は無謀の出兵に反対する者ではあるけれども、独逸が現実に兵力を以て東亜に繰出して来た以上は、極力之が防遏《ぼうあつ》排斥を主張すること固より云ふを俟たない。従つて西伯利の出兵が当然日本を敵とするに至るべきは、独逸政治家の覚悟せねばならぬ所である。而して日本と戦つて勝算の歴々たるものなき以上、何を物好きに彼等は西部戦線を犠牲にして兵を東方に割くの愚挙に出でよう。姑らく一歩を譲つて、日本支那を圧倒し得るの成算ありとしても、之に依つてどれ丈け彼は全体の戦局に利する事を得るや。近く起るべき西部戦線に大捷を占めざる以上、どんなに露西亜を手に入れ支那や日本を圧倒しても、彼は未だ大局の勝利を占むるものではない。戦後に処する方策から云つても、彼は無用の反感を東洋諸国に買はざるが得策である。吾人に固より戦後独逸と締盟するの考なしと雖も、少くとも、独逸が今日已に吾人に秋波を寄せて居るは事実である。現に先般或方法に依つて独逸は吾人に単独講和の意なきやを尋ねて来たといふではないか。要するに独逸の東方送兵は、仮令可能なりとしても、独逸今日の国策の決して利とする所ではない。若し強いて余力を西部より割いて別個の活動を試むべき方面ありとすれば、そは恐らく中南亜細亜方面であらう。之れ遠く印度を脅かす事に依つて英国を苦しめ、以て大局を自国の有利に発展せしむるの見込みあるからである。併し之れとても大規模の実現を見るとは容易に考へられない。尚序《ついで》に云ふが、仮りに印度方面に事が起れば、日英同盟の規約に基いて、新たに日本の出兵の必要が起るかも知れないが、其急迫の程度如何によつては、平素日印両民族の関係を嫉視する英国政府の、直ちに日本の印度出兵を求め来るべきや否やは、又一個の疑問たるを失はない。

之を要するに、露国昨今の状態並びに単独講和の成立は、戦局全般の上に一段の危険を増したものたるは云ふを俟たないが、我国昨今の論壇が騒ぐ程に、我東亜に直接重大な関係を有するものではない。若し此直接の影響の下に非常急迫の危険を感ずるものありとすれば、そは寧ろ東方よりも西方に於てゞある。何となれば、独逸は現に東欧の兵を移して之を西方に用ひんとして居るからである。此事は二月央《なかば》過ぎの議会に於ける、ロイド・ジョーヂの演説にも見えてをつた。曰く、独逸は露西亜との約束に背き、大部隊の兵を西方に移送し、為めに我々は従来にない一大急迫に臨んでおる。之に対するには、又従来にない大決心と大対策なきを得ないと。斯くて巴里聯合国軍事会議に統制の実行権を賦与するの議が成立したのである。此結果は昨今開始された西方戦場の一大決戦に其うち現るゝであらう。去年の秋迄は英仏側が寧ろ独逸よりも優勢であつたのが、今や主客其地位を顚倒し、英仏側が受身の地位に立たねばならぬ事になつたのは、畢竟独逸が露西亜政局最近の形勢を利用した為めである。只独逸が此形勢を利用して、どれ丈け西部戦場に活動し得るやは一個の問題である。独逸も内情は余程困つて居るといふ説があるが、此説のどこまで肯綮《こうけい》に中つて居るかはこの決戦に於ける独逸の活動振りに依つて知ることが出来る。之を要するに、今日独力東漸の危機を説くのは、恐らくまるで見当が違つて居るのであるまいか。今日独逸の圧迫を最も強く感ずるものは、英仏であつて、決して我国ではない。

（二）

予は独逸の武力を以てする東漸に対しては先づ大体楽観説を執るが、然し経済力を以てする東漸に対しては決して安心はしない。若し独力東漸の事実有りとせば、そは必ずや経済力を以てするもので、露西亜本部並びに西伯利の独逸経済力の下に圧倒せらる丶といふ事は予期し得べき事であり、又大に警戒せねばならぬ事である。此点に於て若し東亜の危機を警《いまし》むべくんば、予は其急先鋒たるを辞せず、又之が対策を講ずるの急を説くの熱心に於て、決して所謂出兵論者の夫れに劣るものでは無い。

此事に関聯して吾人の注意せねばならぬ点は、露西亜を如何に取扱ふべきかに関する独逸国論の最近の傾向である。元来露西亜は、戦前に於ても独逸の最も経済的関係を開拓するに努めた処であつた。同じ努力を彼は戦後に於ても固より継続するに相違ない。けれども今日特に独逸は、露西亜の将来に対しては一層の重きを置いて居るやうである。そは何故かと云ふに、今度の戦争の結果として世界中の市場の殆んど全部を失つた独逸に取つては、戦後に於て全部之を恢復する事が不可能である。従つて戦前に於けると同じ勢を以て経済的に発展せんとすれば、一旦失つて恢復の見込無き市場の償ひをば、他の新たなる方面に開拓するの必要がある。勿論戦時中奪はれた市場の全部を、戦後全く恢復する事が出来ないと極端に悲観して居る訳ではない。けれども、米国のやうな強盛な国の占むる所となつた市場は、之を奪還すること殆んど不可能であると諦めて居る点は夫と無く仄《ほの》見える。斯くて戦後に於て独逸が更に大に海外に発展し、戦前に於けるが如き卓越せる経済的地位を占めようとすれば、米国などの手の入つて居ない方面、即ち専ら露西亜を通じて東方に向ふ事にせなければならない。そこで露西亜を如何に取扱ふかといふ問題が、独逸に取つて極めて大切になつて来るのである。

此の露西亜を将来独逸産業の市場として確実に保持するが為めには、何う之を取扱つて可いか。此問題に対して国論は自ら二つに分れて居るやうである。一つは所謂文治派の意見で、此際出来る丈け寛大の態度を以て露西亜に臨み、露国民の好意を繫ぎ、以て他日活動の便宜を作つて置かうといふ意見である。我国にも博く知られて居るパウル・ロールバッハ氏の如きは此意見の代表者であらう。他は所謂軍閥派の主張で、露西亜を確実に独逸の市場とする為めには、例へば英国の埃及《エジプト》に於けるが如く、日本の南満に於けるが如く、之を独逸の独占的勢力範囲とせなければならないと云ふのである。而して独逸は去冬単独講和の問題が起つた頃から、此二つの思想の間に大に迷つたのではあるまいか。十二月末単独講和の席上に於て、一旦露国側の意思を尊重するの態度を執つたのは、文治派の対露意見が独逸政府部内に優勢であつた事を反映するやうに思はれる。而して其後独逸が急に態度を一変して苛酷なる条件を以て露国に臨み、終にどんどん兵を進めて其提出する条件を強請せしは、一月十二三日御前会議に於て軍閥派の意見が勝利を占めてから後の事である。今日は軍閥派の対露意見が優勢を占めて居るらしいが、他に文治派の意見も国内で有力である以上、後説が又前説を大いに牽制して居るに相違ない。而して何れの意見に拠るも、要するに独逸の主として期する所は経済的勢力の発展である。此目的を達する以上に無用の武力的圧迫を加ふるは、如何に軍閥優勢の独逸でも努めて避けんとする所であらう。今日単独講和の調印を見たるに拘はらず、独逸が尚局部的進撃を熄《や》めざる所以のものは、畢竟危険思想伝播の根源を絶ち、幾分でも残留する対独抵抗力を絶滅せんが為ではあるまいか。彼がウクライナ、芬蘭《フィンランド》を懐柔し、又羅馬尼《ルーマニア》とも和議を纏めて、着々東方発展の素地を作つて居るのは、其志の決して小ならざるを示すものである。けれども彼の志す所は主として経済的発展であつて、徒らに進撃を逞うして露国民の反感を買ふが如き事は為ぬであらう。何れにしても、独逸が露西亜本部を通じて夐《はる》か東方に経済的発展を試みんとして居る事は疑ない。而して経済的発展は、其前後に於て必ずや多少の政治的勢力を伴ふものなるが故に、吾人の独逸経済的膨脹を全然不問に附す可らざるは、固より云ふ迄も無い。唯直接に兵力を以て我を脅すに非るが故に、我亦直に兵力を以て応ぜんとするは決して策の得たるものではない。

独逸経済力の東漸にして警戒すべしとせば、之に対する対応策を講ずるの必要なるは言ふを俟たない。而して出兵によつて障壁を築く事が必ずしも此目的を達する最良の策でない事は、従来の経験に徴しても極めて明白である。何となれば、斯くして徒らに所在住民族の反感を挑発し、結局経済的発展を妨ぐるに止るからである。経済的競争に勝利を占めんとせば、先づ所在住民の心を得なければならない。而して斯の如きは、主として国民の私的活動に俟たねばならない。日本の海外発展の従来の欠点は、兵力を以て障壁を築き、其内に於て粗悪の品を高く売るといふ事であつた。之に由つて我国はどれ丈け苦い経験を嘗めたであらうか。今日は正に此迷夢より醒むべき秋《とき》である。良い品を安く売つて、住民との間に親切な社会関係を開拓すれば、吾人の経済的勢力は努めずとも自ら拡らざるを得ない。此根本的努力を等閑に附して、独り出兵を急ぐのは、経済的競争の対策として冠履顚倒の甚しきものである。彼を措いて此を取る、故に動もすれば日本に侵略的野心ありといふ無用の誤解を招ぐのではないか。無用の誤解を招ぐが故に、吾人は往々得るべき利権をも得損つて居るではないか。去月下旬某大新聞は態々《わざわざ》号外を以て黒竜江に於ける六十五万噸《トン》の露国船舶が米国ナイト提督の手に帰したといふ報道を発表した事がある。翌日は夫れが「六万五千噸?」となり、更に海軍当局者の計数によれば六千噸位であらうかと云ふ事になり、而かも多くの新聞は全然之を黙殺し、政府当局者亦議会に於て之を否認したので、世間では其新聞の粗漏無智と又之に由つて民間の出兵論を煽動せんとしたる児戯的拙策を哂《わら》ふの滑稽に畢《おわ》つたのであつたが、若し仮りに此事が幾分でも事実であつたとすれば、之れ亦日本が兵力的占領に熱中して、国民経済的活動を等閑に附せる著明なる実例になる。且つ又昨今報道せられたるレーニン政府が西伯利鉄道の利権を米国に譲つて其の財政的援助を乞ふたとの風説の如きも、本来ならば東洋の我国にこそ第一著に交渉せらるべきかゝる問題が、終に斯くの如き方向を取るの勢を馴致する傾あるは、畢竟米国が今日露国民に関する理解を有するに対し、我は全然之を欠如するのみならず、却て領土的野心あるが如く見られ居る結果ではないか。果して然らば、かゝる風説の伝はり又事件の勃発する毎に煽動的論議を絶叫する所謂出兵論其者が、自ら斯の如き大不利を国家に蒙らしむるの原因を作るものではないか。吾人は国家の為と称しながら知らずして国家の不利益を来たす此種の煽動的操觚者の無識と短見とをあはれむと共に、又其国を過《あやま》るの責任を糺さゞるを得ない。而して若し吾人がもつと夙《はや》く実質的経済発展の必要を覚醒して居つたならば、黒竜江の船舶は云ふに及ばず、西伯利鉄道其他各種の利権も、疾うの昔に吾々の手に落ちて居つたかも知れない。

(四)

自衛の為めの出兵論に何等確実なる根拠がないとしても、出兵論はそれで全く成立しないのではない。前にも述ぶるが如く、出兵論は更にもう二つの根拠から之を説かれ得る。一つは露国救援の為め、一つは聯合国協同の目的を助成する為めである。

一部の論者は露国救援の為め出兵の必要を説く。さて此種の論者に向つて吾人は先づ問はんとする。何物より露国を救はんとするのであるかと。此点に関する論者の思想は極めて曖昧である。時としては独逸の毒手より救ふべしと唱ひ、又時としては過激派の兇暴より露国の良民を救ふべしと言つて居る、独逸の毒手よりの救援を名として出兵するに就いては露国民の承諾を俟たなければならない。救はるべき当人の意に反して出兵するは不当の干渉である。然らば何人の要求あるを俟つて之を露国民の希望なりと認むべきや。此点に関して吾人は漫然北京駐在英仏公使等の窮策に乗つてはならない。伝ふる所に拠れば、聯合諸国は、北京を計画の中心として西伯利に反過激派諸勢力の結束を計り、之をして救援を求むるの宣言を発せしめ、以て露国の崩壊を救ひ、少くとも独逸に対抗する一勢力としての復活を計らんとして居るとの事である。斯の如くして叫ばれたる救援要求の声が、果して露国民其者の声と認むべきや否やは、吾人慎重に之を判断しなければならない。吾人は斯かる事実の判断に於て、何も英仏の意見に盲従するの必要はない。所謂自主的外交とは、必ずしも孤独の行動に出づる事を意味するのではない。判断裁決の独立を尊重すべきを言ふのである。予は恐る、漫然此種の運動に参加する事は、之れ独逸の毒手より露国を救ふにあらずして、却て過激派を正面の敵とし、以て露国の内紛を一層激烈ならしむる結果に終る事なかるべきかを。

尤も露国を救援すると云ふのは過激派の手よりである、過激派が即ち真の露国民の敵であると見るの説に至ては、予は容易に首肯する事は出来ない。吾人は内田大使と共に過激派の近く没落せざるべきを思ふけれども、然し又其寿命の永からざるべきを予期して居る。少くとも過激派が勢力を固める事、其の極端なる思想が最後の勝利を占むる事を希望するものではない。けれども其の昔ロベスピールの一派が、仏国当時の中心勢力の厭ふ所となつて居りながら、尚之を踏台として多大の勢力を揮ひ得たと同様に、レーニン一派は、露国人民の全然心服する所に非るも、尚国民と同一潮流に掉《さおさ》してゐる点に於て容易に倒るゝものではなからう。彼を好むと好まざるとに拘らず、又結局に於て彼が国民より捨てらるべき運命にあると否とに拘らず、彼が現在必しも露国民の敵でない事は、恰かもロベスピールが当年の仏国民の敵でないと同様である。従つて露国救援を名として過激派を敵とするは、まかり間違へば露国全体を敵とするの結果となるを覚悟せねばならぬ。九博士の連中の一人が、某新聞で説かれたが如く、我国の出兵によつて過激派を圧倒し得れば露国の良民は喜ぶに相違ないと観るのは、独立国民の心理を無視し、過激派の本体を度外視せる暴論である。所謂露国良民の喜ぶや喜ばざるやは今日明ならざるも、少くとも出兵する以上、其結果露国を敵とするに至るべきを覚悟して、決心を定めざる可からざるは言ふを俟たない。現に露国民の多数は、我国の出兵論に対して極めて不快の感を抱いて居ると云ふ報道は、既に頻々として吾人の耳朶《じだ》を打つて居るではないか。

要するに吾人は今日露国を敵とする理由もなければ又其必要もない。露国を救はんとして露国を敵とするの結果を生ずるが如きは最も慎むべき事である。此際吾人は殊に露国将来の中心勢力は何処にあるやの判断を誤つてはならない。社会の根本的顚覆に最も多く苦められたる有産階級、殊に海外に亡命して心窃《ひそ》かに故国の旧の如き状態に復するを待つて居る所の上流階級が、偶々過激派を咒咀《じゆそ》し、秩序の恢復の為めには外勢の侵入も亦辞せざるの意見を発表したからと云つて之を穏健な多数の輿論と見るのは大いなる誤りである。吾人は未だ何れを以て露国将来の中心勢力と認むべきやの定見はない。此点に就いては、英仏の見解と米国の見解との間に已に明白なる相違があるやうに思ふ。英仏は頻りに反過激派の勢力を結束して之を将来の中心勢力たらしめんとするのは、只斯くの如くなるを希望する為めのみではなく、之を結局将来の中心勢力たるべしと認めたるが為めであらう。之に反して米国は、斯の見込の上に立つ英仏の政策に参加するを避け、却つて過激派政府又は労兵会に頻りに好意を表せんとして居る。西伯利出兵に対して独り賛同の意を表するに遅疑するも、恐らく亦之が為めであらう。

何れにしても、我国にして露国救援を名として出兵すべしとせば、先づ何物より露国を救はんとするかを明かにせなければならない。而して救はねばならぬとする露国とは抑々何を指すやを確定せねばならない。其上で露国自ら日本の救援を希望するや否やを明かにすることが必要である。

（五）

次に聯合国の協同目的を助成する為めの出兵論は、之に拠つて独逸を牽制し、以て西部戦場に於ける英仏の軍事行動に裨補すべしと云ふ根拠に立つ。此目的を以て出兵するにしても、本来露国の同意を得る事が必要であるが、一般平和の確立を理想とする彼等が、快く之に同意せざるべきは初より明白である。併し協同目的の助成と云ふ大策より観れば、露国の不承諾は最早や之を顧慮せずともよろしい。露国の抵抗力無きに乗じて兵を進むる事は、もと我の好まざる所ではあるけれども、英仏を援けるといふ大目的の上から、之は已むを得ないとも見られ得る。併し乍ら茲に考へなければならぬのは、此目的で進む以上は、有効に此目的を達し得る丈けの兵力を以て、又之に必要なる地点まで大軍を進めなければならぬ事である。五万十万の兵隊では何の役に〔も〕立たない事は勿論、遠く露独の境上まで深入りするでなければ、之れ亦何の役にも立つまい。斯くの如きの可能なりや、又我に斯くするに堪ふるの実力有りやは、深く問はずして明かであらう。

尤も聯合国協同目的の助成は、直接に独逸を牽制し得るの程度迄進まなくとも、例へば浦塩を初め西伯利沿線に蓄積せる軍用物資の西部に輸送せらるゝを妨ぐる事によつても間接に幾分達せられ得る。三月十五日議会に於ける大島陸相の説明に拠れば、日本より供給せる爆薬・火薬・大砲・小銃並びに弾丸を合せて浦塩に在る者七千万円の多きに達する。或る新聞の報道に拠れば、此種の物資の総価格三億に達すとあつたから、他に米国等より供給せられたものも沢山に有る事と思はれる。此等の物資が西部戦場に於て独逸に利用せらるゝの恐れあるに対しては、極力之を妨止しなければならない。併し之れ丈けの為めならば、何も大兵を西伯利に送るの必要は無い。

本年一月中旬浦塩に軍艦を送つたのも、畢竟この為めではないか。この点丈けでは出兵論の論拠には成らない。

西伯利に於ける反過激派の勢力を結束し、之を援助する目的を以て多少の出兵を為す事が、延いて欧露本部に於ける反過激派の結束を促し、之によつて露国が独逸に対する多少有効なる抵抗力として復活するの見込あらば、之れ亦間接に独逸を牽制するの一助となる。併し乍ら反過激派勢力の結束が、独逸に対する有効なる抵抗力となるや否やの疑はしきと共に、反過激派勢力其物の結束すら現に西伯利に於て捗々《はかばか》しく進んで居ないではないか。過激派が訳も無く独逸の傀儡となつたと見るの誤なるが如く、反過激派の諸勢力が亦訳も無く英仏の傀儡となるべしと見るは恐らく正当の見解ではあるまい。善かれ悪しかれ、露国民の多数は已に余りに現代放れのした突飛なる思想に心酔して居るからである。

（六）

終りに序で乍ら、西伯利の出兵は支那問題の解決に資すべしとするの俗論に対して少しく批評を加へて置く。支那の内争は日本に取つて一大煩累たるは云ふ迄もない。速かにその妥協調和せんことは我々国民の切望である。而して援段政策の迷夢より初めて覚めて正路に復するのキツカケ無きに苦んで居つた現政府に取つて、所謂東亜の危機なる題目は対支政策の方向転換を計るに絶好の機会であつた。而して世上の俗論も亦、急迫の外難を説けば支那の政争は立地〔直ち〕に止むものと考へて之に裏書きした。成程支那は外難を叫ぶの声に対しては由来極めて神経過敏である。併し乍ら支那現在の多数政治家の何人に、国難の急に備へんが為めに多少の犠牲を忍んで妥協調和せんとするの誠意を認むる事が出来るか。外難を口実として妥協した例は第一革命の時にもある。併し此妥協たるや、双方犠牲を出し合つての妥協では無くして、革命派が袁世凱のペテンに乗つての妥協であつた。所謂南方派の連中は、今日此苦き経験を再びする程蒙昧ではない。而して彼等の内争の根本原因が、極めて複雑し極めて根柢深き以上、之を円満に妥協せしむる事は決して容易の業ではない。三月十九日林公使が日本政府を代表し、「支那が已に協商側の一員として参戦せる以上、徒らに内争に屈托するは甚だ其当を得ない。今や西伯利の風雲急を告ぐるに際し、帝国政府は殊に此感を深うせざるを得ない云々」と説いて南北妥協を勧めたとあるも、一片の忠告位で支那が吾人の思ふ通りに動くと見るのは、余りに実際を無視せる考である。現に支那の内争を哂《わら》ふ我日本に於てすら、所謂千載一遇の世界的変局に立つて、上は元老より下は群小政治家に至るまで、党同伐異《とうどうばつい》を之れ事として居るではないか。真に支那をして南北妥協の実を挙げしめんとするの誠意を示すには、先づ以て我れ自ら挙国一致の実を挙げなければならない。而して従来の行掛りが容易に山県と大隈とを和せしめず、寺内と加藤とを和せしめざるを諒とする以上、一層複雑なる支那の政界が、西伯利の急迫位で悉く一切の利害を抛擲する者に非ることは、明白に認識し得べきである。現に西伯利の急迫を理由として、日本より購求せる軍器弾薬を横取りした張作霖《ちょうさくりん》は、忽ち戈を南に向けて党争の勢を煽つて居るではないか。西伯利の出兵は支那南北妥協の問題を解決する上にも絶好の機会であるなど丶いふのは、人を愚にするも亦甚しい。よし又之が支那問題解決の好機会たり得るとしても、之が解決のために出兵の大事を決行するは、余りに大なる犠牲である。（三月廿三日）

〔『中央公論』一九一八年四月〕

軍閥の外交容喙を難ず

フリードリツヒ・ナウマンといへば牧師上りの政治家として、進歩国民党の領袖として、威風堂々たる熱烈なる大雄弁家として、又深遠なる評論を以て常に社会の指導を怠らざる稀なる操觚者として夙に独逸の政界に有名であるが、殊に最近は『中央欧羅巴』の著者として遠く我国にも其令名を馳せて居る。去年の十月九日彼が帝国議会に於て、独逸の帝国主義運動に関する質問演説は、啻《ただ》に之を聴く者に深刻なる印象を与へたばかりでなく、軈《やが》て発表せられたる彼の演説の速記は一層大いなる感動を国の内外に与へたと言はれて居る。其演説は主として、彼の前海相テルピッツ等によつて創設せられたる祖国党を攻撃せるものであるが、其要点は、同党が帝国議会多数派の説、否国民多数の輿望を無視し、主戦説を標榜して国内に無遠慮に運動しつゝある事を攻撃せるものである。彼の云ふ所によると「……一九一四年以来独逸は実に同一の政府組織の中に互に相軋轢《あつれき》する二個の中心勢力を有つ事になつた。一つはビートマン・ホルウエツクの政府で、一つはテルピッツの政府である。而して、此両派の乖離は官庁内にも軍隊内にも新聞界にも、否又実に全国民の間にも浸潤した……此二重政府制度の為めに政務の渋滞を来たし、どれ丈け国家の損失を招いたか分らない……彼の祖国党は、議会及び政府が最高軍事当局者の同意を得て一旦可決したる一九一七年七月十九日の講和決議に基く我外交政策に露骨に反対して居る。之れ実に、ビートマン・ホルウエツク並びに其後任者の意思を無視するのみならず、又議会多数党否な国民多数の意嚮を蹂躙するものではないか。議会に於ける決議の権威を尊重するは我々の義務である。仮令自己一人が此決議に反対でも一旦決議の出来上つた以上は協力一致の義務に服せなければならない。此協力一致の傾向には近頃社会党ですら服して居るではないか……然るに祖国党は議会の決議が何であらうが、国民多数の希望が何であらうが一向頓着する所なく、自分の思ふが儘に行動して居るのは之れ実に国民の権威に対する挑戦ではないか」と言つて、更に祖国党が独り七月十九日の講和決議に反対するの行動に出で、居るばかりでなく、正式なる政府以外の一個独立の別天地を作り、軍権を背後に控へて自由勝手の行動に出で、居る事を最も痛烈に攻撃して居るのである。

独逸の政府が議会より来る所謂文治派の意見と、軍閥より来る所謂武断派との意見との間に板挟みとなつて居る事は隠れもない事実である。去年の出兵以来、対露国政策に於ても独逸の国論が此両者の間に動揺した事は前号の出兵問題に関する論文の中にも之を説いた〔本巻所収前掲論文〕。而して軍閥の盲目的武断主義が動もすれば政府の外交方針を左右するといふ事実の昨今最も著しい事も隠れもない事実である。而して、ナウマンの演説は已に半年以前に於て此事実を喝破して居る点に於て我々の注意を惹くものである。然し予輩の茲に彼の演説を引き来りし所以のものは只之に依つて独逸政界の現状を瞥見するの料とせんが為めばかりではない。之に依つて又同時に日本今日の状態に省みて深く国民の反省を求めん事を欲するが為めである。何故なれば、事実の真偽如何は姑く論外として、政府以外の政府、外務省以外の外交方針策源地存在の説が我国に於ても夙に喧伝せられて居つたからである。

我国に於ける対外政策の大方針が外務省に依つて決せられず、又内閣其物に依つて決せられずして、元老其他の政府以外の先輩政治家の採決を仰ぐを常として居る事は今更ら云ふ迄もない。之は全然政治上の経歴と見識とを欠く人に依つて決せらる丶のでないからまだしも我慢が出来るとして、若しも此外に我国の外交政策が全然政治上の経歴と見識とを欠く特殊の階級から幾分でも左右さるゝの事実ありといふが真ならば、我々は到底之を黙認する事は出来ない。而して陸海軍省並びに参謀本部の一角が此点に於て多年国民疑惑の焦点となつて居つた事は事実の真偽は兎も角も、我国の政界にとつて一大不祥事たるを失はないものである。

単に最近に起つた二三の風説のみを列挙して見よう。支那第一革命の時には軍閥は少くとも革命勃発の当初之に対して外務省と正反対の行動を執つたと言はれて居る。大隈内閣の或意味に於ては失政の一に数へらるべき日支交渉の第五項の要求も、もと軍閥の強要にかゝるといふ説もあつた。而して大隈内閣失脚の一原因をなした満蒙問題の誤つたる解決策は、其責任の大部分は之を軍閥の献策に帰せねばならないと多数の国民は確信して居る。外交政策殊に対東亜政策に就いては対欧米外交とは異り、国が近い丈けに万一の場合に対する準備といふ事も考慮の中に入れて置かなければならないから、従つて軍閥と打合せをなすの必要に迫らるゝ事が少くない。それ丈け軍閥は又此種外交問題に容喙し得る事になるが、従来日本の対東亜政策の大部分は帝国の国防的見地から解決するを要する種類のものが多かつたゞけ、主として軍閥の意見に聴くべき必要が多かつた。それ丈け軍閥の意見は事実上外交政策の決定に重きをなす。之は事実上止むを得ない現象であるが、併し之は最近適当の度を超え、軍閥が余りに勝手な、軍事上の見地のみから立てた無謀な献策を政府に迫るので、いろ〳〵国家全体の上に苦痛と損失とを与へたといふ事実もないではない。斯くして外交問題の決定に対しては軍閥の干渉を抑へざるべからずとするの議論は最近に於ける国民一般の要求であつた。軍閥が果して斯くも横暴であつたかどうかの事実は姑く之を争はない。唯国民は何人か優に軍閥に対する威望を備ふるものが出て、一度彼を抑へて欲しいといふ事を熱望した事丈けは疑を容れない。之れ寺内内閣の出現がいろ〳〵の点に於て国民の不満を買つたに拘らず尚此意味に於て一部の人の其前途に多少の希望を繋げた所以である。而して寺内内閣が此点に就いて果して国民の希望に副ふたかどうかは一個の大いなる疑問である。最近にも対東亜策のいろ〳〵な問題に就て又国民中軍閥の外交権容喙を難ずるもの、あるのは之れ難ずるもの、誤解に出づるものであらうか。

軍閥が外交政策に関して横暴を振舞ふのは一面に於て外務当局の無能を意味しないではない。併し乍ら如何に外務当局に有為の才能を欠けばとて、世界の大勢に通ぜざる、殊に戦争を以て職業とする軍事当局が外交方針の決定に与《あずか》る事は大いなる弊害といはんよりは寧ろ大いなる危険といはなければならない。天に二日なきが如く国家の政務は一定の系統ある組織の下に統一せられなければならない。偶々ナウマンの演説を読んで彼の独逸政界に加ふる所の批評が又我国の現状にも適切なるものあるを思ふて茲に之を仮つて国民の反省を促さんとしたのである。

〔『中央公論』一九一八年五月〕

民本主義と軍国主義の両立

(一)

民本主義と軍国主義とは従来相容れざるものゝ如く考へられて居る。併し正確に云へば此両者は、同一線上に相対立する観念ではない。軍国主義と相対するものは平和主義であり、又民本主義と相対するものは官僚主義である。唯従来軍国主義は官僚主義と伴ひ、平和主義は民本主義と伴ふを常とするが故に、軍国主義と民本主義とが又自ら相対立するものゝ如くに考へられたのであらう。而して所謂民本主義に立つ英米は、軍国主義に対しては殆んど何等の感興無く、又所謂軍国主義に立つ独逸は民本主義に対して極めて冷淡であつた事は、少くとも戦前までは一点の疑を容れざる事実であつた。

此関係は今度の戦争になつて、少しく変調を呈したと云はれて居る。何故なれば民本主義の英米が、俄然として一個の大軍国と変じつゝあるを以てゞある。或人は此現象を解して英米の伝習的誤謬より覚醒して、独逸を模倣せるものなりとし、従つて民本主義の凋落を意味するとする。又或人は之を解して、人民全体其物が軍国的に動ける民本主義の怖るべき一新現象なりとする。何れも従来民本主義のチヤムピオンであつた英米が、其軍国主義的経営に於て、今や却つて本場の独逸を凌がんとするの色あるを以て、驚異の眼を睇〔瞠〕つて居る。而して之れ皆其基く所は、民本主義と軍国主義とは本来相容れざるものでありとする考にある事は言ふを俟たない。従つて又我国の将来に就いても、民本主義的に進むものか、軍国主義的に進むものか、又其何れかの一方に進ましめねばならぬものかといふやうな問題が起るのである。

(二)

軍国主義といひ平和主義といふは、もと国際政策上の主義である。少くとも国家の国際的生活を主たる着眼点として割り出されたる政治上の主義である。而して国際政策上の主義が、或は軍国主義となり、或は平和主義と分るゝ根本は何れにあるかと云へば、国際的生活の本態に関する見解の相違によると思ふ。国際的生活の本態に関しては、古来二つの異つた考が行はれて居る。一つは協同で他は競争である。前者は各国家長短相補ひ各々其特能によつて全人類の進歩に協力するといふ世界的人道主義と相通ずるものあるは言ふを俟たない。之に反して競争は云はゞ極端な孤立的個人主義のやうなもので、国と国とは其力を競うて相争ひ他を圧倒する事によつてのみ自家の生存と安全とを期し得べしとするものである。斯く明白な形であらはれないまでも、又斯く明白なる国民的意識に導かれないまでも、従来の歴史に表れたる各国家の国際政策上の主義は、其間厚薄の差はあれ、必ずや此何れか一方の主義に導かれて居ることを認めざるを得ない。而して、今日我々日本国民に採つても、我国今日の国際政策は此何れの主義に依つて居るか。又此何れの主義に拠らねばならぬものかは、政治現象説明の問題として、又政策指導の問題として極めて肝要なる研究たるを失はない。

特別なる一国の政治史上の問題として、又広く国際的生活一般の歴史の上の問題として、協同と競争との関係は極めて興味ある題目であるけれども、之を詳述する事は今我々の仕事ではない。只ある一国の当局者並びに国民の多数が、国際的生活の本態を協同にありとするの信念に立てば、其国は即ち平和主義の国であり、之に反して競争にありとするの信念に立てば、其国は即ち軍国主義の国たらざるを得ない事を一言するに止める。従つて我々は当局者並びに国民の国際的生活の本態に関する信念如何を見て、大体に於て其国が平和主義の国であるか、軍国主義の国であるかを判断する事は出来る。

但し或国をとつて平和主義の国なりと云ひ、軍国主義の国なりと云ふのは、其根本主義に就いて判断するのである。軍国主義だからと云うて、全然平和を問題としないと云ふのではない。固より軍国主義の国では、国家と国家との間に平和的協同の永続性を信じないから、若し彼が対手国と和親すると云へば、夫は和親其物が目的たるに非らずして、自家の軍国的経営に之を利用するに過ぎない。独逸が露西亜と単独講和を締結せるが如きは、正に此見地から判断すべきものであらう。之れ予輩が屢々両国単独講和を目して、独逸作戦計画の一部なりと主張せる所以である。之と同様に平和主義の国であるからと云うて、必ずしも絶対に軍国的経営を否認するとも限らない。尤も例へば露西亜今日の政府当局者の如く、絶対的平和主義を採つて一歩も譲らないものはある。けれども普通一般の考から云へば、絶対的平和主義は世界の総ての国乃至人類が残りなく協同の確信を有するに至れる時に云ふ可きである。一人でも競争の主義を奉ずるもの丶ある以上は、世界は常に不安に襲はる丶。例を軍備制限の問題に採らんか、軍備の制限は差当り世界の平和を保障するに足る最も有力な方法であるけれども、併し斯くの如きは全員一致でなければ実行は出来ない。一人でも制限の拘束を奉ぜざる者ある以上、誰しも皆不安を感じ制限を断行する事は出来ない。否彼等は更に進んで其全体と歩調を合せざる者に向つて強制の手を加ふるの必要を見るだらう。斯う云ふ場合に少数の異論者を強制しない方が寧ろ彼等を従はしむる所以であると云ふのが露国レーニン一派の主張である。英米は之に反して、独逸のやうな普通外れの軍国主義者を抑へつける事に依つて初めて世界の平和は不安の状態から免れ得るとする実際的見地に立つ。斯くして結局の平和的安定を得るの目的の為めに異論者を拘束するに足る力を養ふといふ必要が起る。斯くして英米の軍国主義は発生したと見なければならない。故に結局に於て平和を理想とする国に於ても、其平和を確実に齎《もた》らす為めの手段として軍国主義をとるといふ事はあり得る。

斯く考へて見れば当今世界に行はるゝ軍国主義には二つの種類があると云はなければならない。一つは軍国主義其者を目的とする者であつて他は軍国主義を平和的理想の手段とするものである。日本の将来に就いて問題とせらるゝ軍国主義とは此何れを云ふのであらうか。

（三）

民本主義と云ひ、官僚主義と云ふは主として内政上に表らはるゝ所の政治主義である。而して之が軍国主義若くは平和主義の国際政治上の主義と相対照して唱へらるゝ所以は、前者は専ら平和主義を伴ひ、後者は多く軍国主義を伴ふからである。一々説明するまでもなく斯くの如きは史上に其例に乏しくない。

人民全体は平和の永続の上に大いなる利害関係を有つて居る事は大体に於て争ひ難い。動もすれば、事あるを好み、又事あるに依つて利福を増すの機会を多く有する者は、官僚の階級である、併しながら更に考へて見れば、国民一般の国際生活の本態に関する信念は必ずしも協同主義なるを常とするとは限らない。此点に関する我国今日の国民的信念の如きは寧ろ競争主義に偏するの傾向ありと認む可きではあるまいか。従つて民本主義が流行すればとて国民の信念が根本的に変らない以上は、常に必ずしも平和主義に徹底するものとは限らない。只併しながら軍国主義者は殊に軍国的施設其物を目的とする所謂軍国主義者は、目前の対外的国力を整理振張するに急にして、如何なる形に於ても民本主義の行はるるを好まざるの傾向がある。何故なれば民本主義の要求は、其国民の信念が競争主義に偏する場合と雖も、性急なる軍国主義者には甚だ不便なものであるからである。斯くして所謂軍国主義者は民本主義を生来の仇敵の如く見做《みな》して之に反対し、之を圧迫せんとするのである、民本主義と軍国主義との衝突は主として斯くの如き場合に起るのである。

(四)

今日のやうな国際生活の下に於ては、如何なる国に取つても軍国的施設の欠くべからざるは論を俟《また》ない。唯軍国的施設経営の根本方針は、之を夫自身の目的とするに置くべきや、又は之を他の目的の手段たらしむるに置くべきやは、慎重なる考慮を要すべき重大な問題である。主観的に云へば世界的協同生活に関する理解如何の問題であり、又客観的に云へば当該国民の品格に係はる問題である。

我国の将来に於ける民本主義と軍国主義との消長如何、又両者の関係を如何にあらしむべきかの問題は、上記の根本問題に対する態度如何によつて自ら異らざるを得ない。而して予輩一個の見解としては、少くとも戦後の世界は協同主義を以て国際的生活を統制すべき時代であると信ずるが故に、平和主義を根本の理想とする上に立つて軍国的経営を指導せねばならぬと考ふるものである。人或は云ふ、平和はもと人類の理想なりといふも、古来一日として平和であつた時代は無いと。併し平和であつた時代が無いからというて之を理想とすべからずといふのは、古来黄金時代といふものは無かつたからというて、社会の向上発展に熱中するを愚蒙なりとするの類である。古来変転常無き幾多の歴史的事変は、少くとも後世の文化開発と関係ある点に於ては、平和的安定の為めに動いた——恰度時計の振子が中心に安定せんとして左右に動揺するが如く——ものと解せなければ、其歴史的意義が分らない。何れにしても今日の時勢に於て、軍国的施設経営は絶対に之を欠く事を許さない。而して之を予輩の主張するが如く、平和的大理想によつて指導せらるべしとする時は、そは今日明白に発展しつゝ、ある所の民本主義の潮流と、恐らく何等著るしき衝突を見る事は無からう。尤も日本今日の事実の偽り無き説明としては、国民の信念が平和的理想に対する理解が余りに浅薄であることを認めなければならない。故に国民の信念を此儘にして民本主義の流行を見る事は、必ずしも国際政策の根本義を平和主義に徹底せしむる所以となるとは限らない。従つて我国の将来といふ事に関して、攻究せらるべき最も根本的な問題は、国民の教化といふ事であらう。併し此等は国民教育といふ方面から大いに攻究もせられ、又努力もせらるゝとして、扨《さ》て其根柢の上に政治上の主義方針を論ずるといふ段になると、民本主義の流行は必ずしも軍国主義と相容れざるものではないといふ結論に達せざるを得ない。

唯事実の問題として我国将来の軍国的施設経営は、果して今日已に萌芽を発しつゝある民本主義と衝突する事無くして行けるだらうかどうか。我国政界の現在の事情を目前に展開して、近き将来に於けるそれの進み方を想像する時に、何となく此両者は激しく反撥すべき運命にあるかの如くに感ぜらるゝ。何故に斯く感ぜらるゝかと云へば、そは我国の軍国的施設経営は、事実上夫自身を目的とするの信念によつて、即ち国際的生活の本態を競争にありとする根本義によつて導かるゝだらうと思はるゝからである。若し予輩の憂ふるが如く、此意味の軍国主義が横行する事となれば、其結果は啻に民本主義を抑圧して、国家の精力を無用に内争に消耗せしむるのみならず、又国家をして国際的協同生活の埒外に孤立せしむると云ふ、怖るべき不祥事を齎らす事である。之れ予輩が常に此意味の軍国主義に極力反対して已まざる所以である。予輩は黄金時代の容易に到来せざるを信ずると同じく、軍国的施設経営の将来に於て又決して等閑に附すべからざる事を疑はない。唯之を其最も純なる形に於て主張され実行されん事を念とするのみである。斯くして初めて軍国主義は民本主義と両立し、又平和主義と相悖《もと》らない。従つて又我々の政治的見識は豊富なる内容と余裕ある態度と伴つて、世界の各種の変局に対して狼狽する所なく、悠然として之に処するの途を謬《あやま》らざる事を得よう。

〔『中央公論』一九一八年七月〕

秘密外交より開放外交へ

(一)

デモクラシーの傾向の盛んになると共に、内外百般の政務は万民環視の下に行はれ、些《いささ》かの秘密の伏在をも許さざらんとするの今日の時勢に於て、独り外交の事が軍事と共に特別の例外的取扱を与へられて居るのは、各国に通有の現象である。法制上より之を観るも、例へば我国の憲法に於て、軍事統率の権と宣戦講和並に条約締結の権が、他の一般政務と区別されて居る事は言ふを俟《ま》たない。独逸のやうな聯邦制の国でも、又は墺匈国のやうな聯合制の国でも、軍事と外交と丈けは之を各邦の権限より引離して中央政府の手に収め、而かも尚且つ他の中央の一般政務とは特別の取扱を与ふる事になつて居る。

何故に外交軍事に限つて特別の取扱を与ふるやの理由の如きは、固より此処に管々《くだくだ》しく述ぶるの必要も無からう。唯爰《ここ》には特に外交については最も機密を尊び、漏洩を怖るるにあるを一言するに止むる。旧式の外交に於ては自国の為めに洩れ、又対手国に洩れることを怖れたものであるが、公明正大を旨とすべき今日の外交に於ては、此方面に於て漏洩を怖るべき理由は大に減却した。若し漏洩其事の親交に害あることありとすれば、そは利害関係を異にする第三国に漏るゝ場合である。併し之とても徒らに秘密々々と隠し立てをするのが結局得策でもなく、又隠くし終うせることでもない。とは云ふものゝ、今日の所外交事務は軍事と同じく、未だ〳〵内政の事務と同一に取扱ひ難き事情ある事は、之を認めなければならない。

併しながら特別の理由あつて特別の取扱を与ふるといふ事は、又他の一方に於て特別の弊害を伴ふ怖れがあるといふ事を避くることは出来ない。厳密なる国民的監督の下に行はるゝやう、制度の上に組織立てられたる内政事務の遂行についてすら、今日多くの国々に於てはいろ〳〵意外なる弊害の発生に苦んで居る。況《いわ》んや初めより局に当る者の比較的広き自由裁量の余地を認めらるゝ軍事外交に於てをや。従つて国によつては軍事に対しては其濫用を戒め、外交に対しては国民的利害を無視する事なからしむる為め、多少の方法を制度の上に顕はさんとして居るものがある。英国の議会が常備軍の設置に関するの同意を一年限りとして居る制度の如きは其最も極端なものであるが、外交上最も重要なる条約締結の最後の決定権を上院に留保して居る制度の如きは、米国を初め両米大陸の諸国に少くない。支那の臨時約法の如きは更にもつと極端に行つて居る。若し夫れ最近露西亜の過激派などが主張する所謂民主的外交の如きは、在来の外務官吏によつて代表せらるゝ外交は真の国民其物の外交にあらずと為すものにして、外交の全権を間接に彼等の所謂平民の手に収めんとするものである。細目の点についてはいろ〳〵議論するの余地はあるが、兎に角此等の風潮の中に通じて一貫するものは、従来の軍事外交の取扱方には十分満足する事が出来ないといふ事である。併しながら軍事と外交を凡ての内政事務と、全然同一様に取扱ふ事が出来ないといふ事も亦明白である。軍事の事は今予輩の直接問題とする所ではない。独り外交を取つて吟味するに、之を全然議会の討論に上したならば、吾々は却て其弊の多きに堪へないであらう。斯くして外交事務の取扱は多少の弊害があつても、今の所依然旧態の下に置かれなければならない事になつて居る。

（二）

併しながら斯くても時勢の影響は奈何《いかん》ともする事が出来ないと見えて、近世諸国の外交は制度の拘束に拘はらず、段々開放的になりつゝあるを看る。又斯くならざるを得ざる因縁もあると考へらるゝ。然らば何が近世諸国の外交に影響して、斯くの如くならざるを得ざらしむるかといふに、其最も著るしきものは矢張り内外一般の政務に通じて盛んになりつゝあるデモクラシーの傾向に外ならない。

デモクラシーと外交との関係は、之れ亦一個独立の興味ある研究問題であるけれども、之を詳論するは予輩の今問題とする所ではない。唯茲には次の二つの点を明かにして置きたい。第一はデモクラシーは外交に向つて国民的利害に立脚すべき事を要求する事で、第二はデモクラシーの盛んになるの結果として、国民自身がもはや外交其物に対して無関心なる事を得ないといふ事である。此両方の要素は自ら内政事務に対する参政権の要求の如く、人民をして外交事務に干与せんと欲するの希望を促すものであるが、唯此希望は内政の場合の如く、制度の上に自由に発表するの機会が与へられて居ない。従つて外交に対する人民の干与なるものが、制度の上の問題としては極て微弱である。けれども若し人民全体の智見が相当に高ければ、其道徳的勢力の当局者の施設を牽制するの度合は、亦相当に強きものあるを見るのである。政府の外交方針に対する民間の批難は支那に於ても非常に強い。けれども政府が殆ど之を無視して勝手に振舞つて居るのは、民智総じて未だ甚だ低きが為めである。此点に於ては我日本も亦支那と相去る事遠くはない。従つて外交事務の処理は比較的今尚秘密裡に裁決せらるゝの状態にある。けれども欧米の諸国に於ては頗る之と趣を異にし、政府の外交政策に対する道徳的牽制力は、制度上の無勢力なるに反比例して意外に強きものがある。其結果外交政策は内政の場合のやうな法規上の拘束からは自由であつても、輿論の実際上の拘束を受くる事頗る大なるものがある。であるから現代此等諸国に於て外交は、君主の個人的欲望を満足するが為めになさるゝといふ事はない。十九世紀初頭の欧洲の大乱は或は之を那翁の個人的野心に淵源すと観るを妨げないかも知れない。廿世紀初頭の今次の大乱の淵源をカイゼルの野望に帰するは、断じて正しき歴史的見解ではない。又今日の外交は宰相の出来心によつて決せらる、といふ事も無い。或奇矯なる歴史家は普仏戦争の原因を以て、那翁三世に対するビスマルクの私怨に帰した。或夏ビスマルクが妻君と共にある温泉場のホテルの庭に憩《やす》んで居つた時に、其前を通り懸つた一人の立派な紳士が、紳士に有るまじき軽蔑の態度を以て、ビスマルク夫人の足の大きいのを笑つた。怪しからん奴だが誰だらうと尋ねて見ると、後に那翁三世となつたルイ・ボナパルトであつた。此時の怨みが後の戦争の原因だと説くのは、一場の座談としては面白いけれども、現代の外交上の重大な出来事が、単に個人の出来心に左右さる、と観る点に於て誤つて居る。国の組織に於て極めて重要な地位に居る人の一言一行が、国の運命を動かす上に極めて重大な関係を有つて居る事は争はないけれども、今日の外交を以て全然国民の輿論と没交渉に動くと見るのは大なる誤りである。当局者が国の行動を右に向けんとして右に向くのは、右に向く丈けの素質が国民の中にあるからである。右に向く素質が強く国民の中に潜在する以上、当局者が初め左に向けようとして舵を執つても何時か知らん右に引つ張られて行くといふ結果になる事が珍しくない。故に現代の外交は其時々の短かい時間内の経過について観れば、時の当局者が此問題について何を考へて居るかを研究する事が必要であるけれども、永きに亙る全体の外交的経過の判断には、当該国民の考が何処にあるかを研究するのが何よりの急務である。支那や日本の外交を論ずるには、寺内首相・後藤外相乃至元老諸公若くは段祺瑞《だんきずい》・馮国璋《ひようこくしよう》の諸公が、何物を其脳中に画きつ、あるやを知る事が相当に必要かも知れない。けれども欧米の外交を達観するに当つては、其国民的思想に多少通ずる所あれば、ロイド・ジヨーヂやウイルソンやポアンカレーやの頭脳は已むを得ずんば之を不問に附しても妨げはない。否、彼にあつては此等諸公の思想を知る事が即ち其国民の思想を知る事になるが、我にあつては上記先輩諸公の思想を研究しても、現代国民の思想の那辺にあるかは全く分らない。要するに所謂近代国家を以て居る所の諸国の外交政策の底流をなすものは国民の思想である。国民の思想は之を隠す事が出来ない。是に於て外交に秘密といふ要素が大に減ずる事になる。之れ制度の上に幾多の故障あるに拘はらず、近来の外交が実際上段々開放的に進みつゝある所以である。

右述ぶるが如く今日の外交は差当つては個人によつて動かさる、が結局に於ては国民によつて動かさる、。個人によつて動かさる、部分と国民によつて動かさる、部分との釣合は、国によつて一様では無いけれども、個人的要素の重きを為す国に於て程外交を包む秘密の雲は深くなる。而して近来の外交は段々個人的要素が薄らいで、国民的要素が深くなりつゝあるが故に、昔と今とを比較して見ると、吾々は種々の点に両者の相違を見出さざるを得ない。昔は君主宰相の運命と国家の消長とは非常に密接なる関係にあつた。両者の密接なる関係にある事は、固より一概に非難すべき事ではないけれども、例へばシヤーレマン大帝の逝去と共に彼の大帝国が四分五裂し、豊臣秀吉が死んだからといつて朝鮮征伐といふ兎も角乾坤一擲の国家的大事件が忽然として中止せられるなどは余り感服した事ではない。明君賢相の輩出して国家を率ゆるは固より望む所であるけれども、国家の全運命を其一身に繋らしむるは、少くとも今日に於ては好ましき事でない。幸にして国民的要素は今日大いに伸張した。一個人の運命の外に立つて国家的大事件が支障なく遂行され得るといふのが現代の特徴である。此今日と昔との相違の点は政治上の暗殺が少くなつたといふ事にも又あらはれて居る。個人的要素が重きをなして居つた時代には、列国の明君賢相を暗殺する事は、国家競争上の最も有力なる武器であつた。今日に於ても暗殺が多少の損害を与ふる事は云ふ迄もないけれども、之に依つて敵国を根本的に屈服する事は出来ない。何故なれば往時に於ては暗殺は即ち総ての計画の源泉を絶つ事であつたけれども、今日の暗殺は偶々一個の優秀なる実行者を失ふ事であつて、計画の源泉は国民の思想の中に滾々《こんこん》として尽きざるものあるからである。昨今でも政治的暗殺と云ふ事実は全く無いではない。けれども此れ等は支那のやうな今尚個人的要素の重きをなして居る国に行はるゝか、又は伊藤公の暗殺の場合の如く彼を失ふ事に依つて日本の対韓政策を根本的に覆し得べしとする旧式の迷想に出づるかを外にしては、先年希臘《ギリシア》王の暗殺、又は遡つて米国大統領マッケンヂーの暗殺の如く無政府主義に出づるものか、又は墺匈国皇儲殿下の暗殺の如く、極端なる民族的反感に基く自暴自棄的行為に出づるものであつて、全然政治上の積極的目的を達せんが為めになされたる例はない。更にもう一つの往時と今日との差の著しい特徴は、各国王室の親族関係の外交上の意義である。昔は英吉利《イギリス》のヘンリー七世が仏蘭西《フランス》の圧迫に対して、西班牙《スペイン》の助力を籍《か》らんが為めに、其子の為めにチヤーレス五世の妹を娶《めと》つたと云ふやうな政略結婚が盛んに行はれ、支那で有名な彼の王昭君が今日漢宮を出で、明日胡虜に嫁したのも、各統治者の親族関係の開拓によつて外交上の目的を達せんとしたものである。然るに今日に於ては、各国王室間の結婚に附せらるゝ政略的意味は大いに薄くなつたのみならず、又事実斯かる親族関係は最早や国民的外交関係の自然の進行に殆んど何等の影響も及ぼす事も出来ないやうになつた。視よ、英独両国皇帝は最も近き従兄弟の間柄ではないか。ウイルヘルム二世の母はジヨーヂ五世の父エドワード七世の姉である。露国の廃帝ニコラス二世の如きは英独両国皇室と又最も密接な関係にある。露帝の母は丁抹《デンマーク》の前の王クリスチアン九世の娘であつて英帝の母の妹である。而して独帝の祖父ウイルヘルム一世の妹は、露国廃帝の祖父アレキサンダー二世の母であるから、少し遠廻はりではあるが叔父甥の関係にある。此等の関係が今度の戦争の勃発に際して、殆んど何等の影響を及ぼさなかつた事を考ふれば、蓋し思半ばに過ぐるものがあらう。

斯く云へばとて外交上明君賢相の活動すべき余地が全く無いと云ふ意味ではない。兎に角直接に外交の局に当つて策を樹て事を司る者は、明君なり又賢相なりである。少くとも制度の上に於ては局に当る明君賢相は、外交事務の処理に就いて相当に広き行動の自由を与へられて居る。併しながら客観的に観て彼等は果して全然自由の行動を執つて居るか。否、事実は自ら之を意識して居ると意識して居ないとの差はあれ、彼等は又実に人民の輿論に左右されて居るのである。故に外交上の永い経過を一個の事実として客観的に観察する時に、我々は大体に於て今日の外交は個人的出来心によつて指導せらるゝにあらず、国民的支配の下に動くものであると云ふ事が出来る。一個人の出来心は比較的に変り易い。国民の思想は其大本に於て容易に動揺するものではない。斯くして今日の外交は総べての文明国に通じて、一定の軌道の上に走つて居ると云ふ事が出来る。故に昔の外交の歴史は単に変転常なき事実の連続的記述に過ぎなかつたが、現代の外交史に至つて、初めて略ぼ一定の理路を辿る一個の学問となるに至つた。斯の如き時代の外交に秘密の要素の著しく減却するに至るは怪むに足らない。

(三)

個人の出来心は変り易くもあり、又隠す事も出来る。従つて秘密を伴ふは免れない。斯くて外交は本当の腹を示さず、巧妙なる辞を以て表面を粉飾するを事とするに至る。所謂外交的辞令の称ある所以である。之に反して国民的意嚮は短日月の間にさう容易《たやす》く変るものでもなければ、又よしんば必要があつても、さう何時までも隠し了ふせるものでもない。従つて秘密あるを許さず、又秘密あるを得ない。斯くして巧妙なる辞令を弄ぶ事が外交界に段々流行しなくなる。此点は今日未だ十分徹底しては居ないやうだけれども、兎に角最近の外交界の風潮は虚飾の辞令を避けて、事実を卒直に表明するを尊ぶやうになつて居るではないか。

併し斯くの如きは実は最近の事である。昔は外交と云へばしら〴〵しい嘘を言ふ事と極つて居つた。或人はデプロマシイの字義を解して二枚の舌と云ふ意味であると説いた。今日我々俗用の言葉としても、出鱈目を云つて、彼所《あちら》此所《こちら》を巧みに操つて歩くものを外交家的などゝ云ふ事もある。併し本当の外交界に於て雪を墨と云ひくるめるやうな風潮は近代に於て実はビスマルクから初まると云つていゝ。成程最近の歴史に於てビスマルク程友を欺き、人を売つた者はない。けれども彼には尚恕《ゆる》すべき所がある。何故なれば彼が苦肉の計を設けて嘘偽りで独逸の外交政策を堅めたのは専ら、やつとの事で出来上つた足弱の独逸新帝国を少しでも安穏に育て上げんと欲したからである。惟《おも》ふに彼が独逸帝国建設の大業を成就するまでには随分無理をした。之が為めに彼は一度墺太利《オーストリア》と干戈を交へ、軈《やが》て又仏蘭西と戦端を開いた。国内には普露西《プロシア》の統制を快しとせざる獅子身中の虫も少くない。内外に幾多の弱点を有する新興帝国を守り立てる事は、彼にとつて一通りの苦心ではなかつた。而して彼は出来る丈け敵を少くし、又到底両立し得ざる仏蘭西を外交的に孤立せしむる為めに、余儀なく或は露西亜を売り、或は墺太利を欺いたのであつた。斯くして彼が大いに欧洲外交界の風気を混濁したる罪は免るゝ事は出来ないけれども、而かも其衷情に立ち入れば尚一片恕すべき点がないでもなかつた。然るにビスマルク以後の欧洲外交界の当局者は、彼の一面の成功に眩惑して、恐らく彼の本意に非らざる之の一面に争うて倣つた。斯くして欧洲外交界は、巧妙なる辞令の交換の中に隠険なる黠詐《かつさ》を包み、秘密の中に他国を出し抜かんとするを競ふやうになつた。而して最近に於て此流儀の最も著しい外交家は、前の墺匈国外相エーレンタールである。近代の外交家中彼ほど平気で、無い事を有ると云ひ、有る事を無いと云ひ得た者はなかつたと云はれて居る。史上で有名な出来事としては、一九〇八年のボスニア・ヘルツエゴヴイナの合併事件を挙ぐることが出来る。同州はもと土耳其《トルコ》に属し一八七八年の伯林《ベルリン》条約に拠つて墺匈国が其地の統治権の行施を委任せられて居つた事は人の知る所である。而して条約によつて定められた此関係に何等かの変更を加へんと欲せば、必ず該条約調印諸国の同意を得なければならない。而してエーレンタールは我同盟国のみの同意を以てしては不十分なるを思ひ、時恰かも露国外相の来遊せるを幸とし、ダーダネル海峡通航権の獲得に助力すべきを約して以て露国を誘ひ、且つ露国を通して又仏蘭西の内諾をも得んと欲した。然るに彼は斯かる堅い約束ありしにも拘らず、露国外相の維納《ウィーン》を去つて未だ巴里に入らざるに先ち、急遽ボスニア・ヘルツエゴヴィナの合併を単独に宣言して欧洲を驚かした。此事件が今度の戦争に深い関係を有する事は今之を説かない。唯斯の如き遣り方を以て外交上の成功と自負した人もあり、又時代も有つた事を記憶すれば足るのである。

併しながら所謂ビスマルク式の外交は幸にしてエーレンタールを以て終りを告げた。彼の死は一九一三年二月十七日であるけれども、前年の春以来眼疾の故を以て其職を退いて居つた。彼の後任ベルヒトールドは彼程欧洲の外交界に重きをなさなかつた。而して彼の退隠後欧洲の外交界に嶄然《ざんぜん》頭角を表はした者は、英のエドワード・グレー、仏のポアンカレーである。而して一つには此両公の個人的人格にもより、又一つには時勢当然の風潮にも基くことであらうが、彼等に依つて指導せらるゝ欧洲外交の新局面は、最早や虚飾的辞令を弄ぶ事を許さず、出来る丈け卒直に其所信を披瀝せねばならぬやうな形勢を作つた。之より欧洲の外交は著しく秘密の雲から取り出されて、国民の眼前に開放さるゝ事になつた。固より開放的外交に成り切つたとは云はない。けれども今日の外交界の傾向が往日と全く面目を異にして居ると云ふ事だけは争ひ難い。而して此傾向がウイルソンが米国の首脳となるに及んで著しく助長せられた事も亦争ふ可からざる事実である。

(四)

今日の外交が事実上開放的になつたと云ふ事は、必ずしも法制上更に一歩を進めて、外交を輿論の支配の下に置べしといふ結論を導く訳ではない。外交上の最終の決定権を上院に置くと云ふ米国の現制に一歩を進めて、更に下院に此権限を認むべしと云ふ議論は、一部の極端なるデモクラットの間に説かれないではない。此論の是非に就いては自ら別に論ずるの余地はあるが、併し民智の程度高まり従つて民間輿論の道徳的勢力が盛になれば、制度の如何に拘らず、外交を国民的支配の下に置くの目的は達せらるゝ。故に差当つて我々の希望する所は制度の改革よりも民智の開拓である。人或は云ふ、民主的外交は政策をして変転常なからしむるの怖《おそれ》ありと。併しながら民智の相当の高き国に於ては、外交政策を常なからしむるものは、寧ろ之を個人的支配の下に置く場合であることを知らねばならぬ。

外交が個人的秘密裏より、国民的指導の下に開放せらるゝ事の、政治上の効果に就いては今茲に論ぜない。茲には只秘密外交が漸次開放外交に進む実際上の傾向を記述するに止むるのであるが、此点に就いても一つ注意すべき事は外交其物の解放と共に、外交当局者の解放と云ふ事が、又見逃し難い最近の一新傾向であると云ふ事である。如何に外交其物が解放されても其局に当る者の撰択の範囲が極めて狭きに限られて居ては、開放外交の実は十分に挙らない。然るに不幸にして従来外交当局者の撰択の範囲は極めて狭きに限られて居つた。其最も主もなる原因は、今日の外交に伴ふ種々の形式は往昔の宮廷外交の伝習に支配せられて居るの結果である。所謂外交的典例が実際上の外交事務の重要なる一部をなすが故に、第一此等実質的無意義の典例に特に通ずる者でなければ外交官たるを得ざる慣例を作り、第二には社会的栄爵を有し豪奢なる生活に堪ふるやうな貴族富豪でなければ成功しないと云ふやうな風潮を作つた。現に日本でも金の無い者は外交家になれないとか、又爵の無い者には早く爵を与へてやるとか云ふ実例が有るではないか。斯くの如きはもと往昔の宮廷外交の余弊で有つて、今日之に拘束されて適材を抜擢し得ざるは極めて遺憾の事で有るけれども、各国共通に守る所の典例に背くは、又人情の能く断行し得ざる所と見えて、各国何れも此点に一大改革を加へんとする者は無かつた。而して最近に於て此風習に向つて一大鉄槌を加へた者はウイルソンである。何をか一大鉄槌といふ。一九一三年四月無資無産の一新聞記者ウォルター・ハインス・ペーヂを挙げて英国大使に任命した事が之れである。一体英国駐在の大使は、米国外交官中でも金のかゝるを以て聞えた役目である。俸給の外毎年数十万の私財を投じ得る者でなければ此任に就き得ない。任も重いが又金もかゝる。然るにウイルソンは就任の初め此地位を基督教青年万国同盟の幹事モット氏に提供した。モット氏の之を拒むに及んで、彼は転じてペーヂ氏に白羽の矢を向けた。従来の慣例を知れるペーヂは初め此申出を受けて、人を揶揄《からか》ふにも程があると云ふ風に考へた。けれどもウイルソンは適材を適所に置くの趣意に拠つて、彼を抜擢したるの意を明かにし、一体一夕の夜会に数万の金を使ふとか、又入つては綺羅を飾り、出づるに車馬を駆らねばならぬと云ふやうな儀礼が間違つて居る。人を招待しても誠意さへ通れば茶漬に沢庵の御馳走でも事足るではないかと云ふやうな説明を聞くに及んで、彼も其卓見に服し快く其任を受けたと云ふ事である。ウイルソンが其他各方面の大使公使の選択に如何なる用意をなせしかは今一々之を承知せざるも、兎に角彼が従来の典例儀式に囚へられず、全然能率本位に人才を抜擢して居る事丈けは明かである。従つて之に拠つて外交界の儀式典例が、幾分か旧来に比して単純化されつゝある事は略ぼ想像する事が出来る。昔は外交官と云へば有爵高位の貴公子でなければならないとせられて居つた。今は平民でも外交官たる者少からず有るけれども、尚彼等の多くは他の官吏に比して不当に早く爵位を授けらるゝか、又は少くとも任地に有つて貴族的生活を営まねばならぬと考へて居る。平民が平民の生活を営みつゝ、外交的折衝に与へられたる使命を全うすると云ふ意気は、今日諸国の外交界に未だ著しく横溢しては居ないけれども、ウイルソンに依つて初められたる運動は、必ずや漸次其波動を及ぼさずしては止むまい。

斯くして余輩は外交其物が秘密より開放へ、又外交当局者が貴族的より平民的に進み、総ての国際的交渉が直截簡明なる手続きに依つて取り纏めらる、事が、現代の動かすべからざる趨勢なりと認むるものである。

〔『中央公論』一九一八年七月〕

浦塩出兵の断行と米国提議の真意

（一）

去年の秋以来帝国政界の懸案たりし西伯利《シベリア》出兵問題は七月央《なかば》に至り一先づ解決を告げた。唯光栄ある解決か否かについては各方面にいろ〳〵の議論がある。

○○○○○○○○○○○○○○○○○○○○○○○○。○○。○○○○○○○○○○○○○○、○○○○○○○○○○○○○○。○○○○○○○○○○○○○○○○○、○○○○○○○○○○○○○○○○○○○○○○○○。○○○○○○○○○○○○○○○○○○○○○○○○○○○○○○○、○○○○○○○○○○○○○○○○○○○○○。○○○○○○○○○○○○○○○○○○○○○○○○○○○○○、○○。○○○。○○○。

○○○、○○○○○○○○○○○○○○○○○○○○○○○。○○○。○○○○○○○○○○○○○○○○○○○○○○○○○○○○○

○○○○○○○○○○○○○○○○○○○○○○○○○○○○○○○○○○○○○。○○○○○○○○○○○○○○○○○○○○○○○、○○○。○○○。

併し乍ら右の如き意味の出兵には米国の賛同を見る事が出来るであらうか。全然外国の意嚮を顧慮するの必要が無いといふ説も一つの見識であり、又外国が賛同しないらしいからといつて出兵を躊躇し、外国が動き出したからといつて俄かに動くと云の〔は〕余りに不見識でないかといふ非難にも一理あるが、兎に角現政府の已に取つて居るやうに、飽くまで米国と交渉して歩調を一にするといふ以上は、仮令《たとえ》そが通告の形式を取るとか提議の形式を取るとか些末の体裁はどうであつても、我の申分が対手方の腹と合するや否やを全然念頭に置かないといふ事は出来ない。此等の点は尚後に之を説かう。茲には我々は彼の政府筋の出兵意見に対しては、国内に於ては已に有力なる政党方面から反対が起つたといふ事を注意して置かう。中にも政友会の反対は最も有力なるものであつた。尤も政府の出兵論に対する反対論の中には各種各様のものがある。米国が厭《い》やと云へば出兵しない、可《い》いと云へば出兵するといふやうな他動的外交を主とする形式的反対論もあつた。実質的方面からの反対論中には、今は徒らに兵を動かすべき秋ではない、実力を涵養し満を持して放たざるの態度を以て戦後に望むのが帝国最良の方策であるといふのもあり、又ウツカリ兵を西伯利に入れゝば遂にとんでもない所まで引張つて行かれる怖れがあるといふ反対論もあつた。従来英米仏等と協調し来つたのに、今之を出し抜いて自主的出兵などゝ云つて単独の行動を取るのが得策でないといふ穏健なる反対論もあり、又少数の人の間には出兵に由つて過激派を敵とする事の将来の日露国交上頗る憂ふべきものあるを説くものもあつた。併し多数の意見は政府筋の自主的出兵論の根拠とする独墺勢力の東漸といふ事実を否認するの説が多かつた。政党方面の反対論も主としては此点からであつた。併し乍ら理窟からいふと独墺勢力の東漸といふ事実が無いからとて直ちに出兵論が破れる訳ではない。唯政府並びに軍閥の方面では之のみを以て出兵論の根拠となし敢て他を顧るに遑《いとま》なかつた。若し本当にかういふ事実があれば、出兵論に取つては此上も無い好都合であらう。従つて随分誇大の報道をも発せしめた形跡がある。併し事実に基かざる誇大の報道は結局国民を瞞著する事は出来ない。而して他に何等正々堂々の出兵理由を作る事を知らざりし彼等は、独墺勢力東漸の事実の否認に逢つて相当の弁明をすら与へ得ざりし醜態を暴露した。斯くして政府筋の所謂大規模の出兵論は或は予想せられ得べき外部よりの不同意を俟たずして、内部の穏健なる反対論から一大破綻を来たす事に成つた。

政党方面よりの反対の結果、出兵論の破綻を暴露せる事が、所謂大規模の出兵を已に閣議に於て決定し、又元老会議に於て是認せられた後であつたといふ事は、見様に拠つては一種の痛快なる皮肉である。此問題が元老会議とか外交調査会とかの秘密裏よりもう少し広く公開されて居つたならば、或は内閣の責任問題を起したであらうと思はるゝ。併し乍ら此等の点を吟味する事は予輩の興味を感ずる所ではない。○○○○○○○○○○○○○○○○○○○○○○○○、○○○。○○○○○○○○○○○○○○○○○○、○○○○○○○○○○○○○○○○○○○○○○○○○○、○○○○○○○○○○○○○○○○○○○○○○○○○○○○○。○○○○○○○○○○○○○○○○○○○○○○○○○○○。○○○○○○○○○○○○○○、○○○○○○○○○○○○○○○○○○○○○○○○○○。○○○○○○○○○○○○○、○○○○○○○○○○○○○○○○○○、○○○○○○○○○○○○○○○○○○○○○○○○。○○○○○○○○○○○○○○○○○○○○○○○○、○○○○○○○○○○○○○○○

○○○○○。○○○○○○○○○○○○○○○○○○○○○○○○。○○○○○○○○○○○○○○○○○○○○○○○。○○○○○○○○○○○○○○○○○○、○○○○○○○○○○○○○○○○○○○○○○○○○○○○○○○○○○○、○○○○○○○○○○○○○、○○○○○○○○○○○○○○、○○○○○○○○○○○○○○○○○○○○○○○○○○○○○、○○○○○○○○○○○○○○○○○○○○○。○○○○○○○○○○○○○○○○○○○○○○○○○○○○○○○○○○○○○○、○○○○○○○○○○○○○○○○○○○○、○○○○○○○○○○○○○○○○○○○○○○○○○。○○○○○○○○○○○○○○○○○○○○○○○○○○、○○○○○○○○○○○○○○○○○○○○○○○○○○○。○○○○○○○○○○○○○○○○○○○○○○○。○○○○○○○○○○○○○○○○○○○○○○○○○○○。○○○、○○○○○○○○○○○○○○○○○○○○○○○。○○○、○○。

（二）

政府は近く出兵問題の経過を公表するとの事である。併し我々は之によつて事の真相に触れ得るとは予期して居ない。恐らく極めて空漠たるものであると共に、主としては政府の立場を弁解するものであらう。併し如何に巧に弁解しても、今日までの経緯《いきさつ》は決して賞讃に値するものではない。何の方面から観ても失態の跡は歴然として残つて居る。而して斯かる失態を来たした所以は当局者の手腕並に見識の足らざるにもよらう。又政府首脳の決断に乏しい点にもよらう。当局者の一人々々について個人的に責むべき点は其他少からずあらうと思ふが、併し予輩は此等すべての欠点を羅列しても、之によつて完全に今日の政府の失態を説明し尽くす事は出来ないと思ふ。何故なれば予輩の考ふる所に拠れば、仮令如何なる人傑が朝《ちょう》に立つても此種の問題については今日の政府以上に立派な解決をするといふ事は、事実恐らく余程困難であらうと思はるゝからである。何故に斯く云ふやといふに、今日の政府は一方に於ては出兵に関し極端なる熱心を有する所の軍閥に掣肘せらるる外、他の一方に於ては世界の進運に乗じて来る所の外来の勢力に大いに左右されて居るからである。此場合に於て旨く帝国の政治を料理して国運の発展を謬《あやま》らざらしむるには、先づ今日の世界の大勢に通じなければならない。少くとも我国の属して居る国際団体の底流たる時代精神、もつと押し詰めて云ふならば、英米等によつて代表せらるゝ今日の時代精神を理解しなければならない。第二には此時代精神と余りに懸絶せる今日の軍閥一派の無謀なる政論を抑へ得なければならない。而して此両面に於て非凡の材能《さいのう》を有する政治家は何処に居るか。今日の政府は聯合国と事を共にするに当つて何等の確信なく、而して国内の矯激なる暴論に左右されて、或は右して躓《つまず》き、或は左して傷くの醜態を繰り返す所以である。

我国の一部に西伯利出兵の盲目的熱心家の少からざる事、而して其最も著るしき代表者が軍閥である事は公知の事実である。何故に彼等は出兵に熱中するか。彼等の表面上掲ぐる所の理由は独墺勢力の東漸、並に之に対する帝国の自衛といふ事である。併し乍ら之に対しては事実独墺の勢力が東洋に蔓《はびこ》つて居るかの疑あるのみならず、帝国の自衛の為め之を防がうと云ふならば、一体何処まで兵隊を進めればいゝのかの困難なる問題がある。此等の点は軍の技術に関する問題であつて予輩は適切の意見を発表するを得ないが、唯若し真に自衛の必要があるならば、何ぞ外国の思惑を顧慮するの必要があらう。此点に於て七月初旬某閣僚が、今度こそは外交調査会が反対しようが政党が反対しようが、断じて出兵を決行すると放言したのは最も徹底した意見であつた。然るに政友会方面から独墺東漸の事実を否認し、大規模の出兵に猛然として反対し来るや、彼等は強いて之に争はざるのみならず、又独墺勢力東漸の事実問題に対してすら何等有力なる反駁を加へて居ないではないか。之れ彼等に出兵の理由に対する不動の確信無きの証拠ではないか。

斯くても尚軍閥者流は出兵論の迷夢から覚めない。何故に彼等は斯くまで出兵を熱望するのであるか。或人は云ふ、我国一部の有志家が従来セミヨノフやホルワツト等の反過激派に同情して居る行掛上から来るといふものもある。現にセミヨノフ軍に対しては日本義勇兵四百の応援に赴くものありといふ報道もあつたし又義勇兵募集の結果労働者の欠乏を来たしたといふ所から、満鉄其他在満の大会社は義勇兵の募集に反対して居るといふやうな報道もあつた。セミヨノフ、ホルワツト等にしても彼等の勢力を有して居る所以のものは、専ら一は外部からの応援と、もう一つは今にも日本からの大規模の援兵が来るといふ事を云ひ触らして居る事によると云ふではないか。併しよく立ち入つて考へて見ると、我国の出兵論は恐らく決して此等反過激派の援助といふ事のみを考へて居るものではあるまい。彼等を援けて西伯利の秩序を回復するに成功すれば、之れ亦露国に対して一徳を施す所以になる。けれども彼等を助けて西伯利の秩序を根本的に確立し得るや否やについては、米国と英仏との間にも意見の相違があるし、又西伯利に於ける反過激派の勢力なるもの丶間にもいろ〳〵内紛があつて、更に纏まりがついて居ないではないか。現にチエツク軍のお蔭によつて出来た浦塩《ウラジオ》の西伯利政府と、哈爾賓《ハルビン》に於てホルワツトの造つた政府との間には最早和すべからざる敵意が漲つて居るやうである。斯くては出兵によつて反過激派を援けやうとした所が、何れを援けてい丶のか分らない。斯くして反過激派の秩序回復の事業を応援するといふやうな名義も、亦事実西伯利に出兵を断行せしむる適当の口実とはならない。斯くして軍閥者流の出兵論は一つ一つ其根柢の理由を失つた。智慧の無い彼等は更に他の適当なる口実を発見するに困《くる》しんだ。そこでいよ〳〵本音

を吐く。○○○○○○○○○○○○○○○○○○○○○○○○○○○○○○○○○、○○○○○○○○○○○○

講和の際に有力なる発言権を有ち得るといふ事は、無論必要な事であるに相違ない。此目的の為めに今からい○○○○○○○○○○○○○○○。○○○○○○○○○○○○○○○○○○○○○○。ろ〳〵手段方法を講ずる事の必要なるは云ふ迄もない。○○、○○○○○○○○○○○○○○○○○○○○○○○○○○○○○○○○○○○○。斯る行動に出づるのは即ち今度の戦争の原因となつた独逸の遣り方で、畢竟此流儀の遣り方を抑へつけようとして今度の戦争も起つたのではないか。それに又日本が倣ふと云ふのでは、我々は之によつて諸外国から公然の、又は少くとも暗黙の非難を受くることを覚悟しなければならない。けれども軍閥者流は仮令非難されても之を厭はないと云ふのである。併しながら非難されても厭はないといふ立策を是認するには、今度の戦争の最後の勝利は英米にあらず、従つて独逸流儀の遣り方が戦後の国際関係を支配する原則なりと予想するか、又は仮令英米が勝つても彼等の正義公論は畢竟偽善である、表面は独逸流儀を非難して居りながら、彼等の真実の要求と行動とは決して独逸と異るものではない、戦前に於て然りしが如く、戦後に於ても亦然るのであらうと予想するものでなければならない。之は今日並びに今後の国際関係の実態に関する根本観念の相違に帰するものであつて、茲に一々詳細の批判を加ふるの遑がないが、我等の深き確信の上に造つて居る所の立場から云へば、右の軍閥者流の国際観ほど我国に取つて危険なものはない。○○、○○○○○○○○○○○○○○○○○○○○○○○○○○○○○○○、余りに露国を知らず又露国民を知らざるの暴論である。仮令如何なる目的と民意と有りとするも、外国の兵隊が単独に入つて居ると云ふ事は露国民の断じて喜ばざる所である。ケーレンスキーも仏蘭西に於て明白に外国の単独出兵を非難して居るではないか。要す○○○○○○○○○○○○○○○○○○○○○○○○○○○○○○○、少くとも今後の世界には通用しない説であらう。此点に関して七月十五日の朝日新聞に見えた高橋是清男の説は頗る傾聴するに足るものがある。曰く、「○○、若し日本が講和会議の時に当り其の発言に権威あらしめんとせば、第一に世界各国より疑惑の眼を以て見られつゝある領土的野心の無き事を明にし、内には十分の実力を涵養して諸外国の軽侮を招かざるに勉むるを当然とす云々」。軍閥者流の偏狭なる侵略観に対する非難を、同じく久しく軍閥の侵略主義を助け来つた政友会領袖の口から、今日之を聴くのは多少意外の感なきにあらざるが、只若し之を今度の戦争の与ふる精神的教訓の感化により、日本国民が将に世界的見識に覚醒しつゝあるの端緒が先づ以て政党界の識者階級に初まりつゝあるものと見る事が出来るならば、之れ亦我国にとつて頗る慶賀すべき現象である。出兵問題に関して多年犬猿も啻ならざりし政友、憲政両党の領袖の態度が著しく接近したと云ふ事実も、亦之を偶然と云ふ事が出来ない。斯くして若し我国の二大政党と官僚軍閥の一派と、戦後帝国の経営と云ふ大問題に関し、各々其観る所をとつて相対抗すると云ふ形勢を導き来るを得ば、之れ亦どれ丈け我国の幸福になるか分らない。

されぱと云つて時勢の進運は争はれない。所謂官僚軍閥の士と雖も一から十まで皆其固陋の見を固執するものではない。彼等は意識的に飽まで固陋の見地に立つも、無意識的には矢張り時勢の児として不平を並べつゝ、時勢に率ゐられて行く。恰かも生意気な小僧が時勢と云ふ怖い叔父さんに睨められては、蔭でこそブツブツ云へ、面と向つては手も足も出ないと云ふ状態にある。只我々は生意気な小僧の蔭口が、其局部に於て今日尚人を誤り、国を誤る事頗る多きものあるを思ふが故に、官僚軍閥の一流の意見を政治の圏外に駆逐するを以て今日の急務と認むるものである。

（三）

予輩は前項に於て日本の政界に動もすれば盲目的出兵論の勃興する所以を説いた。而して日本の西伯利出兵は独り我国の熱望であるのみならず、従来英仏側の熱望でもあつた。而かも此双方の熱望の間には、其目的に於て全然合致せる所なしと見られて居つた。然らば予輩は次に英仏は何の為めに日本の出兵を要求するやを観なければならない。

日本出兵論の本元は仏蘭西である。併し仏蘭西の初めて唱へたのは欧洲出兵論であつた。此事は今茲に問題としない。只露西亜革命後英も仏も熱心に西伯利の出兵を日本に乞ふと云ふ態度を著しくして来たと云ふ事を云ふに止めよう。

西伯利出兵は英仏伊等即ち西欧羅巴に於て独逸と対戦しつゝある諸国の希望する所であり、現に六月中旬には、ヴエルサイユに於ける軍事会議の結果として、或種の申込をなし来つた事は吾人の耳目に新たなる所である。此時日本は米国の意嚮は如何と反問したとも云はれ、又英仏側の望むが如き意味の出兵には応ずる事が出来ないと云うて要求を拒んだとも云はるゝ。当時我国の新聞では、久しい間の懸案であつた出兵問題は、此拒絶の回答を以て打切りとなつたと唱へたのであつた。併し日本政府は之を以て全然出兵を断念したのではない。唯英仏の希望するが如き意味の出兵に意がないと云ふ迄である。何故なれば日本の出兵の範囲は精々東部西伯利であつて、即ち貝加拉《バイカル》湖辺を境とし東部に於て先づ独立の共和国を建てしめ、将来大露聯邦国家の成立の場合に其一分子たらしめんとするにあり、其以外の地域は直接日本と利害の交渉のない方面として、新たに特殊の関係を開くを欲しないと云ふのである。然るに英仏の希望は先づ西伯利を基点として穏健なる中央権力を確立し、行々は露西亜全体に穏和派の勢力を打建てんとするので、其目的を援くる為めに日本の出兵を要求するのである。従つて出兵の範囲も日本自身の希望するが如く狭いものではない。右の目的を達するまでは何処まで行くか分らない。万一此為めに独墺側が兵を入れて中央権力の確立を妨ぐるが如き方針に出でんか、日本は即ち之と直接して戦を交へる丈けの覚悟がなければならない。之れ丈けの大規模の出兵はよく日本の堪え得る所なりや否やが問題となる。一説に拠れば、英仏側が烏拉爾《ウラル》辺迄の出兵を要求したと云ふ事であるけれども、それでも日本に執つては余りに大きな負担である。此処に英仏側と日本との出兵の趣意に於て齟齬があつた。故に英仏の要求を日本が拒絶したからと云つて、日本の出兵論が全然打切となつた訳ではない。

(四)

西伯利出兵に対する米国従来の立場は如何。米国は従来全露に於ける過激派の勢力を認め、且つ之に同情して居つたと云はれて居る。少くとも彼は人為的に之を撲滅せんとする種類の内外各種の運動には賛同せざる見解に立つて居つた事は疑ない。之れ彼が従来総ての西伯利出兵論に賛成せずと云はれて居つた所以であらう。〇〇、〇〇〇〇〇〇〇〇〇〇〇〇〇〇〇〇〇〇〇〇〇〇〇〇〇〇〇〇〇〇〇。〇〇〇〇〇〇〇〇〇〇〇〇〇〇〇〇〇〇〇、〇〇〇〇〇〇〇〇〇〇〇〇〇〇〇〇〇〇〇〇〇〇〇〇〇〇〇。

今日まで顕れた多くの説明は之を米国態度の豹変と見るのが多いやうだ。而して何が米国をして在来の方針を拋《なげう》たしめたかの解釈に就いては、或は過激派の前途に見切りをつけたと云ふ者もあり、或は英仏側の切なる希望を容れたと見る者もあり、或は西伯利に於ける利権の扶植に急いだと説く者もあれば、又此種の輿論に動かされた結果だと説く者もある。併しながら予輩の観る所によれば、此等の説明は従来の米国当局の決心の堅かりしと対照して其堅い決心を翻さしむる丈けの有力の動因と考ふる事は出来ない。此位の事で考が変る位なら、米国は何で今日まで殊更らに英仏諸国と歩調を一にする事を拒んで居つたらう。且つ又最近に於ける米国言論界の趨勢に察するも、其対露観念に格別の変化を来たしたと見るべき何等の証跡がない。是に於て予輩は露西亜に対する米国の考は、昨今に至つて急に変つては居ないと断定しなければならない。然らば此処に問題が起る。此断定と米国が突如出兵を提議して来た事と、如何にして調和する事が出来るか。

併しよく考へて見ると、チエツク民族を援けると云ふ事夫れ自身は、元来米国の主張と矛盾するものではない。何故なれば米国は参戦の当初から、民族自由の原則に立つて居る。然らばチエツク人が同族の独立の為めにするあらゆる運動には、切なる同情を寄せて居るべき筈である。況んやチエツク族は敵国に於て多年圧迫せられて居つた民族なるに於ておや。米国が主義としてチエツク援助に傾くのは、何等怪むを須《もち》ゐない。且つ又米国内政上の必要から云つても、チエツク援助を宣言するのは極めて策の得たるものである。米国内にはチエツク人其他各方面のスラヴ人の来住して居る者、又更に進んで帰化して居る者も少くない。当局者が国論を統一して挙国一致欧洲の大戦に民心を緊張せしめんとせば、又此等スラヴ諸族の歓心をも繋がなければならない。之れ最近同国々務卿ランシングが頻りにスラヴ各種族の独立自由を高調する所以である。故に此際極東に於けるチエツク人の運動を英仏諸国が之に深切なる同情を寄せて居るに拘らず、米国独り傍観の態度を取らねばならぬと云ふ事は、他に斯くせざるべからざる特別の必要があつたとは云へ、米国当局としては、如何にも残念な事であつたらう。故に此所謂特別なる事情に多少の斟酌を加ふるの余地があるならば、米国も亦来つてチエツク援助に協力すべきは当然の順序である。我々は先づチエック族と米国との此本来の関係を念頭に置かなければならない。

然らば米国が此本来の関係に背き、進んでチエックを助くる能はざりしは如何なる理由によるか。曰く、之れ米国の予ての方針たる対露政策と相背き、換言すればチエックを助くる事の結果露国過激派の勢力と衝突するの怖があつたからである。蓋しチエックは初め英仏側若くは露国の反過激派の勢力から利用された、少くとも之と結托した。斯して彼は西伯利に於て過激派とは両立すべからざる関係に立つた。之れが実に米国をして対チエック問題に大いに苦心せしめた所以である。併しながらチエック人の真の目的は、過激派の討伐にあるのではない。過激派を討伐して反対諸勢力の下に西伯利の秩序を回復すると云ふ事は、固より彼等の同情する聯合与国の共同利益にはなるだらうけれども、彼等の直接に興味を感ずる問題ではない。彼等の目的は同族を糾合し早く西部戦場に走つて、対独戦争に参加せんことである。唯此目的を達するが為めに英仏側の援助を必要とした。此必要が彼等が過激派と衝突せねばならなかつたと云ふ事実の結果でもあり、又原因でもあつた所以は尚次に説かう。要するに彼等は英仏側に利用せられた。けれども斯くして何時までも其利用する所となつて居るのは、彼等の本来希望する所ではない。彼等は屢々宣言した、我々は一日も早く欧洲戦場に走りたい、何時までも東部西伯利の警察隊を以て甘んずることは出来ないと。而して彼等は其初め浦塩に於ける豊富なる物資の供給を受け、同族を集めて西行せん事を欲したのであるが、其事の事実不可能なるを見るや、一転して同族を浦塩に集め、海路米国を経て欧洲に趣かんと計画するに至つた。先般日本を通過したマサリツク博士は恐らく此計画を抱いて米国に活動して居る者であらう。米国が対チエック方針に一新生面を開いたのも、或は彼の運動の結果かも知れない。要するに今やチエック人の目的は同族を浦塩より欧洲に送らんとするにある。之れ即ち彼等の民族の自由の為に戦ひ、又聯合与国共同の目的の為めに戦ふの決心を明かにするものである。斯くの如くなる以上は、米国の態度も自ら変らざるを得ないではないか。何故なれば、チエツク人は何時までも東部西伯利を彷徨《さまよ》うて過激派と対抗して居ればこそ、米国は双方の間に板挟みになつて困るのである。けれども早晩西伯利を去ると云ふ事であれば、何等曖昧なる態度を執るの必要がないからである。

斯くてもまだ問題は一つ残る。米国が過激派を苦しむる結果の生ずるを避けつゝ、チエツク人を援助するといふ事は事実可能なりや否やと云ふ事である。何となればチエツク人は現に過激派と衝突して居る。而してチエツク人応援の目的を以て浦塩に出兵するといふのも畢《つま》りチエツク人が過激派と戦争をしに行くのに其後顧の憂なからしむるを目的とするものである。然らば矢張りチエツク軍を助けるといふ事は、過激派を虐《いじ》めるといふ事に事実ならざるを得ないではないか。成程此説には一理ある、併し我々の能く注意しなければならぬ事は、過激派とチエツク人とはもと何の為めに衝突したかといふ点である。チエツク人は決して我国の一部の政客が説くが如く、過激派の思想其物を敵として立つた主義の争ではない。過激派であらうが反過激派であらうが、チエツク人の民族独立の希望からは何の関係も無い。唯彼等が同族を糾合して纏つた一個の勢力として、欧洲戦場に出懸けて行かうといふ計画を、過激派が極力妨害するが故に遂に已むなく之に反抗せねばならなかつたのである。然らば過激派は何故にチエツク人の計画を極力妨害したかといふに、之れ亦主義の争でもなければ、又一部の半可通が尤もらしく説くが如く、独墺俘虜の指嗾に出づるものでもない。チエツク人が独墺と不倶戴天の敵対関係にあるが故に彼等の計画の阻止は独墺俘虜の指嗾に出づるものであらうと云ふのは浅薄なる俗解である。過激派の中にも丸で人物が無いではない。一から十まで外人の説に聴くと見るのは誤りである。然らば過激派が何故にチエツク人の計画を妨げるかと云ふに、之れ畢竟彼等の計画の成就は、取りも直さず露国内に於いて独墺に対抗する一大勢力の確立であり、従て又過激派の絶対平和論に慊《あきた》らざる露国穏健党の擡頭を誘致する機会となるからである。

斯くの如き心配はチエツク人の勢力が西の方に確立した場合でも、又東の方に確立した場合でも同様である。故に過激派がさらでも動もすれば起らんとする反対勢力の勃起を制し、自派の勢力を少しでも安全ならしめんが為めには、チエツク人の団結を妨げなければならない。否、諸方面に散在せしめて而かも之を無力なるものにせなければならない。之れ過激派が欧露並びに中部西伯利に於て、チエツク族に武装解除を逼《せま》り、又は浦塩に於けるチエツク族のイルクツク迄の鉄道管理権の要求を一言の下に拒絶した所以である。して見れば、チエツク人と過激派との衝突は、畢竟は各々自己の利害の争である。唯之に外国の勢力や反過激派の勢力が参加したが為めに、稍々政治的色彩を交へたに過ぎない。故に若しチエツク族が初めから他の勢力の利用する所とならず、一旦浦塩に衆合すればどん〳〵海を渡つて西欧に赴くといふ事が明白であれば過激派は恐らくチエツク人の計画を妨害しないだらう。又過激派もチエツク人の速かに海路浦塩を撤退せん事を希望して居る事は、七月央の職工組合の決議にも現はれて居る。唯従来の行掛上彼等は余りに深く過激派反対の諸勢力と結托して居つたが為めに、過激派はチエツク人の此上西伯利東海岸に集合する事を快しとせなかつた。況んや英仏は動もすればチエツクを利用せんとする態度を示し、殊に立憲民主党其他の反過激派は暫くチエツク族の足を停めて、過激派討伐の目的に利用し得んことを聯合諸国に運動して居つたに於てをや。故にチエツクの背後に英仏が居ると云ふのでは、過激派に於て安心が出来ない。けれども今や初めから過激派に同情と好感とを有つて居つた米国が、チエツク族の背後に立つといふ事になつたら、或は過激派をして幾分安心せしむることが出来ないとも限らない。尤も浦塩に於けるチエツク族の西進は、従来の行掛上過激派との多少の衝突を免かれないかも知れない。併し乍ら此衝突を甚だしからしむると、或は著るしく緩和するとの鍵は、今や米国の手に握られて居ると云つて可い。故に過激派とチエツク族との双方に好意を表するといふ米国の政策は可能なりや否やと云ふのが問題で無くして、米国が此関係を如何様に捌《さば》いて行くかといふ事が、我々の着眼すべき問題なのである。

米国がチエック援助と過激派同情との二つの目的を同時に達せんこと否少くとも一方の目的の為めに他方の目的を傷けざらんとすることに如何に熱心であるかは、○○○○○○○○○○○○○○○○○○○○○○○○○○○○○○○○○○○。○○○○○○○○○○○○○○○○○○○○○○○○『○○○○○○○○○○○○○○○○○○○○○○○○○○○○、○○○○○○○○○○○○○○○○○○○○○○○、○○○○○○○○○○○○○○○○○○○○○○○○○○○○○○○○○○○、○○○○○○○○○○○○○○○○○○○、○○○○○○○○○○○○○○』○○○○○○○○○○○○○。○○○○○○○○○○○○○○○○○○○○○○○○○○○○○○○○○○、○○。換言すれば、西伯利の秩序恢復の問題は全然之を露国民の内事となし、外部より干渉すべからずとの主義をば依然として之を厳守せんとするものたること明白である。況んや秩序恢復の名の許に過激派を敵に廻すと云ふが如きは彼等の全然脳中におかざる所である。

予は米国出兵提議の真意を以上の如く解するものである。共同宣言の提議に対して我は如何なる態度を執るべきやを決するに当りては先づ右の点に徹底的了解をなすことが必要である。○○○○○○○、○○、○○○○○○○○○○○○○○○○○○○○○○○○○○。併し何処までも米国と協議の上歩調を一にすることを力むると云ふからには少くとも精神的に米国の意向に制せらるゝことは或は免れないかも知れぬ。此点に関し我が当事者は果して如何なる用意があるだらうか。

（五）

日本の行動が米国の意思に制せらるゝと云ふと事毎に憤慨する人がある。併し少くとも今度の問題について米国の得手勝手を憤るのは間違つて居る。米国が先には出兵に反対し、今は改めて出兵を提議し来る此の事実を彼の得手勝手と見るのは、我の思想幼稚にして彼の真意を忖度《そんたく》し得ざるの結果である。予輩より観れば米国の態度には前後一貫して何等変改せるものを認めない。彼を識らざる者より観れば――又は我の狭き了見を以て他人の腹を探り得たりと自負する者より見れば――他の一貫せる主義より割り出せる臨機応変の処置も全然其意表に出づるもの、如く見ゆる場合が多い。而かも影でこそ米国が暴慢だの得手勝手だのと大言壮語すれ、自ら自分の言動に確信がないから、結局彼の主張に引き擦られて行くではな〇〇〇〇〇〇〇〇〇〇〇〇〇〇〇〇〇〇〇〇〇〇〇〇〇、〇〇〇〇〇〇〇〇〇〇〇〇〇〇〇〇〇〇〇〇〇。惟《おも》ふに彼等は始め米国の提議に接するや、直に我を以て彼を推し、米も亦我と同じく西伯利に活動することに方針を改めたりと有頂天になつたものであらう。而して其後彼の意必しも我の如くならざるを見て意外の感をなし、今尚其真意を捕捉し得ざるに困《くるし》んで居るやうである。真意が分らないから如何して宜いのやら判らない。斯くて我が外交は事毎に後手に廻る一方である。我国の単独の責任に帰すべき東亜の問題につきてすら、我国は嘗て先手を打つていみじき成功を収めた例があるか。

仮令米国に先んぜられても、我にして若し米国の真意を了解し、又米国の主持するが如き方針を取ることの真の得失を識認して居つたなら、事後の活躍に於て我から先手を打つことは決して困難ではなかつたと思ふ。蓋し予輩の観る所を以てすれば、此際東亜の問題に関し米国の主持するが如き方策を執ることは最も賢明なるやり方であると考ふるからである。斯く論定する所以の根拠は次の二点に在る。浦塩派兵は今日絶対に必要である。仮令チエック族援助と云ふ問題が起らなくとも同地に貯蔵せらる、莫大なる軍需品を過激派の手より保護することは聯合軍全体にとりて極めて必要である。之は必しも過激派を敵視しての上の話ではない。過激派の手に渡つては之等の物資が敵国の用に供せられずと云ふことが保証されぬからである。七月中旬に至り英が急遽香港の駐兵を割き仏亦印度支那より若干兵員を割きて共に浦塩に送らんとすと云ふも畢竟この為めであらう。此点から云へば今日を機として更に浦港の安全の為めに多少の出兵をなすと云ふことは決して無用のことではない。(第二)に吾人は今日の場合浦港派兵以上に深入りすることは極めて慎むべきことに属する。尤も今度日本の決行せんとする鉄道沿線の派兵位は大したこともあるまいが、夫以上西伯利の内部に大兵を送ると云ふことになれば、其結果露国民其者と衝突するに至るの不祥事を発生せずとも限らない。之を避けんとする以上吾人は西伯利に於ける露国民の中心勢力と常に連絡を取ることを怠つてはならない。然るに今日何処に確乎たる基礎を有する中心勢力があるか。○○。例のセミヨーノフは未だ孤立して居る。浦塩の西伯利政府と哈爾賓の極東政府との反目の如きは支那の革命史に観るが如き醜状の暴露ではないか。故に吾人は我国の出兵論が今日以上に歩を進むることは決して策の得たるものでないと確信する。西伯利に於ける形勢の今後の推移が日本の此上の出兵を要求するに至らざる以上、一部の盲目的侵略論者と共に百尺竿頭更に一歩を進むることを政府に迫るのは、識らずして日本将来の国際的地位を非常の危地に墜すものなることを知らなければならぬ。不幸にして我国の政界には案外に此種の盲目論の多いのは悲むべきことである。敵を知り己を知るは今日に於ても対外交渉の秘訣である。敵を知り己を知りて尚且大勢の帰趨を察するの明あらば、よし第一歩に於て米国に先んぜられても第二歩以下の行動に於て日本は優に東亜問題の指導者たるを得べき筈であつた。予輩は今度の出兵問題の始末についても、また歴代当局に共通なる帝国外交の一失態を発見せるを悲むものである。（七月二十日）

〔『中央公論』一九一八年八月〕

恒久平和の実現と基督教の使命

一

九月半ば突如として報ぜられたる墺国の媾和提議は多くの新聞紙の報ずるが如く真面目に受取るべきものではないかも知れない。従て今日媾和の時期近づけりと考ふるは大なる早計には相違ないが、しかし段々戦争も終りに近づきつゝあることは争い難いことである。従つて昨今戦後の世界の形勢に関する考へが盛に多くの人から説かるゝやうになつた。而して其中で最も著しく吾々の注意を惹くものは戦後に於ては、何とかして世界の平和を永遠に保証したいと云ふ希望の証明である。最も一部の人士の間には之れと反対の考へを以て居るものも全くないではない。中には全然戦争承認論を説くものあり、争闘は人類生活に必然欠くべからざるものである、人類の進歩は実に争闘の結果として生ずるものである、此の世に戦争がなくなつたならば、人類の進歩は恐らく底止するであらうと云ふものもある。併し斯の如き説は世の中に掏児《すり》や泥棒があるために、ぼんやりした人間も小利巧になる、人間の利巧になつた事については掏児や泥棒に感謝しなければならぬと云ふ比《たぐ》ひで、殆んど取るに足らぬ議論である。又或人は世界永久の平和と云ふが如きは之れ一場の空夢に過ぎぬと諦めて、こんな空しき影を追ふよりも、実際的に国際競争の舞台に引けを取らぬ用意をするがよいと云ふ。又も一つ変つた方になると、世界が穏かになると自家の利益を此上急激に伸長する道が塞がれると云ふ処から、現状を打破して局面を展開する必要を認むる所の後進国に於ては兎角平和論に特更《ことさら》に耳を傾けざらんとする。要するに是等の種々の反対論を唱ふるものは全くないではないが、併し全体の傾向から云へば、戦争は如何なる場合にも許すべからざる一の罪悪である、何とかして之れより免かれんことが人類の生活の理想であらねばならぬ、世界の平和は出来るなら永遠に之れを保障したいと云ふのが、動かす可らざる文明国民全体の希望である。

斯る希望が識者の間に説かれたのは元より今に初まつた事ではないけれども、多くは学者論客の机上の空論たるに止まり、実際的政治家の実際的研究に上つた事は余り聞かなかつた。然るに昨今になつて之れが実に現実の問題として吾々の眼前に展開されてをる。かの平和強制同盟と云ふ、大国際聯盟即ち之れである。即ち世界各国を一の法的組織の中に統一して之れに秩序ある生活を成さしめんとするものである。夫れには斯る大きな国体を全体として統制するための国際法がもつと発達しなければならぬ。更に此法を各国家に有効に行はれしむるために一種の強制組織が必要である。国際法は今日既に法規としては相当に進歩を遂げてをる。唯だ今日の問題となるのは強制組織の問題のみである。

二

国際的強制組織の問題に就ては今度の戦争に際して、一面に於ては益々其の必要なる所以を感ぜしめ、又他の一面に於ては其の実現の如何に困難なるかを思はしむるものがある。之れが却々《なかなか》容易に出来なかつたからこそ戦争が起つたのではないか。夫れ丈けに戦争の惨禍を避けんとすれば強制組織は何処までも必要になる。斯くて国際的強制組織の必要と云ふ事に就ては疑ひがないけれども、唯だ問題として残るのは斯る強制組織は果して可能なりや、はた不可能なりやと云ふ問題である。

然るに国家と国家との間に強固なる強制組織を打ち立てると云ふ事は事実不可能であると云ふ説がある。国家間の関係は国内に於ける個人間の関係とは其本質を異にする、個人間の関係が法律道徳によつて一定の制裁の下に律せられて居るが如く、国家間の関係をも同様に律すると云ふことは出来ない。斯くして彼等は国家間には道徳なしと云ふのである。国内にあつては道徳を守るべし、対外関係の問題になれば最早之れを守る必要がないと云つて吾々の良心が満足するであらうか、又斯くして国民の道徳風教を維持する事が出来るか否や、一の大なる疑問とせねばならぬのであるが、暫く論者の説に譲つて国家と国家との間は道徳や法律を以て之れを律することは出来ないとしても、国家内部の個人間の関係は之れに反して常によく道徳法律を以て統一されてをるかと云ふに必ずしもさうでない。少くとも歴史的に云ふて見れば同一国家内に各種の勢力が対立抗争して、丸で今日の国際間以上の騒乱を極めた時代もあるではないか。彼の群雄割拠の戦国時代は云ふを待たず、例へば最もよく統一的に治まつた時代にしても猶ほ辺境に不順の強族あつて、本当に渾然たる社会的統一の実現を見た時代はない。仮令外観偉人の徳と力との下に統一された事があるやうに見えても、真に之れが精神的に統一されたものでない事はすぐ後から統一が破れると云ふ事実に見ても分る。唯だ暫く例を日本に限つても、日本国家が本統〔当〕に強固なる強制組織に纏つたのは最近の事である。従つて国と国との関係と、個人と個人との関係とは其の本質の異なるによつて一方には纏りが出来、他方には纏りがつかないと云ふ議論は恐らく肯綮に当れるものではない。故に強制組織確立の可能不可能の問題は彼と是との本質の差に求むるものではなく、原因は他にあるのではあるまいか。そこで吾人は更に進んで国の内部には強制組織が出来、国と国との間には何故之れが出来ないのであるかを調べなければならぬ。

三

国家の内部に強制組織の確立を見るに至つた原因は思ふに次の二点に帰するであらう。第一は之れを組織する国民間に濃厚なる精神的同情の発生せることである。同じ国家の臣民であつても例へば徳川封建の時代に於ては、我は同じく日本国民なりと云ふ様な同情同感は薄かつた。青森の人間は長崎の出来事を以て「我国」の事件とする情念は起らなかつた。然るに維新と共に国家的観念が強くなり、例へば千島の端に外国の密猟船が遊弋《ゆうよく》したと云ふやうな報導を聞いてさへ全国の人心は激動するではないか。之は次の第二の要素に関係ある事であるが、然し主としては国民一般に日本としての深い意識が発生した結果である。此精神的同情同感が実に自己の生活を国家と云ふ団体に全然托せしむるに至つた所以の一の原因である。第二の要素は吾人の物質的生活関係が国家と云ふ広き範囲に渡つて正に相倚り相助くるの状態に進んだ事である。他の言葉を以て云へば吾々の物質的生活の基本なる経済が国民的に営まるゝやうになつた事である。更に他の言を以て云へば郷土経済乃至地方経済が国民経済に進んだと云ふ事である。斯くして長崎人の生活は北海道人の生活と全然無関係無交渉ではない。従て互に他の利益を以て我利益なりとする関係を発生した。斯う云ふ考へは今日の一般に国籍を異にする人々の間にはまだ起つてゐない。故に外国人間の事になると己の利を計るために相手方に損害を加ふる事を意としないけれども、吾々の生活関係の緊密に相倚り相助ける間柄に於ては己の利を図ると共に、又相手方の利を図らなければならぬ。相手方をエキスプロイトするのでない。互に自他を利し合ふのであるから、茲に一定の法則を生じ、而して此法を自から守るのみならず、人をして広く之れを守らしむるの必要を感ずる。斯くして団体の権威は団体の法規を各人に強制するの力として表はれざるを得ない。最もかう云つたやうな団体の法規と云ふものは共同団体的生活関係の未だ夫れ程緊密でない時代に於ても発生しないではないが、併し此時代に於ては偶々之れを破るものがあつても余り咎められない。のみならず、中には全然無頓着で居るものもある。吾々日本人は比較的団体生活になれてゐないから折角団体の基礎を作つても平気で之れを破り、又人の之れを破るを深く咎めないと云ふ弊がある。我国にて公徳心の割合に発達してゐないと云ふ責めも半ば之れに基くものであらう。けれども団体内に於ける各自の利害関係が複雑になると、内規を破るものを平気で放任して置けなくなる。初めは之れを破るものがあつても、どうも困つた位の所であるが、遂には之れを許さぬやうになる。玆に於て自から所謂社会的制裁を加ふるやうになる。而して之が一歩進んで国権と結ぶやうになると即ち組織せられたる統制力として発生するやうになる。従て人類の団体で強制力の発生すると否とは一には精神的同情同感の実際に及ぶ範囲、一には物質的生活関係の相倚り相助くる範囲如何によつて定まるものである。人類の団体生活其ものに、本質を異にするいろ〳〵のものがあるのではない。

右の如き関係は今日の所国家と云ふ範囲内に於ては立派に出来上つて居るが、国と国との間には未だ成立つてゐない。何故なれば今日のやうな特に帝国主義的国家主義の盛なる時代に於ては、国籍を異にする諸国民の間に、熱烈なる同情同感がないのみならず、又生活関係の相倚り相助くると云ふ度合が至つて薄い。故に国際法なるものが厳然として居るに拘らず、偶々之れを破るものがあつても、世人は之れを非とするの聡明はあるけれども、飽くまで之れを排斥せねばならぬと云ふ程の熱心はない。之れ今日の国際間に強制力の容易に発生し難き所以である。

四

若し濃厚なる精神的同情と物質的生活関係の相違との二つの条件を欠くならば、仮令同一国家内の個人間に於ても統一的強制力の組み立は恐らく甚だ困難であらう。現に前に述べた如く昔戦国時代に於ては国家の名あつて其実各種勢力の紛糾を見て居つたではないか。一旦武力にて統一された事はある。乍併《しかしながら》武力を以てする人為的統一は暫くにして再び乱るゝ運命を免れない。之は独り日本ばかりでない、世界の諸国が真に統一したのは極めて最近の事である。而して之れは国民の間に於ける国家意識の発生と交通其他の物質的進歩の賜物なるは深く弁ずるまでもない。然らば若し同様の現象が国と国との間に起つたならば如何と云ふに、矢張同様に統一的強制力の成り立ち得ない道理はあるまい。

斯く云へば所謂本質不同論者は斯くの如きは国内には生じ得るが国際的には生じ得ないと云ふであらう。乍併今日交通機関其他物質的進歩の趨勢は既に疑ひもなく国際的に発達しつゝある。否此種の発達を一の国家の中に制限すると云ふ事は寧ろ不可能になつた。若し夫れ人間としての同類意識の進歩に至つては更に大に著しきものがある。又理屈から考へても我は日本人なりとか、我は支那人なりとか云ふやうな観念は、我は人類なり、我は神の子なりと云ふ様な観念と何れ丈け違つた深い意味を有し得るか。「血は水よりも濃い」と云ふ諺はあるけれども、今日の国家は最早昔のやうな民族的国家ではない。故に今日までの所、国際的関係は極めて粗雑なものであつたと云ふならばよいけれども、人類は各々其国の境域内に押し込められてのみ初めて同類意識を濃厚にするものであると云ふならば大に謬りである。然も斯の如きは決して今日の趨勢ではない。況んや今度の戦争は其最も著しき影響の一として、一方には同類意識の進歩発達を助長し、他方に於ては従来夫程気付かなかつた自他相倚関係の深きを自覚せしめ、且又大に之れを増進するの結果を生じたからである。して見れば戦争〔後〕に於て人類は更に国家よりも広き範囲に於て自分の物質的並に精神的生活の根拠を導かねばならぬことになる。斯くして彼等のヨリ広き生活の根拠を統轄するために更に国際法の一段の進歩を促し、而して其法則の遵守を確実にする必要から之れを犯すものには厳重なる制裁を加へて毫末も仮借せざらんとするの態度に出づるだらう。否戦後を待つまでもなく、斯う云ふやうな不心得なものを放任して置くのが心外にたへないと云ふので、去年四月米国は起つて戦争に参加したのではないか。米国既に然り、然らば戦後に於て強固なる制裁の下に、各国家を統轄せんとするの運動の起るべきは火を見るよりも明かである。果して然らば今度の世界的変局は即ち国際的強制組織の実現のため正に大に機運を熟せしめたものと云はなければならぬ。

五

さてかうなると右述べた様な戦後の形勢と基督《キリスト》教との関係如何と云ふ問題になる。戦後の新形勢の物質的基礎とでも云ふべきものは生活関係の密接相倚であるが、又其精神的基礎とでも云ふべきものは即ち四海同胞の感情に外ならぬ。四海同胞の誼を以て接触すべしと云ふ理屈丈けでは十分でない。さう云ふ感情が多くの人の間に生れて来て、始めて世界平和の基礎が確実に成立つのである。然らば吾々の希望し、又其希望が酬られて戦後出現すべしとせらるゝ平和的新形勢は正さに基督教の理想の実現と見るべきものではないか。何となれば四海同胞の本当の感情は基督教の間に最もよく発達し、又実際上に於て基督教のみ独りよく之れを発達せしめ得る所であるからである。一部の人は今度の戦争は欧米基督教の無力を証明したとか、又基督教の所謂正義公道は今度の戦争で全然閉塞したとか云ふ。戦争を未然に防ぎ人類を此の惨憺たる修羅の巷から救ひ得なかつた事は返す〴〵も残念である。乍併此戦争は決して基督教の無力を語るものではない。少くとも基督教の従来の主張が無意義である事の証拠となるものではない。否寧ろ人類が本当の四海同胞の大義に醒むるを妨げてをつた所の偏狭なる国家主義乃至、侵略主義を打破せんがために戦はれたものではないか。故に予輩は寧ろ今度の戦争に於て十九世紀の半ば以来非常な勢を以て頭を擡げ初めた侵略的帝国主義に対し、飽まで之れに屈せざ〔ら〕んとする基督教的正義の頑強なる健闘振りに驚くのである。故に若し戦後の世界が予輩の予想せるが如く発展するものとすれば、之れ取りもなほさず基督教の勝利である。果して然らば戦後の世界の有らゆる経営は基督教主義に基かねばならず又基督教主義によつて益々発展せしめなければならない。斯くして吾々は吾等基督教徒の責任の今後益々大なるを思はなければならない。四海同胞の大義は基督教徒でなくとも、修養によりて幾分之れを体得し得られないではない、唯だ基督教を信ずる者に至つては此点が殆んど習ひ性となり、顔の色が違はうが、凡て皆之れを神の子、我兄弟とするの情念を有するが故に、努力なしにすら〳〵と四海同胞の大義を発揮し得る。此信仰を欠くもの、殊に偏狭なる国家主義的教育の下に養はれたるものに取りては余程努力しても、時々従来の永き教育の力に累せられて四海同胞の大義に徹底することが出来ぬ。夫れ丈け又戦後に於ける我国諸般の経営施設に於ても、基督教の使命は殊に重大なるものあるを感ぜざるを得ない。

〔『新人』一九一八年一〇月〕

何ぞ進んで世界改造の問題に参与せざる

近く開かるべき講和会議の問題に関し、我国論壇の一部には欧米の問題は専ら欧米の決定に任かし、日本は主として東洋の諸問題の有力なる決定者たるべしと唱ふるものがある。若し此意味が欧米に於ける個々細目の決定は出来る丈け欧米に譲るの方針を取り、其代り東洋問題の決定は出来る丈け我々の主張を容れて貰ふ事としようといふ意味ならば我々は固より同感である。然しながら若し日本が東洋の問題に関する殆んど絶対的の決定権を認めらるゝの代償として、他の欧米方面の問題に関する発言権を犠牲にしてもいゝといふ意味ならば、我々は断じて之に反対せざるを得ない。

従来の戦争は両立し得ざる利害の衝突から起り、従つて講和も亦両立し得ざる利害関係の一時的な、人為的な、又弥縫的な技巧的調停に依つてなされたのであつた。今度の戦争、従つて又之を終結すべき講和談判も右の如き性質のものであるならば、欧米の問題は之を欧米人の決定に委し、我は独り東洋の問題に対する優良なる発言権を獲得すべしといふは極めて適切の議論である。然しながら今度の戦争は固より其直接の起りは利害の衝突であつたけれども、漸次其の性質を変じて正義と侵略との争となつた。従つて今度の講和会議は単に利害の調節のみを以て終るものでは無い。否、寧ろ之は附随の事業ともいふべきであつて、主として攻究せらるゝのは、永久平和の保障を目的とする世界改造の問題でなければならない。果して然らば之れ最早や欧米人のみの問題ではなくして総ての世界人類の共同の大問題である。少くとも今度の戦争に参加した総べての国家の平等に発言権を主張し得べき問題である。単に利害の調節のみを目的とするものであるならば、講和会議に於ける発言権の範囲と程度とは自ら各国家の今度の戦争に対する実際的努力の夫によつて定らなければならない。其の方面も無論ある。然し乍ら少くとも世界改造の大問題に於ては、南米の小国と英米等の大国との間に決して発言権の軽重の別あるを許さない。只事実会議の席上に於て特に或国の発言が重きをなすと云ふ事はあらう。只其の重きをなす所以は断じて強大なる国家を背景とするが為めではない。講和使臣其人の人格と、彼の代表する国民の精神的品格が実に其の発言を重からしむるものでなければならない。

斯くして我日本は世界改造の大問題に対して英米と全く同等の発言権を有して居る。而して我政府当局と国民とは果して此点に関して明確なる意識を有つて居るであらうか。此頃は斯んな馬鹿なことを云ふものが余りなくなつたが、一時は我国の戦争参加が専ら日英同盟の誼による、而かも地中海に貴重なる艦隊を送つたのは何の根拠に由るかなど〻説くものすらあつた。而して地中海艦隊派遣其他種々の方法に由つて現に欧洲の真中の戦争に参加して居りながら、今尚世界の問題に対する我れ自らの発言権を十分意識せざるものあるは寔《まこと》に慨嘆に堪へない。之には世界の真中に於ける帝国軍隊の花々しき活動を、何等正当の理由なくして殊更らに秘密にして居つた当局も悪い。然し罪の源は要するに国民の世界的同感の極めて浅薄なるに帰せなければならない。福田博士の如きは今年夏頃から日本の須らく進んで講和を提議すべきを主張して居られたけれども、世界的同感の背景を欠く我国民の間に何等の反響が無かつたのは怪むに足らない。現在の日本国民が後備《あとぞな》へとなつて居るのでは、博士の達見も嘸《さ》ぞ心細い事であらう。

併し問題はいよ〳〵具体的になつて来た。国民の精神的準備の熟否如何に拘はらず、世界改造の問題は遠からずして吾人の眼前に提供せらる〻。遅蒔きながら我々は全力を尽くして此点に国民の覚醒を促さなければならない。講和問題に関する各般の準備事項も亦此見地を根本として攻究せ〔ら〕れなければならない。若し夫れ講和大使の人選に至つては、須らく一に此見地に依るべきは論を俟たざる所である。今度の談判は支那の李鴻章《りこうしょう》や露西亜のウイッテを相手とするのとは事が違ふ。樽俎折衝の間に君命を辱めずといふと、如何にも外、辞令に巧みにして、内、深智遠謀を蔵するの、謂はゞ腕の冴えた喰へぬ奴を適任者とすべきが如きも、廿世紀の新時代に於ける講和大使としては之れ丈けでは足りない。何よりも大事な資格は広汎なる文化的修養と敬虔なる道徳的品性とを結び付け、而かも世界の思想に透徹したる理解を有し、あらゆる問題に最も高尚なる見識を有す人物でなければならない。

〔『中央公論』一九一八年一二月〕

初出及び再録一覧

〔標題の下の数字は本巻収録ページ〕

露国の満洲占領の真相／露国の満洲閉鎖主義／征露の目的／露国の敗北は世界平和の基也　3 5 7 9

『新人』一九〇四年三月「時評」欄（署名「翔天生」）

のち松尾尊兊編『中国・朝鮮論』（平凡社東洋文庫161、一九七〇年）に収録。

露国に於ける主民的勢力の近状／露国貴族の運命　11 13

『新人』一九〇五年五月「時評」欄（署名「翔天生」）

学術上より見たる日米問題　16

『中央公論』一九一四年一月

初出では表題の下に「（大正二年十二月五日稿）」とある（本巻ではこれを本文末尾に移した）。

のち『現代の政治』（実業之日本社、一九一五年）に収録のさい題名を「日米問題」と改め、次の小見出しが付された。「排日問題の根本的研究の必要／排日思想の根拠／解決案としての帰化権の獲得及び啓発運動／解決の根本策」。なお、文末の「附言」は削除された。

愛蘭問題　42

『新女界』一九一四年七月「時事其折々」欄

欧洲動乱とビスマークの政策　48

『六合雑誌』一九一四年一〇月（「独逸文化の鑑賞と批評」特集号）

欧洲戦局と波蘭民族の将来　55

『基督教世界』一九一四年一〇月二二日

のち『欧洲戦局の現在及将来』（実業之日本社、一九一六年）に収録のさい、次の小見出しが付された。「戦乱と波蘭／波蘭の分割と露領波蘭／普領波蘭／墺領波蘭／波蘭独立の希望／波蘭独立の影響」。

白耳義と仏蘭西の政党　63

『六合雑誌』一九一四年一一月（「仏蘭西、白耳義文化の鑑賞と批評」特集号）

のち『欧洲戦局の現在及将来』（前掲）に収録のさい題名を「仏蘭西と白耳義の国情」と改め、次の小見出しに改められた。「仏白両国民の覚醒／仏国の内政事情／モロッコ事件に依る仏国青年の覚醒／白耳義の政党事情／モロッコ事件に促されたる軍備問題」。

欧洲戦局の予想　73

『新人』一九一四年一一月
のち『欧洲戦局の現在及将来』(前掲)に収録のさい、次の小見出しが付された。「戦局の終結は永びく/独墺側敗戦の結果如何/聯合軍側敗戦の結果如何/仲裁により中途和議の開催を見し場合如何」。

国際競争場裡に於ける最後の勝利　83
『新人』一九一四年一二月
のち『欧洲戦局の現在及将来』(前掲)に収録のさい、次の小見出しが付された。「偏武主義を排す/国際道徳の価値/国際的同情の必要/日本に対する警告/国民思想の改善」。

戦後に於ける欧洲の新形勢　93
『新人』一九一五年四月「戦後の予想」欄
のち『欧洲戦局の現在及将来』(前掲)に収録のさい、次の小見出しが付された。「戦争の与ふる教訓/独逸果して学ぶべきか/戦後に於ける軍国主義の運命」。

戦後欧洲に於ける社会的新形勢　100
『新人』一九一五年五月「戦後の予想」欄
のち『欧洲戦局の現在及将来』(前掲)に収録のさい題名を「戦後に於ける欧洲の社会」と改め、次の小見出しが付された。「戦後に於ける社会的新形勢/戦後に於ける労働者の地位/戦後に於ける婦人の地位/戦後に於ける平和思想の勃興」。

戦後欧洲の趨勢と日本の態度　110
『新人』一九一五年六月「戦後の予想」欄
のち『欧洲戦局の現在及将来』(前掲)に収録のさい、次の小見出しが付された。「戦後世界の趨勢/戦後に処する吾人の態度/戦後の世界に於ける日本の地位/戦後に於ける日本の使命」。

露西亜の敗戦　118
『中央公論』一九一五年一〇月「古川学人」署名の「内外時事評論(八則)」中の一。
のち『欧洲戦局の現在及将来』(前掲)に収録のさい、次の小見出しが付された。「敗戦の原因/此敗因は近き将来に於て取り除かれ得べきや/露国敗戦に伴ふ日本の国論」。

協商は可、同盟は不要　122
『中央公論』一九一五年一〇月(小特集「日露同盟可否論」中の一)
のち『欧洲戦局の現在及将来』(前掲)に、前項の「露西亜の敗戦」の後に、「付　日露同盟論」の題名で収められた。そのさい次の小見出しが付された。「同盟か協商か/日露同盟論の根拠薄弱なり/日露同盟と日英同盟附日独露同盟論」。

独逸強盛の原因を説いて我国の識者に訴ふ　127
『新人』一九一五年一二月「論説」欄

のち『欧洲戦局の現在及将来』(前掲)に収録のさい題名を「独逸強盛の原因」と改め、次の小見出しが付された。「独逸讃嘆の声／如何にして独逸の強盛に傚ふを得るか／独逸強盛の原因／軍国主義の精神の行き渡つて居るは皇室の傑出に因る／軍隊の統率宜しきを得て居るは将校たる貴族の偉らきに因る／国民一般の健実なること／学芸の発達」。

英国に於ける強制徴兵 140

『中央公論』一九一六年二月「古川学人」署名の「内外時事評論」中の一。

新日露協約の真価 153

『中央公論』一九一六年八月「古川学人」署名の「内外時事評論」中の一。

米国の対東洋政策 163

『中央公論』一九一六年一二月(小特集「米国の研究」中の一)

欧洲戦局の現状及戦後の形勢を論じて日本将来の覚悟に及ぶ 168

『新人』一九一七年三月「論説」欄

欧洲大戦と平民政治 186

『横浜貿易新報』一九一七年四月九・一一・一二・一三日、「大正講壇第二十八回」として四回にわたり連載。

露国革命の真相と新政府の将来 197

『新人』一九一七年五月

独逸に於ける自由政治勃興の曙光(選挙法改正の議) 207

『中央公論』一九一七年五月「時論」欄(署名「古川学人」)

戦争継続乎講和乎 220

『中央公論』一九一七年六月「古川学人」署名の「評論」の一。

露国の前途を楽観す 229

『中央公論』一九一七年一〇月「公論」欄

日米共同宣言の解説及び批判 246

『中央公論』一九一七年一二月

のち『吉野作造博士民主主義論集四 世界平和主義論』(新紀元社、一九四七年)に収録。

米国大統領及び英国首相の宣言を読む 267

『中央公論』一九一八年二月「公論」欄

平和の機運を促進しつゝある三大原則 285

『新人』一九一八年二月「社論」欄

出兵論と現代青年の世界的傾向 292

『新人』一九一八年四月

所謂出兵論に何の合理的根拠ありや 298

『中央公論』一九一八年四月、巻頭「公論」欄

のち『世界平和主義論』(前掲)、および『近代日本思想大系17 吉野作造集』(松尾尊兊編、筑摩書房、一九七六年)に

収録。

軍閥の外交容嘴を難ず 324

『中央公論』一九一八年五月「時論」欄

のち『二重政府と帷幄上奏』(文化生活研究会、一九二二年)に収録。

民本主義と軍国主義の両立 328

『中央公論』一九一八年七月(小特集「我国の現在及将来に於ける軍国化と民本化の二大運動の批判」)

のち『世界平和主義論』(前掲)に収録。

秘密外交より開放外交へ 335

『中央公論』一九一八年七月一五日(定期増刊「秘密と開放」号)

浦塩出兵の断行と米国提議の真意 347

『中央公論』一九一八年八月「公論」欄

恒久平和の実現と基督教の使命 365

『新人』一九一八年一〇月「社論」欄

何ぞ進んで世界改造の問題に参与せざる 373

『中央公論』一九一八年一二月「時論三項」中の一。

〈解説〉吉野作造の国際政治思想

北岡伸一

はじめに

第五巻には、吉野が広い意味で国際政治を論じた文章のうち、一九一八(大正七)年末以前のものを、選んで収録している。この解説の目的は、収録論文に触れながら、吉野が国際政治を把握し、分析し、論ずる際に、どのような特質があったかを検討することである。言い換えれば、広い意味における吉野の国際政治観ないし国際政治思想を、それがほぼ完成の域に達したと考えられる第一次世界大戦終了までの時期について、その発展の過程に則して明らかにすることである。なお、中国・朝鮮関係の論文は、本巻ではなく、第七―九巻に収められているが、ここでは、これらの論文にも触れることとする。

吉野は、国際政治に関するまとまった理論的著作を残しているわけではない。しかし、国際政治の思想といっても、個々の国際問題を離れて存在するわけではない。むしろ、個々の問題に直面し、具体的な判断を迫られて、明確な形を取るものである。優れた思想家の場合、そうした時論の中にむしろ本物の思想が現れると言っても、過言ではないだろう。

本巻の中心となるのは第一次世界大戦関係の論文である。世界大戦という未曾有の大事件に直面して、なお吉野の思想が何ら変化しなかったと考えるのは非現実的であろう。他方、吉野が思想的に白紙のままで世界大戦を始めとする諸事件に直面したわけではない。吉野には若くして形成された思想と分析の枠組みがあり、それが国際政治上の諸事件と出会ってさらに発展する、そのような相互作用を経て、吉野の国際政治思想は完成されていったと見るべきだろう。この解説では、吉野の評論をほぼ年代順に追い、吉野がどのような問題に関心を持ち、どのように論評したかを追うという形で叙述を進めるが、それは、こうした平凡なやり方が、吉野の国際政治思想の確立過程に迫るもっとも有効な方法の少なくとも一つだと考えるからである。

一 日露戦争

吉野が直面した最初の大きな国際問題は、日露戦争であった。開戦時二六歳、東京帝国大学法科大学の学生であった吉野は、『新人』の一九〇四年三月号に、「露国の満洲占領の真相」に始まる一連の文章を発表した。『新人』は、海老名弾正の主宰する雑誌で、吉野がそれ以前から編集を手伝っていたことは、よく知られている通りである。

そこで吉野はまずロシアの膨張の理由について、第一に海港獲得の宿願、第二に経済上の必要を挙げ、とくに第二点を重視して、以下のように説明する。ロシアはその経済を発展させるため、巨額の資金を導入して産業を起こしているが、国内市場は狭隘であり、外国市場が必要不可欠である。その標的となったのが満州である。しかしロシア製品の品質は国際競争力を持たず、いきおい門戸閉鎖とならざるをえない。ロシアが満州市場を閉鎖すれば日本には大きな打撃であり、またロシアが満州を支配すれば、必ず朝鮮を目指すだろう。ロシアの領土拡張は、このように、「必ず非文明的なる外国貿易の排斥を伴ふ」、それゆえ日本は、「猛然として自衛の権利を対抗せざるべからざる也」と吉野は結論する。要するにロシアは「平和的膨脹の敵」であり、「自由進歩の敵」であるというのである。

しかもロシアの行動は、その国内政治体制と密接の関係を持っている。世界の政治的進化の中にあって、ロシアだけは専制政治を行い、自由を圧迫している。そして専制政治は必ず武断政治、侵略政治であり、周辺諸国を恐怖せしめている。したがって、日本の勝利は欧州にも平和をもたらし、ロシア国内の自由主義者を力づけることとなる。こうして吉野は、ロシアを膺懲するのは日本の「天授の使命」であると断ずる。

吉野の期待と予測は的中する。一九〇五年一月、ペテルブルクでは血の日曜日事件が起こる。そして政党組織の動きが始まる。このような動きに注目した吉野は、『新人』の五月号に、「露国に於ける主民的勢力の近状」など二つの文章を書き、戦争における日本の優勢が専制の圧力を弱め、ロシアにおける自由化の動きを促していると述べている。「主民的勢力」という言葉を使っているのも、興味深いところである。

その後のロシアの敗戦が、ロシアの周辺のみならず、世界の被抑圧民族の解放を促す意味を持ったことは、よく知られている通りである。吉野は日露戦争が終わった翌年、袁世凱の長男・克定の家庭教師として中国に赴くが、「日露戦争の直接の影響として起つた中国の立憲運動の旺盛なるに驚いた」と述べている(「民本主義鼓吹時代の回顧」、本選集第一二巻所収)。吉野は何よりも、日露戦争は専制に対する自由の戦いであるとしてこれを支持したのであるが、その意義は、吉野の予測以上に大きかったのである。

以上のような吉野の議論は、日清戦争を文明の野蛮に対する戦争であるとした福沢諭吉のそれを想起させる。両者は同じ系譜の上にあったと言ってよいだろう。しかし当時にあっては、吉野のような捉え方は、一般的ではなく、日本の生存や発展という観点から戦争を支持する者が圧倒的に多かった。

それにしても、以上の日露戦争論を読むと、まだ二六歳だった吉野が、すでに確固とした座標軸を持ち、それに基づいて、国際経済と国際政治の両方、さらに国際関係と国内政治の両方をカヴァーする視野の広がりを持っていたことに驚かされる。

ただし、後の吉野とあえて比較するなら、ロシアの満州閉鎖が日本にとって致命的な痛手であるという判断は、後の吉野ならしなかったかも知れない。また、ロシアは満州支配の後に必ず朝鮮にまで手を伸ばすという予測もしなかったかも知れない。さらに、後年の吉野なら、日露戦争の必要は説いても、それに伴う犠牲やコストについても、もう少し分析を加えたかもしれない。たとえば、のちにシベリア出兵計画を批判した「所謂出兵論に何の合理的根拠ありや」(本巻所収)で、吉野は、出兵に関しては、その目的を確定し、それに伴う犠牲の程度を測定し、それが目的に照らして合理的かどうかを判断し、さらに出兵の結果として将来生じる財政、国際関係についても計画しなければならないと述べている。その点で、吉野はやや無批判的に日露戦争を支持したと言えるかも知れない。そこにはやはり若き日の吉野のナショナリズムの高揚があったのかもしれない。

二 日米関係

一九〇四(明治三七)年、大学を卒業した吉野は、前述の通り、一九〇六年より三年間中国に滞在し、一九〇九年一月、帰国した。そして同年二月、東京帝国大学法科大学助教授(政治史担当)に任ぜられ、翌一九一〇年四月、欧米に留学し、一九一三(大正二)年七月に帰国した。この間の見聞が、吉野の国際政治を見る目を養う上で重要な経験であったことは言うまでもない。

帰国してまもない一九一三年末、吉野は「学術上より見たる日米問題」を著している。そのきっかけは、同年五月のカリフォルニアにおける外国人土地所有禁止法(実際は日本人を標的としたものだったため、排日土地法ども呼ぶ）の成立であった。のちに吉野の主たる活動の場となる『中央公論』によせた最初の本格的論文であった。

吉野はこの排日問題を、五つの要素ないし局面について分析している。まず第一段階は、日本人労働者の低廉な労働力が、アメリカの労働者と労働運動を脅かしたことである。この段階で、移民問題は労働問題であった。第二に、土地を購入して農業を巧みに営み、成功する日本人が現れた。こうした企業家としての成功に対する批判が出てきた。排日は農村にまで広がり、ここに問題は労働問題から経済問題へとなったのである。

ところが第三に、移民問題は社会風紀の問題となった。第四に、同化しない日本人の急速な流入は、アメリカの道徳的社会的品位の維持と衝突すると考えられたのである。第四に、人種的見地が入り込んだ。日本人は劣等で、白人の理想を理解しえないと批判された。たしかに、移民の多数は下層階級であり、アメリカ人からすればだらしない風俗もあった。

そして第五に、日本人の不同化が国家の統一に有害だという議論が出てきた。アメリカへの移民は多くアメリカ市民たるを目的とするが、日本人はそうではない。こうした大量の異分子の混在は、アメリカの統一を脅かすという議論であった。その背景には、日露戦争に勝利して勃興する日本に対する警戒があった。

したがって、移民問題の根底は深いと吉野は言う。アメリカの一部野心家の動きであるとか、正論をもって説得すれば道は開けるなどという説は、みな誤りだと吉野は言う。

ではどのような解決策があるのか。その第一は、帰化権の獲得である。しかし、これは問題が第一、第二段階のうちはともかく、現在は効果が大きいとは思えない。第二はアメリカに対する啓蒙活動であり、その誤解を解くことであるが、これも万能ではない。

もっと根本的な解決策として、吉野は、第一に移住しないこと、第二に日本人の品位を高めること、第三に白人との交際を深めること、そして第四に仏教が積極的な宗教活動を行うことを挙げている。そして最後に、移住の観念を変え、金を稼いで帰るのではなく、同化することを挙げている。アメリカ精神と没交渉な「個人的国家的利己心」からする移住が歓迎されないのは当然である、「米国が日本を以て、偏狭なる利己的国家主義を執るものと見るは其根底決して浅くない。之を打破するのは容易の事でない。而かも之を打破しなくては、日本人の発展は到底期し難いのである」と述べて、吉野は国家あることしか知らない日本人という存在が、移民問題の根底にあることを指摘する。今日でもなお通用する言葉と言ってよいであろう。

吉野の立場は、やはり自由主義者で、より若い世代に属した石橋湛山が同じ頃に著した「我に移民の要なし」(『東洋経済新報』一九一三年五月一五日社説、松尾尊兊編『石橋湛山評論集』岩波書店、一九八四年、所収)や、やはり自由主義者で自身が移民であった清沢洌の立場(参照、北岡『清沢洌』中央公論社、一九八七年)とよく似ている。他方で対照的な議論としては、内村鑑三のアメリカ批判を挙げることが出来る。かつて日露戦争に対して根底的な批判を加えた内村は、移民問題に関連してアメリカの独善を厳しく批判する論者となったのである。

日露戦後以来の日米関係の悪化は、移民問題と中国問題とくに満州問題から発していた。満州問題については、のちにも触れるように、日本の門戸閉鎖傾向に対し、吉野は批判的であった。その点、ロシアを批判したのと同じ視点が貫かれていた。そして移民問題においては、一見理不尽に見えるアメリカの態度の背後に、日本の偏狭なる国家意識に対する批判を見いだしていた。アメリカの存在は、日本のあり方を映し出す鏡として、吉野の議論の中に早くから重要な位置を占めていたと言ってよいであろう。

三　世界大戦の勃発

一九一四年七月二八日、セルビアに対するオーストリアの宣戦布告によって、第一次世界大戦が勃発した。八月四日、イギリスはドイツに宣戦を布告し、七日、太平洋におけるドイツ武装商船団の行動に関し、日本に協力を依頼してきた。それは必ずしも参戦の要請ではなかったが、日本は参戦を決定し、二三日、ドイツに宣戦を布告した。九月、日本は中国におけるドイツ勢力を一掃するため、山東省に上陸した。一〇月に赤道以北ドイツ領南洋諸島を占領し、一一月に青島を占領して、その軍事作戦は一段落を遂げた。

世界大戦は、国際政治の観察者にとって、その真価を発揮すべき絶好の機会であった。数年来ヨーロッパの国際関係を研究し、各国の政治社会情勢を観察してきた吉野ほど、相応しい観察者は日本にはいなかったと言っても過言ではないだろう。

吉野は戦争の行方について、熱心な観察と論評を続けたが、その主要な発表の場は、『中央公論』と『新人』であった。このうち、『新人』では、読者がキリスト教徒ないしその同情者だったため、より率直な議論が見られる。他方、『中央公論』の場合は、より広範囲な読者を前提として、より客観的、より堅固に議論は構成されている。しかし、全体として、掲載する雑誌によって、吉野の議論に大きな違いはなかったと言ってよい。

まず吉野は、戦争の根本的な原因はドイツの現状打破の動きだと考える。ドイツ民族の統一を実現し、その発展を図るために、ドイツは随分無理を重ねた。その過程で権謀術数も当然とする風潮を作りだした。ビスマルクまではまだ止むを得なかったかも知れない。しかし統一完成後も、植民地獲得その他を目指し、この方針は続いた。吉野は、ドイツの挑戦とその過程におけるマキアヴェリズムの風潮を、戦争の根本原因と考えた(たとえば「欧洲動乱とビスマークの政策」『六合雑誌』一九一四年一〇月)。

そこには、日本外交に関する不安が見て取れる。日露戦争に至る日本の発展を支持した吉野は、日本が過度の権謀術数で世界の各方面に信用を失い、孤立することを危惧していた。

第二に、戦争の帰結について、吉野は連合国側の勝利を確信していた。連合国の完勝、部分的勝利、その他いずれの場合にせよ、連合国の優位は疑いないとした。そしてさらに戦争が国際的民主化の方向を加速し、また世界を平和主義に動かすであろうことを信じて疑わなかった。したがって、日本もたんに連合国に加わるだけではなく、そうした大勢に合致する方向で行動しなければならないと考えた。

さて、こうした論点を、もう少し詳しく見ていこう。

吉野は「国際競争場裡に於ける最後の勝利」(『新人』一九一四年一二月)において、国際関係における力と道義の関係について論じている。戦争勃発以来、世間には武力一辺倒の主張をなすものが多い。しかし武力によって起こり、武力によって滅んだ国も少なくない。滅んだ国は、吉野によれば、いずれも武力偏重で国際道徳を無視し、傍若無人に振る舞って、他国の信を失った国であった。

国際関係と個人関係とは、たしかに違う。しかし、歴史的に世界の大勢を見れば、「個人と同様に道徳律に支配さるゝ方向に向ひつゝある」ことは確かな事実である。したがって、大体の国是としては「養力」と「道徳尊重」の両方が肝要である。

これまで、国際社会において正義人道を唱えるのは、ベルギー、スイス、オランダなどの小国が多かった。大国は正義人道を唱えなくとも、力によって、その主張を実現することが出来るが、そういう力がない小国は、正義人道を唱える。しかし、もし力のある大国が正義人道を唱えれば、その影響力は巨大なものとなるであろう。たとえばドイツが、もう少し国際道徳を尊重していれば、もっと多くの味方を獲得できただろうと言う。

それは日本にとっても「一大警告」であると吉野は言う。白人が有色人種を劣等視するのが誤りであるのと同様に、日本人が朝鮮・台湾の人々を「継子扱い」するのは誤りである。是非、真の兄弟として遇さなければならない。中国民族に対しても、「尊敬と同情とを以て其民族性を啓発し、共に立つて東洋の安全を保持する」ことが必要である。そのためには、自国の利益だけを念頭に置いてはならない。日本の政治家は、ややもすれば功名心を急ぎ、国民はまた熱狂的愛国心の勃発に任せて、対朝鮮、対中国政策を誤り、東洋永遠の大計を誤っていないだろうか。我が国の外交論は、常に余りに利己的ではないだろうか。日本の青島攻略を見て、喝采している国も、戦後は必ず猜疑心を以て日本を見るだろう。こう述べて吉野は、国際政治における道義と力の関係を見据え、世界史の大勢を見通して、日本人の外交思想を根本的に改革しなければならないと主張したのである。

そのような国民思想の改革を考える場合、重要なのは中流階級であると吉野は言う。健全なる中流階級の世論は、一方で少数の政治当局者を指導し、他方で一般下民の精神的嚮動者となる。これに反し、健全なる中産階級がなければ、極端に走って革命時のフランスや昨今のメキシコのようになるだろう。ドイツでは権威主義的な宗教勢力が強く、自由な中産階級というものが乏しいのに対し、イギリスでは健全な中産階級がある。日本の中産階級は幸い比較的健全なので、是非、ここに働きかけねばならないと吉野は論じた。

ところで、以上のような国際的民主化を戦争がもたらすとすれば、それは大国の圧政下にある小国や植民地にも当然及ぶことが予想された。

大戦勃発後、吉野はただちに「欧洲戦局と波蘭民族の将来」(『基督教世界』一九一四年一〇月二二日)を書き、連合国が勝利を収めれば、おそらくポーランドはロシアに渡され、ロシアの保護の下に、統一独立のポーランドが出来ると予測する。

もしそれが実現されれば、さらに次のような効果があると吉野は予測する。第一に、ロシア、ドイツ、オーストリアなどで直接国境を接する部分が減って、軍備負担が減る。第二に、ポーランドが刺激になって、フィンランドが独立し、これによってスウェーデンやノルウェーも軍備を減らすことが出来る。第三に、ポーランドとフィンランドを自国の側につけるために、ロシアは以前のような武断主義の外交を控えるだろう。

こうした吉野の予測は、戦間期の中欧諸国の独立となって現れた。それはヒトラーとスターリンの間で、いったん崩壊してしまったが、第二次大戦後の五〇年を考えれば、吉野の指摘は正鵠を射ていたのではないだろうか。

四　総力戦の行方

戦争勃発から数カ月が経過し、長期戦の予想が出始めた頃、吉野は『新人』一九一五年四月号から六月号にかけて、「戦後に於ける欧洲の新形勢」「戦後欧洲に於ける社会的新形勢」「戦後欧洲の趨勢と日本の態度」という、連続した三つの論文を書いている。

そこで吉野は、戦争が未曾有の総力戦になったという事実を中心として、議論を展開する。まず、戦後には平和主義ないし四海同胞主義が興隆すると、吉野は断言する。まだ敵の侵略を受けて国内で戦ったことのない日本に比べ、ベルギーなどでは、家を焼かれ、財産を奪われ、一家離散し、外国に放浪するという悲惨な事実が起こっている。またヨーロッパ各国は経済その他の絆で深く結びついていて、戦争から受ける傷は極めて大きい。こうした悲惨ゆえに、戦後の平和主義の勃興は不可避であるというのである。

また吉野は、総力戦が、必然的に労働者と婦人の地位を高めると断じる。日本では戦争で軍人と金持ちが台頭するが、それは戦争の規模が小さいからである。今回の戦争は、とくに各国の上流階級にとって死活問題である。しかし労働者は国家の運命にそれほど深い利害を持たない。したがって、各国政府は労働者の協力を得るために必死になっている。一方、労働力の不足を補うため、婦人は職場に出ざるを得ない。そこで婦人は社会公共の問題に興味を深めることになる。この趨勢は戦後に逆転する筈がない。労働者と婦人は大いに社会に進出し、その結果、戦後の平和主義の台頭は間違いないという。

日本の行動は、したがって、こうした趨勢に合致するものでなければならない。いくら軍備を充実しても、日本は独力では欧米に対抗出来ない。彼らの同情・共感が不可欠である。彼等の理想を理解し、ともに世界文明のために貢献する姿勢が必要である。そのためにも、東洋の覇者となるのではなく、精神的な意味で東洋の指導者となり代表者とならなければならない。欧米に対抗して偏狭な民族主義や国家主義を持ち出すのではなく、「彼等と同じ抱負、同じ使命を抱いて協同して世界文運の進歩を図らうと云ふ大抱負」を持って、より根本的な世界政策を採らねばならないというのである。

なお、以上にも見られる通り、当時の日本においては、英仏露を相手に孤軍奮闘するドイツに対し、高い評価があった。吉野はこれに関し、「独逸強盛の原因を説いて我国の識者に訴ふ」(『新人』一九一五年一二月)において、ドイツの強さの所以を論じ、実は日本との間には大きな違いがあると論じている。

第一に、ドイツで挙国一致が実現されているのは、適材適所、能力主義が貫かれているからである。その最たるものが君主の能力であり、ホーエンツォルレルン家の教育熱心は有名である。そしてその根底には宗教がある。同家は、代々プロテスタントの保護者として知られ、これを機軸とした教育を行ってきたと指摘する。

第二に、軍隊の組織統一がよい。何よりも将校の統率が適切であり、国民も軍人を尊敬している。これらは実は日本と違う点である。日本では、貴族富豪の子と言えば、無能と決まっている。また国民は本当は軍事を敬遠してきた。軍隊内部における規律にしても、ドイツにあっては「心服」、日本では「盲従」というのが実態ではないかと指摘する。

第三に国民精神の健全なことを吉野は挙げ、その根底は宗教であると述べる。また第四にドイツの工芸の偉大な発展についても、その根底に学問を尊重する気風があるのであって、日本とは大きな違いがあると言う。

吉野の指摘は、宗教を基盤とする社会の気風に重点を置くところに特色がある。とくにエリートのあり方や、軍事に対する態度に関する日独の対比は、のちにサミュエル・ハンティントンが、プロイセンのプロフェッショナリズムと日本におけるその欠如とを対比した(*The Soldier and the State*, Harvard University Press, 1957.)のと似ていて、興味深い。吉野が平和の考察のみならず、軍事についても鋭い観察力を持っていたことを示す一例である。

五　大戦外交の諸問題

さて、戦争の長期化とともに、国際関係には様々な変化が生じるようになってきた。主要な交戦諸国の中で最初に危機に直面したのは、ロシアであった。

「露西亜の敗戦」(『中央公論』一九一五年一〇月)において、吉野は、兵力において優位にあるロシアがなぜ敗北しているかを、もっぱら戦争が必要とする桁外れの軍需物資という点から説明している。当時、日露同盟論が一部で唱えられ、また日本からロシアへの物資の供給が論じられたが、吉野はそれがいかに空論であるかを明らかにしている。

他方で、ロシアがこれほど弱いのだったら、この年議会を通過した在朝鮮二個師団増設は不要だったと言う者もあった。しかし吉野は、対独戦には数百万の兵力が必要だが、対日戦なら数十万の兵力で可能だとして、ロシアは日本にとっては弱い国ではないと述べている。そして、増師を弁護する意図はないが、「不徹底なる政論の流行を喜ばざるが故に玆に敢て之を一言する」と、その文章を結んでいる。吉野の知的廉直の一例である。

ともあれ、ロシアの苦戦は、日本に具体的な選択を迫ることとなった。かつて日英同盟を外交上の機軸としてきた日本は、一九一〇年頃から、満州権益の擁護という点で、日露関係を少なくとも同程度に重視するようになっていた。また、ロシアを援助することによって、中国とくに満州における日本の地歩をさらに強化することも考えられた。

しかし吉野は、日露関係の親密化には賛成したが、同盟には反対だった。相互的軍事援助を内容とする同盟は、共通の敵なしには成立しえないというのがその理由であった。他方で吉野は、共通の敵がなくても、すでに存在している同盟の存続は可能だと述べて、日英同盟無用論を退けている。この頃、中国における日英の対立に注目し、日英同盟よりも日露同盟という論者があったが、それは、部分的な日英の対立だけを見て、日本がいかに多くを日英同盟から得ているかを理解しない謬論だと、厳しく批判したのである。

同盟ならぬ日露新協約は一九一六年七月に結ばれた。吉野はこれについて「新日露協約の真価」(『中央公論』一九一六年八月)を書き、協約はロシアの戦争継続の意欲を支えるもので、価値があると述べ、とくに独露提携の可能性を防ぐ点を評価している。

ただ、日露がその中国における特殊権益を擁護しあうとした点については、一応評価はしながらも、中国を始め、多くの国が懸念を持っていると指摘する。日露はたしかに理論的には特殊地位を持っているが、これを経済面で現実化するための努力に欠けていたとしている。こうした権益を力で守ることに対する批判は、日露戦争以来一貫したものであった。

さて、大戦期日本外交の最大の問題は中国であった。元老井上馨が世界大戦の勃発を「大正新時代の天佑」と呼んだのは、中国政策に大きな機会が開けたことを指していた。

すでに述べた通り、吉野は青島作戦の成功について、英仏などは当面歓迎しているが、やがて日本に対して警戒の目を向けるであろうと述べていた。それに続いて日本が行い、大いに関係国の不信を招いたのが、いわゆる対華二一カ条要求であった。

よく知られているように、一九一五年一月、大隈内閣は中国に対し、全二一カ条に及ぶ要求(一部は request とされた)を提出し、最後通牒を突きつけて、五月九日、これを受諾せしめた。中国はこの日を国恥記念日として、その屈辱を忘れまいとした。

ところが吉野は、二一カ条が日中関係を混乱させたことについては批判したものの、要求の内容は概ね妥当だと考えた。そして、第五号(顧問の招聘、警察合同、武器統一など)を最終段階で撤回したのは遺憾であると考えた。この点、吉野は後年、中国に対する理解が不足していたと自己批判している。先にも述べた通り、吉野は中国との提携を欲していたが、その具体的な方法について、まだ明確な展望を描けなかったのである。

ところで二一カ条後の中国では、袁世凱が共和制を廃止して帝制を復活し、自ら帝王となろうとしていた。この計画は一九一五年夏から始まり、秋になって本格化した。日本には袁世凱を支持して、代償としていくつかの懸案を解決しようとする一派と、袁世凱は本質的に反日であり、この機会に打倒すべきだという一派があった。大隈内閣の政策も、最初は両方の最大公約数的なものであり、帝制について慎重な態度を要請し、その延期を求めた程度だった。しかし、年末に雲南で蔡鍔らが挙兵すると、陸軍参謀本部は袁世凱の打倒に傾斜し始め、内閣も三月には袁世凱の打倒を決定し、中国各地で強引な反袁活動を展開することとなった。

この間、吉野は反袁勢力の動きを中心に、中国の情勢を克明に追い、『中央公論』誌上に解説していた。中国情勢に関し、吉野の持っていた情報と判断とは、当時の日本にあって、屈指のものであった(参照、北岡「支那課官僚の役割」『年報政治学一九八九年——近代化過程における軍』(一九九〇年、岩波書店)所収)。その過程で、日本が中国と提携する際の相手について、吉野は一つの結論に到達した。学生を中心とする「若き支那」ないし「青年支那党」(ヤング・チャイナ)が、未来の中国の担い手であり、日本外交はこの人々を目指さなければならないと考えるようになった。吉野の中国政策における最大の転換は、この第三革命への観察から生まれた。そして彼等「青年支那党」は、アメリカの影響に強く反応する存在であった。こうして吉野にとって、アメリカはさらに重要な存在となるのである。

六　アメリカの参戦とロシア革命

A・J・P・テイラーは、『第一次世界大戦』(倉田稔訳、新評論、一九八〇年)において次のように述べている。もしナポレオンが一九一七年の初頭に生き返って来たとしても、理解出来ないことは何も無かっただろう。かつてと同じような列強が、同じような戦いをしており、ツァーや皇帝や自由主義者が活動していることを認めただろう。しかし、もしナポレオンが一九一七年の末に生き返ったとしたら、彼は当惑しただろう。ボルシェヴィスムが生まれ、アメリカ合衆国が台頭し、レーニンとウィルソンが、伝統的な政治からは考えられないユートピアを説いていた。そこに、現代が始まっていた、と。

アメリカがドイツと国交を断絶したのは、一九一七年二月三日、宣戦布告は四月六日であった。それは、大戦の大きな転機となった。アメリカの軍事力、物質力もさりながら、戦いはデモクラシー対軍国主義の争いとしての性格を、一段と鮮明にしたのである。

しかも、この間、三月にはロシア二月革命が起こる。連合国の中で最も異質であった軍国主義専制政治のロシアが変容を遂げたことにより、ますます戦争はデモクラシーを旗印とすることになる。その結果、日本は微妙な位置に置かれることとなったのである。

米独関係の断絶の直後、吉野は「欧洲戦局の現状及戦後の形勢を論じて日本将来の覚悟に及ぶ」(『新人』一九一七年三月)において、アメリカの参戦が国際関係に及ぼす影響について考察し、戦後の最も著しい特色は、平和的競争が激烈になることだと予測する。そこでは、本当に根底ある発達を遂げた者が勝ち残るのであり、武力で勢力範囲を守る方式は、もはや通用しない。このような広い意味における門戸開放主義が、つまりアメリカの主義が世界を席巻することを吉野は予測し、日本国民の覚悟を促したのである。

なお、アメリカがドイツに対して宣戦を布告した結果、日米は同じ陣営に属することとなった。しかるに日米間には多くの摩擦が存在していたので、こうした関係を改善するため、寺内内閣は前外務大臣石井菊次郎をアメリカに派遣して、ランシング国務長官との間で協定を結ばせた。これが石井ランシング協定である(一一月)。この協定では、日米が門戸開放・機会均等の主義を守ること、両国は相互に隣接する国と国との間には特殊な関係があることを認めること、とくに国境接する地域においてそうであることを認めること、が主な内容であった。これは、日本が長年主張してきた満蒙特殊権益論に、アメリカが最も近づいた瞬間であった。日本の満州経営に常に障害となったアメリカが日本の立場を認めた、大きな外交的成果だと考えられた。

吉野も「日米共同宣言の解説及び批判」(『中央公論』一九一七年一二月)において、その事実は承認する。満蒙において、「日本其物の安静を擁護するといふ消極的目的の範囲内に於て、支那の内政に干与する事を承認せらる〻といふ特別の地位」を得たと指摘する。それは確かに成果ではある。しかし、同時に、日本が中国の主権と門戸開放・機会均等主義の尊重を、これまで以上に強く誓ったことを重視すべきである。今や世界は、国際協約は一片の紙屑であるというドイツ流儀と、あくまで道義の尊重を求める英米流儀との対立になっている。日本はそのいずれに属するのか、真価を問われている。この日米共同宣言は、「不知不識の中に日本をして英米側の思想の流の中に一層深く足をふみ入れしむるに至つた」ことを象徴するものである。日本は、中国の主権と門戸開放の原則を本気で尊重しなければならない。こう述べて、吉野は石井ランシング協定の帝国主義的な解釈と利用を戒め、中国政策の根本義を建て直すよう説いたのである。

またロシアについては、「露国革命の真相と新政府の将来」(『新人』一九一七年五月)において、革命の直接的要因は食料の欠乏であるが、根本的には、長年の官僚閥族による民間勢力の抑圧であると指摘する。日露戦争以来の持論であった。また「露国の前途を楽観す」(『中央公論』一九一七年一〇月)において、ロシアの将来は必ずしも悲観すべきではないと述べつつ、その中心勢力は「社会党」であり、その提唱する無賠償・無併合の原則が、戦争終結に向けて有力なものとなることを予測している。

なお吉野は、ロシア革命がドイツに及ぼした影響にも注目し、「独逸に於ける自由政治勃興の曙光――選挙法改正の議」(『中央公論』一九一七年五月)において、同年三月以来のドイツにおける選挙法改正の動きについて述べている。吉野によれば、ドイツ憲法には、(1)帝国議会の選挙区制度が古く、都市部が過少代表となっていること、(2)行政府が議会に対して責任を負わないこと、(3)連邦参議院におけるプロイセンの力が大きく、単独で憲法改正を阻止する力すら持っていること、(4)プロイセン議会の選挙制度が極端に保守的であること、などの特徴があると指摘し、選挙制度こそドイツ官僚政治の根本問題であると述べ、その改正がいかに画期的なことであるかを力説している。

こうした選挙制度に関する論議は、われわれには、ヴェーバーの政治論集によって馴染み深いものであるが、吉野もこの点を重視していたわけである。そして吉野の関心が、のちの普通選挙権問題へと繋がっていったことは、言うまでもない。

七　講和への道

長かった戦争も、一九一七年末には、ようやく終わりに近づいたことが感じられた。一一月の革命で成立したソヴィエト政権は、連合国にドイツ・オーストリアとの講和を提唱し、一二月二二日には、単独でドイツ・オーストリアとの講和会議に入り、ソヴィエト政府代表のヨッフェは、無賠償・無併合・民族独立の三原則を打ち出した。

そして一九一八年一月五日には、ロイド・ジョージ首相が戦争の目的と講和の条件について演説をし、また同月八日には、ウィルソン大統領が一四カ条を発表した。その中に、公開外交、海洋の自由、経済障壁の除去、軍備縮小、民族自決、そして国際連盟の設立など、画期的な諸原則が含まれていたことはあらためて言うまでもない。

吉野は、ロシア革命とアメリカの参戦が、講和条件を主義原則の形で提示する風潮をもたらしたと評価する。従来講和条件といえば、領土や賠償金に関する取り決めであった。つまり利害の調節が講和条件の本質であった。ところがアメリカはそのような利害をドイツとの間に持たないし、ロシアの労働者も戦うべき重大な利害を持たない。こう述べて吉野はアメリカとロシアの構想を大いに評価する。また吉野は、国際連盟の構想について、人類多年の夢であったとして高く評価する。「平和の風潮が凡ての利己的利害問題に頭を擡げしめず、極めて公明なる正義の光に照されつゝ表はれ来るの事実は、我々の歓喜満悦を以て特に注目を要する点である」という表現の中に、吉野の率直な喜びを見て取ることが出来る(「平和の機運を促進しつゝある三大原則」『新人』一九一八年二月)。一四カ条のうち、外交の公開も、また吉野の歓迎したところであった。吉野はウィルソン大統領が、総力戦がデモクラシーは外交の公開を当然に要求する筈であった。吉野はウィルソン大統領が、新聞記者のウォルター・ハインズ・ページを駐英大使に任命したことにふれ、外交そのものが秘密から公開へと移行し、外交担当者が貴族から平民になり、すべての国際交渉が「直截簡明なる手続き」によって進められることが、現代の動かすべからざる趨勢だと論じている(「秘密外交より開放外交へ」『中央公論』一九一八年七月)。

ところが、その一方で、戦争の最終局面を、もっぱら権力政治的観点から捉える動きも少なくなかった。一九一七年末から、とくに一九一八年三月三日にブレスト・リトフスク講和条約が結ばれ、ロシアがドイツに屈伏したかのように見えて以来、シベリア出兵論が台頭していた。この講和は、連合国が単独不講和を約したロンドン宣言に反しており、連合国は東部戦線を失い、ドイツが西部戦線を強化する可能性が生まれていた。ここに、ロシアの救援と東部戦線再建を目指す出兵論が、フランスを中心として強まったのである。また日本には、これによって北満州や東部シベリアへの膨張の手掛かりを掴もうとする動きや、また中国との懸案をこれによって解決しようとする動きがあった。

吉野は「所謂出兵論に何の合理的根拠ありや」(『中央公論』一九一八年四月)において、出兵論に対して徹底した批判を加えている。

シベリア出兵の第一の根拠は、ロシアがドイツに降伏し、ドイツ勢力が東に及んで来るので、これに対し備えるべしというものであった。しかし吉野は、ドイツの影響力なるものを、より正確に検討し、ロシア全体がドイツとともに東に膨張することはありえないと断言する。またドイツ・オーストリアの捕虜が独墺側に立って戦争に参加するという説についても、十分な武装と組織化はありえないと断ずる。さらに、ドイツにしても、東に発展する余裕はありえないことを明らかにする。それ以外に、ドイツの東漸は、経済的な発展としてはありうる。しかし、それに対して軍事で備えることは無意味であるという。

出兵論の第二の論拠は、ロシアの救済ということであった。これについて吉野は、ロシアの何を救おうとするかを問い、ロシアの上層部は決してロシア全体を代表しておらず、ロシア民衆はソヴィエト政府に比較的支持を与えているとしている。ロシアを救おうとしてロシア民衆を敵に回すとすれば、これほどの愚行はないわけである。

これらの議論における吉野の魅力は、具体的な数字や根拠を挙げて問題の本質を突き、ほとんど反論の余地のないまでに論じていることである。吉野が筋金入りの理想主義者であったことに疑問の余地はない。しかし、同時に吉野は優れたリアリストでもあった。

このような愚かな出兵論の中心にあるのは、軍閥であった。「軍閥の外交容喙を難ず」(『中央公論』一九一八年五月)において、吉野は述べる。従来も日本の対外政策の大方針は、外務省や内閣だけでなく、元老その他の「政府以外の先輩政治家」の採決を仰ぐのが常であった。それは、全然政治上の経歴と見識のない人によるものでないから、まだましであった。しかるに、今や「陸海軍省並びに参謀本部の一角」にある勢力が、「軍事上の見地のみから立てた無謀な献策をする」ことが目立っている。大隈内閣の中国政策の背景にはそうした勢力があった。一九一六年一〇月の寺内内閣の出現は、あれほど不満を買ったにもかかわらず、こうした勢力を抑えることについては希望を託した人もあったと述べている。

シベリア出兵論は、いったん下火になるが、五月末、ロシア内部を西進して東部戦線に加わろうとするチェッコ軍団が、ソヴィエト政府と衝突すると、チェッコ軍団救出、東部戦線再建の議論が再び起こった。そして、これまで日本の出兵に対して最も強く反対していたアメリカが、七月八日、ウラジオストックへの共同出兵を提議してきた。日本には、積極的な出兵論者と、アメリカの同意する小規模な出兵なら構わないとする消極的な出兵論者がいたが、その妥協の結果、アメリカの要請を受け入れる形で、しかし出兵の兵力と地域は限定しないという決定を行い、七月一七日、アメリカに回答した。

吉野の「浦塩出兵の断行と米国提議の真意」(『中央公論』一九一八年八月)は、これを厳しく批判したものである。その結果、この論文には厳しい検閲が加えられ、一二個所、約二八〇〇字の削除が加えられたのである。

まず出兵の理由として、講和会議で有利な地歩を占めるためという説に対し、吉野はその視野の狭さを批判する。こうした観点こそドイツ流であり、むしろ領土的野心なきことを明らかにすることこそ、日本が講和会議で重きをなす所以であると指摘する。

また仏英両国の出兵論と、日本のそれとの間には大きな差異があると指摘する。日本の目的は、東シベリアへの出兵と、そこにおける穏健派政権の樹立に過ぎない。しかし仏英は、全ロシアの穏健化と東部戦線の再建を目的とし、日本に対してウラルまでの出兵を要請していた。それは日本の到底受け入れられないところであった。

さらにアメリカについては次のように指摘する。アメリカは従来「過激派」に対し好意的だった。しかし、チェッコ軍団救出も、アメリカの歴史に根ざした主張である。シベリアへの利権への野心を言うものがあるが、それは枝葉末節である。アメリカの態度が得手勝手であると批判する人があるが、過激派擁護とチェッコ軍団救出の両方を、アメリカは真剣に考えており、その点で一貫している。アメリカを知らない者、あるいは自らの「狭き了見を以て他人の腹を探り得たりと自負する者」が、アメリカの得手勝手と見るに過ぎない。こう述べて吉野は一知半解のアメリカ論を一蹴している。

こうして吉野は、ウラジオストック派兵は、軍需物資が過激派に奪われないようにするためには必要であるが、それ以上に踏み込んではならないと、強く反対した。鉄道沿線の派兵ならともかく、それ以上の出兵は、必ずロシア国民と衝突し、不幸な失敗に終わるだろうと断言した。果して吉野の危惧した通り、出兵はやがて大規模長期間のものとなり、アメリカ、ロシアとの関係を悪化させ、巨額の資金を費やしてほとんど得るところなかったのは、よく知られる通りである。

このようなシベリア出兵に見られるように、戦争は末期に入ったがゆえに、かえって苛烈となり、軍国の主張は盛んとなった。

こうした傾向に関し、吉野はデモクラシーと軍国主義の関係について論じている(「民本主義と軍国主義の両立」『中央公論』一九一八年七月)。民本主義の対極にあるのは官僚主義であって、軍国主義ではない。もちろん民本主義は平和主義と結びつきやすいものであるが、いまや民本主義の英米が大軍国主義となっている。それは平和を守るために軍事に努力することが、必要だからである。

軍国主義か平和主義かという対立の根本にあるのは、国家と国家の関係や個人と個人の関係を競争で捉えるか、協同で捉えるかという違いである。軍国主義だから平和を問題にしないとか、平和主義だから軍事を問題にしないわけではない。こうして吉野は絶対平和主義を次のように否定する。

絶対的平和主義は世界の総ての国乃至人類が残りなく協同の確信を有するに至れる時に云ふ可きである。一人でも競争の主義を奉ずるものゝある以上は、世界は常に不安に襲はるゝ。例を軍備制限の問題に採らんか、軍備の制限は差当り世界の平和を保障するに足る最も有力な方法であるけれども、併し斯くの如きは全員一致でなければ実行は出来ない。一人でも制限の拘束を奉ぜざる者ある以上、誰しも皆不安を感じ制限を断行する事は出来ない。否彼等は更に進んで其全体と歩調を合せざる者に向つて強制の手を加ふるの必要を見るだらう。

しかるに、日本の軍国主義は軍国主義そのものを目的とする嫌いがある。日本では、すべての発想の根底に競争主義が強いとして、大いに懸念を述べている。

一九一八年八月、寺内内閣は米騒動で大きな傷を負い、九月には原内閣が成立する。そして一一月には、長かった戦争も終わった。本巻収録の最後の論文「何ぞ進んで世界改造の問題に参与せざる」(『中央公論』一九一八年一二月)は、その直後のものである。

吉野がここで批判するのは、大戦後の世界に対するニヒリズムである。日本は東洋の事柄に専念し、欧米のことには口を出さないでおこう、というのが当時の日本では支配的な見解だった。なるほど細部にまで日本の注意と知識は及ばない。しかし日本は世界の問題に発言しなければならない。今度の戦争は領土や小さな問題を争ったのではない。正義と侵略の戦争だったはずであり、また主義主張を争った戦争だったはずである。

今後の課題は、恒久平和の保障を目的とする世界改造の問題である。これを空想として退けるべきではない。日本は立って大いに発言しなければならない。その批判は日本人の間の「世界的同感の極めて浅薄なること」に向けられている。世界大戦は日本人をさほど成長させなかったのである。

おわりに

吉野の国際政治思想について、ほぼ時代を追って、第一次世界大戦の終わりまでについて論じてきた。冒頭に、吉野の思想が、世界大戦の勃発以後も変化しなかったと考えるのは非現実的だと述べたけれども、事実として、吉野の思想の骨格は、ほとんど変わっていないのである。その一貫性は驚くべきものである。

吉野の議論を貫いていたものは、世界が平和主義、協調主義へと向かっているという強い確信であった。世界大戦という巨大な悲劇さえ、その確信を揺るがせなかった。いや、この悲劇ゆえに、世界はますますこの方向への努力を続けるだろうと考えた。

そうした世界史的必然の中に、日本の方向は見いださねばならなかった。ドイツのように自国の国益を無条件で優先させることは、結局世界の不信を買って国益に反すると考えた吉野は、中国問題で日本の権益を強引に追求する態度を、強く戒めたのである。他方で国内の民主化も急務であった。ドイツの欠点もまたそこにあった。

吉野が優れた国際主義者であったことに疑問の余地はない。しかし、それは、日本の行動が長期的に世界の趨勢に合致する合理的なものであって欲しいとする希望と矛盾するものではなかった。むしろ、日本がアジアで模範を示すことへの期待と結びついていた。世界を吉野の期待する方向に動かすためには、なお主要な国々の積極的な行動が必要であることを、吉野は熟知していた。その国際主義は、いわばナショナリズムを媒介としたものであった。

吉野の平和主義も、たんに理想として唱えられたのではない。平和のために平和的手段以外は認めないというものではなかった。そこに、宗教から独立した政治学の姿がある。ただ、その軍事的手段が必要な場合には、出来るだけ冷静、合理的な計算のもとに、世界の大勢に合致する形で、必要最小限度の行使が認められるだけであった。吉野の平和主義は、その現実主義的考察に支えられて、その価値を増していた。

以上のように、吉野における平和主義や国際主義の理想は、リアリスティックな計算と健全なナショナリズムへの期待と、不可避的に結びついていた。

そしてそれらを支えるものは、中産階級の健全なる精神でなければならなかった。その精神を発揮させるためには、選挙法の改正を始めとする政治参加の方法に関する様々な改革が必要であり、また中産階級の精神そのものに対する、とくに偏狭なナショナリズムを脱するための教育が必要だった。吉野においてそれを提供したのは、やはりキリスト教であって、そこに日本の難しさがあった。

国家あるを知ってそれ以外を知らない日本、現実を知ってそれを越える理想を知らない日本。平易で楽観的な表現の中で、吉野が何とか克服したいと考えた日本は、その晩年に至っても、その没後においても、克服されなかった。今日に至って、なお問題は解消されていない。リアリズムに媒介されない理想論、ナショナリズムに媒介されないインターナショナリズム、そして理想主義に導かれない現実主義、インターナショナリズムに導かれないナショナリズム。今日なお随所に見られるそうした議論が、吉野を継承するものでないことは確かだろう。

■岩波オンデマンドブックス■

吉野作造選集 5　大戦期の国際政治

1995 年 10 月 9 日　第 1 刷発行
2016 年 6 月 10 日　オンデマンド版発行

著　者　吉野作造《よしのさくぞう》

発行者　岡 本　厚

発行所　株式会社 岩波書店
〒 101-8002 東京都千代田区一ツ橋 2-5-5
電話案内 03-5210-4000
http://www.iwanami.co.jp/

印刷／製本・法令印刷

ISBN 978-4-00-730423-1　　Printed in Japan